**Für registrierte Leser halten wir
zusätzliche Informationsangebote bereit.**

Bitte geben Sie Ihren Code auf der
Verlagswebsite ein.

**Ihr persönlicher
Registrierungscode**   04GP40311427

Leseproben · Artikel · Angebote · Newsletter · BuchScanner · Foren · Glossar

Peter Walerowski

ZOPE

Galileo Computing

Liebe Leserin, lieber Leser,

wir freuen uns, dass Sie sich für ein Buch von Galileo Computing entschieden haben.

Zope hat Furore gemacht. Und was noch wichtiger ist: Zope hat den ersten Hype überstanden und sich in der Praxis bewährt. Die NATO, Viacom, Österreich, Die Zeit – all diese Websites sind Zope-powered Sites. Und nicht zuletzt arbeiten wir, Galileo Press, seit einigen Jahren mit Zope. Sie befinden sich also in guter Gesellschaft.

Hier finden Sie einen umfassenden Einstieg in Zope, und zwar inklusive eines Ausblicks auf die neue Version 3.0. Grundkenntnisse in der Programmierung sollten Sie mitbringen. Wenn Sie schon sicherer Python-Entwickler sind – umso besser.

Dieses Buch wurde mit großer Sorgfalt geschrieben, begutachtet, lektoriert und produziert. Das Thema Zope liegt uns sehr am Herzen, denn als Verlag, der selbst auf Zope setzt, möchten wir herausragende Qualität zum Thema bieten. Sollte dennoch etwas nicht so funktionieren, wie Sie es erwarten, dann scheuen Sie sich nicht, mit uns in Kontakt zu treten. Ihre freundlichen Anregungen und Fragen sind jederzeit willkommen.

Wir freuen uns auf den Dialog mit Ihnen.

Ihre Judith Stevens-Lemoine
Lektorat Galileo Computing

judith.stevens@galileo-press.de
www.galileocomputing.de

Galileo Press · Gartenstraße 24 · 53229 Bonn

Auf einen Blick

Bibliografische Information Der Deutschen Bibliothek
Die Deutsche Bibliothek verzeichnet diese Publikation in der Deutschen Nationalbibliografie; detaillierte
bibliografische Daten sind im Internet über http://dnb.ddb.de abrufbar.

ISBN 3-89842-403-0

© Galileo Press GmbH, Bonn 2004
1. Auflage 2004

Der Name Galileo Press geht auf den italienischen Mathematiker und Philosophen Galileo Galilei (1564–1642) zurück. Er gilt als Gründungsfigur der neuzeitlichen Wissenschaft und wurde berühmt als Verfechter des modernen, heliozentrischen Weltbilds. Legendär ist sein Ausspruch **Eppur se muove** (Und sie bewegt sich doch). Das Emblem von Galileo Press ist der Jupiter, umkreist von den vier Galileischen Monden. Galilei entdeckte die nach ihm benannten Monde 1610.

Lektorat   Judith Stevens-Lemoine
Fachgutachten   Frank Tegtmeyer, Hamburg
Korrektorat   Dr. Rainer Noske, Euskirchen
Einbandgestaltung   Barbara Thoben, Köln
Foto des Autors   Susanne Bechmann, Berlin
Foto des Gutachters   Kathi Petras, Hamburg
Herstellung   Vera Brauner
Titelbild   Barbara Thoben, Köln
Satz   SatzPro, Krefeld
Druck und Bindung   Koninklijke Wöhrmann, Niederlande

Galileo Computing

Inhalt

6 TAL – die Alternativlösung 135

7 Python in Zope verwenden 165

Teil II: Zope-Praxis

8 Prototyping eines Projektes 199

9 Benutzer, Rollen und Rechte 225

10 Lernmodul-Verwaltung aufbauen   245

11 Teilnehmer-Verwaltung aufbauen   301

12 Dozenten-Verwaltung aufbauen 337

13 Den Dozenten-Bereich aufbauen 355

Teil III: Zope-Vertiefung

17   Eine Site-Suchmaschine integrieren   435

18   Weitere Zope-Funktionen   453

19   Zope-Administration   473

Teil IV: Anhang

A API-Referenz 541

Vorwort des Gutachters

Mit Zope kam ich zum ersten Mal in Berührung, als die Herstellerfirma, damals noch Digital Creations, sich entschloss, das Produkt als frei verfügbare Software anzubieten.

Die Beschreibung der Software machte mich sofort aufmerksam, denn Zope schien all das zu bieten, was mir bei der Entwicklung dynamischer Websites oft gefehlt hatte und was sonst in der Gesamtheit nur von kommerzieller Software zu erwarten war.

Zu diesem Zeitpunkt bereitete ich gerade einen Artikel für die Zeitschrift iX vor und erwähnte das Thema in einem der Gespräche mit dem verantwortlichen Redakteur. Das Interesse war auf Seiten der Zeitschrift groß, und so kam es, dass ich mich näher mit Zope befasste.

Nach anfänglich schnellen Erfolgen stellte sich bald heraus, dass die Lernkurve recht steil war und dass ein schmerzhafter Mangel an entsprechender Literatur bestand.

Auch einige Jahre später ist die Situation nicht wesentlich besser. Wer als Einsteiger deutsche Literatur zu Zope sucht, findet entweder längst Überholtes, zu Spezielles oder zu Allgemeines.

Diese Lücke schließt dieses Buch – auch als Zope-Einsteiger kann man das von Peter Walerowski entwickelte Praxisbeispiel gut nachvollziehen. Der Autor zeigt mit seiner Anwendung, dass auch im Umgang mit Zope das alte Perl-Motto gilt: Es gibt mehr als einen Weg, sein Ziel zu erreichen. Er setzt bei der Realisierung Techniken ein, die auch dem PHP- oder CGI-Programmierer geläufig sind, sodass der Einstieg in Zope leichter gelingen kann. Die Zope-Philosophie wird dennoch anschaulich und ausreichend vermittelt.

Zope hat sich in den wenigen Jahren seiner Existenz einen festen Platz im Softwaremarkt erobert, neben der diversen technischen Vorzüge wegen auch, weil es als freie Software verfügbar ist. In kurzer Zeit bildete sich vor allem in Europa eine starke Entwicklergemeinde heraus und diverse Firmen bieten Dienstleistungen und Beratung rund um Zope an. Die Praxistauglichkeit von Zope ist mit der Realisierung vieler kommerzieller und nicht-kommerzieller Websites eindrucksvoll unter Beweis gestellt – auch die Website des Galileo-Verlags wurde mit Zope realisiert. Der im Buch ebenfalls beschriebene Übergang zur Zope-Version 3 dürfte der Entwicklung noch einmal neuen Schub verleihen, da die Erfahrungen mit Zope 2 in die neue Version eingearbeitet wurden und zu einem neuen und leistungsfähigeren Entwicklungsmodell führen werden.

Mit diesem Buch haben Sie eine gute Grundlage für die nächsten Jahre, Ihre dynamischen Websites mit Zope zu entwickeln.

Frank Tegtmeyer,
Hamburg, im April 2004

Frank Tegtmeyer ist Diplominformatiker und arbeitet zurzeit als Security-Berater bei der Opfides IT-Dienstleistungen GmbH. Zu seinen Angeboten zählen IT-Dienstleistungen im Internet-Bereich, vor allem E-Mail, DNS und Security-Lösungen. Er bietet auch Webspace zur Realisierung dynamischer Websites mit Zope und Skunkweb an. Sie erreichen ihn über **www.fte.to**.

Danksagung

Dieses Buch hat in den letzten Monaten viel von meiner Kraft und Aufmerksamkeit gefordert. Umso wichtiger war es deshalb, dass da Menschen waren, die mich tatkräftig unterstützt haben. Ihnen gilt mein herzlicher Dank:

▶ Barbara Prasch für das Aufspüren meiner Tippfehler (ich weiß jetzt, dass eingeschobene Relativsätze auch mit einem Komma abgeschlossen werden müssen) und ihre stilistischen Anmerkungen.

▶ Dietmar Fuhrmann für seine Korrekturen und das Hineinschlüpfen in die Rolle des Lesers sowie das entsprechende Feedback.

▶ Frank Tegtmeyer für das Prüfen des Manuskriptes auf Herz und Nieren und seine fundierten Kommentare.

▶ Judith Stevens-Lemoine von Galileo Press für ihre große Geduld.

Dass es Spaß gemacht hat, dieses Buch zu entwickeln und zu schreiben, lag am Gegenstand. Deshalb auch mein Dank an die Entwickler von Zope bei der Zope Corporation und in der Zope Community.

Und alles hat immer auch ein größeres Ziel. Deshalb geht mein ganz besonderer Dank an:

Babu, Didi, Néné und den Pautz. (Ohne euch geht gar nichts).

Peter Walerowski
Berlin, im April 2004

1 Einleitung

Meine Web-Applikationen entwickle ich mit ... verwende ... als Datenbank und ... als Webserver. Warum sollte ich mir noch ein anderes System anschauen?

Schade. Die Chance, die Entwicklung von Web-Anwendungen mit anderen Augen zu betrachten, wurde soeben vertan.

Dieses Buch führt ein in den Webapplication-Server Zope, der ein einzigartiges System zur Entwicklung, Bearbeitung, Verwaltung und Veröffentlichung von Web-Inhalten darstellt. Sein zentrales Merkmal ist die konsequente Objektorientierung, die sich bis in die integrierte Objekt-Datenbank hineinzieht. Das führt automatisch dazu, als kleinsten Teil einer Web-Anwendung nicht mehr die ausgelieferte HTML-Seite anzunehmen, sondern diese weiter zu zergliedern in (seitenübergreifende) Teile (Objekte), die – wo es sinnvoll ist – mehrfach verwendet werden. Das Entwickeln von Web-Anwendungen mit Zope wird dadurch besonders schnell und effektiv.

Ob es um Portale, Content-Management-Systeme, E-Learning-Anwendungen, Dokumenten-Management-Systeme oder andere Arten von Web-Applikationen geht oder auch, wenn es sich nur um eine »kleine« Website handelt, die immer auf dem neuesten Stand gehalten werden muss – Zope kann auf jedem Gebiet sinnvoll und effizient eingesetzt werden.

Viele Unternehmen und Institutionen setzen Zope ein: das Auswärtige Amt, der DGB, Die Zeit, der ZDF-Theaterkanal, die Zeitschrift Medical Tribune, das Wissenschaftskolleg zu Berlin und nicht zuletzt der Verlag, der dieses Buch verlegt. Darunter befinden sich einige viel frequentierte Seiten, die zeigen, wie stark Zope auch unter hohen Zugriffszahlen ist. In diesem Buch wird gezeigt, wie man mit Zope auch komplexe Web-Applikationen entwickelt.

Für alle *Zope-Einsteiger* bietet das Buch das komplette Grundlagenwissen, um mit der Zope-Standardinstallation komplexe Web-Applikationen zu entwickeln. Es erklärt Zopes Template-Sprachen und ihre Verwendung und zeigt, welche Objekttypen für welchen Einsatzzweck bestimmt sind. Einsteiger

Dem *Umsteiger* von anderen Entwicklungssystemen bietet es einen raschen Einstieg in die Art der Entwicklung mit Zope. Es erläutert, wie Umsteiger man Datenbestände aus relationalen Datenbanken in Zope integriert und wie Web-Applikationen mit Zope aufgebaut werden.

Erfahrene Der *erfahrene Zope-User* findet in diesem Buch vertiefendes Wissen zu vielen Aspekten der Arbeit in und mit Zope. Eine ausführliche Beschreibung einer mit Zope entwickelten Applikation, einschließlich aller Quelltexte, gibt einen Blick hinter die Kulissen.

Das Buch gliedert sich in drei Teile:

▶ **Zope-Grundlagen**
Dieser Teil erläutert die Installation von Zope auf unterschiedlichen Systemem, erklärt die Zope-Oberfläche und behandelt die wichtigsten Objekttypen und ihre Verwendung. Ferner führt dieser Teil in die Template-Sprachen DTML und TAL ein und gibt einen Überblick über Python, Zopes »Basis«-Sprache.

▶ **Zope-Praxis**
In diesem Teil wird das Prototyping einer E-Learning-Anwendung mit Zope gezeigt. Man kann den Aufbau der Applikation, das Entwickeln von Funktionsmodulen, das Anlegen einer Benutzerverwaltung und viele weitere Aspekte einer Web-Entwicklung Schritt für Schritt nachvollziehen.

▶ **Zope-Vertiefung**
Der dritte Teil behandelt Themen wie die Anbindung relationaler Datenbanken, das Virtuelle Hosting, das Arbeiten mit Sessions sowie das Versions- und Fehlermanagement in und mit Zope. Des Weiteren wird ein Ausblick auf die Neuentwicklung Zope 3 gegeben.

Der Anhang des Buches bietet die komplette API-Referenz von Zope, die Erläuterung aller Rechte der Zope-Standardinstallation und Hinweise auf andere Zope-Ressourcen. Er rundet das Buch ab zu einem Werkzeug für die tägliche Arbeit mit Zope.

Voraussetzungen Natürlich kann dieses Buch nicht die Grundlagen der Webseiten-Erstellung behandeln. Dazu gibt es bereits eine Vielzahl von hervorragenden Werken, gerade auch aus diesem Verlag. Als Voraussetzung werden daher in allen drei Teilen Kenntnisse in HTML, Cascading Style Sheets und JavaScript angenommen.

 In den Listings findet man am Ende einiger Zeilen das Zeichen für einen weichen Zeilenumbruch (¬). Im Originalquelltext darf hier kein Umbruch gemacht werden, doch im Buch lässt der Satzspiegel das Durchschreiben in einer Zeile natürlich manchmal nicht zu.

Die beigefügte CD enthält aktuelle Zope-Versionen für Linux und Windows sowie eine Auswahl an Zope-Produkten (Erweiterungen). Letztere sind für die Beispiele im Buch nicht notwendig.

Des Weiteren enthält die CD alle Quelltexte der Beispiele im Buch. Neben der Installation von Zope ist für deren Bearbeitung nur noch ein Browser notwendig. Zu empfehlen, nicht nur wegen seiner Tab-Technologie, ist hierfür Mozilla (ebenfalls auf der CD).

Teil I:
Die Zope-Grundlagen

2 Erster Kontakt mit Zope

2 Erster Kontakt mit Zope

*In diesem Kapitel wird ein grundlegender Überblick über
Zope und dessen Features gegeben, ohne schon in die Details
der Arbeit mit diesem System einzusteigen. Weiter wird aufgezeigt, in welchen Kontexten und für welche Nutzergruppen
Zope geeignet ist.*

2.1 Was ist Zope?

Das World Wide Web besteht heute überwiegend aus Web-Applikationen, die HTML-Seiten dynamisch generieren und dabei die Inhalte
aus Datenbanken beziehen. Häufig werden dafür Lösungen eingesetzt,
die aus einem Webserver, einem relationalen Datenbanksystem und
einer Skriptsprache bestehen. Zope ist ein System, das diese Komponenten zu einem Entwicklungssystem integriert, das über ein Browser-
Interface bedient wird. Es hat alle Voraussetzungen zur Entwicklung,
Pflege und zum Betrieb von Web-Applikationen. Im Einzelnen bringt
Zope folgende Komponenten bzw. Eigenschaften mit:

▶ **Server für wichtige Internetprotokolle**
Der integrierte Webserver liefert eigenständig die HTML-Seiten aus,
die von Zope erzeugt werden. Die Datenbank ist zudem über FTP
oder WebDAV erreichbar. Bei Bedarf kann Zope aber auch »hinter«
einem anderem Webserver (z.B. Apache) arbeiten und die HTML-
Seiten an diesen weiter reichen, der dann die Auslieferung an die
Clients übernimmt.

▶ **Datenbank**
Alle Bestandteile einer Web-Applikation, die mit Zope erstellt ist,
werden in einer Objekt-Datenbank gespeichert. Dafür sind keine
besonderen »Handgriffe« erforderlich, sondern dies geschieht
implizit. Zope kann aber auch mit relationalen Datenbanksystemen
wie MySQL oder PostgreSQL zusammenarbeiten und Inhalte aus
diesen übernehmen. Genauso kann Zope auf Daten im Dateisystem
zugreifen.

▶ **Skriptsprachen**
Zope bietet gleich drei Skriptsprachen zur Entwicklung von Applika-
tionen. Zwei von ihnen, Document Template Markup Language
(DTML) und Template Attribute Language (TAL) werden in den
HTML-Quellcode integriert. Die dritte, Python, wird in eigenen
Bereichen notiert und von HTML-Seiten aufgerufen.

► **Objektorientierung**

Zope basiert in weiten Teilen auf Python, einer objektorientierten Skriptsprache. Das wirkt sich auf die Arbeit mit Zope dergestalt aus, dass man mit Objekten arbeitet, die sich gegenseitig aufrufen. HTML-Seiten werden aus einzelnen Objekten zusammengesetzt, die wiederum Inhalte von weiteren Objekten beziehen.

► **Browser-Interface**

Zope hat ein Interface, dass über den Browser aufgerufen wird. In ihm werden die Objekte verwaltet und editiert. Das Interface ist an die grafische Dateiverwaltung von Betriebssystemen angelehnt und erschließt sich deshalb sehr schnell.

► **Erweiterungen**

Für Zope existieren hunderte von Erweiterungen, die spezifische Lösungen bereitstellen. Die Palette reicht von einfachen Erweiterungen bestehender Funktionen bis zu kompletten Content Management Systemen.

Zope ist also ein System, das vollkommen eigenständig und unabhängig agieren kann. Für den Neuaufbau einer Web-Applikation ist das wahrscheinlich die beste Option, da man in einem System arbeitet, in dem alle Komponenten und Schnittstellen zwischen den Komponenten aufeinander abgestimmt sind.

Zope ist aber auch ein System, das mit anderen Systemen bei Bedarf interagieren kann. Hat man es z.B. mit Datenbeständen in relationalen Datenbanken zu tun, die in eine Web-Applikation integriert werden müssen, kann man diese Datenbank mit Zope verbinden und die enthaltenen Daten wie gewohnt nutzen.

Beide Möglichkeiten macht Zope für den professionellen Einsatz im Internet sehr flexibel. Gleichzeitig bietet es aber auch genügend Sicherheit in punkto Stabilität und Erreichbarkeit. Da es unter einer Open Source-Lizenz vertrieben wird, bietet es zudem einen Kostenvorteil gegenüber kommerziellen Systemen. Aber Open Source-Software bietet noch mehr als das. Der Zugriff auf alle Quellcodes erlaubt die Anpassung des Systems an eigene Bedürfnisse und die Sicherheit, dass bei einem eventuellen Wegfall des Anbieters die Entwicklung fortgesetzt werden kann. Für eine Entwicklungsumgebung im professionellen Einsatz sind dies ideale Voraussetzungen.

2.2   Der Aufbau von Zope

Zope besteht aus drei Hauptkomponenten, dem ZServer, der Objekt-Datenbank ZODB und dem Zope-Kern. Dessen Funktionalität kann durch Produkte und so genannte ZClasses erweitert werden (*siehe Abbildung 2.1*). Zope kann allein und eigenständig agieren, sowohl in Bezug auf den Server-Rechner als auch auf Web-Clients. Bei Bedarf kann Zope aber auch Ressourcen von anderen Systemen (Webserver, relationale Datenbanken, Server-Datei-System) nutzen.

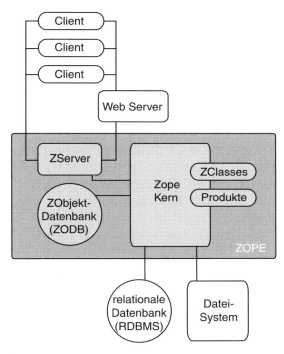

Abbildung 2.1 Der Aufbau von Zope

Alle Zope-Objekte werden in der ZODB abgelegt und werden dort über ihre Id referenziert. Der Zope-Kern wandelt den URL einer Anfrage in eine Objektreferenz um und schickt diese an die Datenbank. Diese liefert das Objekt an den Kern aus. Falls dieses Objekt weitere Objektreferenzen besitzt, werden auch diese aus der Datenbank angefordert. Alle für die Anfrage notwendigen Objekte und ihre Eigenschaften werden für den Aufbau der angeforderten HTML-Seite ausgewertet, und diese dann an den ZServer weitergereicht. Dieser liefert den HTML-String an den anfragenden Client aus. Dieser gesamte Prozess wird auch als Object-Publishing bezeichnet.

Eine Anfrage kann auch von einem anderen Webserver kommen. Eine gängige Methode ist es, das Apache-Rewrite-Modul zum Umlenken von URLs auf den ZServer zu verwenden. Hierbei schreibt das Apache-Modul einen hereinkommenden URL so um, dass er auf den ZServer bzw. ein Objekt von Zope zeigt.

Daten, die ausgeliefert werden, können auch aus externen Quellen stammen. Zope kann, wie bereits erwähnt, um Schnittstellen zu allen gängigen Datenbank-Systemen, aber auch zum Datei-System des Server-Rechners, erweitert werden. Solche extern gewonnenen Daten werden im Zope-Kern auch als Objekt gehandhabt.

2.3 Die Zielgruppen von Zope

2.3.1 Entwickler

Zope ist ohne Zweifel für jeden Entwickler von Web-Anwendungen ein Werkzeug, mit dem es Spaß macht zu arbeiten. Hat man sich erst einmal in das grundlegende Konzept und die wichtigsten Funktionen eingearbeitet, geht das Entwickeln von dynamischen Web-Applikationen erstaunlich schnell. Über das Browser-Interface hat man alle Komponenten, die zu einer solchen Applikation gehören, zusammengefasst und kann sie bequem editieren und verwalten. Dabei unterstützt Zope den Entwickler mit einigen Features, die den Arbeitsprozess um einiges erleichtern:

▶ **Keine spezielle Entwicklungsumgebung notwendig**
Da das Entwicklungswerkzeug der Browser ist, ist weitere Software für die Arbeit mit Zope nicht notwendig. Es können aber auch Quelltexte, die mit anderen Editoren erstellt worden sind, bequem importiert werden.

▶ **Speicherung aller Arbeitsschritte**
Alle Arbeitsschritte, die durch ein Speichern abgeschlossen wurden, werden in der integrierten Datenbank gespeichert. Sie sind damit jederzeit wieder herstellbar. Wird die Datenbank eventuell zu groß, können ältere Schritte verworfen werden.

▶ **Vergleich zweier Arbeitsschritte**
In Objekten, die Quellcodes beinhalten, können zwei Arbeitsschritte miteinander verglichen werden. Damit ist es sehr übersichtlich und bequem möglich, Fehlfunktionen aufzufinden.

► **Suchfunktion**

Objekte können über eine abgestufte Suchfunktion nach verschiedenen Kriterien, u. a. auch ihrem Inhalt, gesucht werden. Die gleiche Suchfunktion kann in Web-Applikation genutzt und über Indizes konfiguriert werden.

► **Versionen**

Einzelne Bereiche oder die gesamte Applikation lassen sich in so genannten Versionen bearbeiten, die vor der Öffentlichkeit verborgen sind. Damit kann man sowohl in Phasen entwickeln, ohne den laufenden Betrieb einer Site zu stören, als auch einzelnen Personen eines Entwicklungsteams unabhängige Bereiche zuweisen.

► **Benutzerverwaltung**

Bereits integriert in Zope ist eine mächtige Benutzerverwaltung, die mit Rechten und Rollen operiert. Dieses System ist einfach auf den Bedarf der zu entwickelnden Applikation hin spezifizierbar.

Aber auch Entwicklern, die lieber an der Wurzel arbeiten, bietet Zope die Möglichkeit über die Schnittstelle »Produkt«, Anwendungen mit Python zu entwickeln, die Zope Features nutzen. Neben einem Zugriff auf das Dateisystem des Servers, auf dem Zope installiert ist, sind dazu auch fundierte Python-Kenntnisse nötig. Und, bei allem Lob, ob des überzeugenden und einfach zu handhabenden Konzeptes von Zope, soll nicht verschwiegen werden, dass die Lernkurve extrem steil ansteigt, wenn man sich mit den Python-Modulen, aus denen Zope größtenteils besteht, auseinander setzen will, um sie für eigene Produktentwicklungen zu nutzen.

2.3.2 Mittlere Unternehmen, Verbände, Organisationen

Nicht allein die nicht anfallenden Kosten für den Lizenzerwerb und die Investitionssicherheit sprechen für einen Einsatz von Zope in kleineren und mittleren Organisationen, womit auch Unternehmen und Verbände gemeint sind. Auch die Möglichkeit, schnell leistungsfähige Web-Applikationen zu entwickeln und zu betreiben, verringert die Kosten, die für eine Onlinepräsenz angesetzt werden müssen, enorm.

Dabei ist Zope kein Content Management System (CMS), das schwer auf den eigenen Bedarf anzupassen ist, sondern eben ein Werkzeug, mit dem eine Anwendung entwickelt werden kann, die exakt am eigenen Bedarf ausgerichtet ist. Die Einarbeitungszeit in ein CMS dürfte, wenn man es wirklich anpassen will (meistens muss man sich ja dem

System anpassen), wohl genauso hoch sein wie die, die man für die Einarbeitung in Zope benötigt. Benötigt man aber vielleicht doch die Funktionen eines CMS, kann man auf einige auf Zope basierende leistungsstarke Systeme zurückgreifen (z.B. Silva, ZMS oder Plone).

In Bereichen, in denen schnelle Entwicklung und überschaubare Kosten wichtig sind, Lösungen von der Stange aber nicht in Frage kommen, ist Zope das ideale System, das fast alle Anforderungen abdeckt, die an ein modernes Entwicklungssystem gestellt werden. Zudem bieten die bereits erwähnten Produkte, die in der Regel auch unter einer Open-Source-Lizenz vertrieben werden, eine Möglichkeit, Entwicklungszeit einzusparen, da sie unter Umständen genau die Funktion zur Verfügung stellen, die man gerade benötigt.

2.3.3 Betreiber großer Websites

Zope besitzt ausgezeichnete Skalierungs-Möglichkeiten mit dem Produkt Zope Enterprise Objects (ZEO). Damit lässt sich eine Website auf mehreren Rechnern betreiben und Prozessorlast verteilen. ZEO ist so aufgebaut, dass Anfragen an die Websites gleichmäßig auf alle beteiligten Rechner verteilt werden. Steigt die Anzahl der Seitenaufrufe, lassen sich weitere Rechner in das System integrieren.

ZEO kann auch eingesetzt werden, wenn eine Website garantiert ständig verfügbar sein muss. Durch Verteilung auf mehrere Rechner und Verwaltung der Anfragen durch ZEO kann der eventuelle Ausfall eines Webservers durch die übrigen kompensiert werden und damit die Erreichbarkeit stabil gehalten werden.

Zope ist also auch in Umfeldern problemlos einsetzbar, in denen es auf Hochverfügbarkeit und große Zugriffszahlen ankommt.

2.4 Die Schwächen von Zope

Wie jedes System hat natürlich auch Zope Schwächen. Dem schnellen und einfachen Einstieg in Zope folgt häufig ein enormer Lernaufwand, wenn es um komplexe Applikationen geht. Der Leistungsumfang von Zope erschließt sich nicht unbedingt auf den ersten Blick, und der modulare Aufbau mit voneinander abhängigen Klassen macht es bisweilen schwer, einen Überblick zu bekommen. Oder ihn zu behalten, wenn man dachte, man hat ihn bereits.

Die Dokumentationen rund um Zope sind noch immer dünn gesät im Vergleich zu anderen Systemen, sodass es teilweise schwer ist, die notwendigen Informationen zu bekommen. Dieses Buch trägt hoffentlich dazu bei, den Zustand etwas zu verbessern.

Das Browser-Interface ist aus vielen Gründen eine praktische Entwicklungsumgebung, jedoch fehlen bei größeren Projekten einige wesentliche Features, die andere Editoren besitzen. Zwar hat Zope ein sehr gutes Fehlersystem, das schon beim Speichern eines Objektes z.B. Syntaxfehler ausweist. Aber die Angabe einer Zeilennummer, in der der Fehler auftrat, nützt nur bedingt, wenn man mit Formularfeldern arbeitet, die keine Zeilennummerierung bieten. Oft arbeitet man dann doch mit seinem gewohnten Editor und lädt die Quelltexte in Zope hinein.

Web-Applikationen verwalten häufig sensible Daten. Zwar kann der Zugang zu Bereichen einer Applikation durch Zopes Benutzerverwaltung durch Authentifizierung geschützt werden, die gesicherte Übertragung von Daten über das Netz ist mit Zope aber nicht möglich. Um verschlüsselte Verbindungen herzustellen, ist Zope deshalb auf die Unterstützung durch andere Software angewiesen.

Will man Zope einsetzen, benötigt man entsprechende Server. Leider sind Zope-Provider noch dünn gesät, und die wenigen, die es gibt, verlangen nicht zu rechtfertigende Preise. Zum Glück sind in der letzten Zeit viele Provider mit guten Angeboten zu Root-Servern herausgekommen. Da sich Zope sehr einfach installieren und administrieren lässt, sind diese Angebote eine echte Alternative.

Für alle Schwachpunkte gibt es zwar Alternativlösungen oder zumindest Workarounds, trotzdem aber bleiben noch einige Aufgaben, die in zukünftigen Versionen von Zope gelöst werden können. Für einen professionellen Einsatz aber ist Zope schon allemal genügend gerüstet.

3 Installation

3 Installation

Dieses Kapitel beschreibt den Weg vom Download der Software über die Installation bis zum Starten des ZServers. Man erfährt, welche Hardwarevoraussetzungen erfüllt sein müssen, wie das Zope-Verzeichnis aufgebaut ist und mit welchen Parametern Zope gestartet werden kann.

3.1 Systemvoraussetzungen

Damit Zope gut auf Ihrem System läuft, sollte es folgende Voraussetzungen mitbringen:

▶ einen x86 oder kompatiblen Prozessor mit wenigstens 500 Mhz

▶ wenigstens 128 MB Arbeitsspeicher

▶ wenigstens 16 MB freien Speicherplatz für die Grundinstallation

▶ ein installiertes Python in der Version 2.2.3 (wird auf Windows mitinstalliert)

Dies sind zwar nicht die Minimalvoraussetzungen, man sollte jedoch bedenken, dass in Zope sowohl ein Server als auch eine Datenbank integriert sind. Letztere nimmt bei der Entwicklung sehr schnell einen großen Umfang an, sodass entsprechend viel Speicherplatz zur Verfügung stehen sollte. Muss der Zope-Server sehr viele Requests bearbeiten, sollte das System eine gute Prozessorleistung und viel Arbeitsspeicher besitzen.

3.2 Bezugsquellen

Zope erhält man in seiner aktuellsten Version auf der Website der Zope-Community unter **http://www.zope.org**. Zum Zeitpunkt des Schreibens dieses Kapitels ist die neueste stabile Version 2.6.4. Auf der Downloadseite werden Versionen für Linux, Solaris und Windows angeboten sowie eine reine Quellcode-Version, aus der man Zope für seine Plattform kompilieren kann. Die richtige Python-Version ist unter **http://www.python.org** zu beziehen.

Will man sich lieber auf das Paketmanagement seiner Linux-Distribution verlassen, sollte man mithilfe des jeweiligen Paketmanagers überprüfen, ob Zope zur Distribution gehört. Red Hat, SuSE und Mandrake liefern Zope zumindest in ihren Server-Distributionen mit aus. Ansonsten empfiehlt sich ein Blick auf die Webseite **rpmseek.com** unter **http://www.rpmseek.com**, einer Suchmaschine für Linux-Pakete im RPM-Format.

Wer Debian einsetzt, wird ebenfalls in seiner Distribution fündig oder kann auf der Debian-Website unter **http://www.debian.org** eine aktuelle Version von Zope im deb-Format herunterladen.

3.3   Installation unter Linux

3.3.1   Installation der Binärdistribution

Bei der Installation unter Linux muss man zunächst entscheiden, ob man Zope später als root starten will. Ist dies der Fall, sollte man bei der Installation auch als root eingeloggt sein. Grundsätzlich kann man Zope aber auch als normaler Benutzer oder als ein eigens eingerichteter Benutzer, z. B. zope, installieren. Jedoch hat diese Installation eine Einschränkungen: Zope kann nicht an niedrigen Ports (unter 1024) laufen.

Die Installation als root ist wohl die, die in der Praxis eingesetzt wird. Deshalb wird sie hier so beschrieben, wie sie auf jeder Linux-Plattform durchgeführt werden kann.

Zunächst wird das tar-Archiv Zope-2.6.4-linux2-x86.tgz von der zope.org-Webseite heruntergeladen. Mit

```
# mv Zope-2.6.4-linux2-x86.tgz /usr/local
```

wird dann das Archiv in das Verzeichnis verschoben, in dem Zope installiert werden soll. Wir wählen hier /usr/local. Danach wechseln wir mit

```
# cd /usr/local
```

in das Verzeichnis und entpacken das Archiv mit

```
# tar xvfz Zope-2.6.4-linux2-x86.tgz
```

Eventuell kann man nun das Verzeichnis Zope-2.6.1-linux2-x86 umbenennen, um einen weniger kryptischen Namen zu erhalten. Keinesfalls darf das Verzeichnis nach der Installation umbenannt werden, da der Verzeichnisname für die Konfiguration während der Installation benutzt wird:

```
# mv Zope-2.6.4-linux2-x86 Zope
```

Innerhalb des so umbenannten Verzeichnisses befindet sich das Installationsskript mit dem Namen install. Nach einem Wechsel in das Verzeichnis mit

```
# cd Zope
```

wird das Skript mit

```
# ./install -u www-data -g www-data
```

ausgeführt. Die Optioen -u und -g bestimmen den Benutzer und die Gruppe für die die Installation durchgeführt wird. Es ist sinnvoll, den gleichen Benutzer zu nehmen, der auch den Webserver ausführt. Unter Debian ist das in der Regel www-data.

Nach einer kurzen Zeit, in der Kompiliervorgänge ablaufen, erhält man auf der Shell eine Rückmeldung, die in etwa so aussieht:

```
------------------------------------------------------------
Compiling python modules
------------------------------------------------------------
creating default inituser file
Note:
        The initial user name and password are 'admin'
        and 'cRlnOcca'.
        You can change the name and password through the web
        interface or using the 'zpasswd.py' script.
chmod 0600 /usr/local/Zope/inituser
chmod 0711 /usr/local/Zope/var
------------------------------------------------------------
-----
setting dir permissions
------------------------------------------------------------
-----
creating default database
chmod 0600 /usr/local/Zope/var/Data.fs
------------------------------------------------------------
-----
Writing the pcgi resource file (ie cgi script),¬
/usr/local/Zope/Zope.cgi
chmod 0755 /usr/local/Zope/Zope.cgi
------------------------------------------------------------
Creating start script, start
chmod 0711 /usr/local/Zope/start
------------------------------------------------------------
Creating stop script, stop
chmod 0711 /usr/local/Zope/stop
------------------------------------------------------------
Done!
```

Im zweiten Abschnitt teilt das Installationsskript mit, mit welchem Benutzernamen und Passwort die Erstanmeldung bei Zope erfolgen muss. Zuvor muss aber noch das so genannte »sticky-bit« für das Verzeichnis var der Zope-Installation gesetzt werden sowie der Besitzer auf root verändert werden:

```
# chmod 1775 var
# chown root:root var
```

Im Verzeichnis var befindet sich die Zope-Datenbank (*siehe Abschnitt 3.5*). Das Setzen des sticky-bits bewirkt, dass zwar jeder Benutzer in das Verzeichnis schreiben darf, eine Änderung aber nur an seinen eigenen Daten vornehmen kann.

Damit ist die Installation abgeschlossen. Zope kann jetzt gestartet werden.

3.3.2 Installation mit dem Paketmanagement

Die Paketmanager der Distributionen sorgen dafür, dass das System stabil bleibt und keine Software-Inkompatibilitäten entstehen. Das ist bei der Installation der Binärdistribution nicht gegeben, da das Paketmanagement diese nicht registriert. Wer besonderen Wert auf ein konsistentes System legt, dem ist also eine Installation über das jeweilige Paketmanagement zu empfehlen. Hier wird die Installation für Debian beschrieben.

Die aktuelle Version von Zope befindet sich nicht in der stable-Distribution von Debian. Deshalb muss man sie von der Debian-Webseite aus der testing- oder unstable-Distribution herunterladen. Das Paket trägt die Bezeichnung zope_2.6.4-1_i386.deb.

Nach dem Download wird durch

```
# dpkg -i zope_2.6.4-1_i386.deb
```

der Installationsprozess gestartet. Gegebenenfalls will das Paketmanagement noch weitere Pakete installieren. Dies hängt vom Softwarebestand des Systems ab. In der Regel kann man alle diesbezüglichen Vorschläge akzeptieren. In jedem Fall muss Python auf dem System installiert sein damit Zope läuft.

Während der Installation wird man per Dialog aufgefordert den Benutzernamen einzugeben (*siehe Abbildung 3.1*)

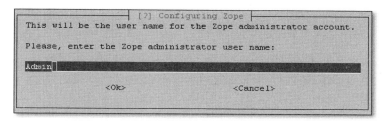

Abbildung 3.1 Angabe des Benutzernamens

Sowie ein Passwort (*siehe Abbildung 3.2*) für den Erstbenutzer auszuwählen.

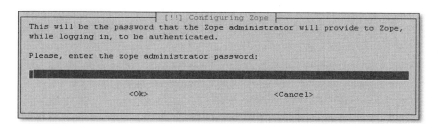

Abbildung 3.2 Angabe des Passwortes

Ferner kann die Verschlüsselungsart des Passwortes gewählt werden. Hier sollte die Methode »SHA« eingestellt werden (*siehe Abbildung 3.3*).

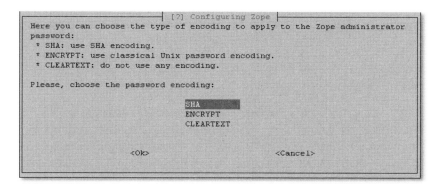

Abbildung 3.3 Wahl der Verschlüsselungsart

Der nächste Dialog legt fest, von welcher Domäne aus der Erstbenutzer auf Zope zugreifen kann (*siehe Abbildung 3.4*). Es können auch mehrere Domänen durch Leerzeichen getrennt eingegeben werden. Macht man hier keine Angabe, ist der Zugriff von jeder Domäne aus möglich.

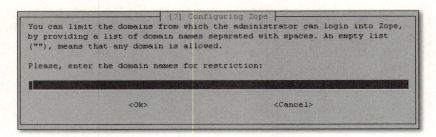

Abbildung 3.4 Angabe von Domänen

Nachdem alle Angaben gemacht wurden, installiert und konfiguriert der Paketmanager Zope. Den Abschluss bildet der automatische Start des ZServers. Zope ist nun bereit zum Einloggen über den Browser. Allerdings muss man eine Besonderheit unter Debian berücksichtigen. Der ZServer läuft hier nicht am Port 8080 wie bei der Binärdistribution. Dieser Port ist unter Debian für den Proxy reserviert. Vielmehr läuft Zope unter Debian standardmäßig am Port 9673, die Eingabe im Browser ist folglich **http://localhost:9673**.

3.4 Installation unter Windows

Die hier beschriebene Installation kann unter Windows NT, 2000 oder XP durchgeführt werden. Es ist auch eine Installation unter Windows 95/98 möglich, macht aber wenig Sinn, wenn Zope tatsächlich als Server betrieben werden soll.

Zunächst muss das Installationsprogramm Zope-2.6.4-win32-x86.exe von der zope.org-Webseite heruntergeladen werden.

Nach dem Starten und Akzeptieren der Lizenzbestimmungen erscheint ein Feld, in dem der Installation ein Name gegeben wird.

Dieser Name bestimmt zum einen den Verzeichnisnamen, in dem Zope installiert wird, zum anderen erscheint die Zope-Installation unter diesem Namen im Software-Panel in der Systemsteuerung und ist so von anderen Installationen zu unterscheiden. Im nächsten Schritt kann das Verzeichnis ausgewählt werden, in das Zope installiert werden soll. Wählt man hier die Voreinstellung **C:\Programme** und hat der Installation den Namen Zope gegeben, ist der komplette Installationspfad **C:\Programme\Zope**.

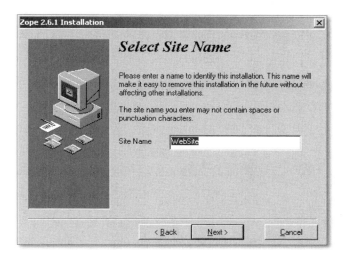

Abbildung 3.5 Die Zope-Installation benennen

Es folgt dann die Wahl eines Benutzernamens und eines Passwortes für den ersten User (*siehe Abbildung. 3.6*). Dieser User wird anders als bei einer Installation unter Linux mit der Manager-Rolle ausgestattet, die es ihm ermöglicht, jede Art von Aktion in Zope auszuführen (*zu Rollen siehe Kapitel 9*).

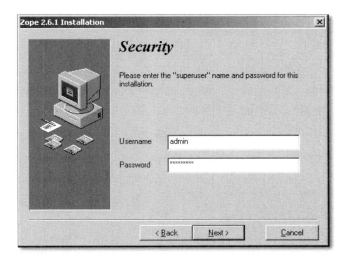

Abbildung 3.6 Benutzername und Password vergeben

Danach werden alle notwendigen Dateien auf die Festplatte installiert. Zum Abschluss der Installation kann man auswählen, ob Zope als Service eingerichtet oder manuell betrieben werden soll (*siehe Abbildung 3.7*). Es empfiehlt sich, Zope als Service einzurichten, damit gewährleistet ist, dass es beim Systemstart automatisch mitgestartet wird.

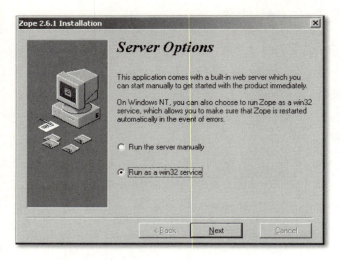

Abbildung 3.7 Zope als Service einrichten

Zope ist nun betriebsbereit und läuft standardmäßig am Port 8080. Es kann mit **http://localhost:8080/** im Browser erreicht werden.

3.5 Das Zope-Verzeichnis

Bei der Arbeit mit Zope ist es öfter notwendig, Dateien in bestimmte Verzeichnisse der Zope-Installation abzulegen. Deshalb folgt hier ein Überblick mit Erläuterungen zu den wichtigsten Verzeichnissen. Diese sind unter Windows und Linux nahezu identisch.

Im **bin**-Verzeichnis befindet sich der Python-Interpreter, ohne den Zope nicht lauffähig wäre.

Das **doc**-Verzeichnis enthält eine Reihe von Informationsdateien, z.B. eine FAQ-Liste und Hinweise zur Installation. Hier sollte man unbedingt mal einen Blick hineinwerfen.

Das **Extensions**-Verzeichnis ist für die Ablage von externen Methoden vorgesehen (*siehe Kapitel 7*).

Das **import**-Verzeichnis ist für die Ablage von Dateien vorgesehen, die von anderen Zope-Installationen exportiert wurden. Nur wenn sie in diesem Verzeichnis liegen, können sie in die eigene Zope-Instanz importiert werden.

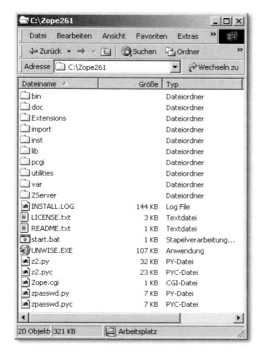

Abbildung 3.8 Das Verzeichnis von Zope

Das **lib**-Verzeichnis beherbergt eine Reihe von Software-Modulen, aus denen Zope besteht. Hier befindet sich auch das Verzeichnis »Products«, in das Zope-Erweiterungen gelegt werden.

Im **var**-Verzeichnis befinden sich die eigentlichen Nutzerdaten, abgelegt in einer Datei mit dem Namen **Data.fs**. Diese lässt sich selbstverständlich kopieren, z.B. zur Datensicherung oder zur Nutzung in einer anderen Zope-Installation. Startet man Zope ohne diese Datei, erzeugt es eine neue, leere Datenbank-Datei mit dem Namen **Data.fs**.

Das **ZServer**-Verzeichnis beinhaltet den in Zope integrierten Webserver, der die Anforderungen von Seiten aus dem Web bearbeitet.

3.5.1 Verzeichnisstruktur unter Debian

Die Installation unter Debian folgt einem anderen Konzept. Hier liegen der Kern von Zope und die nutzerabhängigen Daten an verschiedenen Stellen. Zopes Kern findet man in **/usr/lib/zope**, während die Nutzerdaten in **/var/lib/zope** abgelegt werden.

Gestartet wird Zope als Dienst, folglich liegt in **/etc/init.d/** eine Start-datei mit dem Namen **zope**. Diese stößt aber nur das eigentliche Start-skript an, das sich **/usr/sbin** befindet und den Namen **zopectl** trägt.

3.6   Den Zope-Server starten

Ist Zope nicht als Dienst oder Service installiert, erfolgt der Start des Zope-Servers über das Startskript im Zope-Verzeichnis. Je nach Betriebssystem unterscheidet sich der Startvorgang etwas.

3.6.1   Starten unter Linux

Unter Linux ist es notwendig, dem Startskript den Benutzernamen mit-zuteilen, unter dem Zope laufen soll. Es bietet sich an, den gleichen Benutzernamen zu wählen unter dem auch der Webserver läuft. Unter Debian ist das in der Regel www-data. Der Start erfolgt durch Eingabe von:

```
# ./start -u www-data &
```

Damit startet Zope und gibt Protokollinformationen auf der Konsole aus. Diese steht damit für andere Systemoperationen nicht mehr zur Verfügung. Man kann die Protokollinformationen aber auch in eine Datei umleiten und die Konsole wieder freigeben:

```
# nohup ./start -u www-data >run.log &
```

Als Rückmeldung erhält man dann die Prozess-ID, mit der Zope läuft.

Es lassen sich weitere Parameter an das Startskript übergeben und damit das Verhalten von Zope steuern. Näheres dazu in Abschnitt 3.6.3.

3.6.2   Starten unter Windows

Unter Windows wurde bei der Installation eine Batch-Datei mit dem Namen **start.bat** erzeugt, die den Startaufruf und alle notwendigen Parameter enthält. Ein Doppelklick auf diese Datei startet Zope und öff-net ein Windows-Command-Fenster, das die Protokollinformationen ausgibt.

Will man die Startparameter für Zope ändern, muss man die Datei **start.bat** in einem Editor öffnen und die gewünschten Angaben ein-fügen. Näheres dazu in Kapitel 3.6.3.

3.7 Startparameter für Zope

Zope kann mittels Startparameter auf die eigenen Belange eingestellt werden. Im Folgenden werden die Optionen kurz erläutert. Sie gelten, wenn nicht anders vermerkt, für Linux und Windows gleichermaßen:

▶ **h**

Zeigt die Liste aller Startparameter an.

▶ **z Pfad**

Hiermit kann man Zope unter einem anderen Pfad starten. Normalerweise führt das Skript die Datei z2.py aus, die im gleichen Verzeichnis wie das Skript selbst liegt.

▶ **Z 0 oder 1**

Diese Option funktioniert nur unter Linux und wird unter Windows ignoriert.

Hiermit kann man einen Managementprozess in Gang setzen, der Zope neu startet, wenn der Server heruntergefahren wurde oder abgestürzt ist.

Wenn der Parameter nicht null ist (z.B. -Z1 oder Zyes), wird ein Managementprozess gestartet, andernfalls (z.B. -Z- oder -Z0) nicht. Das Standardverhalten setzt einen Managementprozess in Gang.

▶ **t Zahl**

Hiermit wird die Anzahl der Threads festgelegt, wenn ZODB3 benutzt wird. Der Standardwert ist 4.

▶ **i Zahl**

Hiermit kann das Intervall eingestellt werden, mit dem der Interpreter z.B. Thread-Wechsel oder Signal Handler überprüft. Der Standardwert ist 120. Andere Werte können je nach Umgebung, entscheidend ist hier die Prozessorleistung, die Performance steigern.

▶ **D**

Diese Option startet Zope im Debug-Modus. Dadurch wird der Zope-Prozess nicht vom Kontrollterminal getrennt. Diese Option ist äquivalent mit der Einstellung der Umgebungsvariablen Z_DEBUG_ MODE=1.

▶ **a IP-Adresse**

Die IP-Adresse des ZServers. Wenn ein leerer String angegeben wird (-a ''), werden alle IP-Adressen des Rechners genutzt.

▶ **d IP-Adresse**

Die IP-Adresse des DNS-Servers. Wenn ein leerer String angegeben wird (-d ''), werden IP-Adressen nicht gelogged. Wenn sich der DNS-Service auf dem lokalen Rechner befindet, kann der Wert auf 127.0.0.1 gesetzt werden.

▶ **u Benutzername oder Benutzer-ID**

Der Benutzername unter dem der ZServer laufen soll. Man kann Zope mit einem anderen als dem Linux-Benutzernamen laufen lassen. Dies funktioniert nur unter Linux, und wenn Zope von root installiert wurde. In diesem Fall ist die Angabe zwingend erforderlich.

▶ **P [IP-Adresse:]Zahl**

Setzt die Ports gleichzeitig für den Webserver (HTTP), den FTP-Server und den Monitor als Addition mit dem für Zahl angegebenen Wert. Der Web-Port ist 80+Zahl, der FTP-Port 21+Zahl und der Monitor-Port 99+Zahl.

Vor der Zahl kann eine IP-Adresse stehen, gefolgt von einem Doppelpunkt, um eine Adresse für den Server zu spezifizieren. Das erlaubt verschiedenen Servern unter verschiedenen Adressen zu arbeiten.

Mehrere -P-Optionen können angegeben werden, um den Server gleichzeitig an mehreren Ports laufen zu lassen.

▶ **w Port**

Setzt den Port für den Webserver (HTTP). Der Standard-Wert in Zope ist 8080. Der Standard-Port für HTTP ist 80. Gibt man ein Minuszeichen an (-w-), wird HTTP abgeschaltet.

Vor der Zahl kann eine IP-Adresse stehen, gefolgt von einem Doppelpunkt, um eine Adresse für den Server zu spezifizieren. Das erlaubt verschiedenen Servern unter verschiedenen Adressen zu arbeiten.

Mehrere -w-Optionen können angegeben werden, um den Server gleichzeitig an mehreren Ports laufen zu lassen.

▶ **W Port**

Setzt den Port für WebDAV. Gibt man ein Minuszeichen an (-W-), wird HTTP abgeschaltet. Das ist auch die Standardeinstellung. Diese Option ist ein Provisorium wegen der fehlenden source-link-Unterstützung in den WebDav-Clients.

Vor der Zahl kann eine IP-Adresse stehen, gefolgt von einem Doppelpunkt, um eine Adresse für den Server zu spezifizieren. Das erlaubt verschiedenen Servern unter verschiedenen Adressen zu arbeiten.

Mehrere -W-Optionen können angegeben werden, um den Server gleichzeitig an mehreren Ports laufen zu lassen.

▶ **C oder auch --force-http-connection-close**

Diese Einstellung veranlasst Zope alle HTTP-Verbindungen zu schließen, unabhängig vom 'Connection'-Header, der vom Client geschickt wird.

▶ **f Port**

Setzt den Port für den FTP-Server. Der Standard-Wert in Zope ist 8021. Der Standard-Port für FTP ist 21. Gibt man ein Minuszeichen an (-f-), wird FTP abgeschaltet.

Vor der Zahl kann eine IP-Adresse stehen, gefolgt von einem Doppelpunkt, um eine Adresse für den Server zu spezifizieren. Das erlaubt verschiedenen Servern unter verschiedenen Adressen zu arbeiten.

Mehrere -f-Optionen können angegeben werden, um den Server gleichzeitig an mehreren Ports laufen zu lassen.

▶ **p Pfad**

Der Pfad zur PCGI-Resourcendatei (PCGI = Persistent CGI). Der Standardwert ist 'Zope.cgi', relativ zum Zope-Installationsverzeichnis. Ein Minuszeichen (-p-) oder eine nicht vorhandene Resourcendatei schaltet PCGI ab.

▶ **F Pfad oder Port**

Entweder wird mit dieser Option der Pfad für UNIX Domain Sockets für den FastCGI-Server gesetzt oder ein Port für Inet-Sockets angegeben. Ohne Wertangabe bleibt FastCGI abgeschaltet.

▶ **m Port**

Mit dieser Option wird der Port für den sicheren Monitor-Server gesetzt. Gibt man ein Minuszeichen an (-m-), wird der Monitor-Server abgeschaltet. Der Monitor-Server erlaubt einen interaktiven Zugriff auf den ZServer im Python-Stil. Der Monitor-Client befindet sich im Zope-Verzeichnis unter medusa/monitor_client.py oder medusa/monitor_client_win32.py. Das Passwort für den Monitor-Server ist das gleiche wie für den Emergency User. Standardmäßig wird der Monitor-Server nicht gestartet.

Vor der Zahl kann eine IP-Adresse stehen, gefolgt von einem Doppelpunkt, um eine Adresse für den Server zu spezifizieren. Das erlaubt verschiedenen Servern unter verschieden Adressen zu arbeiten.

Mehrere -m-Optionen können angegeben werden, um den Monitor gleichzeitig an mehreren Ports laufen zu lassen.

▶ **icp [IP-Adresse:]Port**

Mit dieser Option kann ein ICP-Port eingestellt werden. Darüber lässt sich eine Lastenverteilung zwischen mehreren Zope-Servern herstellen, wenn ein ICP-Front-End wie der Squid-Proxy-Server verwendet wird.

Vor der Zahl kann eine IP-Adresse stehen, gefolgt von einem Doppelpunkt, um eine Adresse für den Server zu spezifizieren. Das erlaubt verschiedenen Servern unter verschiedenen Adressen zu arbeiten.

Mehrere --icp-Optionen können angegeben werden, um den Server gleichzeitig an mehreren Ports laufen zu lassen.

▶ **l Pfad**

Der Pfad zur log-Datei des ZServers. Wenn es sich um einen relativen Pfad handelt, wird die log-Datei ins var-Verzeichnis geschrieben. Der Standardwert ist Z2.log.

▶ **r**

Diese Option startet den ZServer im read-only-Modus. Der ZServer schreibt dann weder log-Dateien noch pid-Dateien oder anderes auf die Festplatte.

▶ **L**

Schaltet die Lokalisierungsunterstützung ein. Der Wert für diese Option sollte der Name der Lokalisierung sein, die benutzt werden soll (darüber gibt die Dokumentation des benutzten Betriebssystems Auskunft). Ein leerer String (-L'') setzt die Zope-Lokalisierung auf den vom Benutzer eingestellten Standardwert (üblicherweise in der $LANG-Umgebungsvariablen spezifiziert). Wenn die Python-Installation das Lokalisierungsmodul nicht unterstützt, wird entweder die Lokalisierung vom System nicht unterstützt oder ein leerer String wurde übergeben, für den kein Standardwert gefunden werden konnte. Das löst einen Fehler aus und Zope wird nicht gestartet.

▶ **X**

Schaltet alle Server ab. Dies kann nützlich sein, wenn man alle Standardeinstellungen oder frühere Einstellungen abschalten will, bevor man neue vornimmt. Um zum Beispiel nur einen Webserver zu starten, kann man folgende Parameter angeben: -X -w80.

▶ **M Datei**

Sichert detaillierte Logging-Informationen in die angegebene Datei.

Diese beinhalten separate Einträge für den Start eines Requests, den Start der Durchführung des Requests in einem Applikations-Thread, den Start der Response-Ausgabe und das Ende des Requests.

3.7.1 Zope als Dienst oder Service mit Parametern starten

Wenn Zope unter Linux als Dienst eingerichtet wurde, muss zur Parameterübergabe das Startskript verändert werden. Unter Debian öffnet man dazu mit einem Editor das Skript.

```
# joe /etc/init.d/zope
```

Darin befindet sich die Zeile:

```
#ZOPEOPTS="-P 9000"
```

Aus dieser Zeile entfernt man das Kommentarzeichen (#) und gibt nach dem Gleichheitszeichen die gewünschten Parameter an. Diese werden durch Leerzeichen getrennt. Alle Parameter zusammen müssen von Anführungszeichen (" ") gerahmt sein. Ein Beispiel:

```
ZOPEOPTS="-P 9000 -D"
```

Diese Angabe startet den Server mit einem Offset von 9000 für alle Ports und im Debug-Modus.

Unter Windows müssen die Parameter in der Registrierungsdatenbank eingetragen werden. Dazu wählt man im Startmenü den Eintrag »Ausführen« und gibt in dem sich öffnenden Fenster »regedit« ein. Nach einem Klick auf »OK« öffnet sich der Registrierungseditor.

Der Pfad zum entsprechenden Schlüssel lautet:

```
HKEY_LOCAL_
MACHINE\SYSTEM\CurrentControlSet\Services\[Name der Zope-
Instanz]\Parameters\start
```

Hierbei steht »[Name der Zope-Instanz]« für den Namen, der bei der Installation für Zope vergeben wurde.

Per Doppelklick auf das Symbol von »Start« öffnet sich ein Fenster, in dem man die Parameter einfügen kann.

3.8 In Zope einloggen

Nach erfolgreicher Installation und dem Start des ZServers kann man mit einem normalen Browser Zope erreichen.

http://localhost:8080

ruft die Standard-Startseite von Zope auf (*siehe Abbildung 3.9*). Wurde Zope als Dienst unter Debian installiert, muss als Portnummer 9673 angegeben werden. Von hier aus gelangt man auch in das Zope Management Interface (ZMI).

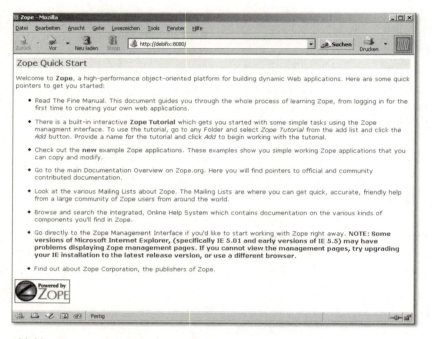

Abbildung 3.9 Zopes Standard-Startseite

Direkt in das ZMI kommt man mit dem URL

http://localhost:8080/manage

Dieses ist passwortgeschützt. Es erscheint daher ein Fenster, in dem man seinen Benutzernamen und sein Kennwort eingeben muss (*siehe Abbildung 3.10*).

Abbildung 3.10 Benutzernamen- und Passworteingabe

4 Arbeiten in Zope

4 Arbeiten in Zope

In diesem Kapitel wird die Benutzeroberfläche und der grundlegende Aufbau der Objektstruktur von Zope vorgestellt. Die wichtigsten Zope-Objekte werden besprochen und ihre Verwendung erläutert. Weiterhin werden die wichtigsten Managementfunktionen im Zope-System beschrieben. Den Abschluss bildet ein praktisches Beispiel, das das Zusammenwirken von Zope-Objekten verdeutlicht.

4.1 Das Zope Management Interface (ZMI)

Der Arbeitsbereich von Zope ist das ZMI (*siehe Abbildung 4.1*). Hier findet der größte Teil der Entwicklungsarbeit statt. Da es über den Browser aufgerufen wird, ist es möglich, von einem entfernten Rechner aus zu arbeiten. Es wird dazu keine weitere Software auf dem lokalen Rechner benötigt. Das macht nicht nur das Arbeiten von beliebigen Orten aus möglich, sondern ist auch für die Arbeit im Team von Vorteil. Alle Änderungen werden zentral in der Zope Objekt-Datenbank (ZODB) gespeichert und können von allen Teammitgliedern abgerufen werden.

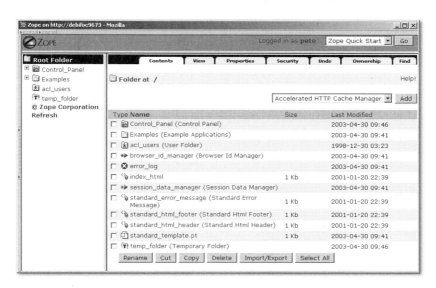

Abbildung 4.1 Das Zope Management Interface

Das Browserfenster wird vom ZMI in drei Frames geteilt. Der obere spielt für die tägliche Arbeit eine eher untergeordnete Rolle. Er zeigt den Namen des eingeloggten Benutzers an und hat ein Pulldown-Menü mit drei Optionen:

▶ **Zope Quick Start**

Diese Option bringt die Standard-Startseite in den rechten unteren Frame. Von dieser Seite führen Links zu verschiedenen Hilfe- und Informationsseiten. Teilweise befinden sich diese Seiten auf Rechnern im Internet.

▶ **Set Preferences**

In den Preferences lässt sich einstellen, ob das ZMI mit dem Zope eigenen Stylesheet angezeigt werden soll oder nicht. Ferner kann der obere Frame ausgeblendet und die Breite und Höhe von Texteingabefeldern eingestellt werden.

▶ **Logout**

Der Aufruf dieser Option öffnet das Eingabefenster für den Benutzernamen und das Passwort. Man loggt sich aus Zope aus, indem man in diesem Fenster auf »*Abbrechen*« klickt.

4.1.1 Der Navigationframe

Der linke Frame im ZMI ist der Navigationsframe. In ihm werden in einer hierarchischen Baumstruktur alle ordnerähnlichen Objekte angezeigt (*zu Objekten siehe Abschnitt 4.4*). Wie auch im Windows-Explorer haben Ordner, die weitere Ordner enthalten, ein Pluszeichen links neben dem Ordnersymbol. Bei Klick darauf werden die enthaltenen Ordner ausgeklappt und aus dem Plus- wird ein Minuszeichen. Ein erneuter Klick darauf lässt die Unterordner wieder einklappen.

Durch einen Klick direkt auf ein Ordnersymbol wird sein Inhalt im rechten Frame aufgelistet. Dort werden dann auch nicht ordnerähnliche Objekte angezeigt. Die Anwendung entspricht im Wesentlichen der von grafischen Dateimanagern wie z.B. dem Windows-Explorer. Der Navigationframe wird also hauptsächlich zur Navigation durch Ordnerhierarchien genutzt.

Der Link »© *Zope Corporation*« bringt im rechten Frame eine Seite mit den Zope-Lizenzbestimmungen. Diese sollte man, insbesondere wenn man kommerzielle Sites entwickelt, genau studieren.

Ein Klick auf den Link »*Refresh*« lädt die Seite des Navigationsframes neu vom Server. Nicht jede Änderung, die im Hauptframe gemacht wird, wird vom Navigationsframe automatisch nachvollzogen. Deshalb ist notwendig, diese Funktion von Zeit zu Zeit aufzurufen.

4.1.2 Der Arbeitsbereich

Im rechten Frame, dem Arbeitsbereich findet die meiste Entwicklungs-arbeit statt. Hier werden die Objekte, aus denen man seine Website zusammensetzt, aufgelistet, hinzugefügt, gelöscht und bearbeitet.

Für jedes Objekt stehen mehrere so genannte Management-Tabs zu Verfügung, die man durch Klick auf den Tab-Titel im Reiter am oberen Rand des Frames erhält. Das aktuell gewählte Tab ist mit einer helleren Farbe im Reiter hinterlegt. Jeder Objekttyp hat ein spezifisches Set von Tabs. Einige Tabs finden sich bei allen Objekten, andere nur bei bestimmten. Ein Ordner-Objekt z.B. besitzt ein Content-Tab, das den Inhalt auflistet, während ein File-Objekt ein Edit-Tab zur Bearbeitung hat, beide Objekttypen besitzen aber ein Properties-Tab (*zu Objekten und ihren Tabs siehe Abschnitt 4.3*)

Die grau unterlegte Zeile unterhalb der Tableiste zeigt den kompletten Pfad des Objektes an, das man gerade bearbeitet. Jedes einzelne Pfad-element ist anklickbar und führt zum entsprechenden Objekt. Der Schrägstrich zu Beginn des Pfades verweist auf das root-Verzeichnis. In der Regel sind alle Pfadelemente, mit Ausnahme des letzten, Ordner-Objekte, da nur diese andere Objekte enthalten können.

Ebenfalls in der grau unterlegten Zeile, am rechten Rand des Frames, befindet sich der Link zur Hilfefunktion. Dieser öffnet eine kontext-bezogene Hilfe in einem neuen Browserfenster. Man erfährt also etwas über Ordner, wenn man die Hilfe vom Content-Tab eines Ordners aus aufruft, hingegen etwas über das Editieren von Dateien, wenn man sie vom Edit-Tab eines File-Objektes aus aufruft.

4.2 Die wichtigsten Management-Tabs

Wie schon erwähnt, hat jeder Objekttyp in Zope eine eigene Zusammenstellung von Tabs. Die Tabs, die sich bei fast jedem Objekt-typ finden, werden im Folgenden dargestellt und erläutert. Tabseiten werden beim Aufruf von Zope generiert. Man sollte sich deshalb angewöhnen, Eingaben und Änderungen auf einer Tabseite sofort mit dem »*Save*«-Button zu speichern. Verlässt man ein Tab, ohne zu spei-chern, sind alle Einträge verloren, da sie nicht im Arbeitsspeicher gehalten werden. Beim erneuten Aufruf des Tabs bekommt man dann den zuletzt in der Zope-Datenbank gespeicherten Zustand wieder ange-zeigt.

4.2.1 Das View-Tab

Das View-Tab bringt eine Ansicht des aktuellen Objektes in den Haupt-frame. Zope setzt den Inhalt des Objektes in eine HTML-Seite um. Diese Ansicht entspricht in der Regel der Darstellung des Objektes wie sie auch ein späterer Besucher der Webseite erhalten wird. Das View-Tab wird also zum schnellen Testen einer Seite benutzt. Allerdings kann es sein, dass Referenzen auf andere Objekte ohne den Gesamtzusam-menhang nicht erkannt werden und die Darstellung fehlerhaft ist. Ein aussagekräftiger Test sollte deshalb immer durch den Aufruf der ganzen Site in einem anderen Browser erfolgen. Zudem hat man bei der Ver-wendung eines zweiten Browsers immer die Ansicht eines »normalen« Benutzers, die man mit seinem Entwicklungs-Browser nicht hat. Mit ihm ist man mit der Manager-Rolle eingeloggt.

Wählt man das Tab während man sich in einem Ordner befindet, wird das Objekt angezeigt, das den Namen `index_html` trägt. Enthält der Ordner kein Objekt mit diesem Namen, wird `index_html` aus einem darüber liegenden Ordner angezeigt. Diese Funktion wird in Zope Akquisition genannt (*siehe Abschnitt. 7.3*). Erst wenn sich ausgehend vom aufgerufenen Ordner in der gesamten Pfadkette hoch bis zum `root`-Ordner kein Objekt mit dieser Id befindet, gibt Zope eine Fehler-meldung aus. Es verhält sich hier ähnlich dem Apache-Webserver, der eine Datei mit Namen **index.html** an den Browser liefert, wenn nur der Ordner, in dem sich die Datei befindet, mit dem URL angefordert wird.

4.2.2 Das Properties-Tab

Viele Zope-Objekte können mit Eigenschaften versehen werden. Diese Eigenschaften sind in der Regel Informationen, die mit einem Objekt in Verbindung stehen. Sie können über das Objekt abgerufen und zur Ansicht gebracht werden.

Die Einrichtung und Bearbeitung von Eigenschaften erfolgt im Proper-ties-Tab. In dessen oberer Hälfte werden die vorhandenen Eigenschaf-ten, deren Datentypen und gegebenenfalls Werte aufgelistet. Der Wert einer Eigenschaft kann im Textfeld rechts vom Namen geändert wer-den. Die Id und der Datentyp hingegen sind nicht änderbar.

Die meisten Zope-Objekte bringen schon die Eigenschaft `title` mit. Dieser muss nicht unbedingt ein Wert zugewiesen werden. Sie kann aber auch nicht gelöscht werden, wenn man sie nicht benutzen will.

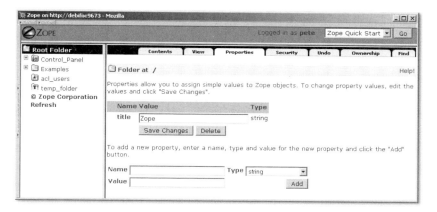

Abbildung 4.2 Das Properties-Tab

Selbst angelegte Eigenschaften dagegen lassen sich auch wieder löschen. Selbstverständlich ist dann auch der mit ihr verbundene Wert verloren.

Das Anlegen neuer Eigenschaften erfolgt im unteren Teil des Tabs. Bei diesem Vorgang muss mindestens ein Name vergeben werden. Automatisch wird dann eine Eigenschaft mit dem Datentyp *string* erzeugt, die zunächst keinen Wert enthält. Man kann in dem Pulldown-Menü je nach Bedarf auch einen anderen Datentyp wählen und direkt einen Wert zuweisen. Nach Klick auf den *»Add«*-Button erscheint die Eigenschaft in der Liste.

Die möglichen Datentypen für Eigenschaften

Datentypen sind notwendig, damit Zope »weiß«, wie es mit einem Wert umgehen muss. Rechenoperationen z.B. kann man nur mit Zahlen (*int* oder *float*) durchführen, Zeichenkettenfunktionen lassen sich nur auf *strings* anwenden.

Das Pulldown-Menü bietet 15 Datentypen zur Auswahl, die im Folgenden beschrieben werden:

▶ **boolean**
Ein boolescher Wert, entweder 1 oder 0. Er wird im ZMI durch ein Kontrollkästchen repräsentiert, wobei angekreuzt für 1 und nicht angekreuzt für 0 steht.

▶ **date**
Eine Datumsangabe im Format JJJJ/MM/TT hh:mm:ss. Dabei kann auf die Zeitangabe verzichtet werden.

- **float**
  Eine Fließkommazahl im amerikanischen Format, bei dem statt des Kommas ein Punkt benutzt wird, also z. B. 3.14.

- **int**
  Eine Ganzzahl mit bis zu 9 Stellen.

- **lines, ulines**
  Eine Liste von Zeichenketten (strings), die jeweils in einer Zeile stehen. Zope stellt dafür ein mehrzeiliges Textfeld bereit.

- **long**
  Eine Ganzzahl, die mehr als 9 Stellen haben kann.

- **String, ustring**
  Eine Zeichenkette, die aus maximal einer Zeile besteht.

- **text, utext**
  Eine Zeichenkette, die aus mehreren Zeilen bestehen kann.

- **tokens, utokens**
  Eine Liste von Zeichenketten (*strings*), die durch whitespace (z. B. Leerzeichen) getrennt werden, z. B. *gestern heute morgen*.

- **selection**
  Eine Zeichenkette, die in einem Pulldown-Menü ausgewählt wird. Zur Erstellung einer Eigenschaft dieses Datentyps wird eine zusätzliche Eigenschaft des Types *lines* benötigt, die auch in einem übergeordneten Objekt definiert sein kann. Diese enthält die Werte für das Pulldown-Menü. Als Wert für die Eigenschaft vom Typ selection wird die Id der *lines*-Eigenschaft angegeben.

- **multiple selection**
  Eine Liste von Zeichenketten (*strings*), die in einer Auswahlliste gewählt werden. Die Erstellung einer solchen Eigenschaft erfolgt nach dem gleichen Prinzip wie bei selection-Eigenschaften.

Die Datentypen, deren Bezeichnung mit einem »u« beginnen, speichern Unicode-Text. Die übrigen Text-Datentypen speichern diesen in ASCII-Codierung.

4.2.3 Das Security-Tab

Das Security-Tab dient zur Einstellung und Veränderung von Benutzerrollen (*siehe Abbildung 4.3*). Jeder Benutzer in Zope erhält eine Rolle, die sich aus einem Set von Rechten definiert. In diesem Tab kann man die einzelnen Rechte für die Rollen definieren. Vertikal werden alle Rechte aufgelistet, in der Horizontalen alle vorhandenen Rollen, sodass sich eine Matrix ergibt. Durch Wahl der Kontrollfelder an den Kreuzungspunkten dieser Matrix weist man einer Rolle Rechte zu oder entzieht sie.

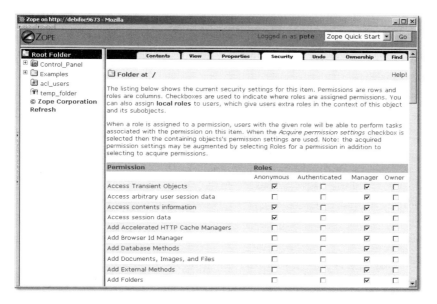

Abbildung 4.3 Das Security-Tab

Unterhalb der Liste der Rechte gibt es die Möglichkeit, neue Rollen anzulegen. Man gibt der neuen Rolle einen Namen und klickt auf den Button »*Add Role'*«. Die neue Rolle erscheint in der Matrix und man kann nun die einzelnen Rechte für sie definieren (*näheres zu Rollen und Rechten siehe Kapitel 9*). Sie ist gültig für den Ordner, in dessen Security-Tab sie definiert wurde, und all seinen Unterobjekten.

4.2.4 Das Ownership-Tab

Jeder Benutzer, der in Zope ein Objekt erstellt, wird zu dessen Besitzer (*owner*). Aus Sicherheitsgründen können Objekte, die ausführbar sind, nur dann ausgeführt werden, wenn dessen Besitzer das Recht zum Ausführen hat. Damit wird vermieden, dass so genannte trojanische Pferde in die Zope-Anwendung geschleust werden können.

Das Ownership-Tab informiert nur über den aktuellen Besitzer des gewählten Objektes. Hat man in seiner Rolle das Recht, Objekte in Besitz zu nehmen, findet sich ein entsprechender Button auf dem Tab.

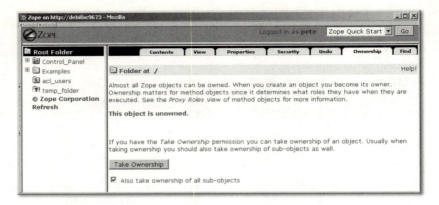

Abbildung 4.4 Das Ownership-Tab

Die Übernahme eines Objektes in seinen Besitz kann sinnvoll sein, wenn der ursprüngliche Besitzer aus dem System gelöscht wurde.

4.2.5 Das Undo-Tab

Zope registriert jede Änderung, die an Objekten vorgenommen wird. Sie werden in der ZODB gespeichert Alle Änderungen werden im Undo-Tab mit dem Benutzer und dem Datum aufgelistet und können dort auch rückgängig gemacht werden (*siehe Abbildung 4.5*).

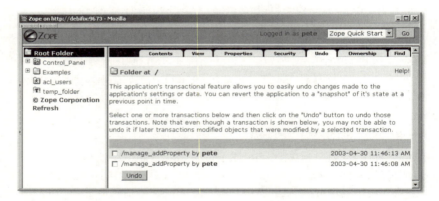

Abbildung 4.5 Das Undo-Tab

Bei einem nicht ordnerähnlichen Objekt bezieht sich die Liste der Änderungen auf das Objekt selbst. Bei einem Ordner auf alle Objekte innerhalb des Ordners, einschließlich weiterer Ordner und deren Objekte. Das bedeutet, dass man auf dem Undo-Tab des `root`-Ordners die gesamten Änderungen im Systems aufgelistet findet.

Um einen Vorgang rückgängig zu machen, markiert man das Kontrollkästchen links neben dem Eintrag und klickt den »Undo«-Button. Dabei muss man jedoch die zeitliche Abfolge der Modifikationen an einem Objekt beachten. So ist es nicht möglich, nur die z.B. drittletzte Änderung an einem Objekt rückgängig zu machen. Wohl aber kann man die letzten drei Änderungen in einem Schritt rückgängig machen.

4.3 Die wichtigsten Zope-Objekttypen

In der täglichen Arbeit des Entwickelns von Webseiten wird man es längst nicht immer mit allen Zope-Objekten zu tun haben. Webseiten bestehen in der überwiegenden Mehrzahl aus Text und Bildern bzw. Grafiken, deren Struktur auf dem Server mit Verzeichnissen abgebildet wird. Für dynamische Webseiten wird der Content aus einer Datenbank mittels Methoden bzw. serverseitigen Skripten generiert. Analog dazu gibt es in Zope im Wesentlichen sieben Objekttypen mit denen Websites aufgebaut werden können. Diese und, sofern vorhanden, deren spezifische Tabs werden in diesem Abschnitt beschrieben.

Das Hinzufügen eines Objektes geschieht innerhalb des Content-Tabs eines Ordners. Dort befindet sich unterhalb der Pfadanzeige am rechten Rand des Frames ein Pulldown-Menü, das alle Zope-Objekte auflistet. Durch Auswahl des gewünschten Objekttyps erhält man eine Seite, auf der man dem Objekt eine Id zuweist. Diese Angabe ist zwingend notwendig, da Objekte über ihre Id referenziert werden. Innerhalb eines Ordners kann eine Id nur einmal vergeben werden, unabhängig vom Objekttyp. Auch eine Id, die für eine Eigenschaft des Ordners bereits vergeben wurde, kann nicht noch einmal verwendet werden. Optional kann man bei den meisten Objekttypen auch einen Titel angeben (siehe Abbildung 4.6). Optionale Eingabemöglichkeiten sind immer durch kursive Schrift gekennzeichnet.

| Id | |
| Title | |

Abbildung 4.6 Id- und Title-Eingabe

4.3.1 Ordner

Ordner werden in Zope benutzt, um darin andere Objekte abzulegen. Dadurch ist es möglich, eine Website zu strukturieren. Man kann z.B. für jeden Bereich einer Site einen Ordner anlegen, für Unterbereiche

Unterordner usw. und so die Struktur einer Site abbilden. In die Ordner legt man dann Objekte, die die eigentlichen Inhalte bereitstellen.

Ordnern kann man Eigenschaften zuweisen. Das ist z.B. dann sinnvoll, wenn man einzelne Ordner unterscheiden will. So könnte man z.B. jedem Ordner in einer Anwendung die Eigenschaft content mit dem Datentyp *boolean* zuweisen, deren Wert entweder 1 oder 0 ist, um Ordner, die für Inhalte vorgesehen sind, von anderen Ordnern zu unterscheiden.

Beim Anlegen eines neuen Ordners hat man die Möglichkeit, automatisch einen neuen Benutzer-Ordner und ein *public interface*, das ist das bereits erwähnte Objekt mit der Id index_html, erstellen zu lassen. Beides kann aber auch später noch hinzugefügt werden.

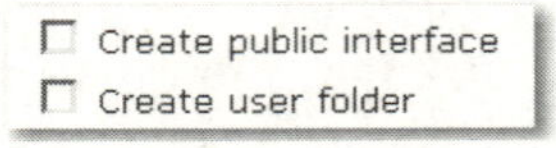

☐ Create public interface
☐ Create user folder

Abbildung 4.7 Optionen beim Anlegen eines Ordners

Innerhalb eines Ordners kann es nur einen Benutzer-Ordner geben. Jedoch lässt sich durch die Anlage eines Benutzer-Ordners in verschiedenen Ordnern der Zugriff auf Seiten steuern (*näheres zu Benutzern siehe Kapitel 9*).

Das Content-Tab

Die Standardansicht eines Ordners ist dessen Content-Tab. In ihm werden alle Objekte, die sich im Ordner befinden, aufgelistet (*siehe Abbildung 4.8*).

Die Objekte werden standardmäßig in alphabetischer Reihenfolge aufgelistet. Durch Klick auf die jeweilige Spaltenbezeichnung kann die Sortierreihenfolge entsprechend der Spalte geändert werden. Die aktuell eingestellte Sortierung wird durch eine fett ausgezeichnete Spaltenbezeichnung angezeigt. Klickt man z.B. auf »*Last Modified*«, sortiert sich die Liste neu nach dem Änderungsdatum. Dabei erscheint das jüngste Objekt zuerst. Ein erneuter Klick auf die Spaltenbezeichnung kehrt die Reihenfolge um.

Unterhalb der Objektliste befinden sich eine Reihe von Buttons, mit denen man Objekte löschen, kopieren, ausschneiden und wieder einfügen kann. Zudem hat man die Möglichkeit, Objekte umzubenennen und zu im- bzw. exportieren (*siehe folgenden Abschnitt*).

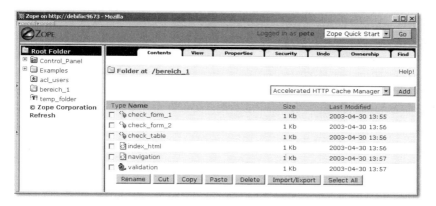

Abbildung 4.8 Das Content-Tab

Bevor eine der Operationen ausgeführt werden kann, müssen Objekte durch Markieren des Kontrollkästchens links vom Objektnamen ausgewählt werden.

Die Import-/Export-Ansicht

Hat man den Button *»Import/Export«* geklickt, erhält man eine neue Ansicht (*siehe Abbildung 4.9*). Im oberen Bereich gibt sie den Namen (Id) des Objektes an, dass man exportieren möchte. Man kann wählen, ob das Objekt auf den lokalen Rechner oder auf dem Server abgelegt werden soll. Entscheidet man sich für den Server, wird das Objekt im var-Verzeichnis der Zope-Installation gespeichert. Zusätzlich kann man entscheiden, ob das Objekt im XML-Format abgelegt werden soll. Wählt man diese Option nicht, legt Zope das Objekt in einem eigenen Format ab. Man erhält dann eine Datei mit der Endung **.zexp**.

Exportiert man einen Ordner, wird auch dessen Inhalt mit exportiert. Dies ist eine Möglichkeit, komplette Sites oder Teile davon in andere Zope-Installationen zu transferieren.

Importieren lassen sich Objekte im XML- oder zexp-Format nur, wenn sie im **import**-Verzeichnis der Zope-Installation liegen. Man gibt in dem vorgesehenen Feld im unteren Bereich der Ansicht den Dateinamen des Objektes an und entscheidet, ob man selbst der Eigentümer des Objektes wird, oder ob die Eigentumsinformation des Objektes bestehen bleiben sollen. Durch einen Klick auf den *»Import«*-Button wird das Objekt dann dem Ordner hinzugefügt, in dem man sich aktuell befindet.

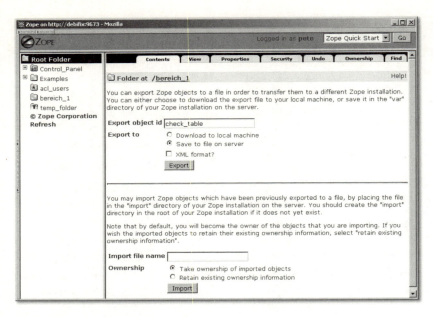

Abbildung 4.9 Die Import-/Export-Ansicht

Versucht man ein Objekt zu importieren, das eine Id hat, die im aktuellen Ordner schon für ein anderes Objekt vergeben wurde, erhält man eine Fehlermeldung. Ein solches Objekt muss man in einen anderen Ordner importieren, umbenennen und dann in den gewünschten Ordner verschieben.

Man sollte auch beachten, dass man keine beliebigen XML-Dateien auf diesem Weg in Zope importieren kann. Nur zuvor aus Zope exportierte XML-Dateien lassen sich importieren.

Das Find-Tab

Das Find-Tab beherbergt eine Suchfunktion, die es ermöglicht, Objekte nach bestimmten Kriterien aufzufinden (*siehe Abbildung 4.10*). Diese Funktion ist bei großen Projekten mit einer Vielzahl von Objekten sehr nützlich.

In der einfachen Suche kann man als Kriterium den Objekttyp, die Id, einen Auszug aus dem Inhalt und das Modifizierungsdatum angeben. Das Datum muss im Format *JJJJ/MM/TT hh:mm:ss* angeben werden, wobei auf die Uhrzeitangabe verzichtet werden kann. Man kann die Suche auf den aktuellen Ordner beschränken oder alle Unterordner mit einbeziehen.

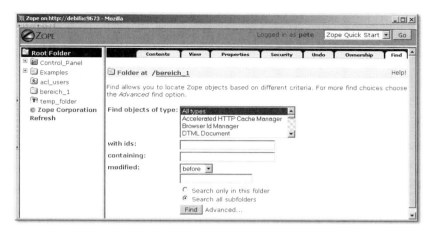

Abbildung 4.10 Das Find-Tab

Daraus folgt, dass eine Suche im `root`-Ordner, die alle Unterordner mit einbezieht, die gesamte Zope-Datenbank durchsucht.

Die erweiterte Suche bietet zusätzlich die Möglichkeit, die Suche mittels eines Python-Ausdrucks einzugrenzen sowie nach Objekten zu suchen, an denen einzelne Rollen bestimmte Rechte haben. Schließlich kann man hier noch eine Sortierreihenfolge der Suchergebnisse voreinstellen.

4.3.2 DTML-Dokumente

DTML-Dokumente sind Objekte, mit denen Web-Inhalte erstellt werden. Sie können HTML-Code, XML oder einfachen Text beinhalten. Dynamische Seiteninhalte werden mittels der Skriptsprache Document Template Markup Language (DTML) integriert (*siehe Kapitel 5*). DTML-Dokumente lassen sich auch als Datenspeicher benutzen, indem man Eigenschaften hinzufügt. So kann z. B. in einer Adressbuch-Anwendung ein DTML-Dokument für eine Adresse stehen und die Eigenschaften Name, Vorname, Straße, Postleitzahl, Ort haben, die dann mit den spezifischen Daten aufgefüllt werden.

DTML-Dokumente können andere DTML-Dokumente aufrufen, sodass es möglich ist, eine Webseite in Teile zu zerlegen. Für jedes Teil wird dann ein eigenes DTML-Dokument angelegt und ein weiters Dokument fasst die Teile zu einer Webseite zusammen. Dadurch kann man wiederkehrende Elemente einer Website in einem Objekt realisieren und für andere Objekte verfügbar machen.

Das Edit-Tab

Die Hauptansicht eines DTML-Dokuments ist das Edit-Tab (*siehe Abbildung 4.11*). Hier kann man in einem Editierfeld seinen HTML-Code, Text oder DTML-Code eingeben. Jede Änderung muss unbedingt vor Verlassen des Tabs mit »Save Changes« gesichert werden.

Zope prüft beim Sichern den Inhalt auf Syntaxfehler. Diese Prüfung bezieht sich nur auf den DTML-Code, nicht aber auf HTML oder XML. Findet Zope einen Fehler, gibt es einen entsprechenden Hinweis aus.

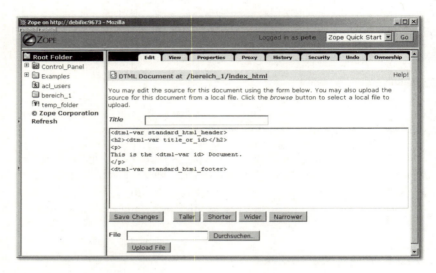

Abbildung 4.11 Das Edit-Tab

Inhalte können auch aus einer externen Datei hochgeladen werden. Dazu klickt man auf *»Durchsuchen«*, wählt die entsprechende Datei im erscheinenden Dialog aus und wählt dann *»Upload File«*. Eine Sicherung der Veränderung ist hier nicht notwendig. Achtung, beim Upload wird der bestehende Inhalt des Dokumentes überschrieben!

Oberhalb des Editierfeldes befindet eine Eingabe zur Angabe bzw. Änderung des Titel des Dokumentes. Der Titel ist eine Eigenschaft des Dokumentes und kann auch im Properties-Tab eingestellt werden

Mit den Buttons *»Taller«* (länger), *»Shorter«* (kürzer), *»Wider«* (breiter), *»Narrower«* (schmaler) lässt sich die Größe des Editierfeldes verändern. Zur Speicherung werden Cookies verwendet. Sind diese im Browser ausgeschaltet, funktioniert die Größeneinstellung nicht.

Das Proxy-Tab

Jeder Benutzer, der ein DTML-Dokument über das Internet aufruft, erhält automatisch die Rolle *Anonymous*, die mit nur sehr wenigen Rechten ausgestattet ist. In manchen Fällen ist es aber notwendig, einem anonymen Benutzer mehr Rechte einzuräumen. Möchte man z.B., dass ein Benutzer ein Kontaktformular per E-Mail von der Webseite verschicken kann, geht das mit der Anonymous-Rolle nicht. Ihr fehlt das Recht *Use mailhost services*. Man kann nun eine neue Rolle definieren, die dieses Recht beinhaltet und sie als Proxy-Rolle für das Objekt einstellen (*siehe Abbildung 4.12*).

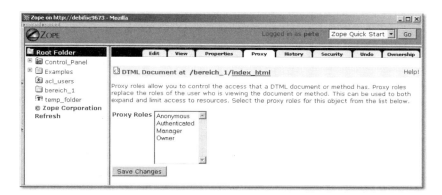

Abbildung 4.12 Das Proxy-Tab

Der anonyme Benutzer erhält dann nur für dieses Objekt eine neue Rolle mit dem definierten Recht und kann das Kontaktformular abschicken. Seine alte Rolle wird für die Dauer des Aufrufes dieses Objektes außer Kraft gesetzt (*zu Rollen und Rechten siehe Kapitel 9*).

Zum Einstellen einer Proxy-Rolle wählt man diese im Listenfeld des Tabs aus und sichert die Änderung.

Das History-Tab

Im History-Tab wird die Entwicklungsgeschichte des Objektes aufgelistet. Jede Änderung, die mit dem Sichern abgeschlossen wurde, wird hier verzeichnet (*siehe Abbildung 4.13*). Durch einen Klick auf das Datum einer Version bekommt man diese im Edit-Tab angezeigt. So kann man eine alte Version wieder aufnehmen und an ihr weiterarbeiten.

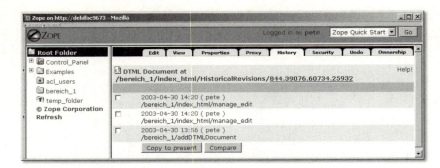

Abbildung 4.13 Das History-Tab

Man kann zwei Versionen miteinander vergleichen, indem man sie markiert und den »*Compare*«-Button betätigt. Markiert man nur eine Version, wird diese mit der aktuellen verglichen.

Zwei Versionen werden zeilenweise miteinander verglichen. In der Vergleichsansicht werden entfernte Zeilen mit einem Minuszeichen markiert, hinzugefügte mit einem Pluszeichen (*siehe Abbildung 4.14*).

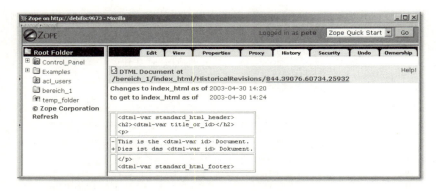

Abbildung 4.14 Die Compare-Ansicht

Diese Funktion ist ein wertvolles Hilfsmittel beim Debugging. Stellt man nach einer Änderung fest, dass das Objekt nicht mehr wie erwartet funktioniert, kann man mit dem Vergleich zur Vorgängerversion sehr schnell die mögliche Fehlerquelle lokalisieren. Ebenso lässt sich mit »*Copy to present*« eine vorherige Version wieder zur aktuellen machen.

4.3.3 DTML-Methoden

DTML-Methoden sind DTML-Dokumenten sehr ähnlich, unterscheiden sich aber doch in einigen Punkten wesentlich von ihnen. Das Anlegen, Editieren und Ändern funktioniert genauso wie bei einem DTML-Dokument. Jedoch können DTML-Methoden keine Eigenschaften haben. Deshalb sind sie nicht als Datenspeicher geeignet, sondern werden vornehmlich für ausführbare Inhalte verwendet.

In dem zuvor erwähnten Beispiel eines Adressbuches wäre eine DTML-Methode das ideale Objekt, die Ansicht für alle DTML-Dokumente bereitzustellen, die eine Adresse beinhalten. Durch den entsprechenden Einsatz von DTML-Tags in der DTML-Methode ist es möglich, die Ansicht unabhängig von der Anzahl der gespeicherten Adressen zu halten.

Erster Einblick in Akquisition

Da DTML-Methoden keine Eigenschaften haben können, übernehmen sie die Eigenschaften des Ordners, in dem sie sich befinden. Deutlich wird das an der Id des Objektes. Referenziert man auf die Id in einer DTML-Methode, erhält man die Id des Ordners, in dem sich die Methode befindet, wohingegen man bei einem DTML-Dokument dessen Id erhält. Das bedeutet, DTML-Methoden beginnen die Suche nach einer Eigenschaft bei ihrem Container (der Ordner, in dem sie abgelegt sind), DTML-Dokumente bei sich selbst. Beide Objekttypen durchlaufen bei ihrer Suche die gesamte Ordnerhierarchie bis zum root-Ordner. Erst wenn auch dort die gesuchte Eigenschaft nicht gefunden wurde, reagiert Zope mit einer Fehlermeldung.

Damit ist es möglich, dem obersten Ordner einer Webseite Eigenschaften zu geben, die alle tiefer in der Hierarchie liegenden Objekte abrufen können. So kann man z.B. die Farben, die auf einer Website benutzt werden, dort definieren und für alle tieferen Objekte verfügbar machen. Dieses sehr nützliche Verhalten von Zope wird Akquisition genannt (*näheres dazu siehe Kapitel 7.3*).

4.3.4 Page-Templates

Ein Page-Template ist ein alternatives Objekt zur Darstellung von Web-Inhalten. Auch dieser Objekttyp kann HTML- oder XML-Code aufnehmen. Dynamische Inhalte werden dagegen mittels der Template Attribute Language (TAL) integriert. TAL ist eine Sprache, deren Befehle als Attribute zu HTML-Tags notiert werden (*siehe Kapitel 6*). Dadurch ist es leichter als bei DTML möglich, Seiten in Standard-Editoren wie z.B. Dreamweaver zu bearbeiten. Das kommt einem arbeitsteiligen Entwicklungsprozess entgegen, bei dem die Designer ihre gewohnten Werkzeuge benutzen können, ohne dass am logischen Code der Seite etwas verloren geht.

Page-Template und DTML-Dokumente bzw. Methoden können auch zusammen in einer Web-Anwendung benutzt werden. Für welchen der beiden Objekttypen und damit auch Sprachen man sich entscheidet hängt wahrscheinlich von persönlichen Vorlieben und Arbeitsweisen ab.

Das Edit-Tab

Das Edit-Tab eines Page-Templates funktioniert in derselben Weise wie bei einem DTML-Dokument (*siehe Abbildung 4.15*). Zusätzlich findet sich auf der Seite ein Link mit der Bezeichnung *»Browse HTML source«*. Dieser zeigt eine reine HTML-Vorschau der Seite an und ignoriert dabei die TAL-Notation im Quelltext. Eine gerenderte Seite erhält man auch bei Page-Templates über das Edit-Tab. Wählt man die Option *»Expand Macros when editing«* werden in der HTML-Vorschau auch Macros, Seitenbausteine, die im Template selbst oder in einem anderen Template definiert sind, angezeigt.

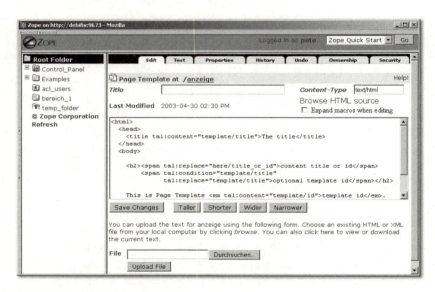

Abbildung 4.15 Das Edit-Tab eines Page-Templates

4.3.5 File-Objekte

In File-Objekte lassen sich jede Art von Binärdaten ablegen, seien es Office-Dokumente, PDF-Dateien, Quicktime-Filme oder SWF-Dateien. Sie können zum einen für Daten genutzt werden, die nicht auf einer Webseite dargestellt, sondern zum Download bereitgestellt werden sollen. Zum anderen können sie Dateien enthalten, die nicht durch Zope gerendert werden, die aber trotzdem auf der Webseite sichtbar sein sollen, wie z.B. bei SWF-Dateien.

Das Edit-Tab

Der Upload von Dateien erfolgt entweder direkt beim Erstellen eines File-Objektes oder im Edit-Tab (*siehe Abbildung 4.16*). Im unteren Bereich hat man die Möglichkeit, durch einen Klick auf »*Durchsuchen*« eine Datei auszuwählen. Ein Klick auf »*Upload*« speichert sie in der ZODB. Automatisch ändert sich der Eintrag bei *Content Type*, eine Eigenschaft, die File-Objekte zwingend haben müssen. Anhand des content-type erkennen Zope und der Browser, wie sie mit der Datei umzugehen haben. Gibt man hier einen falschen Typ an, wird der Browser die Datei nicht mehr richtig anzeigen.

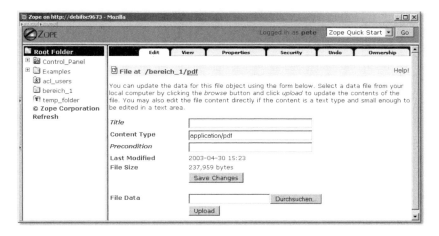

Abbildung 4.16 Das Edit-Tab eines File-Objektes

Im Feld *Precondition* kann ein Objekt angegeben werden, das aufgerufen wird, bevor das File-Objekt selbst ausgeliefert wird. Denkbar wäre z.B. eine Methode, die die Häufigkeit eines Downloads zählt oder ein Skript, das überprüft, ob der aktuelle Benutzer überhaupt Zugriff auf die Datei haben darf.

Hat das File-Objekt den Content-Type »*text*«, erscheint im Edit-Tab ein Editierfeld, in dem Änderungen am Inhalt vorgenommen werden können. DTML- und TAL-Notationen allerdings werden nicht ausgeführt, sondern als Text angezeigt. HTML-Tags werden vom Browser dann erkannt, wenn der Content-Type mit »*text/html*« angegeben wird. Alle content-types, die der Browser oder die installierten Plug-ins nicht verarbeiten können, führen dazu, dass sich beim Aufruf des File-Objektes der Download-Dialog des Browsers öffnet. Wie sich ein File-Objekt verhalten wird, kann man durch Aufruf des View-Tabs testen.

4.3.6 Image-Objekte

Image-Objekte sind eine spezielle Form von File-Objekten für die Aufnahme von Bilddateien. Alle Bilder, die man für seine Website braucht, werden als Image-Objekte in der ZODB abgelegt.

Besonders einfach ist das Einsetzen von Bildern auf einer Seite. Durch das DTML-Tag

```
<dtml-var bildname>
```

wird auf das Image-Objekt referenziert, wobei `bildname` für die Id des Image-Objektes steht. Beim Rendern der Seite setzt Zope diese DTML-Notation in HTML um:

```
<img src="http://localhost:8080/tests/bildname"
 height="528" width="418" border="0" />
```

Die Pfadangabe ergibt sich dabei aus der Lage des Image-Objektes in der Zope-Ordnerhierarchie. Breite und Höhe des Bildes ermittelt Zope beim Upload des Bildes und fügt sie als Eigenschaften dem Image-Ojekt hinzu. Ein Blick auf das Property-Tab eines Image-Objektes zeigt, dass dort standardmäßig die Eigenschaften `height` und `width` vorhanden sind. Diese beiden Eigenschaften werden beim Rendern als HTML-Attribute umgesetzt. Löscht man diese beiden Eigenschaften vom Image-Objekt, setzt Zope die HTML-Codierung ohne die Attribute `height` und `width` um.

Zope rendert nur solche Bildformate, die durch die Browser darstellbar sind. Lädt man ein anderes Format in ein Image-Objekt und versucht darauf zu referenzieren, bleibt der Platz auf der Seite, der für das Bild vorgesehen war, leer. Möchte man Bilder zum Download bereitstellen, sollte man ein File-Objekt wählen.

Das Edit-Tab

Das Edit-Tab bietet ebenso wie beim File-Objekt die Möglichkeit, eine Bilddatei hochzuladen (*siehe Abbildung 4.16*). Titeleingabe und content-type finden sich auch hier, während ein Feld für eine *Precondition* fehlt. Das macht Sinn, da man in der Regel seine Bilddateien einer Webseite einfach nur hinzufügen will. Eine Prüfung auf Berechtigung oder andere vorherige Abfragen braucht man nicht. Will man Bilddateien zum Download bereitstellen, kann man dies auch mit File-Objekten realisieren.

Abbildung 4.17 Das Edit-Tab des Image-Objektes

Nach dem Upload eines Bildes erhält man auf dem Edit-Tab eine Vorschau, die aber bei großen Bildabmessungen nur eine Verkleinerung zeigt. Zudem bekommt man die Information über den Zeitpunkt der letzten Änderung des Objektes in Zope und über die Dateigröße.

4.3.7 Skript-Objekte

Neben DTML und TAL, die mit dem HTML-Code kombiniert werden, kann man auch Python in Zope benutzen. Python ist eine einfach zu erlernende, objektorientierte Programmiersprache. Zope selbst ist in weiten Teilen in Python geschrieben. Insofern ist es logisch, dass man Python auch innerhalb von Zope verwenden kann.

Der häufigste Einsatz von Python-Skripten dürfte die Verarbeitung von Daten eines HTML-Formulares sein. Denkbar ist z.B. eine Validierung oder die Speicherung der Daten in ein Zope-Objekt und dessen Eigenschaften (*näheres zur Verwendung von Python in Zope siehe Kapitel 7*).

Das Edit-Tab

Nach dem Erstellen eines Skript-Objektes und dessen Auswahl kommt man in das Edit-Tab (*siehe Abbildung 4.17*). Dieses Tab enthält ein Editierfeld, das den Python-Code aufnimmt. Selbstverständlich kann man auch Code aus externen Dateien in das Objekt laden. Unter dem Feld zur Eingabe eines Titels für das Skript findet sich ein weiteres, das der Angabe von Parametern dient. Mehrere Parameter werden durch Kommata getrennt. Auf diese Parameter kann im Editierfeld referenziert werden. Python-Skripte sind letztlich Funktionen, an die gegebenenfalls beim Aufruf Werte übergeben werden.

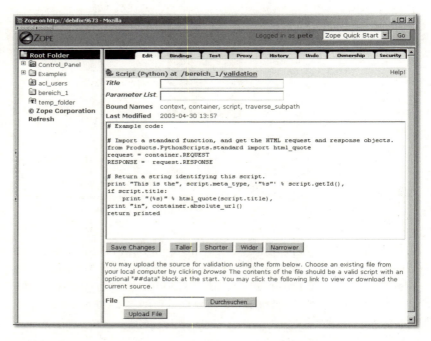

Abbildung 4.18 Das Edit-Tab des Skript-Objektes

Schreibt man ein Skript, das Daten eines HTML-Formulars auswerten soll, kann man die Namen der Formularelemente als Parameter angeben. Das Skript referenziert dann automatisch auf den Wert eines Formularelements über den Parameter mit dem entsprechenden Namen.

Klickt man im Text unterhalb des Editierfeldes auf den *Link »view or download«* erhält man eine Ansicht des Quelltextes der editierten Funktion. Ein Klick mit der rechten Maustaste auf den Link ermöglicht den Download des Quelltextes als einfache Textdatei.

Beim Speichern eines Skriptes führt Zope eine Syntaxprüfung durch. Werden dabei Fehler im Code entdeckt, werden diese oberhalb der Editierfeldes in einem rosa hinterlegten Feld angezeigt. Da gezeigt wird, wo im Quelltext der Fehler aufgetreten ist, ist diese Funktion eine sehr gute Hilfe beim Debugging.

Das Test-Tab

Wie der Name schon impliziert, kann man im Test-Tab sein Skript überprüfen. Ein Skript ohne Parameter wird sofort ausgeführt und das Ergebnis angezeigt. Hat das Skript Parameter, erhält man zunächst eine Seite, auf der man Werte für die Parameter angeben kann. Durch Betätigung des Buttons »Run Script« wird das Skript mit diesen Werten ausgeführt..

Treten beim Ausführen des Scriptes Fehler auf, gibt Zope eine entsprechende Fehlermeldung aus. Diese Fehlerprüfung kann allerdings nicht alle Fehlerarten abdecken. Insbesondere logische Fehler können meistens erst durch unerwartete Skript-Ergebnisse identifiziert werden.

Das Bindings-Tab

In diesem Tab werden einige wichtige Umgebungsvariablen für das Skript definiert. Mitmilfe dieser Variablen wird der Zugriff des Skriptes auf andere Zope-Objekte geregelt. In diesem Tab kann man die Standardnamen dieser Variablen verändern. Löscht man einen der Namen, ist die Verwendung der Variablen im Skript nicht mehr möglich.

Die Bedeutung der Variablen im Einzelnen ist:

▶ **Context:** Mit dieser Variablen wird auf die Umgebung des Objektes referenziert, das das Skript aufruft. Das Skript selbst kann in einem anderen Ordner abgelegt sein, der durch Akquisition erreichbar ist. Wird das Skript z.B. von einem DTML-Dokument aufgerufen, dann bezeichnet *context* den Ordner, in dem sich das DTML-Dokument befindet.

▶ **Container:** Diese Variable verweist auf die Umgebung des Skript-Objektes selbst. Dies ist in der Regel der Ordner, in dem sich das Skript befindet.

▶ **Script:** Referenziert auf das Skript-Objekt selbst.

▶ **Namespace:** Wird diese Variable gesetzt, greift man mit ihr auf den Namensraum des Objektes zu, das das Skript aufruft. Dadurch wird es möglich, auf Eigenschaften des aufrufenden Objektes selbst zuzugreifen.

▶ **Subpath:** Wenn bei einem Aufruf durch ein URL das Skript durchquert wird, enthält diese Variable alle Pfadelemente, die dem Skript folgen. Wird in einem URL z.B. **http://localhost:8080/test/das_skript/links/rechts**, ein Objekt aufgerufen und `das_skript` ist das Skript-Objekt, dann enthält die Variable eine Liste mit den Elementen *»links«* und *»rechts«*.

4.3.8 Benutzer-Ordner und Benutzer-Objekt

 Ein Benutzer-Ordner ist eine spezielle Form eines Ordners, der nur Benutzer-Objekte aufnehmen kann (*siehe Abbildung 4.19*). Diese werden im Contents-Tab aufgelistet und können dort ausgewählt und bearbeitet oder gelöscht werden.

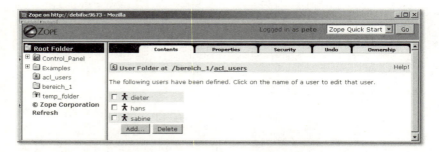

Abbildung 4.19 Benutzer-Objekte in einem Benutzer-Ordner

Ein Benutzer-Ordner kann in jedem normalen Ordner angelegt werden, jedoch immer nur einer pro Ordner. Die Id eines Benutzer-Ordners ist festgelegt auf `acl_users`. Sie wir beim Anlegen automatisch vergeben.

Ein Benutzer kann nur auf die Objekte zugreifen, die in dem Ordner liegen, in dem sich der Benutzer-Ordner befindet, in dem er angelegt wurde. Das schließt zwar Unterordner und darin enthaltene Objekte ein, der Zugriff auf höher liegende Objekte ist aber nicht möglich. Damit ist es sehr leicht, verschiedenen Benutzern Zugriffe auf verschiedene Bereiche einer Website zu erlauben.

Das Properties-Tab

Neu in der Version 2.6 von Zope ist das Properties-Tab des Benutzer-Ordners. Hier kann man für die Benutzer-Passwörter eine Verschlüsselung einstellen. Hat man die Verschlüsselungsoption nachträglich eingestellt, kann man bestehende Passwörter durch einen Klick auf »Update existing passwords« nachträglich verschlüsseln. Man sollte bedenken, dass die Passwörter zwar verschlüsselt in die Datenbank eingetragen werden und damit für Eindringlinge auf dem Server nicht mehr offen sichtbar sind, beim Einloggen über das Internet jedoch werden die Passwörter unverschlüsselt übertragen.

Einen Benutzer anlegen

Durch Klick auf »Add ...« kommt man zur Eingabeseite für einen neuen Benutzer (siehe Abbildung 4.20). Hier werden Benutzername und Passwort für den neuen Benutzer festgelegt sowie eine oder aber auch mehrere Rollen zugewiesen. Rollen, die man neu angelegt hat, tauchen ebenfalls in der Liste auf. Im Feld Domains kann eingestellt werden, von welchen Domains aus der Benutzer auf Zope zugreifen kann. Mehrere Domains werden durch Leerzeichen getrennt angegeben. Zope darf allerdings nicht hinter einem anderen Webserver oder einem Proxy-Server laufen, wenn man diese Zugriffsbeschränkung machen will. Lässt man dieses Feld frei, ist der Zugriff von jeder Domain aus möglich. Ein Klick auf »Add« schließlich legt den neuen Benutzer an, der nun auch im Contents-Tab des Benutzer-Ordners aufgelistet wird.

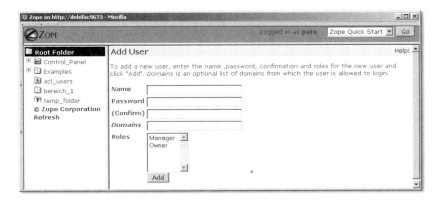

Abbildung 4.20 Formular zum Anlegen eines Benutzers

4.4 Arbeiten mit Objekten

Baut man eine Website mit Zope auf, erstellt man deren Struktur mit Ordner-Objekten. Die einfachste Art ist, jedem Bereich der Site einen Ordner zuzuordnen und Unterbereiche in Unterordnern anzulegen. Durch die Objektstruktur von Zope können Objekte in tiefer gelegen Ordnern ohne großen Aufwand auf höher liegende Objekte und Eigenschaften zugreifen. Letztlich ist ein Objekt ein Kind-Objekt des Ordners in dem es sich befindet und erhält alle Eigenschaften von diesem Ordner.

Man geht bei der Arbeit mit Zope sehr schnell dazu über, die geplante Website nicht mehr nur in Seiten zu denken, sondern eben auch in Objekten. Jede einzelne HTML-Seite hat z.B. einen Kopfteil, in dem unter anderem Metainformationen definiert sind. In Zope liegt es nahe, ein DTML-Dokument anzulegen, das nur das Objekt »Seitenkopf« enthält, also alle Angaben, die sich üblicherweise zwischen <head> und </head> befinden. Liegt dieses Dokument im obersten Ordner der Website, können alle tiefer liegenden darauf zugreifen. Ähnlich kann man mit der Navigation einer Seite verfahren, die man einmal als Objekt definiert und erstellt und dann allen anderen Objekten zugänglich macht.

Diese Art der Strukturierung einer Website könnte man auch als Definition von Bausteinen bezeichnen. Jede einzelne Webseite, die der ZServer ausliefert, wird zuvor von Zope aus solchen Bausteinen zusammengesetzt. An einem einfachen Beispiel wird das im folgenden Abschnitt verdeutlicht.

4.4.1 Verschiedene Objekte in der Anwendung

Es soll ein einfaches Adressbuch angelegt werden, das Namen und Adresse speichert und auf einer HTML-Seite ausgibt. Als Speicher für eine einzelne Adresse dient ein DTML-Dokument, für die Ausgabe wird eine DTML-Methode verwendet.

Zunächst wird im root-Verzeichnis ein Ordner mit der Id »*adressbuch*« angelegt. Darin ein weiterer Ordner mit der Id adressen (*siehe Abbildung 4.21*). Dieser wird die einzelnen Adress-Objekte (DTML-Dokumente) aufnehmen.

Im Ordner adressen wird nun ein DTML-Dokument mit der Id adresse_01 angelegt. Die Adressdaten werden als Eigenschaften dieses Objektes definiert.

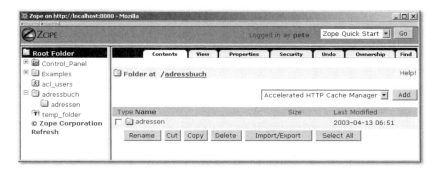

Abbildung 4.21 Der Ordner 'adressen' im Ordner 'adressbuch'

Im Properties-Tab werden deshalb für den Vor- und Nachnamen, die Straße und Hausnummer sowie die Postleitzahl und die Stadt jeweils eine Eigenschaft angelegt (*siehe Abbildung 4.22*). Als Datentyp kann jeweils *string* gewählt werden.

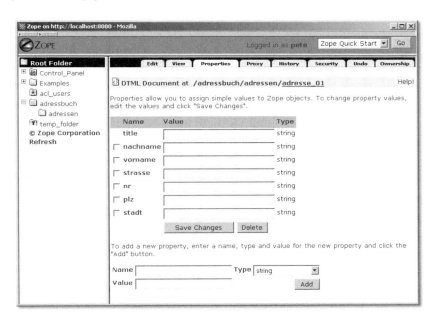

Abbildung 4.22 Die Eigenschaften des Adress-Objektes

Die Eigenschaft `title` findet in unserem Beispiel keine Verwendung. Da sie nicht gelöscht werden kann, bleibt sie einfach unbenutzt. Wenn nicht schon bei der Anlage geschehen, können die Eigenschaften nun mit Werten, also Adressdaten, versehen werden. Das Speichern legt diese Werte dann in der ZODB ab.

Das DTML-Dokument soll aber nicht nur Container für die Adressdaten sein, sondern soll auch für die Darstellung der eigenen Daten zuständig sein. Im Edit-Tab wird deshalb der Standard-Code im Editierfeld durch folgende Zeilen ersetzt:

```
<tr>
  <td> </td>
  <td><b><dtml-var nachname>,<dtml-var vorname></b></td>
</tr>
<tr>
  <td> </td>
  <td><dtml-var strasse> <dtml-var nr></td>
</tr>
<tr>
  <td> </td>
  <td><dtml-var plz> <dtml-var stadt></td>
</tr>
```

Listing 4.1 »adresse_01«

Das ist zunächst einmal ein Fragment einer HTML-Tabelle. Es werden drei Tabellenzeilen mit je zwei Zellen definiert. Die Zellinhalte werden mittels des DTML-Tags `<dtml-var ...>` eingefügt. Damit kann auf Objekte oder Eigenschaften referenziert werden. Die Referenzierung erfolgt dabei über den Namen des Objektes bzw. der Eigenschaft. Da DTML-Dokumente wie bereits erwähnt mit der Suche nach Objekten oder Eigenschaften bei sich selbst beginnen, ist es möglich, dass sie ihre eigenen Eigenschaften in dieser Form in die Zellen eintragen. Ein Test im View-Tab zeigt, dass die var-Tags beim Rendering zu den Werten der Eigenschaften aufgelöst werden, die zuvor angelegt wurden (*siehe Abbildung 4.23*). Da es sich bei dem HTML-Code nur um ein Fragment handelt, wird allerdings noch alles in einer Zeile angezeigt.

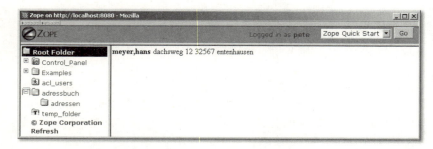

Abbildung 4.23 View-Ansicht des Adress-Objektes

Die Adresse soll nun noch mit einem Icon versehen werden. Dazu wird im übergeordneten Ordner adressbuch ein Bild-Objekt mit der Id bild erstellt. In dieses Objekt wird ein entsprechendes Icon geladen. Das Objekt adresse_01 erhält nun die Referenz auf das Bild-Objekt, und zwar in der ersten Zelle der ersten Zeile:

```
<tr>
  <td><dtml-var bild></td>
  <td><b><dtml-var nachname>,<dtml-var vorname></b></td>
</tr>
```

Listing 4.2 Änderung in adresse_01

Der Adress-Baustein »holt« sich damit den Baustein »icon« aus dem übergeordneten Ordner.

Damit ist das Adress-Objekt erstellt. Für jede weitere Adresse kann nun ein neues Objekt nach dem selben Muster erstellt werden. Am schnellsten geht das, indem man das zuvor erstellte Objekt kopiert. Es genügt dann, die Kopie umzubenennen und die Adressdaten abzuändern.

Für die Anzeige aller Adressen kommt eine DTML-Methode zum Einsatz. Diese wird im Ordner adressbuch angelegt und erhält die Id index_html. Wie bereits erwähnt, wird ein Objekt mit diesem Namen angezeigt, wenn der URL auf den Ordner verweist, in dem das Objekt liegt. Gibt man im Browser also den URL **http://localhost:8080/adressbuch** an, wird die gerade erstellte DTML-Methode angezeigt.

Im Editierfeld wird der Standard-Code durch den folgenden ersetzt:

```
<html>
<head><title>Adressbuch</title></head>
<body>
<table>
  <tr>
    <th>Adressbuch</th>
  </tr>
  <dtml-in "adressen.objectValues()">
    <dtml-var sequence-item>
  </dtml-in>
</table>
```

```
</body>
</html>
```

Listing 4.3 Die DTML-Methode index_html

Der Code beginnt mit einer normalen HTML-Seitenkopfdefinition,
gefolgt von der Notation einer Tabelle mit einer Kopfzeile. Nun folgt
DTML-Code, der die Tabellenfragmente der Adress-Objekte in die
Tabelle einfügt. Über die Zeile `<dtml-in expr="adressen.object`
`Values()">` wird auf den Ordner `adressen` referenziert. Mit dem Aus-
druck `objectValues()` erhält man eine Sequenz aller darin enthalten
Objekte. Diese Sequenz wird nun so oft durchlaufen, wie es Objekte im
Ordner gibt. Die Zeile `<dtml-var sequence-item>` referenziert bei
jedem Durchlauf auf ein Objekt in der Sequenz und bringt es zur
Ansicht. Der Ausdruck `</dtml-in>` schließt die Schleife ab. Es werden
also nacheinander die Tabellenfragmente der DTML-Dokumente im
Ordner `adressen` in die hier definierte Tabelle eingefügt. Dabei ist die
Konstruktion so flexibel, dass die Anzahl der Adressen keine Rolle
spielt.

Ein Test im View-Tab der DTML-Methode zeigt, dass nun auch die
einzelnen Adressdaten untereinander angezeigt werden, da die Tabellenfragmente jetzt in einer kompletten Tabellenstruktur eingebettet
sind. Auch das Aufrufen des URL **http://localhost:8080/adressbuch**
listet jetzt alle vorhandenen Adressen auf einer Seite auf (*siehe Abbildung 4.24*).

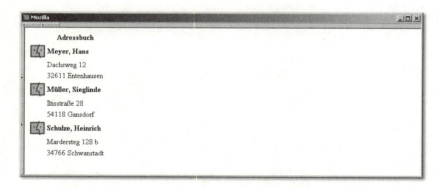

Abbildung 4.24 Die View-Ansicht von index_html

Soll der Zugriff über den URL nur authentifizierten Benutzern möglich
sein, muss man der Rolle *Anonymous* das Recht entziehen, Seiten zu
betrachten. Auf dem Security-Tab der Ordners `adressbuch` wird dazu

bei dem Recht *View* in der Spalte »*Aquire?*« das Häkchen des Kontroll-kästchens entfernt. Normalerweise übernehmen die einzelnen Rollen die Rechte aus dem übergeordneten Ordner. Durch das Entfernen des Kontrollkästchens wird dieser Automatismus unterbrochen. Jetzt kann das Recht *View* für die einzelnen Rollen wieder neu gesetzt werden. In diesem Fall erhalten nur noch die *Rollen Authenticated* und *Manager* das Recht, Inhalte des Ordners und seiner Unterordner zu betrachten (*siehe Abbildung 4.25*).

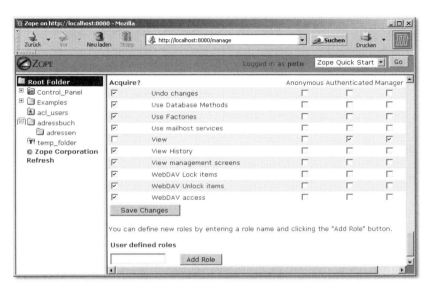

Abbildung 4.25 Sicherheitseinstellung des Ordners 'adressbuch'

Damit können nur noch angemeldete Benutzer auf die Adressen zugreifen. Jedoch müssen solche Benutzer auch vorhanden sein. Es muss also im Ordner adressbuch ein Benutzer-Ordner angelegt werden und darin die Nutzer mit ihren Passworten. Eine Rolle muss ihnen nicht explizit zugewiesen werden (*siehe Abbildung 4.26*).

Um die Authentifizierung zu testen, muss man sich zunächst aus Zope ausloggen. Besser ist es, einen zweiten, anderen Browser für das Testing geöffnet zu haben. Ruft man nun den URL **http://local-host:8080/adressbuch** auf, erscheint ein Fenster zur Eingabe von Benutzername und Passwort (*siehe Abbildung 4.27*). Nur noch mit den Zugangsdaten für einen der angelegten neuen Benutzer kann man sich authentifizieren und Zugriff auf die Seite erhalten.

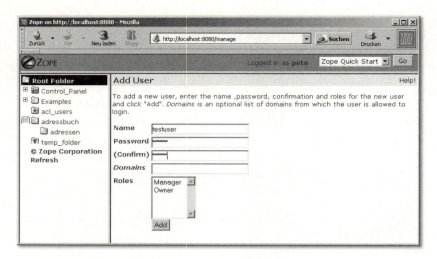

Abbildung 4.26 Anlegen eines Benutzers

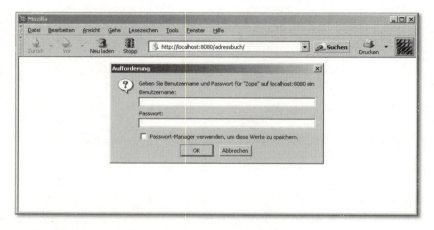

Abbildung 4.27 Der Zugang erfolgt nur noch durch Authentifizierung

5 DTML – Zopes Markup Language

5 DTML – Zopes Markup Language

Dieses Kapitel erläutert den Aufbau und die Verwendung der Document Template Markup Language (DTML). Die wichtigsten DTML-Anweisungen werden detailliert beschrieben und mit kurzen Beispielen dargestellt. Spezielle Anweisungen folgen in späteren Kapiteln. Des Weiteren wird das Konzept der Namensräume beschrieben, das definiert, wie in Zope auf Objekte und Eigenschaften referenziert wird. Für den Anfänger dient dieses Kapitel der Einführung in DTML, fortgeschrittene Benutzer können es als Referenz benutzen.

5.1 Die Struktur der DTML

Der Aufbau und der Inhalt einer normalen Internetseite ist nicht variabel. Ohne Manipulation am Quelltext sind Änderungen nicht durchführbar. Zudem muss die geänderte Seite auf dem Server gegen ihre alte Version ausgetauscht werden. Für umfangreiche Websites mit einer hohen Aktualisierungsfrequenz ist ein solches Prozedere viel zu aufwendig und ineffektiv.

Innerhalb von Zope können mittels DTML (Document Template Markup Language) Seiten so aufgebaut werden, dass deren Struktur und Inhalt variabel sind. DTML wird dazu mit dem HTML-Code kombiniert, also direkt in den Quelltext einer Seite geschrieben. Wenn eine Seite von einem Browser angefordert wird, generiert Zope diese Seite zum Zeitpunkt der Anforderung. Es ersetzt den DTML-Code durch spezifische Inhalte und schickt die so entstandene HTML-Seite an den Client.

Die Dynamik dieses Prozesses liegt in der Generierung der Seiten zum Zeitpunkt des Aufrufs. Neue oder benutzerspezifische Inhalte werden zum Zeitpunkt der Anfrage zusammengestellt und ausgeliefert.

Ein Beispiel soll das verdeutlichen:

```
<html>
  <body>
    Hallo Universum!
  </body>
</html>
```

Wird eine Seite mit diesem Code vom Browser angefordert, wird man immer die Worte »Hallo Universum!« sehen. Eine Änderung erfolgt nur dann, wenn der Quelltext selbst geändert wird. Mit DTML kann man die Begrüßung so anpassen, dass z.B. jeder angemeldete Benutzer mit seinem Namen angesprochen wird:

```
<html>
  <body>
    Hallo <dtml-var AUTHENTICATED_USER>!
  </body>
</html>
```

Bevor die Seite an den Browser geschickt wird, ersetzt Zope das DTML-Tag durch den Namen des authentifizierten Benutzers und liefert dann normalen HTML-Code aus. Schaut man sich den Quelltext der ausgelieferten Seite an, könnte dieser folgendermaßen aussehen:

```
<html>
  <body>
    Hallo Pete!
  </body>
</html>
```

Ein anderer angemeldeter Benutzer würde seinen Namen sehen. Zope ersetzt die DTML-Notation vor Auslieferung der Seite durch den jeweiligen Benutzernamen.

Für die Entwicklung dynamischer Seiten bedeutet dies, dass man in der Konzeption die Bereiche der Site definiert, deren Inhalte dynamisch generiert werden müssen. Für diese Bereiche ist dann DTML zuständig. Das kann sich auch auf Seitenstrukturen und CSS-Formatierungen beziehen. Für Bereiche, die nicht veränderbar sein müssen, bleibt weiterhin HTML zuständig.

5.1.1 Quellen für die Inhalte

Entscheidend für das Verständnis von dynamischen Websites in Zope ist es auch, sich genau anzuschauen, woher die abgebildeten Inhalte kommen und wie man auf sie zugreifen kann. Es gibt drei Quellen, aus denen Zope die Inhalte beziehen kann:

▶ **Objekte in der ZODB und ihre Eigenschaften**
Viele Objekte, die in der ZODB abgelegt werden können, sind Daten-Container und können von anderen Objekten aus mit DTML

aufgerufen werden. Der Aufruf erfolgt über die Id des Objektes. Dabei wird dessen Inhalt, z.B. ein Fragment einer HTML-Notation, an das aufrufende Objekt übergeben.

Die Eigenschaften eines Objektes werden über ihre Namen aufgerufen. Sie liefern ihren Wert an das aufrufende Objekt.

Schließlich können Methoden und Python-Skripte ihre Ergebnisse an das aufrufende Objekt zurückgeben.

Das aufrufende Objekt fügt die erhaltenen Daten seinem Inhalt an der Stelle hinzu, wo der Aufruf erfolgte.

► **Externe Quellen**
Externe Quellen sind vor allem relationale Datenbanken, zu denen Schnittstellen in Form von Zope-Produkten existieren. Der Zugriff auf diese Daten erfolgt mit ZSQL-Methoden, einem speziellen Zope-Objekt. (*In Kapitel 15 wird die Anbindung von Datenbanken ausführlich behandelt.*)

► **Der Browser des Benutzers**
Angaben, die ein Benutzer in einem HTML-Formular macht, fasst Zope in einem Objekt zusammen, das den Namen »REQUEST« trägt. Auch andere Informationen wie z.B. Cookies, die im HTTP-Request enthalten sind, sind über dieses Objekt referenzierbar. (*Näheres zum REQUEST-Objekt in Abschnitt 5.1.3.*)

5.1.2 Die DTML-Syntax

DTML-Notationen bestehen wie HTML aus Tags, die mit $<$ beginnen und mit $>$ abgeschlossen werden. Zur Unterscheidung von HTML-Tags beginnt der Tagname eines DTML-Tags immer mit `dtml-`, gefolgt von der Bezeichnung des DTML-Befehls. Viele DTML-Tags haben Attribute, die die Ausführung des Befehls näher beschreiben. Die Notation erfolgt analog zur HTML-Syntax, sodass es Attribute mit und ohne Wertangabe geben kann. Die Grundstruktur eines DTML-Dokuments sieht demnach so aus:

```
<dtml-befehl attribut1="wert1" attribut2>
```

Objektreferenzierung

In den bisherigen Beispielen wurde vor allem der *var*-Befehl benutzt, der Daten aus Objekten in den Code einfügt. Dieser Befehl benötigt die Referenz auf das Objekt, aus dem er die Daten bezieht. Für diese Referenzierung existieren eine lange und eine abgekürzte Form der Notation:

```
<dtml-var name="navigation">
```

bzw.

```
<dtml-var navigation>
```

Im Ergebnis sind beide Formen identisch. In der langen Version wird das Attribut `name` angegeben und das Objekt, auf das referenziert werden soll, als Wert des Attributs angegeben. Die kurze Version verzichtet auf das `name`-Attribut. Das Objekt selbst wird hier wie ein Attribut notiert. In allen folgenden Beispielen wird diese kurze Form verwendet.

Wie auch in HTML gibt es in DTML viele Block-Tags. Das bedeutet, das ein Start- und ein End-Tag einen Anweisungsblock definieren. Innerhalb des Blocks kann weiteres DTML oder HTML notiert werden:

```
<dtml-in objectValues>
  <dtml-var sequence-item>
</dtml-in>
```

Für die Verwendung von Python-Ausdrücken als Referenz existiert ein `expr`- Attribut, das mit den meisten DTML-Befehlen benutzt werden kann. Als Wertangabe erfolgt der Python-Ausdruck. Es kann aber auch auf dieses Attribut verzichtet werden und nur der Python-Ausdruck allein angegeben werden, allerdings kann es gerade für Anfänger verwirrend sein, wenn man auf die Angabe des `expr`-Attributs verzichtet, da dann nicht sofort klar wird, dass man es mit einem Python-Ausdruck zu tun hat:

```
<dtml-in expr="objectValues('DTML Document')">
  <dtml-var sequence-item>
</dtml-in>
```

oder

```
<dtml-in "objectValues('DTML Document')">
  <dtml-var sequence-item>
</dtml-in>
```

Auch hier führen beide Befehle zum gleichen Ergebnis. Es werden aus einem Ordner alle enthaltenen DTML-Dokumente als Sequenz zurückgegeben. Wichtig beim Verzicht auf das `expr`-Attribut ist es, den Ausdruck weiterhin in Anführungszeichen zu setzen. Dies ist für Zope die Kennung, um die Angabe als Python-Ausdruck auszuwerten. Das kann allerdings gerade für Anfänger etwas schwierig sein, da man Anführungszeichen leicht überliest.

Ein Ausdruck in Anführungszeichen ist etwas anderes als die normale Referenzierung auf ein Objekt. So liefern die Angaben

```
<dtml-var mein_objekt>
```

und

```
<dtml-var "mein_objekt">
```

unterschiedliche Ergebnisse. Im ersten Fall wird das referenzierte Objekt gerendert, im zweiten Fall bekommt man den Quelltext angezeigt. Will man erst gar keine Verwechselungen aufkommen lassen, verzichtet man bei Python-Ausdrücken besser nicht auf die Angabe des `expr`-Attributs.

5.1.3   Namensräume

Zope-Objekte können andere Zope-Objekte aufrufen. Eigenschaften eines Objektes können in anderen Objekten verwendet werden. Das ist einer der Gründe für die Leistungsfähigkeit von Zope. Das Verständnis dafür, wie in Zope die Referenzierung auf Objekte und Eigenschaften funktioniert, ist der Schlüssel zum Aufbau effizienter Web-Applikationen.

Jeder Aufruf einer Seite, die durch Zope generiert wird, zielt auf ein Objekt in der ZODB, das aufgerufene Objekt. Dieses ist in eine Hierarchie eingebettet, die aus ineinander verschachtelten Ordnern besteht. Wenn man diese Hierarchie vom `root`-Ordner aus betrachtet, entsteht eine eindeutige Kette von Ordnern und Unterordnern bis zum aufgerufenen Objekt. Jeder dieser Ordner kann neben weiteren Ordnern auch andere Objekte enthalten und jeder Ordner kann Eigenschaften besitzen. Diese Eigenschaften und Objekte jedes Ordners in der Kette bilden einen so genannten Namensraum. Je nach Länge der Kette entsteht eine Reihe von Namensräumen, die beim aufgerufenen Objekt oder auch Client-Objekt (*siehe folgenden Abschnitt*) beginnt und bis zum `root`-Ordner führt. Diese Kette wird Namensraum-Stapel genannt. Wenn im aufgerufenen Objekt mit

```
<dtml-var ziel_objekt>
```

auf ein anderes Objekt referenziert wird, wird in diesem Stapel Namensraum für Namensraum durchsucht, um eine Referenz zu finden. Der letzte Namensraum, der nach dem des root-Verzeichnisse durchsucht wird, ist der des REQUEST-Objektes (*siehe übernächsten Abschnitt*). Dabei ist es im Grunde genommen egal, ob sich die Referenz auf ein Objekt oder eine Eigenschaft bezieht. In den Namensräumen finden sie sich als Variablen wieder, auf die man referenzieren kann.

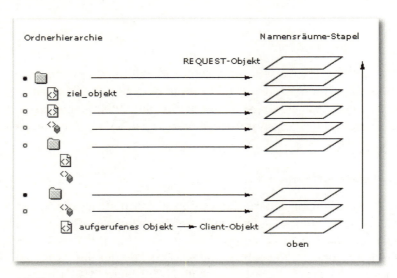

Abbildung 5.1 Bildung des Namensräume-Stapel

Abbildung 5.1 verdeutlicht, welche Objekte bei einer konkreten Anfrage (aufgerufenes Objekt) ihren Namensraum zum Stapel hinzufügen. Objekte mit einem gefüllten Kreis fügen sich selbst und ihre Eigenschaften hinzu, Objekte mit einem nicht gefüllten Kreis fügen nur sich selbst hinzu. Was vom Client-Objekt hinzugefügt wird, hängt vom Objekttyp ab (*siehe nächsten Abschnitt*). Wenn sich der Name nicht in den Namensräumen der übergeordneten Objekte befindet, wird zuletzt der Namensraum des REQUEST-Objektes durchsucht. Erst wenn sich der referenzierte Name auch dort nicht finden lässt, gibt Zope eine Fehlermeldung aus.

Das Client-Objekt

Je nach dem, welcher Objekttyp aufgerufen wird, ist das Client-Objekt unterschiedlich. Handelt es sich um ein DTML-Dokument, ist das Client-Objekt genau dieses Dokument. Es bildet einen Namensraum aus seinen Eigenschaften. Die eigene Id findet sich nicht im Namensraum, da ein Objekt sich nicht selbst aufrufen kann.

Ist das ausgeführte Objekt eine DTML-Methode, ist das Client-Objekt der Ordner, aus dem heraus die Methode aufgerufen wird. Dieser bildet einen Namensraum aus seinen Eigenschaften. Die DTML-Methode selbst erscheint nicht im Namensraum.

Für das Client-Objekt ist also entscheidend, welcher Objekttyp ausgeführt wird und von wo die DTML-Methode oder das DTML-Dokument aufgerufen wird.

Das REQUEST-Objekt

Das REQUEST-Objekt bildet seinen Namensraum aus Variablen, die es an verschiedenen Orten nachschlägt. Ist die Suche nach Namen beim REQUEST-Objekt angekommen, werden folgende Quellen nacheinander durchsucht:

1. **Die CGI-Umgebung**

   Die vom Common Gateway Interface (**http://www.w3.org/CGI**) definierten Umgebungsvariablen, die mit dynamischen Web-Skripten verwendet werden.

2. **Formulardaten**

   Alle Angaben in einem HTML-Formular werden im REQUEST-Objekt aufgenommen. Die Namen der Formularelemente werden dabei zu Variablennamen.

3. **Cookies**

   Wurden Cookies gesetzt, werden auch diese im REQUEST-Objekt aufgenommen. Der Name des Cookies wird zum Variablennamen.

4. **Weitere Variablen**

   Im REQUEST-Objekt befinden sich noch weitere nützliche Informationen, wie z.B. der URL des aktuellen Objektes und alle seine Eltern-Objekte.

Insbesondere bei der Auswertung von Nutzereingaben ist das REQUEST-Objekt entscheidend. Deshalb ist es sinnvoll, sich deutlich zu machen, wie es aufgebaut ist. Mit der folgenden Notation in einem DTML-Dokument kann man sich den Inhalt des REQUEST-Objektes anzeigen lassen:

```
<dtml-var standard_html_header>
<dtml-var REQUEST>
<dtml-var standard_html_footer>
```

Nach dem Speichern sollte das View-Tab eine ähnliche Anzeige wie Abbildung 5.2 zeigen.

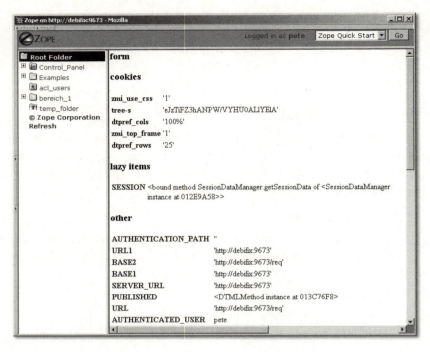

Abbildung 5.2 Anzeige des REQUEST-Objektes

5.2 Das dtml-var-Tag

Das Tag, das bei der Arbeit mit DTML wohl am häufigsten verwendet wird, ist das var-Tag. Es wird benutzt, um auf Variablen zu referenzieren. Das können DTML-Dokumente, DTML-Methoden, Page-Templates, Python-Skripte, die Eigenschaften von Objekten oder Variablen des REQUEST-Objektes sein.

Die Standard-Syntax des Tags ist:

```
<dtml-var mein_objekt>
```

Daneben existiert nur für dieses Tag eine weitere Schreibweise, die so genannte Entity Syntax. Die vorherige Notation sieht darin wie folgt aus:

```
&dtml-mein_objekt;
```

Diese Form kann genutzt werden, um HTML-Attributen Werte aus DTML-Attributen zuzuweisen:

```
<input type="text" value="&dtml-wert;" />
```

Diese Schreibweise führt zum gleichen Ergebnis wie die folgende:

```
<input type="text" value="<dtml-var wert>" />"
```

Die Entity Syntax ist für die Lesbarkeit des Codes in solchen Fällen deutlich vorteilhafter.

Wenn die Variable, auf die referenziert wurde, im Namensraum-Stapel enthalten ist, erfolgt das Rendering. Das bedeutet, ihr Inhalt wird in den HTML-Code des aufrufenden Objektes eingefügt. Erfolgt die Referenz auf eine Objekt-Eigenschaft, ist der Variableninhalt der Wert der Eigenschaft. Eine Referenz auf ein DTML-Dokument oder eine DTML-Methode fügt den Code aus diesem Objekt in das aufrufende Objekt ein. Wird ein Python-Skript referenziert, wird dessen Code ausgeführt. Hat das Skript einen Rückgabewert, wird dieser zum Variableninhalt und in den HTML-Code eingefügt.

5.2.1 Die Attribute des dtml-var-Tags

Mit Attributen ist es möglich, das Verhalten des var-Tags zu steuern. Vor allem die Ausgabe der Ergebnisse kann damit beeinflusst werden. Attribute werden durch Leerzeichen getrennt zum Tag geschrieben:

```
<dtml-var mein_objekt attribut>
```

In der Entity-Syntax werden Attribute mit einem Punkt vom Ausdruck dtml getrennt:

```
&dtml.attribut-mein_objekt;
```

Allerdings lassen sich so nur Attribute angeben, die keine Wertangabe verlangen.

Im Folgenden werden die möglichen Attribute des var-Tags aufgeführt und deren Verwendung erläutert:

▶ html_quote
  Hiermit werden Zeichen, die in HTML eine spezielle Funktion haben, wie z.B. < und > in so genannte Escape-Sequenzen (< bzw. >) umgesetzt. Der Browser führt diese Zeichen dann nicht aus, sondern stellt sie auf der Seite dar.

▶ `missing=Zeichenkette`
Wenn Zope bei der Suche in den Namensräumen das referenzierte Objekt nicht findet, wird, statt eine Fehlermeldung auszugeben, der für *Zeichenkette* angegebene Text angezeigt.

▶ `fmt=Zeichenkette`
Mit diesem Attribut kann man die Formatierung von Daten bestimmen. Die möglichen Werte werden im nächsten Abschnitt beschrieben.

▶ `null= Zeichenkette`
Wenn die referenzierte Variable einen Nullwert hat, wird der unter *Zeichenkette* angegebene Wert angezeigt. Gibt man dieses Attribut nicht an, gibt Zope den Ausdruck »None« aus.

▶ `lower`
Wandelt die gesamte Ausgabe in Kleinbuchstaben um.

▶ `upper`
Wandelt die gesamte Ausgabe in Großbuchstaben um.

▶ `capitalize`
Wandelt den ersten Buchstaben der Ausgabe in einen Großbuchstaben.

▶ `spacify`
Wandelt alle Unterstriche (_) der Ausgabe in Leerzeichen um.

▶ `thousands_commas`
Setzt bei Zahlen nach jeder dritten Stelle ein Komma. Aus z.B. 1700000 wird dadurch 17,000,000.

▶ `url`
Bei Angabe dieses Attributs wird nicht das Objekt angezeigt, sondern dessen URL. Wendet man das Attribut auf Eigenschaften an, erhält man eine Fehlermeldung.

▶ `url_quote`
Wandelt alle Zeichen in der Ausgabe, die in URLs eine spezielle Bedeutung haben, in HTML-Entitäten um. Aus einem Leerzeichen z.B. wird %20.

▶ `url_quote_plus`
Funktioniert wie `url_quote`, wandelt aber Leerzeichen in Pluszeichen (+) um.

▶ `url_unquote`
Wandelt %xx-Angaben in entsprechende Zeichen um. Das ist die Umkehrung von `url_quote`.

- ▶ url_unquote_plus
  Funktioniert wie url_unquote, wandelt aber Pluszeichen (+) in Leerzeichen um.

- ▶ sql_quote
  Wandelt einfache Anführungszeichen in Paare einzelner Anführungszeichen um, damit Werte sicher in SQL-Zeichenketten eingefügt werden können.

- ▶ newline_to_br
  Wandelt Zeilenvorschübe und Zeilenumbrüche in das br-Tag um.

- ▶ size=Zahl
  Schneidet die Ausgabe nach der bei Zahl angegebenen Anzahl von Zeichen ab. Wird dabei ein Wort durchtrennt, wird dieses nicht mehr ausgegeben. Die Ausgabe enthält dann weniger Zeichen als angegeben.

- ▶ etc=Zeichenkette
  Beschneidet man die Ausgabe mit dem Attribut *size*, werden drei Punkte (...) an die Zeichenkette gehängt, um zu verdeutlichen, dass eigentlich mehr Inhalt vorhanden ist. Diesen Anhang kann man mit dem für *Zeichenkette* angegebenen Wert selbst bestimmen. Mit der Angabe *etc=''* unterdrückt man die Ausgabe eines Anhangs.

5.2.2 Mögliche Werte des fmt-Attributs

Für die Formatierung der Ausgabe stehen eine Reihe von Formaten zur Verfügung, die als Wert für das Attribut *fmt* angegeben werden können. Mit Formatierung sind hier allerdings keine HTML-Formate oder CSS gemeint, sondern lediglich spezielle Formen der Zeichenkette.

Währungsformate

Für die Formatierung von Währungsangaben stehen nur zwei Dollar-Formate zur Verfügung:

- ▶ whole-dollars
  Formatiert die Ausgabe als ganzzahlige Dollarangabe mit vorangestelltem Dollarzeichen ($). Eventuell vorhandene Stellen nach dem Komma werden nicht ausgegeben. Der Datentyp der Variablen, die ausgegeben werden soll, muss integer, float oder long sein.

- ▶ dollars-and-cents
  Formatiert die Ausgabe als zweistellige Kommazahl mit vorangestelltem Dollarzeichen ($). Ab der dritten Kommastelle wird gerundet.

Der Datentyp der Variablen, die ausgegeben werden soll, muss integer, float oder long sein.

Angaben in anderen Währungen muss man mit HTML selbst formatieren. Das Eurosymbol (€) z.B. erhält man durch `&euro;`.

Datumsformate

Werden Daten vom Typ *date* ausgegeben, kann die Ausgabe ebenfalls mit dem fmt-Attribut formatiert werden. Will man die aktuelle Zeit auf einer Seite anzeigen lassen, geht das mit dem ZopeTime-Objekt. Die Angabe von

```
<dtml-var ZopeTime>
```

ergibt nach dem Rendering eine Ausgabe in folgendem Format:

2003/05/05 14:37:22.808 GMT+2

Nur die z.B. aktuelle Zeit anzeigen lassen kann man mit:

```
<dtml-var ZopeTime fmt="Time">
```

In der Ausgabe erhält man dadurch:

14:37:22

Viele weitere festgelegte Formate sind einstellbar. Diese sind im Anhang aufgeführt.

Ferner kann man eine Datumsangabe mit einer Stingformatierung, wie sie das Python Modul *strftime* bereitstellt, formatieren. Für eine Ausgabe des aktuellen Datums nach dem Muster tt. mm. jjjj kann man folgende Angabe machen:

```
<dtml-var ZopeTime fmt="%d. %m. %Y">
```

Auf der HTML-Seite führt das zu der Ausgabe:

05. 05. 2003

Weitere Formate

Schließlich sind noch zwei weitere Formate für die Ausgabe vorhanden:

▶ `collection-length`
  Wenn die referenzierte Variable eine Sequenz ist, wird deren Länge ausgegeben. Für Zeichenketten bedeutet das, dass die Anzahl der enthaltenen Zeichen ausgegeben wird.

► structured-text

Vorhandene Formatierungen in der Variablen werden als *Structured-Text* wiedergegeben.

5.3 Das dtml-if-Tag

Das if-Tag erlaubt es, bedingte Anweisungen zu formulieren. Dadurch wird es möglich, Objekte abhängig von bestimmten Vorraussetzungen rendern bzw. ausführen zu lassen. Das if-Tag ist ein Block-Tag, dessen Notation nach folgendem Muster erfolgt:

```
<dtml-if bedingung>
   Code zum Ausführen
</dtml-if>
```

Der innerhalb des Blocks notierte Code wird nur dann ausgeführt, wenn die formulierte Bedingung wahr (true) ist. Als wahr gilt eine Bedingung dann, wenn ihr Ergebnis *nicht* 0, None, eine leere Folge oder eine leere Zeichenkette ist. Ist die Bedingung nicht wahr (false), wird der Code innerhalb des Blocks nicht ausgeführt.

Eine Einsatzmöglichkeit ist z.B. die Überprüfung auf das Vorhandensein eines Objektes, bevor es ausgegeben wird. Das ist immer dann sinnvoll, wenn Objekte dynamisch erzeugt werden können, man also nicht sicher sein kann, ob ein bestimmtes Objekt auch existiert:

```
<dtml-if neues_object>
  <dtml-var neues_object>
</dtml-if>
```

In diesem Fall wird das Objekt neues_objekt nur dann gerendert, wenn es tatsächlich existent ist. Anders ausgedrückt, ist die Bedingung genau dann wahr, wenn das Objekt vorhanden ist. Ohne den if-Block würde eine Fehlermeldung ausgelöst, wenn neues_objekt nicht existiert.

Eine weitere Möglichkeit, Bedingungen zu formulieren, besteht darin, Python-Ausdrücke zu verwenden. Will man z.B. Code in Abhängigkeit eines bestimmten Wertes einer Variablen ausführen lassen, wird die Bedingung auf diese Weise formuliert:

```
<dtml-if "anzahl==5">
  <p>Es gibt genau fünf.</p>
</dtml-if>
```

Der Code innerhalb des `if`-Blocks wird nur dann ausgegeben, wenn die Variable `anzahl` den Wert 5 hat.

Auch beim `if`-Tag kann auf die Angabe des `expr`-Attributs verzichtet werden, mit den schon beschriebenen Problemen. Allerdings ist es bei der Verwendung eines Python-Ausdrucks erforderlich, dass die angegebene Variable vorhanden ist. Benutzt man also einen Python-Ausdruck, um den Wert einer Variablen abzufragen, sollte man sicher sein, dass die Variable tatsächlich existiert, oder aber vorher eine Überprüfung mit einem weiteren `if`-Tag durchführen:

```
<dtml-if anzahl>
  <dtml-if "anzahl==5">
    <p>Es gibt welche, und zwar genau fünf.</p>
  </dtml-if>
</dtml-if>
```

So wird zunächst geprüft, ob eine Variable `anzahl` in den Namensräumen existiert. Ist das der Fall, wird getestet, ob deren Wert 5 beträgt. Ist auch das zutreffend, kommt es zur Ausgabe des Textes innerhalb des Blocks.

Jeder Beginn eines Blocks benötigt einen Abschluss durch das End-Tag. Deshalb folgen hier zweimal `</dtml-if>` aufeinander. Wird ein Block nicht mit dem End-Tag abgeschlossen, kommt es schon beim Speichern zu einer Fehlermeldung.

Solche Verschachtelungen von bedingten Anweisungen sind bis in eine beliebige Tiefe möglich.

5.3.1 Die dtml-else- und dmtl-elif-Tags

Mit dem `else`-Tag ist es möglich, zusätzlich einen Block zu definieren, der ausgeführt wird, wenn die Bedingung nicht wahr ist. Eine bedingte Anweisung mit einem `else`-Block wird nach folgendem Muster notiert:

```
<dtml-if bedingung>
  Code zum Ausführen
<dtml-else>
  Alternativ-Code zum Ausführen
</dtml-if>
```

Die gesamte Konstruktion wird mit `</dtml-if>` abgeschlossen. Ist die Bedingung wahr, wird der Code ausgeführt, der unter dem `if`-Tag notiert wurde, ist sie nicht wahr, kommt der Code unter dem `else`-Tag zur Ausführung. Dadurch ist es möglich, Verzweigungen zu entwickeln, die je nach Bedingung den einen oder anderen Zweig in der Web-Applikation ausführen.

Das folgende Beispiel rendert je nach Benutzer-Rolle eine andere Seite:

```
<dtml-if "AUTHENTICATED_USER.has_role('Anonymous')">
  <dtml-var offene_seite>
<dtml-else>
  <dtml-var geschlossene_seite>
</dtml-if>
```

Die Bedingung prüft, ob die Seite von einem Nutzer aufgerufen wird, der nicht authentifiziert ist. Solche Nutzer bekommen automatisch die Rolle »Anonymous« zugewiesen. Einem solchen Nutzer wird die Seite gezeigt, die im Objekt `offene_seite` definiert ist, während alle authentifizierten Nutzer die Seite `geschlossene_seite` angezeigt bekommen.

Mit dem `elif`-Tag ist es möglich, mehrere Bedingungen in einem Block zu formulieren, die nacheinander geprüft werden. Das Grundschema dafür ist:

```
<dtml-if bedingung1>
  Code zum Ausführen
<dtml-elif bedingung2>
  anderer Code zum Ausführen
<dtml-else>
  Alternativ-Code zum Ausführen
</dtml-if>
```

Es wird zunächst geprüft, ob `bedingung1` wahr ist. Trifft das zu, wird der darunter notierte Code ausgeführt. Der Rest des Bedingungsblocks wird dann nicht mehr überprüft. Ist `bedingung1` jedoch falsch, wird `bedingung2` geprüft. Ist diese wahr, wird der darunter notierte Code ausgeführt. Wenn auch diese Bedingung falsch ist, wird der unter dem `else`-Tag notierte Code ausgeführt. Die Angabe des `else`-Tags ist in einer solchen Konstruktion nicht zwingend erforderlich, sondern kann je nach Erfordernissen benutzt werden.

Die Zahl der `elif`-Tags in einem `if`-Block ist nicht begrenzt. Bestimmt wird die Anzahl allein durch den logischen Zusammenhang. Ein Beispiel soll die Anwendung noch einmal verdeutlichen:

```
<dtml-if expr="anzahl==1">
  <p>Es ist genau einer.</p>
<dtml-elif expr="anzahl==2">
  <p>Es sind genau zwei.</p>
<dtml-elif expr="anzahl==3">
  <p>Es sind genau drei.</p>
<dtml-elif expr="anzahl>4">
  <p>Es sind mehr als vier.</p>
<dtml-else>
    <p>Es sind nicht genug.</p>
</dtml-if>
```

Die Variable anzahl wird auf ihren Wert geprüft und je nach Ergebnis eine entsprechende Ausgabe gemacht. Hat die Variable keinen der geprüften Werte, wird die alternative Ausgabe unter dem else-Tag gemacht.

5.4 Das dtml-unless-Tag

Will man nur überprüfen, ob eine Bedingung *nicht* wahr ist, kann man das unless-Tag benutzen. Es ist quasi die Umkehrung des if-Tags, ist aber weniger vielseitig einsetzbar, da es kein else- und kein elif-Tag kennt. Auch unless benötigt ein End-Tag; die Notation hat daher folgendes Grundschema:

```
<dtml-unless bedingung>
  Code zum Ausführen
</dtml-unless>
```

Die Anweisung prüft wie schon beim if-Tag, ob die für bedingung angegebene Variable existiert. Der Code im Block wird dann ausgeführt, wenn die Bedingung falsch (false) ist, die Variable mithin *nicht* existiert:

```
<dtml-unless ein_objekt>
  <p>es ist nichts vorhanden</p>
</dtml-unless>
```

Die Überprüfung einer Variablen auf einen bestimmten Wert wird auch beim unless-Tag mit einem Python-Ausdruck vorgenommen:

```
<dtml-unless expr="anzahl==5">
  <p>Es sind nicht genau fünf!</p>
</dtml-unless>
```

Eine Ausgabe erfolgt, wenn `anzahl` *nicht* den Wert 5 hat.

Man kann allerdings jeden Python-Ausdruck mit dem `if`-Tag formulieren. Das vorherige Beispiel lautet dann:

```
<dtml-if expr="anzahl!=5">
  <p>Es sind nicht genau fünf!</p>
</dtml-if>
```

Die Verwendung von `unless` ist deshalb eher selten bzw. eine Frage der persönlichen Vorliebe.

5.5 Das dtml-in-Tag

Eines der mächtigsten Tags, die DTML bereit stellt, ist das `in`-Tag. Es durchläuft eine Sequenz von Variablen und führt für jedes einzelne Element in der Sequenz einen Anweisungsblock aus. Eine solche so genannte Iteration oder Schleife ist vor allem dann sinnvoll, wenn man aus größeren Datenbeständen Listenansichten generieren will.

Das `in`-Tag ist auch ein Block-Tag, das nach folgendem Schema notiert wird:

```
<dtml-in sequenz>
  Code zum Ausführen
</dtml-in>
```

Der innerhalb des Blocks notierte Code wird so oft ausgeführt, wie es Elemente in der Sequenz gibt. Wird keine Sequenz angegeben, sondern eine Variable mit Einzelwert, kommt es zu einer Fehlermeldung.

Eine der häufigsten Verwendung ist das Auslesen von Objekten in einem Ordner. Dies kann man mit der Methode `objectValues()` durchführen. Sie liest aus dem aktuellen Verzeichnis alle enthaltenen Objekte aus und liefert sie als Sequenz an die aufrufende Stelle zurück:

```
<ul>
<dtml-in objectValues>
  <li><dtml-var id><br></li>
</dtml-in>
<ul>
```

Dieses Beispiel gibt eine Liste mit den Ids aller Objekte des aktuellen Verzeichnisses aus, einschließlich der Id des Objekts, in dem die `in`-Schleife notiert ist. Beim Rendering wird also so oft eine Listenzeile erzeugt, wie sich Objekte im Ordner befinden. Da innerhalb des Blocks alle Eigenschaften der Objekte in der Sequenz zur Verfügung stehen, kann auf sie wie gewohnt referenziert werden.

Zope fügt dem Namensraum-Stapel das aktuelle Objekt aus dem Sequenzdurchlauf hinzu. Die Suche nach einer Variablen, die innerhalb des Blocks referenziert wird, beginnt nun im Namensraum dieses Objektes aus der Sequenz. Nur wenn sie dort nicht gefunden wird, geht die Suche in der gewohnten Reihenfolge durch den Namensraum-Stapel weiter.

Ist eine Sequenz ohne Inhalt, erfolgt logischerweise kein Sequenzdurchlauf und damit auch keine Ausführung des Codes im in-Block. Es kommt allerdings auch nicht zu einer Fehlermeldung, da eine leere Sequenz keine Variable mit Einzelwert darstellt. Soll bei einer leeren Sequenz auch eine Ausgabe erfolgen, kann man auch zum in-Tag ein else-Tag notieren:

```
<dtml-in Sequenz>
  Code zum Ausführen
<dtml-else>
  Code, wenn Sequenz leer
</dtml-in>
```

Damit hat man z.B. die Möglichkeit, einen Hinweis auszugeben, wenn die angeforderten Informationen nicht vorhanden sind.

5.5.1 Die Attribute des dtml-in-Tags

Mit verschiedenen Attributen lässt sich die Sequenz und damit die Schleife, die durchlaufen wird, manipulieren. Dadurch kann man z.B. die Reihenfolge der Anzeige beeinflussen oder die Länge der Sequenz bestimmen. Die Attribute und ihre Verwendung im Einzelnen:

▶ mapping
Dieses Attribut gewährleistet den korrekten Zugriff auf Variablen, wenn die Sequenz Zuordnungsobjekte enthält.

▶ sort=Zeichenkette
Mit diesem Attribut kann man die Sortierreihenfolge der Sequenz einstellen. Will man z.B. eine alphabetische Sortierung entsprechend der Id erreichen, würde man sort=id notieren. Auch andere Objekt-Eigenschaften, einschließlich selbst definierter, können als Sortierkriterium herangezogen werden.

▶ reverse
Dieses Attribut kehrt die Sortierung, die mit dem sort-Attribut eingestellt wurde, um. Eine alphabetische Sortierung z.B. beginnt dann
mit dem »Z«.

▶ sort_expr=Zeichenkette
Mit diesem Attribut wird die Sequenz anhand eines Ausdrucks sortiert. Das ermöglicht es, Methoden für die Sortierung zu benutzen.

▶ reverse_expr= Zeichenkette
Kehrt die Reihenfolge der Sortierung anhand eines Ausdrucks um.

▶ start=Zahl
Mit diesem Attribut kann der Beginn der Sequenz eingestellt werden. start=3 z.B. ignoriert die beiden ersten Elemente der Sequenz
und beginnt die Ausgabe mit dem dritten.

▶ end=Zahl
Dieses Attribut gibt an, welches Element das letzte der Ausgabe ist.
end=5 z.B. ignoriert alle Elemente, die in der Sequenz nach dem
fünften kommen.

Durch die Kombination von start und end ist es möglich, einen
Ausschnitt einer Sequenz darzustellen.

▶ size=Zahl
Oft ist eine Sequenz zu lang, um sie auf einmal darzustellen. Mit diesem Attribut kann man die Sequenz in Teilsequenzen zerlegen. Der
für *Zahl* angegebene Wert bestimmt die Größe der Teilsequenz. Hat
man z.B. eine Sequenz mit 50 Elementen, zerlegt size=10 diese in
fünf Teilsequenzen zu 10 Elementen. Angezeigt wird zunächst die
erste Teilsequenz.

▶ orphan=Zahl
Hat man eine Sequenz in Teilsequenzen zerlegt, kann es passieren,
dass die letzte Teilsequenz nur noch wenige Elemente enthält, für
die es sich nicht lohnt, eine eigene Anzeigeseite zu generieren. Dieses Attribut stellt die Mindestanzahl der Elemente einer Teilsequenz
ein. Der voreingestellte Wert ist 3.

▶ overlap=Zahl
Mit diesem Attribut kann man einstellen, wie viele Elemente sich
zwischen zwei aufeinander folgenden Teilsequenzen überschneiden
sollen.

▶ previous
Dieses Attribut kann nur in Zusammenhang mit den Attributen *start*,
end oder *size* genutzt werden. Es verhindert den Sequenzdurchlauf,

stellt aber den Zugriff auf die Sequenzvariablen (*siehe folgende Abschnitte*) der vorigen Sequenz zur Verfügung.

▶ `next`
Dieses Attribut funktioniert wie previous, mit dem Unterschied, dass es den Zugriff auf die Sequenzvariablen (*siehe folgende Abschnitte*) der nächsten Sequenz ermöglicht.

▶ `skip_unauthorized`
Wenn ein Benutzer eine Sequenz abruft, in der sich Elemente befinden, auf die er keine Zugriffsrechte hat, wird eine Fehlermeldung ausgegeben. Dieses Attribut verhindert den Zugriff auf solche Elemente und damit auch die Fehlermeldung. Der Benutzer bekommt nur die Elemente angezeigt, für die er entsprechende Zugriffsrechte besitzt.

▶ `prefix=Zeichenkette`
Dieses Attribut definiert einen neuen Präfix für die Sequenzvariablen (*siehe folgende Abschnitte*), die mit `sequence` beginnen. Dabei wird der Unterstrich (_) statt des Bindestriches (-) benutzt. Da Python den Bindestrich als Minuszeichen interpretiert, ist die Verwendung dieses Attributs immer dann sinnvoll, wenn auf Sequenzvariablen in Python-Ausdrücken zugegriffen werden soll.

5.5.2 Sequenzvariablen mit Bezug auf das aktuelle Element

Innerhalb des `in`-Tag-Blocks ist es möglich, über einige Variablen Informationen über das aktuelle Element des Sequenzdurchlaufes zu erhalten. Referenziert werden diese Variablen mit dem `var`-Tag, z. B.:

```
<dtml-in meine_sequenz>
  <dtml-var sequence-item><br />
</dtml-in>
```

Folgende Variablen geben Informationen über das aktuelle Element:

▶ `sequence-item`
Zeigt auf das aktuelle Element in der Sequenz.

▶ `sequence-key`
Zeigt auf den aktuellen *key* in der Sequenz. Wenn eine Sequenz aus Tupeln der Form (*key, value*) besteht, sind die einzelnen Werte als `sequence-key` bzw. `sequence-item` erreichbar.

▶ `sequence-index`
Der Index des aktuellen Elements. Die Indizierung beginnt mit 0.

- `sequence-number`
  Der Index des aktuellen Elements. Die Indizierung beginnt mit 1.

- `sequence-roman`
  Der Index des aktuellen Elements, ausgegeben in kleinen römischen Ziffern. Die Indizierung beginnt mit i (1).

- `sequence-Roman`
  Der Index des aktuellen Elements, ausgegeben in großen römischen Ziffern. Die Indizierung beginnt mit I (1).

- `sequence-letter`
  Der Index des aktuellen Elements, ausgegeben in Kleinbuchstaben. Die Indizierung beginnt mit a.

- `sequence-Letter`
  Der Index des aktuellen Elements, ausgegeben in Großbuchstaben. Die Indizierung beginnt mit A.

- `sequence-start`
  Diese Variable nimmt den Wert 1 (true) an, wenn das aktuelle Element des Durchlaufs das erste in der Sequenz ist.

- `sequence-end`
  Diese Variable nimmt den Wert 1 (true) an, wenn das aktuelle Element des Durchlaufs das letzte in der Sequenz ist.

- `sequence-even`
  Diese Variable nimmt den Wert 1 (true) an, wenn der Index des aktuellen Elements eine gerade Zahl ist. Für diese Abfrage beginnt die Indizierung mit 0 und gilt als gerade Zahl.

- `sequence-odd`
  Diese Variable nimmt den Wert 1 (true) an, wenn der Index des aktuellen Elements eine ungerade Zahl ist. Für diese Abfrage beginnt die Indizierung mit 0 und gilt als gerade Zahl.

- `sequence-length`
  Diese Variable gibt die Anzahl der Elemente in der Sequenz zurück und damit auch die Anzahl der Wiederholungen in der Schleife.

- `sequence-var-variable`
  Mit dieser Variablen kann man auf Variablen im aktuellen Element zugreifen. Ist das aktuelle Element z.B. ein Objekt mit der Eigenschaft `alter`, kann im Sequenzdurchlauf mit `sequence-var-alter` auf den Wert dieser Eigenschaft zugegriffen werden. In der Regel kann man auf diese Variablen direkt zugreifen, da das aktuelle Ele-

ment in den Namensraum-Stapel verschoben wird. Nützlich ist `sequence-var-variable`, wenn man Informationen über die nächste oder vorhergehende Teilsequenz anzeigen lassen will.

▶ `sequence-index-variable`
Der Index einer für *variable* angegebenen Variablen des aktuellen Elements.

Anwendungsbeispiel

Zur Verdeutlichung der Funktionsweise der Elementvariablen soll ein Pulldown-Menü generiert werden, aus dem der Name eines Monats ausgewählt werden kann. Dazu wird ein DTML-Dokument benötigt, das die Id `pull_menu` erhält. Diesem Dokument wird eine Eigenschaft vom Typ *lines* mit dem Namen `monate` hinzugefügt. In das Eingabefeld der neuen Eigenschaft können jetzt alle Monatsnamen eingegeben werden. Jeder Name erhält eine neue Zeile.

Im Edit-Tab kann nun folgender Code eingeben werden:

```
<select name="Monate">
<dtml-in monate>
  <option value="&dtml-sequence-number;">
    <dtml-var sequence-item>
  </option>
</dtml-in>
</select>
```

Listing 5.1 Pulldown-Menü mit Sequenzvariablen

Das `in`-Tag greift auf die Eigenschaften `monate` des DTML-Dokuments zu. Diese liefert eine Liste (Sequenz) mit den Monatsnamen. Innerhalb des `in`-Blocks kann nun auf die Namen mit *sequence-item* zugegriffen werden. Das `value`-Attribut des `option`-Tags bekommt seine Wertzuweisung durch die jeweils aktuelle *sequence-number*. Schaut man sich das Ergebnis im View-Tab an, erhält man ein Pulldown-Menü, das alle Monatsnamen enthält.

5.5.3 Variablen mit Bezug auf die Gesamtheit der Elementvariablen

Ein weiteres Set von Variablen bietet Informationen über die Gesamtheit der Elementvariablen. Damit lassen sich zusammenfassende und statistische Informationen über die Sequenz ausgeben.

- total-variable

  Diese Variable addiert die Werte aller Elementvariablen mit dem für *variable* angegebenen Namen und gibt die Summe zurück.

- count-variable

  Mit dieser Variablen lässt sich die Anzahl der Vorkommnisse der angegebenen Elementvariablen ermitteln.

- min-variable

  Diese Variable ermittelt den kleinsten Wert aus allen Vorkommnissen der angegebenen Elementvariablen.

- max-variable

  Diese Variable ermittelt den höchsten Wert aus allen Vorkommnissen der angegebenen Elementvariablen.

- mean-variable

  Diese Variable berechnet den Durchschnittswert aus allen Vorkommnissen der angegebenen Elementvariablen.

- variance-variable

  Diese Variable berechnet die Varianz der angegebenen Elementvariablen mit einem Grad Freiraum. Die Varianz (auch Streuung oder Dispersion) beschreibt die Verteilung der Merkmalsausprägung einer Variablen um den Mittelwert.

- variance-n-variable

  Diese Variable berechnet die Varianz der angegebenen Elementvariablen mit n Grad Freiraum.

- standard-deviation-variable

  Mit dieser Variablen wird die Standardabweichung der angegebenen Elementvariablen vom Mittelwert mit einem Grad Freiraum berechnet.

- standard-deviation-n-variable

  Mit dieser Variablen wird die Standardabweichung der angegebenen Elementvariablen vom Mittelwert mit n Grad Freiraum berechnet.

- first-variable

  Nimmt den Wert 1 (true) an, wenn im Sequenzdurchlauf das Element mit dem ersten Vorkommen der angegebenen Elementvariablen erreicht wird. In Verbindung mit dem *sort*-Attribut kann man damit Gruppierungen in Sequenzen bilden.

- last-variable

  Nimmt den Wert 1 (true) an, wenn im Sequenzdurchlauf das Element mit dem letzten Vorkommen der angegebenen Elementvariablen erreicht wird. In Verbindung mit dem *sort*-Attribut kann man damit Gruppierungen in Sequenzen bilden.

Anwendungsbeispiel

In einem Ordner mit der Id `autos` werden Informationen über verschiedene Fahrzeuge gespeichert. Jedes Fahrzeug wird durch ein DTML-Dokument repräsentiert. Die Ids der Dokumente werden fortlaufend mit `auto_nn` bezeichnet, also das erste mit `auto_01`, das zweite mit `auto_02` usw. Jedes Dokument erhält die Eigenschaften `marke` mit dem Datentyp *string* und `geschwindigkeit` mit dem Datentyp *int*. Von diesen Auto-Objekten sollen fünf angelegt werden mit den Wertepaaren »Opel« – 150, »VW« – 160, »Audi« – 180, »Mercedes« – 190 und »BMW« – 210 für `marke` bzw. `geschwindigkeit`.

Als Nächstes muss eine DTML-Methode mit der Id `auswertung` im gleichen Ordner angelegt werden. Um jetzt z.B. die höchste Geschwindigkeit aller Autos ausgeben zu lassen, wird folgender DTML-Code notiert:

```
<dtml-in "objectValues('DTML Document')" size=1>
  Das schnellste Auto fährt <dtml-var ¬
    max-geschwindigkeit> km/h.
</dtml-in>
```

Listing 5.2 Maximalwert max-variable

Mit der Angabe des Parameters `'DTML Document'` für die Methode objectValues() werden nicht alle Objekte im aktuellen Verzeichnis ausgelesen, sondern nur solche vom Typ *DTML Document*. Damit bleibt die DTML-Methode selbst bei der Betrachtung außen vor. Da das in-Tag nicht nur die Objekte ausliest, sondern auch den Code innerhalb des Blocks so oft ausführt, wie es Elemente in der Sequenz gibt, muss das Attribut *size* mit dem Wert *1* angegeben werden. Dadurch ist gewährleistet, dass der Code innerhalb des Blocks nur einmal ausgeführt wird.

Durch die Angabe `<dtml-var max-geschwindigkeit>` wird von allen Objekten die Eigenschaft `geschwindigkeit` betrachtet und der höchste vorkommende Wert ausgegeben.

Will man zusätzlich noch die Marke des schnellsten Autos ausgeben, muss man folgenden Code notieren:

```
<dtml-in "objectValues('DTML Document')">
  <dtml-if "_['max-geschwindigkeit']==geschwindigkeit">
    Das schnellste Auto ist der <dtml-var marke>. <br />
```

```
    Seine Geschwindigkeit beträgt¬
<dtml-var geschwindigkeit> km/h
  </dtml-if>
</dtml-in>
```

Listing 5.3 Das schnellste Auto anzeigen

Mit einer `if`-Bedingung wird jede einzelne Geschwindigkeit mit der Höchstgeschwindigkeit verglichen. Eine Ausgabe erfolgt dann, wenn der Durchlauf das Objekt mit dem Maximalwert der Eigenschaft `geschwindigkeit` erreicht. Da der Vergleich mit allen Objekten erfolgen muss, darf in diesem Fall keine Beschränkung des Sequenzdurchlaufs mittels des *size*-Attributs erfolgen.

5.5.4 Variablen für die Arbeit mit Teilsequenzen

Wie in Abschnitt 5.5.1 erläutert, lässt sich mit dem size-Attribut eine Sequenz in Teilsequenzen zerlegen. Das ist immer dann sinnvoll, wenn eine Sequenz sehr lang ist und eine Gesamtdarstellung aus Usability- oder Gestaltungs-Gründen nicht angeraten ist. Für die Arbeit mit den Teilsequenzen steht ein weiteres Set von Variablen zur Verfügung:

▶ `sequence-query`
  Diese Variable gibt den gegebenenfalls vorhandenen Anfrage-String des URL ohne die beim Attribut `start` definierte Variable zurück. Damit kann der Beginn der nächsten bzw. vorigen Sequenz jeweils neu definiert werden, ohne die übrigen Variablen im Anfrage-String zu verlieren.

▶ `sequence-step-size`
  Diese Variable gibt die Anzahl der Elemente der aktuellen Teilsequenz zurück.

▶ `previous-sequence`
  Nimmt beim ersten Durchlauf der aktuellen Teilsequenz den Wert 1 (true) an, wenn diese noch eine Vorgängersequenz hat. Sie kann also ab der zweiten Teilsequenz den Wert 1 annehmen.

▶ `previous-sequence-start-index`
  Gibt die Indexzahl des ersten Elementes der vorherigen Teilsequenz zurück. Grundlage ist der Index der Gesamtsequenz, beginnend mit 0.

▶ `previous-sequence-start-number`
  Gibt die Indexzahl des ersten Elementes der vorherigen Teilsequenz zurück. Grundlage ist der Index der Gesamtsequenz, beginnend mit 1.

▶ `previous-sequence-end-index`
Gibt die Indexzahl des letzten Elementes der vorherigen Teilsequenz zurück. Grundlage ist der Index der Gesamtsequenz, beginnend mit 0.

▶ `previous-sequence-end-number`
Gibt die Indexzahl des letzten Elementes der vorherigen Teilsequenz zurück. Grundlage ist der Index der Gesamtsequenz, beginnend mit 1.

▶ `previous-sequence-size`
Gibt die Anzahl der Elemente in der vorigen Teilsequenz zurück.

▶ `previous-batches`
Diese Variable enthält eine Sequenz mit Zuordnungsobjekten, die Informationen über alle vorhergehenden Teilsequenzen enthalten. Jedes Zuordnungsobjekt besitzt die Schlüssel *batch-start-index*, *batch-end-index* und *batch-size*.

▶ `next-sequence`
Nimmt beim ersten Durchlauf der aktuellen Teilsequenz den Wert 1 (true) an, wenn diese noch eine Nachfolgesequenz hat.

▶ `next-sequence-start-index`
Gibt die Indexzahl des ersten Elementes der nächsten Teilsequenz zurück. Grundlage ist der Index der Gesamtsequenz, beginnend mit 0.

▶ `next-sequence-start-number`
Gibt die Indexzahl des ersten Elementes der nächsten Teilsequenz zurück. Grundlage ist der Index der Gesamtsequenz, beginnend mit 1.

▶ `next-sequence-end-index`
Gibt die Indexzahl des letzten Elementes der nächsten Teilsequenz zurück. Grundlage ist der Index der Gesamtsequenz, beginnend mit 0.

▶ `next-sequence-end-number`
Gibt die Indexzahl des letzten Elementes der nächsten Teilsequenz zurück. Grundlage ist der Index der Gesamtsequenz, beginnend mit 1.

▶ `next-sequence-size`
Gibt die Anzahl der Elemente in der nächsten Teilsequenz zurück.

▶ `next-batches`
Diese Variable enthält eine Sequenz mit Zuordnungsobjekten, die

Informationen über alle folgenden Teilsequenzen enthalten. Jedes Zuordnungsobjekt besitzt die Schlüssel *batch-start-index*, *batch-end-index* und *batch-size*.

Anwendungsbeispiel

In einem Ordner befinden sich 91 DTML-Dokumente, deren Titel in einer Liste ausgegeben werden sollen. Pro Ausgabe sollen 10 Titel auf der Seite erscheinen. Durch Links soll es möglich sein, die jeweils nächsten bzw. vorigen 10 Titel anzuzeigen. Dazu wird in den gleichen Ordner eine DTML-Methode platziert, die folgenden Code enthält:

```
<dtml-in expr="objectValues('DTML Document)" size=10¬
        start=seq_beginn>
  <dtml-if sequence-start>
    <dtml-if previous-sequence>
      <a href="<dtml-var URL>
        <dtml-var sequence-query>seq_beginn=
        <dtml-var previous-sequence-start-number>
        &test=test">
        vorige <dtml-var previous-sequence-size> Titel
      </a>
    </dtml-if>
    <hr />
    <ul>
  </dtml-if>
 <li><dtml-var title></li>

  <dtml-if sequence-end>
    </ul>
    <hr />
    <dtml-if next-sequence>
      <a href="<dtml-var URL>
        <dtml-var sequence-query>seq_beginn=
        <dtml-var next-sequence-start-number>>
        nächste <dtml-var next-sequence-size> Titel
      </a>
    </dtml-if>
  </dtml-if>
</dtml-in>
```

Listing 5.4 Verarbeitung von Teilsequenzen

Die Schleife durchläuft eine Sequenz, die alle Objekte vom Typ DTML-Dokument enthält. Das *size*-Attribut bestimmt die Teilsequenzgröße, der Index des Startelementes wird durch ein Variable bestimmt, die den Namen `seq_beginn` erhalten hat.

Zunächst wird mit `sequence-start` geprüft, ob das aktuelle Element das erste der Teilsequenz ist. Eine zweite Bedingung prüft mit *previous-sequenz*, ob die aktuelle Teilsequenz eine Vorgängersequenz hat. Ist das der Fall, wird der Link generiert, der zur Vorgängersequenz führt.

Dieser Link setzt sich zusammen aus dem URL der Seite, der mit `<dtml-var URL>` referenziert werden kann, und einem Anfrage-String, der den Index des ersten Elementes der Vorgängersequenz mittels *previous-sequence-start-number* als Wert an die Variable `seq_beginn` übergibt. Die Linkbezeichnung gibt die Anzahl der Elemente in der Vorgängersequenz mittel *previous-sequence-size* wieder, sodass auf der abgebildeten Seite der Link »vorige 10« erscheint.

Dann wird mit dem Tag `<ul>` die Liste eingeleitet. In der Mitte des Blocks werden mit `<dtml-var id>` die jeweiligen Titel der DTML-Dokumente als Listeneintrag eingefügt.

Der mit `sequence-end` beginnende Block schließt die Liste. Darunter wird der Link für gegebenenfalls existierende Folgesequenzen generiert.

Testet man diese Seite im View-Tab, bekommt man zunächst zehn Dokumenten-Titel angezeigt. Darunter befindet sich der Link »nächste 10«. Nach dessen Betätigung werden die nächsten zehn Titel angezeigt und zusätzlich, da jetzt eine Vorgängersequenz existiert, der Link »vorige 10«. Der Aufbau der Programmierung ist so flexibel, dass die Konstruktion auch mit weniger oder mehr Dokumenten funktioniert.

5.6 Das dtml-with-Tag

Mit dem `with`-Tag wird ein Objekt oben auf den Namensraum-Stapel verschoben. Damit sind Schritte seitwärts in der Ordnerstruktur sowie die explizite Suche im Namensraum eines bestimmten Objekts möglich.

Das `with`-Tag ist ein Block-Tag. Die Namensraum-Manipulation ist nur innerhalb dieses Blocks wirksam. Die Notation hat folgende Syntax:

```
<dtml-with mein_objekt>
    Code zum Ausführen.
</dtml-with>
```

Das folgende Beispiel verdeutlicht die Funktionsweise des Tags:

Will man die Id aller Objekte eines Ordner in einer Liste ausgeben, kann man, wie bereits gezeigt, eine DTML-Methode in diesem Verzeichnis mit folgendem Code platzieren:

```
<ul>
<dtml-in objectValues>
  <li><dtml-var id></li>
</dtml-in>
</ul>
```

Mittels der gleichen Methode auf Objekte in einem Unterordner zuzugreifen, ist so ohne weiteres nicht möglich. Mit dem with-Tag kann man jedoch den Unterordner an die Spitze des Namensraum-Stapels platzieren und dann dessen Objekte auslesen. Hat der Unterordner die Id inhalte, sieht die Notation folgendermaßen aus:

```
<ul>
<dtml-with inhalte>
  <dtml-in objectValues>
    <li><dtml-var id></li>
  </dtml-in>
</dtml-with>
</ul>
```

Eine weitere Anwendungsmöglichkeit besteht darin, das REQUEST-Objekt nach ganz oben in den Namensraum-Stapel zu bringen, um die Suche nach einer Variablen dort beginnen zu lassen. Wie schon erwähnt, befindet sich das REQUEST-Objekt ohne Manipulation ganz unten im Namenraum-Stapel. Eine Variable beispielsweise mit dem Namen title wird zunächst in allen anderen Namensräumen gesucht, bevor das REQUEST-Objekt abgefragt wird. Durch

```
<dtml-with REQUEST>
  <dtml-var title>
</dtml-with>
```

wird die Abfragereihenfolge jedoch manipuliert und zuerst der Namensraum des REQUEST-Objektes durchsucht.

5.6.1 Die Attribute des dtml-with-Tag

Das `with`-Tag kennt nur zwei Attribute, die das Verhalten näher bestimmen:

▶ `only`

Mit diesem Attribut ist es möglich, die Variablen-Suche auf den Namensraum des angegebenen Objektes zu beschränken:

```
<dtml-with REQUEST only>
  <dtml-var title>
</dtml-with>
```

Jetzt wird nur noch im REQUEST-Objekt nach der Variablen `title` gesucht und alle weiteren Namensräume im Stapel finden keine Berücksichtigung mehr. Das bedeutet aber auch, dass unabhängig davon, ob sich im Namensraum-Stapel an anderer Stelle noch eine Variable `title` befindet, es zur Fehlermeldung kommt, wenn sie im REQUEST-Objekt nicht vorhanden ist.

▶ `mapping`

Dieses Attribut sorgt dafür, dass der Zugriff auf Variablen korrekt erfolgt, wenn das angegebene Objekt ein Zuordnungsobjekt ist.

5.7 Das dtml-let-Tag

Mit dem `let`-Tag ist es möglich, eigene Variablen zu definieren. Sie bilden einen eigenen Namensraum, der an der Spitze des Namensraum-Stapels platziert wird. Nach folgendem Schema erfolgt die Variablen-definition:

```
<dtml-let neu_var1="wert1"
          neu_var2="wert2">
  <dtml-var neu_var1><dtml-neu_var2>
</dtml-let>
```

Es wird in einem Schritt eine Variable durch Namensvergabe deklariert und ihr ein Wert zugewiesen. Es können mehrere Variablen in einem `let`-Tag angelegt werden. Zugriff auf sie hat man nur im Block des `let`-Tags, da die Manipulation des Namensraumens mit dem End-Tag aufgehoben ist und die Variablen im Folgenden nicht mehr bekannt sind. Benötigt man einen Gültigkeitsbereich für eine Variable, der sich über die gesamte Seite erstreckt, muss man sie im REQUEST-Objekt definieren (*siehe dazu Abschnitt 5.8*).

Da eine Variablendefinition als Attribut des let-Tags gilt, dürfen keine Leerzeichen vor oder hinter dem Gleichheitszeichen gesetzt werden, da diese als Trennzeichen zwischen Attributen interpretiert werden.

Im folgenden Beispiel wird ausgehend vom Preis, der als Eigenschaft eines Objektes angelegt ist, die Mehrwertsteuer und der Bruttopreis berechnet und für mehrere Objekte ausgegeben:

```
<dtml-in "objectValues('DTML Document')">
  <dtml-let mwst="preis*16/100"
            brutto="preis+mwst">
    netto:<dtml-var preis><br />
    MwSt:<dtml-var mwst><br />
   brutto:<dtml-var brutto>
   <hr />
  </dtml-let>
</dtml-in>
```

Das Beispiel zeigt, dass bei der Definition der zweiten Variablen schon auf die zuvor definierte zugegriffen werden kann.

5.8   Das dtml-call-Tag

Mit dem call-Tag kann man Methoden aufrufen, ohne dass deren Rückgabewert ausgegeben wird. Das ist immer dann notwendig , wenn man z.B. eine Eigenschaft eines Objektes verändern oder eine Variable im REQUEST-Objekt definieren will. Die Funktionsweise des Tags entspricht der des var-Tags, mit dem Unterschied, dass eben eine Ausgabe nicht erfolgt. Genauso wie das var-Tag braucht auch das call-Tag kein End-Tag. Die Syntax sieht daher wie folgt aus:

```
<dtml-call meine_methode>
```

Die angesprochene Definition einer Variablen im REQUEST-Objekt erfolgt mit der Methode set(). Der Aufruf der Methode mittels des call-Tags geschieht in dieser Form:

```
<dtml-call "REQUEST.set('meine_var','test')">
```

Der Methode set() müssen zwei Parameter übergeben werden. Der erste für den Variablennamen und der zweite für deren Wert. Auf diese Variable kann mit

```
<dtml-var meine_var>
```

zugegriffen werden. Mit dem Aufruf einer neuen Seite erlischt die Variable, da das REQUEST-Objekt neu gebildet wird.

5.9 Das dtml-tree-Tag

Mit dem tree-Tag ist es in seiner Grundeinstellung möglich, eine Baumansicht von Ordnerobjekten zu erstellen. Dabei werden alle Ordnertypen, die vorhanden sind, also auch z.B. Benutzer-Ordner, in die Ansicht mit aufgenommen. In der Regel notiert man das tree-Tag in eine DTML-Methode. Ohne nähere Angabe wird der Baum ab dem Ordner dargestellt, aus dem heraus die Methode aufgerufen wird. Soll der Baum ab einem bestimmten Ordner beginnen, wird dessen Id als Attribut angegeben. Abbildung 5.3 zeigt die Baumansicht des root-Verzeichnisses von Zope, die durch eine DTML-Methode, die in eben diesem Verzeichnis liegt, mit folgendem Code erzeugt wurde:

```
<dtml-tree>
  <dtml-var id>
</dtml-tree>
```

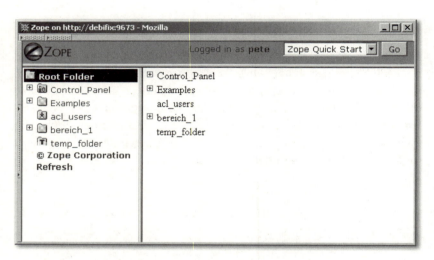

Abbildung 5.3 Baumansicht des root-Verzeichnisses

Zope generiert eine HTML-Tabelle, in der der Baum dargestellt wird. Die Plus- bzw. Minus-Boxen und deren Funktionalität der auf- und zuklappbaren Zweige werden automatisch durch das tree-Tag mit generiert. Innerhalb des tree-Blocks wird definiert, wie jeder einzelne Zweig dargestellt wird, im Beispiel wird nur die Id des jeweiligen Objektes ausgegeben.

Das folgende Beispiel stellt eine Baumansicht eines Ordners mit der Id texte dar und gibt in den Zweigen den Titel der enthaltenen Unterordner aus:

```
<dtml-tree texte>
  <dtml-var title>
</dtml-tree>
```

Zope speichert den Zustand des Baumes, also welche Zweige auf- bzw. zugeklappt sind, in einem Cookie. So kann bei erneutem Seitenaufruf der Baum in seinen alten Zustand dargestellt werden. Aus diesem Grunde ist es aber nicht möglich, mehrere Bäume auf einer Seite zu haben, da diese das gleiche Cookie verwenden würden.

5.9.1 Die Attribute des tree-Tags

Die Grundeinstellung des Tags kann durch diverse Attribute modifiziert werden. Welche dies sind und wie sie gehandhabt werden, wird im Folgenden erläutert:

▶ branches=Zeichenkette
Definiert den Namen einer Methode, mit der Unterobjekte gefunden werden. Ohne Angabe dieses Attributs werden nur Ordnerobjekte gefunden. Mit einer entsprechenden Angabe, z.B. branches= objectValues, werden auch andere Objekttypen angezeigt.

▶ branches_expr=Zeichenkette
Funktioniert auf dieselbe Weise wie das branches-Attribut, wertet aber einen Python-Ausdruck aus.

▶ id=Zeichenkette
Angegeben wird der Name einer Methode oder einer Eigenschaft, die bestimmt, wie der Status des Baumes gespeichert wird. Ohne Angabe wird die Methode *tpId* benutzt, die die Informationen in einem intern generierten Stringcode abspeichert, der zwar platzsparend, aber für eine Weiterverarbeitung unbrauchbar ist.

▶ url=Zeichenkette
Mit diesem Attribut kann eine Methode oder eine Eigenschaft definiert werden, die für die Ermittlung der URLs der Baumelemente zuständig sein soll. Die Standardmethode ist *tpURL*, die von den meisten Zope-Objekten unterstützt wird.

▶ leaves=Zeichenkette
Für dieses Attribut kann die Id eines DTML-Dokumentes oder einer Methode angegeben werden, die immer dann ausgegeben wird,

wenn ein Zweig aufgeklappt wird, der keine Unterzweige mehr hat. Dieses Dokument muss mit `<dtml-var standard_header>` beginnen und mit `<dtml-var standard_footer>` abschließen, damit es innerhalb der Baumstruktur angezeigt wird. Existiert das angegebene Objekt nicht, kommt es nicht zu einer Fehlermeldung.

▶ `header=Zeichenkette`
Für dieses Attribut kann die Id eines DTML-Dokumentes oder einer Methode angegeben werden, die oberhalb der Baumansicht ausgegeben wird. Existiert das angegebene Objekt nicht, kommt es nicht zu einer Fehlermeldung, sondern der Baum wird ohne `header` angezeigt.

▶ `footer= Zeichenkette`
Für dieses Attribut kann die Id eines DTML-Dokumentes oder einer Methode angegeben werden, die unterhalb der Baumansicht ausgegeben wird. Existiert das angegebene Objekt nicht, kommt es nicht zu einer Fehlermeldung, sondern der Baum wird ohne `footer` angezeigt.

▶ `nowrap`
Wird dieses Attribut angegeben, wird die Ausgabe der Zweigbeschriftungen gegebenenfalls abgeschnitten, um sie in den vorgesehenen Platz einzupassen. Ohne Angabe dieses Attributs werden Zweigbeschriftungen umbrochen.

▶ `sort=Zeichenkette`
Mit diesem Attribut kann man die Sortierreihenfolge des Baumes einstellen. Will man z.B. eine alphabetische Sortierung entsprechend der Id, muss man `sort=id` setzen. Auch andere Objekt-Eigenschaften, einschließlich selbst definierter, können als Sortierkriterium herangezogen werden.

▶ `reverse`
Diese Attribut kehrt die bei *sort* definierte Reihenfolge um.

▶ `assume_children`
Ist dieses Attribut notiert, erhalten alle Elemente ein Pluszeichen, auch wenn sie keine Ordnerobjekte sind. Das beschleunigt die Darstellung sehr großer Bäume, weil Zope dann vor der Darstellung nicht ermitteln muss, ob es sich bei den Objekten um Ordnerobjekte handelt oder nicht.

▶ `single`
Mit diesem Attribut wird bestimmt, dass immer nur ein Zweig pro Ebene geöffnet dargestellt wird. Öffnet man einen weiteren Zweig

auf der gleichen Ebene, wird der zuvor geöffnete automatisch geschlossen.

▶ skip_unauthorized
Wenn ein Benutzer eine Baumansicht aufruft, in der sich Elemente befinden, auf die er keine Zugriffsrechte hat, wird eine Fehlermeldung ausgegeben. Dieses Attribut verhindert die Aufnahme solcher Elemente in den Baum und damit auch die Fehlermeldung. Der Benutzer bekommt nur die Elemente angezeigt, für die er entsprechende Zugriffsrechte besitzt.

▶ urlparam=Zeichenkette
Wenn die Plus- bzw. Minusboxen eines Baumes betätigt werden, wird ein URL aufgerufen, dessen Abfrage-String die Information über den aktuellen Zustand des Baumstatus enthält. Diesem String können mit diesem Attibut bei Bedarf weitere Parameter hinzugefügt werden. Die Angaben werden in der Form *»parameter=wert«* gemacht. Will man mehrere Parameter übergeben, verknüpft man diese mit dem &-Zeichen: *»parameter1=wert1&parameter2=wert2«*

▶ prefix=Zeichenkette
Dieses Attribut definiert ein neues Präfix für die Tag-Variablen, die mit tree beginnen. Dabei wird der Unterstrich (_) statt des Bindestriches (-) benutzt. Da Python den Bindestrich als Minuszeichen interpretiert, ist die Verwendung dieses Attributs immer dann sinnvoll, wenn auf Tag-Variablen in Python-Ausdrücken zugegriffen werden soll.

Anwendungsbeispiel

Wenn in einem Baum nicht nur Ordner, sondern auch z.B. DTML-Dokumente angezeigt werden sollen, kann man das *branches_expr*-Attribut benutzen. Mit dem *sort*-Attribut wird zusätzlich die Reihenfolge der Ausgabe gesteuert:

```
<dtml-tree texte¬
  branches_expr=¬
    "objectValues(['DTML Document','Folder'])"
  sort="id">
  <dtml-var id>
</dtml-tree>
```

Die Methode objectValues() liefert die Objekttypen zurück, die als Parameter angegeben wurden. Im Baum werden jetzt Ordner und DTML-Dokumente angezeigt. Die Baumdarstellung beginnt mit dem

Inhalt des Ordners `texte` und zeigt die Ids aller Unterordner mit allen enthaltenen DTML-Dokumenten. Mit der Angabe `id` für das *sort*-Attribut wird gewährleistet, dass der Baum in jeder Ebene alphanumerisch anhand der Objekt-Id aufgebaut wird.

5.9.2 Variablen mit Bezug auf die Objekte im Baum

Wie auch beim `in`-Tag können innerhalb des `tree`-Blocks spezielle Variablen verwendet werden, die Informationen über das aktuelle Objekt oder den gesamten Baum liefern. Die Referenzierung dieser Variablen erfolgt mit dem dtml-var-Tag:

```
<dtml-tree texte>
  <a href="<dtml-var tree-item-url>"><dtml-var id></a>
</dtml-tree>
```

In diesem Beispiel wird von jedem Objekt im Baum der relative URL benutzt, um einen Link zum Objekt selbst zu generieren.

Alle Tag-Variablen, die innerhalb des `tree`-Blocks zur Verfügung stehen, werden im Folgenden erklärt:

▶ `tree-item-expanded`
Diese Variable hat den Wert 1 (true), wenn das aktuelle Objekt ausgeklappt ist.

▶ `tree-item-url`
Mit dieser Variablen hat man Zugriff auf den relativen URL des aktuellen Objektes. Die Basis des URLs ist der URL des Dokumentes oder der Methode, in dem das `tree`-Tag notiert ist.

▶ `tree-root-url`
Diese Variable gibt den URL des Dokumentes oder der Methode zurück, in dem das `tree`-Tag notiert ist.

▶ `tree-level`
Diese Variable gibt die Schachteltiefe des aktuellen Objektes als Ganzzahl zurück, wenn dessen Zweig aufgeklappt ist. Die Wertausgabe beginnt mit dem Wert 0 für Objekte, die sich im obersten Ordner der Baumstruktur befinden.

▶ `tree-colspan`
Diese Variable liefert die Anzahl der Spalten, die der Baum aktuell für seine Darstellung generiert. Zusammen mit `tree-level` kann diese Variable zum Einfügen weiterer Zeilen und Spalten in die Baum-Tabelle genutzt werden.

▶ tree-state

In dieser Variablen ist der aktuelle Status des Baumes gespeichert. Ausgedrückt wird dieser durch eine Struktur von Listen und Sub-Listen mit Buchstaben-Zahlen-Codes. Ist es notwendig, mit dieser Variablen zu arbeiten, sollte man das Attribut *id* verwenden, um den Code durch eine verständliche Struktur zu ersetzen. Mit der Angabe *id=id* erhält man z.B. in den Listen die Ids der Objekte.

Anwendungsbeispiel

Mit dem `tree`-Tag soll eine Sitemap generiert werden. In die Sitemap sollen nur DTML-Dokumente aufgenommen werden, da sie die Inhalte bereitstellen. Die Namen der Objekte sollen die Links zu den Objekten selbst sein, allerdings nur dann, wenn sie nicht ausgeklappt sind. Dafür ist folgender Code notwendig:

```
<dtml-tree branches_expr=¬
  "objectValues(['DTML Document','Folder'])" sort="id">
  <dtml-if tree-item-expanded>
    <b><dtml-var id></b>
  <dtml-else>
   <a href="<dtml-var tree-item-url>"><dtml-var id></a>
  </dtml-if>
</dtml-tree>
```

Listing 5.5 Sitemap mit dem tree-Tag

Das Beispiel geht davon aus, dass der Code in einer DTML-Methode notiert ist, die im root-Verzeichnis der Site liegt. Mit der Variablen `tree-item-expanded` wird überprüft, ob der aktuelle Zweig aufgeklappt ist. In diesem Fall wird die Id des Ordners fett ausgegeben, aber kein Link generiert. Dies geschieht nur bei Zweigen, die noch nicht ausgeklappt sind. Die Variable `tree-item-url` liefert dafür den URL des aktuellen Objektes.

5.9.3 Variablen, die den gesamten Baum steuern

Mithilfe von zwei Variablen lässt sich der gesamte Baum auf- bzw. zuklappen. Diese Variablen stehen auch außerhalb des `tree`-Blocks zur Verfügung:

► expand_all
Wird diese Variable auf 1 (true) gesetzt, werden alle Zweige des Baumes ausgeklappt.

► collapse_all
Wird diese Variable auf 1 (true) gesetzt, werden alle Zweige des Baumes zugeklappt.

Anwendungsbeispiel

Diese Variablen werden über den Anfrage-String des URL gesetzt:

```
<a href="URL?expand_all=1">Ausklappen</a>
```

Will man alle Zweige ausgeklappt darstellen, muss die Seite mit der Baumdarstellung erneut geladen werden. Deshalb wird ein Link gesetzt, der mithilfe der Variablen URL auf die aktuell geladene Seite verweist. Daran wird die Variablendefinition als Anfrage-String gehängt. Mit dem Betätigen des Links erhält die Variable *expand_all* den Wert 1, was Zope veranlasst, eine Seite auszuliefern, bei der alle Zweige des Baumes ausgeklappt sind. Die Verwendung von *collapse_all* funktioniert auf die gleiche Weise.

5.10 Das dtml-raise-Tag

Mit dem raise-Tag wird eine so genannte Ausnahme ausgelöst und eine Fehlermeldung zur Anzeige gebracht. Der Begriff Ausnahme stammt aus dem Python-Zusammenhang und bezeichnet einen Fehler im Programmablauf. Die ausgegebene Fehlermeldung ist eine DTML-Methode mit der Id standard_error_message im root-Verzeichnis von Zope. Diese Methode ist veränderbar, womit es möglich wird, Fehlermeldungen dem Erscheinungsbild seiner Website anzupassen.

Das raise-Tag ist ein Block-Tag, das immer mit dem Attribut *type* notiert werden muss. Innerhalb des Blocks kann eine Fehlerbeschreibung angegeben werden:

```
<dtml-raise type="Fehlertyp">
  Es ist ein Fehler aufgetreten
</dtml-raise>
```

Innerhalb der Methode standard_error_message kann man mit <dtml-var error_type> auf den beim Attribut *type* angegebenen Wert referenzieren und mit <dtml-var error_value> auf die Fehlerbeschreibung. So wird es möglich, ein Fehlermanagement, das dem Benutzer ein sinnvolles Feedback gibt, einzuführen.

Alle Veränderungen in der ZODB, die der Seitenaufruf gegebenenfalls vorgenommen hat bevor die Ausnahme ausgelöst wurde, werden zurückgesetzt. Damit kann man mit dem raise-Tag nicht nur Fehler-Feedbacks geben, sondern auch unvollständige Modifikationen am Datenbestand verhindern.

5.11 Das dtml-try- und das dtml-except-Tag

Mit dem try-Tag können Ausnahmen abgefangen werden. Stößt Zope bei der Ausführung eines DTML-Dokuments oder einer Methode auf einen Fehler, wird die Ausführung gestoppt und eine Fehlermeldung angezeigt. Code, der im try-Block notiert ist, wird vor der Ausführung getestet und nur bei Fehlerfreiheit ausgeführt. Ist aber ein Fehler enthalten, wird der Code ausgeführt, der unter dem except-Tag notiert ist.

Die Grundkonstruktion des try-Tags hat folgende Struktur:

```
<dtml-try>
  Code zur Ausführung
<dtml-except>
  Alternativcode
</dtml-try>
```

Man kann also an kritischen Stellen eine Fehlermeldung verhindern und Alternativ-Code ausführen lassen. Das hat unter Umständen den Vorteil, dass auch der restliche Code auf der Seite zur Ausführung kommt, was bei der Ausgabe einer Fehlermeldung nicht der Fall ist. Zudem werden auch keine Modifikationen an der ZODB zurückgenommen.

Das folgende Beispiel zeigt die grundsätzliche Verwendung der try-except-Konstruktion:

```
<dtml-try>
   Es gibt <dtml-var "birnen/anzahl"> für jeden.
<dtml-except>
  <b>Man soll Birnen nicht mit Äpfeln vergleichen.</b>
</dtml-try>
```

Im try-Block wird eine Division mit zwei Variablen durchgeführt. Sollte eine oder beide Variablen nicht vorhanden sein bzw. die Variable anzahl den Wert 0 haben, wird eine Ausnahme ausgelöst. In diesem Fall würde statt einer Standardfehlermeldung der except-Block ausgeführt.

5.11.1 Variablen im except-Block

Innerhalb eines `except`-Blocks stehen drei Variablen zur Verfügung, mit denen man genauere Informationen über einen Fehler erhalten kann. Diese können z.B. für das Fehler-Feedback genutzt werden. Die Variablen im Einzelnen sind:

▶ `error_type`
Diese Variable gibt den Fehlertyp der ausgelösten Ausnahme zurück. Bei der Angabe handelt es sich um die Python Built-in Exceptions (*siehe www.python.org/doc/current/lib/module-exceptions*).

▶ `error_value`
Diese Variable gibt den Wert der ausgelösten Ausnahme zurück. In der Regel ist das die Id des Objektes, das den Fehler verursacht hat.

▶ `error_tb`
Mit dieser Variablen hat man Zugriff auf eine detaillierte Fehlerbeschreibung, die neben dem Typ und dem Wert des Fehlers auch eine Angabe darüber enthält, von welcher Zeile in welchem Zope-Modul der Fehler verursacht wurde. Das kann vor allem beim Debuggen eigener Produkte sehr nützlich sein.

5.11.2 Ausnahmeunterscheidung mit mehreren except-Blöcken

Das `except`-Tag kann als Attribut eine Fehlertypangabe entsprechend der Python Built-in Exceptions bekommen. In diesem Fall wird der Block nur dann ausgeführt, wenn ein Fehler des angegebenen Typs auftritt. Mit mehreren `except`-Tags und Fehlertypangaben kann man fehlerspezifische Feedbacks geben. Ohne Fehlertypangabe ist ein `except`-Block für alle nicht spezifizierten Fehler zuständig.

Das erweiterte Beispiel aus dem vorherigen Abschnitt macht die Verwendung mehrerer `except`-Blöcke deutlich:

```
<dtml-try>
   Es gibt <dtml-var "birnen/anzahl"> für jeden.
<dtml-except ZeroDivisionError>
   <b>Irgendjemand muss was bekommen.</b>
<dtml-except NameError>
 <b> Es gibt keine Birnen.</b>
<dtml-except>
   <b>Birnenoperation fehlgeschlagen.</b>
</dtml-try>
```

Kommt es zur Division mit dem Wert 0, wird ein Fehler des Typs `Zero-DivisionError` ausgelöst und der Code im entsprechenden Block ausgeführt. Ein Fehler des Typs `NameError` tritt dann auf, wenn eine der beiden Variablen nicht existent ist. Bei allen übrigen Fehlertypen wird der `except`-Block ohne Fehlertypangabe ausgeführt.

5.11.3 Das else-tag innerhalb des try-Blocks

Optional kann ein `else`-Tag in den `try`-Block notiert werden. Es wird nach den `except`-Anweisungen notiert und ausgeführt, wenn keine Ausnahme ausgelöst wurde. Das ist z. B. dann sinnvoll, wenn im `try`-Block eine Methode aufgerufen wird, die kein Objekt rendert, sondern eine Eigenschaft einstellt. Wenn dabei alles reibungslos verläuft, erhält der Benutzer normalerweise keine Rückmeldung. Um in einem solchen Fall Irritationen zu vermeiden, kann unter dem `else`-Tag eine Rückmeldung angegeben werden:

```
<dtml-try>
  <dtml-call "apfel.manage_changeProper-
ties({'farbe':'rot'})">
<dtml-except NameError>
 <b>Der Apfel ist nicht vorhanden.</b>
<dtml-except>
  <b>Bei der Aktion trat ein Fehler auf.</b>
<dtml-else>
  <b>Die Farbe wurde geändert.</b>
</dtml-try>
```

Mit der Methode `manage_changeProperties()` werden Eigenschaften eines Objektes geändert. Im Beispiel soll die Eigenschaft `farbe` des Objektes `apfel` den Wert `'rot'` erhalten. Tritt dabei ein Fehler auf, erhält man durch die `except`-Blöcke entsprechende Meldungen. Bei einer erfolgreichen Änderung gibt der `else`-Block einen entsprechenden Hinweis aus.

5.11.4 Das finally-Tag im try-Block

Das `finally`-Tag kann nur dann in einem `try`-Block genutzt werden, wenn dort das `except`- und das `else`-Tag nicht verwendet werden. Der unter dem `finally`-Tag notierte Block wird unabhängig davon ausgeführt, ob eine Ausnahme ausgelöst wird oder nicht. Das bedeutet auch, dass ein auftretender Fehler nicht abgefangen wird, sondern lediglich eine Bereinigung nach der Fehlerauslösung stattfindet.

Sinnvoll kann das z.B. sein, wenn eine Tabelle einer externen Datenbank gesperrt wurde und es danach zu einem Fehler kommt. Mit dem `finally`-Tag hat man die Möglichkeit, die Tabelle trotz Ausnahme wieder zu entsperren.

In der Regel sind solche Kontrollen des Programmcodes allerdings mit Python besser zu realisieren.

5.12 Das dtml-comment-Tag

Wenn man seinen Code dokumentieren will, sind Kommentare ein unverzichtbares Mittel. Das `comment`-Tag stellt diese Möglichkeit in DTML bereit.

```
<dtml-comment>
   Kommentartext
</dtml-comment>
```

Beim Rendern eines DTML-Dokuments oder einer DTML-Methode wird der Text innerhalb des `comment`-Blocks nicht zur Anzeige gebracht. Anders als bei HTML-Kommentaren, erscheint der Text somit nicht im gerenderten Quelltext.

Andere DTML-Tags, die innerhalb eines `comment`-Blocks notiert sind, werden nicht ausgeführt. Das `comment`-Tag kann deshalb auch zur vorübergehenden Deaktivierung von Codesegmenten benutzt werden. Allerdings sollte man bedenken, dass fehlerhafter Code von Zope auch innerhalb eines `comment`-Blockes »bemerkt« wird. Zum Auskommentieren unfertiger Code-Fragmente ist das Tag daher nicht geeignet.

6 TAL – die Alternativ-lösung

6 TAL – die Alternativlösung

Dieses Kapitel erläutert die Verwendung der Template Attribute Language (TAL) und ihre Unterschiede zu DTML. Alle TAL-Anweisungen werden detailliert beschrieben und mit kurzen Beispielen dargestellt. Des Weiteren wird die Anwendung der Makro-Erweiterung von TAL (METAL) gezeigt, mit der es möglich ist, Seitenbausteine zu definieren und einzusetzen. Das Kapitel dient der Einführung in TAL und kann als Referenz genutzt werden.

6.1 Warum eine Alternative?

Eine der wichtigsten Forderungen bei der Entwicklung von Web-Applikationen ist die Trennung von Inhalt, Funktion und Design. Das macht es möglich, Inhalte auf verschiedenen Ebenen in unterschiedlichen Tiefen wiederzugeben und medienkonvergent zu arbeiten. Mit der Verwendung von DTML erreicht man dieses Ziel nur sehr eingeschränkt. Das hat vor allem mit der Entwicklungsgeschichte von DTML zu tun, die entstand, bevor man Python vom ZMI aus als Python-Skript benutzen konnte. Bis dahin war es nur möglich, Python via externer Methode einzusetzen, was aber den Zugriff auf das Dateisystem des Servers erfordert. Deshalb deckt DTML eine Menge Funktionen ab, die jetzt vielfach besser mit Python-Skript realisiert werden können. Das hat aber auch zur Folge, dass in DTML-Dokumenten und Methoden eine saubere Trennung von Inhalt, Funktion und Design nur schwer durchgeführt werden kann.

Ein weiterer Nachteil von DTML ist, dass es in HTML-Editoren mit Syntaxvalidierung Fehler hervorruft, da es sich nicht an die HTML-Struktur anpasst. Ein Ausdruck wie

```
<input type="radio" value="wahl" <dtml-if wahl>
 checked="checked"</dtml-if> />
```

würde in einem Editor unweigerlich einen Fehler auslösen. Umgehen ließe sich dies nur mit verdoppeltem Code:

```
<dtml-if wahl>
  <input type="radio" value="wahl" checked="checked" />
<dtml-else>
  <input type="radio" value="wahl />
</dtml-if>
```

Das aber führt sehr schnell zu einer Menge mehr an Code, der aus Gründen der Performance nicht wünschenswert ist.

Zudem möchte man, wenn man mit einem externen Editor arbeitet, das Layout seiner Seiten überprüfen, bevor man sie in Zope hineinlädt. Da aber DTML nur durch Zope gerendert werden kann und einzelne Seiten mit DTML-Code ohne Rendering gar nicht oder nur verfälscht wiedergegeben werden, ist die Zusammenarbeit zwischen Programmierern und Designern nur schwer zu realisieren. Der Designer kann nur reine HTML-Seiten in Zope hineinladen, die dann der Programmierer umschreiben muss. Ist aber erst einmal DTML-Code in der Seite, kann der Designer sie nicht zu einer Weiterbearbeitung übernehmen, da DTML in seinen Tools Fehler produziert.

TAL hingegen ist so konzipiert, dass Seiten jederzeit zwischen Zope und Standard-Editoren getauscht werden können.

6.2 Das Konzept von TAL

TAL ist eine Attribut-Sprache, die einen etwas geringeren Funktionsumfang besitzt als DTML. Die einzelnen Anweisungen werden als XML-Attribute zu HTML- oder auch XML-Tags notiert. Mit ihnen kann man den Inhalt von Block-Tags definieren und Attribute dynamisch setzen und verändern oder ganze Blöcke ersetzen. Aber auch logische Operationen wie bedingte Anweisungen, Schleifen und Variablendefinitionen sind möglich. Dort wo benötigte Funktionen von TAL nicht abgedeckt werden, kann auf Python-Skripte zurückgegriffen werden. Grundsätzlich ist es sinnvoll, komplexe Funktionen in Python-Skripten zu realisieren und diese durch Page-Templates aufzurufen.

Eine typische TAL-Anweisung sieht folgendermaßen aus:

```
<title tal:content="template/title">Der Titel</title>
```

Da die Anweisung als Attribut notiert wird, löst sie in Standard-Editoren und Browsern keinen Fehler aus. Attribute, die nicht bekannt sind, werden von diesen Programmen normalerweise ignoriert. Dadurch wird es möglich, dass ein Designer eine Seite entwirft, ohne sich um später dynamisch erzeugte Inhalte oder logische Programmstrukturen kümmern zu müssen. Er kann die Seite in einem HTML-Editor ohne Layout-Ansicht aufbauen und im Browser testen oder aber einen Editor mit Layout-Ansicht benutzen. In jedem Fall wird er eine Seitenansicht erhalten, die der später mit dynamischen Inhalten aufgefüllten Seite weitestgehend entspricht.

Die Seite kann dann nach Zope übertragen werden und von einem Programmierer mit TAL-Anweisungen bestückt werden. Auch danach kann die Seite vom Designer wieder in sein bevorzugtes Werkzeug übernommen werden, wenn Änderungen am Layout vorgenommen werden müssen.

Der Workflow zwischen Programmierern und Designern vereinfacht sich deutlich. Unter Umständen muss ein Designer überhaupt keine tieferen Kenntnisse von Zope, Page-Templates und TAL haben, um für ein zope-basiertes Projekt zu arbeiten.

6.3 Die TAL-Anweisungen

6.3.1 Die Syntax

Alle TAL-Anweisungen werden in einer einheitlichen Struktur notiert:

```
präfix:anweisung="ausdruck"
```

Das Präfix zeigt dem Interpreter, welche Sprache benutzt werden soll. Für die Template Attribute Language ist das Präfix `tal:`. Nach dem Doppelpunkt folgt die eigentliche Anweisung, die definiert, welche Operation auf das Tag angewendet werden soll. Jede Anweisung bezieht sich auf Variablen- oder Objektinhalte. Diese werden geprüft, eingefügt oder ersetzt. Um welchen Inhalt es dabei geht, wird in einem Ausdruck nach dem Gleichheitszeichen angegeben. In den meisten Fällen ist dieser Ausdruck ein Pfad zu einer Zope-Variablen. Für die Syntax dieser Ausdrücke existiert ein eigenes Regelwerk, das in Abschnitt 6.5 erklärt wird.

6.3.2 Die content-Anweisung

Die `content`-Anweisung fügt Inhalt in den Block eines Tags ein. Bestehender Inhalt, auch wenn es sich dabei um HTML handelt, wird dabei überschrieben:

```
<h2 tal:content="user/getUserName">Benutzername</h2>
```

In diesem Beispiel wird der Blockinhalt »Benutzername« durch den Namen des aktuellen Benutzers dynamisch ersetzt.

Die Angabe des Variablenpfades kann mit einer Kennung beginnen, die bestimmt, wie der Ausdruck gerendert wird. Zwei Kennungen stehen zur Verfügung:

▶ text

Stellt das Ergebnis des Ausdrucks als Zeichenkette mit HTML-Entities dar. Aus < wird also <, aus > wird > usw. Diese Kennung ist die Standardeinstellung. Das bedeutet, dass ohne Angabe einer Kennung das Ergebnis so dargestellt wird.

▶ structure

Gibt man diese Kennung an, werden alle Zeichen der HTML-Notation als solche in der Zeichenkette belassen. Damit werden alle HTML-Auszeichnungen auch ausgeführt. Hat man im Ergebnis die HTML-Auszeichnung <b></b>, wird Text innerhalb dieses Blocks fett dargestellt.

Ein Beispiel soll den Unterschied verdeutlichen. Eine Eigenschaft eines Page-Templates hat den Namen inhalt, deren Wert der String »<b>Guten</b> Tag!« ist. Gibt man nun im Editierfeld des Templates

```
<span tal:content="template/inhalt">hier Inhalt</span>
```

oder

```
<span tal:content="text template/inhalt">hier Inhalt
</span>
```

ein, erhält man auf der gerenderten Seite:

<b>guten</b> Tag

Zope hat einen Quelltext generiert, der folgendermaßen aussieht:

```
<span>&lt;b&gt;guten&lt;/b&gt; Tag</span>
```

Notiert man hingegen im Editierfeld

```
<span tal:content="structure template/inhalt">hier Inhalt
</span>
```

ist das Ergebnis des Renderings

guten Tag

und der generierte Quelltext sieht so aus:

```
<span><b>guten</b> Tag</span>
```

Mit der Kennung structure lassen sich vor allem Seitenfragmente, die man in anderen Templates definiert hat, in einem Template zusammenfügen. Man kann für die Fragmente übrigens auch DTML-Dokumente oder Methoden verwenden.

6.3.3 Die replace-Anweisung

Die `replace`-Anweisung funktioniert ähnlich wie die `content`-Anweisung. Der wesentliche Unterschied besteht darin, dass die `replace`-Anweisung das gesamte Tag, bei dem es als Attribut notiert ist, gegen den Wert seines Ausdrucks ersetzt. Eine Anweisung wie

```
<span tal:replace="template/id">Id des Templates</span>
```

entfernt das `span`-Tag und fügt an dessen Stelle die Id des Templates ein.

Insbesondere beim Arbeiten mit Seitenfragmenten ist die `replace`-Anweisung sehr nützlich. Wenn man z.B. in einem anderen Template ein solches Fragment definiert hat, kann man ihn mit

```
<span tal:replace="structure here/fragment">Hier der
Baustein</span>
```

einfügen. Das `span`-Tag wird vollständig durch den HTML-Code des Fragment-Templates ersetzt.

Die `replace`-Anweisung kann also auch mit den Kennungen structure oder text notiert werden und verhält sich entsprechend der Definitionen im vorigen Abschnitt.

6.3.4 Die attributes-Anweisung

Mit der `attributes`-Anweisung können Attribute eines HTML-Tags gesetzt werden. Ein vorhandenes Attribut wird dabei überschrieben, noch nicht vorhandene Attribute hinzugefügt.

```
<table border="1"¬
 tal:attributes="border template/staerke">
```

Die obige Anweisung ersetzt den für das Attribut `border` definierten Wert durch den in der Variablen `staerke` gespeicherten Wert. Der Attributsname und sein neuer Wert müssen mit Leerzeichen voneinander getrennt werden. Zope validiert den Attributsnamen nicht. Das bedeutet, dass auch falsche Attribute gesetzt werden können. Diese bleiben in der Regel ohne Wirkung, da die Browser unbekannte Attribute ignorieren.

Es können auch mehrere Attribute in einer Anweisung definiert werden. Dabei werden die einzelnen Attributdefinitionen mit einem Semikolon (;) voneinander getrennt.

```
<table border="1"¬
 tal:attributes="border template/staerke;¬
                 cellpadding template/raum">
```

Diese Anweisung ersetzt das `border`-Attribut und definiert das `cell-padding`-Attribut neu, jeweils mit Werten aus Variablen.

6.3.5 Die condition-Anweisung

Die `condition`-Anweisung prüft, ob der angegebene Ausdruck wahr (true) oder falsch (false) ist. Ist der Ausdruck wahr, wird das Tag, bei dem die `condition`-Anweisung notiert ist, und dessen Inhalt beim Rendering in den Quelltext geschrieben. Ist der Ausdruck falsch, wird das Tag einschließlich seines Inhalts beim Rendering aus dem Quelltext entfernt.

```
<span tal:condition="template/title">
<h1 tal:content="template/title"> der titel </h1>
</span>
```

In dem Beispiel prüft die `condition`-Anweisung beim `span`-Tag, ob das Template einen Titel hat. Ist das der Fall, wird er mit dem `h1`-Tag ausgegeben. Hat das Template jedoch keinen Titel, wird das `span`-Tag aus dem Quelltext entfernt.

Mit einem dem Ausdruck vorangestelltem `not:` kann man die Funktionsweise der Anweisung umkehren. Ein falscher Ausdruck wird durch das `not:` wahr und das Tag wird in den Quelltext geschrieben. Ein wahrer Ausdruck wird falsch und das Tag wird entfernt.

```
<i tal:condition="not:template/title">Dieses Dokument hat
 keinen Titel </i>
```

Hier prüft die `condition`-Anweisung, ob das Template keinen Titel hat und gibt einen Hinweistext aus, wenn dies der Fall ist.

Die `condition`-Anweisung ist nicht so leistungsfähig wie die if-elif-else-Konstruktion in DTML. Das Konzept von TAL geht davon aus, dass logische Strukturen in Python-Skripten abgebildet werden, um eine bessere Trennung von Inhalten, Funktionen und Design zu erreichen.

6.3.6 Die repeat-Anweisung

Mit der `repeat`-Anweisung wird eine Sequenz durchlaufen. Das Tag bei dem die Anweisung notiert ist, wird so oft in den Quelltext eingefügt, wie es Elemente in der Sequenz gibt. Ist die aufgerufene Sequenz leer, wird das Tag einschließlich seines Inhalts aus dem Quelltext entfernt. Für den Zugriff auf die Elemente in der Sequenz wird eine Variable definiert, die im Sequenzdurchlauf das aktuelle Element repräsentiert:

```
<table border="1">
  <tr tal:repeat="element here/objectValues">
    <td tal:content="element/id">die Id</td>
  </tr>
</table>
```

Im Beispiel wird der `tr`-Block so oft wiederholt wie es Elemente in der abgefragten Sequenz gibt. Die Sequenz wird von der schon bekannten Methode `objectValues()` erstellt. Sie gibt die Objekte im aktuellen Ordner zurück. Für den Zugriff auf die einzelnen Objekte in der Sequenz wird die Variable `element` definiert. Im `tr`-Block kann auf diese Variable referenziert werden. Im Beispiel wird sie genutzt, um die Id des jeweiligen Objektes auszugeben.

Innerhalb des Blocks, für den die `repeat`-Anweisung Gültigkeit hat, kann mit einigen festgelegten Variablen auf Informationen über das einzelne Element in der Sequenz zugegriffen werden. Diese Variablen sind:

▶ `index`
Der Index des aktuellen Elements, beginnend mit 0.

▶ `number`
Der Index des aktuellen Elements, beginnend mit 1.

▶ `even`
Ist wahr (true), wenn das aktuelle Element eine gerade Indexzahl hat. Die Indizierung beginnt mit 0.

▶ `odd`
Ist wahr (true), wenn das aktuelle Element eine ungerade Indexzahl hat. Die Indizierung beginnt mit 0.

▶ `start`
Ist wahr (true), wenn das aktuelle Element das erste der Sequenz ist.

▶ `end`
Ist wahr (true), wenn das aktuelle Element das letzte der Sequenz ist.

▶ `first`
Ist wahr (true), wenn das aktuelle Element das erste einer Gruppe in der Sequenz ist.

- last

  Ist wahr (true), wenn das aktuelle Element das letzte einer Gruppe in der Sequenz ist.

- length

  Die Anzahl der Elemente in der Sequenz. Die Variable gibt damit auch die Gesamtanzahl der Wiederholungen in der Schleife wieder.

- letter

  Der Index des aktuellen Elements, ausgegeben in Kleinbuchstaben. Die Indizierung beginnt mit a.

- Letter

  Der Index des aktuellen Elements, ausgegeben in Großbuchstaben. Die Indizierung beginnt mit A.

- roman

  Der Index des aktuellen Elements, ausgegeben in kleinen römischen Ziffern. Die Indizierung beginnt mit i (1).

- Roman

  Der Index des aktuellen Elements, ausgegeben in großen römischen Ziffern. Die Indizierung beginnt mit I (1).

Für den Zugriff auf diese Variablen muss der Pfadausdruck mit dem Schlüsselwort repeat beginnen. Das folgende Beispiel verdeutlicht die Verwendung:

```
<table border="1">
  <tr tal:repeat="element here/objectValues">
    <td tal:content="repeat/element/number">die Zahl</td>
    <td tal:content="element/id">die Id</td>
  </tr>
</table>
```

Hier werden ebenfalls die Ids der Objekte im aktuellen Ordner in einer Tabelle ausgegeben. Zusätzlich wird eine Ordnungszahl angezeigt.

6.3.7 Die define-Anweisung

Mit der define-Anweisung können Variablen definiert werden. Die Definition erfolgt über die Angabe eines Namens und der Wertzuweisung:

```
<span tal:define="bezeichner template/id"></span>
```

Im Ausdruck nach dem Gleichheitszeichen wird zunächst der Name der Variablen definiert. Durch Leerzeichen getrennt erfolgt die Wertzuweisung. Im Beispiel wird eine Variable mit dem Namen `bezeichner` definiert und ihr als Wert die Id des Templates zugewiesen.

Der Gültigkeitsbereich einer so definierten Variablen endet mit dem Block, in dem sie definiert wurde. Innerhalb des Blocks kann man beliebig auf sie zugreifen, auch wenn weitere Verschachtelungen vorhanden sind:

```
<table tal:define="bezeichner template/id">
  <tr>
    <td tal:content="bezeichner">Inhalt</td>
  </tr>
</table>
```

Im Beispiel erfolgt die Definition der Variable im `table`-Tag. Der Zugriff erfolgt zwei Ebenen tiefer, in einer Tabellenzelle. Bis zum </table> ist der Zugriff auf die Variable möglich.

Mehrere Variablen können in einer Anweisung definiert werden, indem man – wie bei der `attributes`-Anweisung – die einzelnen Definitionen mit einem Semikolon (;) voneinander trennt:

```
<span tal:define="var1 template/id;
                  var2 template/title"></span>
```

Es ist auch möglich, innerhalb eines Blocks, in dem schon eine Variable gültig ist, weitere zu definieren:

```
<table tal:define="bezeichner template/id">
  <tr tal:define="bezeichner template/title">
    <td tal:content="bezeichner">Inhalt</td>
  </tr>
  <tr>
    <td tal:content="bezeichner">Inhalt</td>
  </tr>
</table>
```

Im obigen Beispiel gibt es zwei neue Tabellenzeilen. In der oberen ist eine weitere Variable definiert, die als Wert den Titel des Templates erhält. Um die Funktionsweise der Gültigkeitsbereiche zu verdeutlichen, wurde beiden Variablen der gleiche Name gegeben. In der Ausgabe bekommt man in der ersten Zeile den Titel und in der zweiten die Id angezeigt. Die beim `table`-Tag definierte Variable ist bis zum Ende des `table`-Blocks gültig, damit auch in allen `tr`- und `td`-Blöcken. Da aber im ersten `tr`-Block eine zweite Variable mit gleichem Namen definiert wurde, wird die erste Variable für diesen Block überschrieben. Der Gültigkeitsbereich der zweiten Variablen endet mit dem `</tr>` der ersten Tabellenzeile. Im zweiten `tr`-Block steht nach wie vor die beim `table`-Tag definierte Variable zur Verfügung.

Die Gültigkeitsbereiche von Variablen in verschachtelten HTML-Blöcken sind also klar voneinander abgetrennt. Eine auf einer höheren Ebene definierte Variable kann auf einer tieferen Ebene überschrieben werden. Eine solche Überschreibung hat dann Gültigkeit für genau den Block, in dem sie gemacht wurde. In den übrigen Blöcken gilt weiterhin der Wert der Variablen, die auf der höheren Ebene definiert wurde.

Alle bislang vorgestellten Variablen sind *lokale* Variablen. Daneben gibt es eine weitere Form von Variablen, die als *global* bezeichnet wird. Definiert werden globale Variablen durch das Schlüsselwort `global`, das der Variablendefinition vorangestellt wird:

```
<span tal:define="global bezeichner template/id"></span>
```

Der Unterschied zu lokalen Variablen liegt im Gültigkeitsbereich. Globale Variablen sind auch außerhalb des Blocks, in dem sie definiert wurden, verfügbar. Das vorige Beispiel hat mit globalen Variablen ein anderes Ergebnis:

```
<table tal:define="global bezeichner template/id">
  <tr tal:define="global bezeichner template/title">
    <td tal:content="bezeichner">Inhalt</td>
  </tr>
  <tr>
    <td tal:content="bezeichner">Inhalt</td>
  </tr>
</table>
```

In der Ausgabe erhält man jetzt in beiden Tabellenzeilen den Titel des Templates angezeigt. Da die Variable `bezeichner` beim `table`-Tag als global deklariert wurde, wird sie jetzt beim `tr`-Tag für ihren gesamten Gültigkeitsbereich überschrieben. Der Wert der ersten Definition ist verloren.

Der Gültigkeitsbereich einer globalen Variablen bezieht sich auf das gesamte Template. Arbeitet man mit Code-Fragmenten, die in anderen Templates ausgelagert sind, muss man bedenken, dass diese – anders als in DTML – eine globale Variable nicht referenzieren können.

6.3.8 Die omit-tag-Anweisung

Manchmal ist es notwendig, den Inhalt eines Tags unverändert zu lassen, die umschließenden Tags aber zu entfernen. Diese Aufgabe übernimmt die `omit-tag`-Anweisung, und zwar dann, wenn der zugehörige Ausdruck wahr (true) ist:

```
<b tal:omit-tag="not:template/title">
<span tal:replace="template/title_or_id">Inhalt</span>
</b>
```

Im Beispiel wird das `b`-Tag entfernt, wenn das Template keinen Titel hat. Durch die Anweisung beim `span`-Tag wird die Id des Dokuments ausgegeben, aber nicht in fetter Auszeichnung.

Der Ausdruck, der bei der `omit-tag`-Anweisung angegeben wird, gilt auch dann als wahr, wenn er leer ist. Das kann unter anderem nützlich sein, um Kommentare in den Code einzufügen, die – anders als HTML-Kommentare – in der ausgelieferten Seite nicht zu sehen sind.

```
<p tal:omit-tag="" comment="dies verschwindet"></p>
```

Mit dem fiktiven Attribut `comment` wird der Kommentartext eingeleitet. Da der Ausdruck der `omit-tag`-Anweisung eine leere Zeichenkette ist, wird beim Rendering der gesamte `p`-Block entfernt.

6.3.9 Die on-error-Anweisung

Auch mit TAL hat man die Möglichkeit, eine Fehlerbehandlung in seine Seiten einzubauen. Mit der `on-error`-Anweisung gibt es dafür das notwendige Werkzeug. Wenn eine TAL-Anweisung einen Fehler verursacht, wird nach einem `on-error`-Befehl gesucht. Die Suche beginnt in dem HTML-Element, in dem der Fehler auftrat und geht stufenweise in der Verschachtelung der Elemente nach oben. Die erste `on-error`-Anweisung, die dabei gefunden wird, wird ausgeführt.

```
<p tal:on-error="structure here/fehlermeldung">
<span tal:replace="template/antwort">Antwort</span>
</p>
```

In dem Beispiel soll auf die Eigenschaft `antwort` des Templates referenziert werden. Tritt dabei kein Fehler auf, wird die Antwort in den `p`-Block gerendert. Ist aber diese Eigenschaft nicht vorhanden, wird ein Fehler ausgelöst und die `on-error`-Anweisung im `p`-Tag wird ausgeführt. In diesem Fall wird der Code eines anderen Templates eingesetzt, das für die Fehlerbehandlung zuständig ist.

Mit der `on-error`-Anweisung ist es also möglich, eine Rückmeldung bei auftretenden Fehlern zu geben. Die Anweisung verhält sich bei auftretendem Fehler wie der `content`-Befehl, das heißt, dass die Meldung in den Block eingesetzt wird, in dem die Anweisung notiert ist. Vorhandener Inhalt wird dabei überschrieben. Gibt es im Dokument keine `on-error`-Anweisung, wird bei einem auftretenden Fehler die Standard-Fehlermeldung von Zope ausgegeben.

6.4   Anweisungen kombinieren

Es ist möglich, mehrere Anweisungen in einem Tag zu notieren. Dabei müssen allerdings drei Regeln beachtet werden:

1. Die mehrfache Verwendung einer Anweisung bei einem Tag ist nicht möglich. Dies entspricht den HTML-Regeln, nach denen ein Attribut nicht mehrfach bei einem Tag notiert werden kann.

2. Die `content`- und die `replace`-Anweisung können nicht im selben Tag verwendet werden, weil ihre jeweilige Ausführung sich gegenseitig ausschließen.

3. Die Reihenfolge, in der die Anweisungen in einem Tag notiert sind, beeinflusst nicht die Reihenfolge ihrer Ausführung. Vielmehr folgt diese einer feststehenden Hierarchie:

   ▶ `define`
   ▶ `condition`
   ▶ `repeat`
   ▶ `content / replace`
   ▶ `attributes`
   ▶ `omit-tag`

Das folgende Beispiel gibt alle Titel der Objekte im aktuellen Verzeichnis aus. Aufgrund der Ausführungshierarchie wird zunächst die `repeat`- und dann die `content`-Anweisung ausgeführt. Im Ergebnis wird jeder Objekt-Titel in einem eigenen Absatz ausgegeben.

```
<p tal:repeat=" element here/objectValues"
   tal:content="element/title">Titel</p>
```

Will man die Reihenfolge umgehen, kann man weitere Tags hinzufügen. Beispielsweise kann man eine Anweisung, die man zuerst ausführen möchte, in einem `span`-Tag mit der `omit-tag`-Anweisung kombinieren. Da diese immer zuletzt ausgeführt wird, entfernt sie erst nach der Ausführung der Anweisung das Tag.

6.4.1 Reine TAL-Blöcke verwenden

Es ist nicht zwingend notwendig, TAL-Anweisungen zu HTML-Tags zu notieren. Man kann sie auch als reine TAL-Blöcke in den Quelltext schreiben. Sinnvoll kann das zum Beispiel sein, wenn man Anweisungen benötigt, die im gerenderten Quelltext keine Spuren hinterlassen sollen, da zwar die Anweisungen ausgeführt, die TAL-Blöcke selbst aber im Quelltext nicht mehr aufzufinden sind.

Ein reiner TAL-Block wird in folgender Form notiert:

```
<tal:block anweisung="ausdruck">tal-block</tal:block>
```

Für einen Block z.B. mit einer `define`-Anweisung, die die Id des Templates zugewiesen bekommt, sieht die Notation so aus:

```
<tal:block define="bezeichner template/id">
...
  <b tal:content="bezeichner">Id</b>
...
</tal:block>
```

Es reicht in einem TAL-Block die einmalige Angabe des Präfix tal: zu beginn der Klammer. Die Anweisung(en) können dann ohne Präfix notiert werden. Die Angabe des Ausdrucks `block` ist nicht notwendig. Sie kann durch einen beliebigen eigenen Ausdruck ersetzt werden. Entscheidend für die Gültigkeit der Notation ist lediglich, dass sie der XML-Spezifikation genügt. So ist es ebenfalls möglich, einzeilige reine TAL-Befehle zu notieren:

```
<tal:def define="global bezeichner template/id" />
```

Hier wird die Variable als global deklariert. Mit dem abschließenden Slash (/) ist auch diese Notation XML-konform und wird entsprechend ausgewertet.

6.5 Die TALES (TAL Expression Syntax)

Die TAL Expression Syntax definiert, wie die Ausdrücke, die die TAL-Anweisungen auswerten, notiert werden müssen. Es erscheint im ersten Moment etwas übertrieben, dafür ein eigenes Regelwerk aufzustellen. TAL ist jedoch kein Konzept, das auf Zope allein beschränkt ist. Mittlerweile liegen Implementierungen für Python, Perl, Java und PHP vor. TAL bewegt sich also in verschiedenen Systemen und benötigt jeweils eine Schnittstelle zu diesen Systemen. Für Zope ist dies TALES, die genau definiert, wie der Zugriff auf Zope-Objekte, -Methoden und -Eigenschaften erfolgen muss.

TALES-Ausdrücke werden immer als Zeichenkette notiert. Optional ist die Angabe eines Präfixes, das den Ausdruckstyp definiert.

```
tal:anweisung="[präfix:]ausdruck"
```

Ohne die Angabe des Präfixes wird der Ausdruck als Pfad ausgewertet, der Standard-Ausdruckstyp, der auch mit dem Präfix `path:` eingeleitet werden kann. Weitere Ausdruckstypen sind `string:`, `python:`, `nocall:`, `exists:` und `not:`, die in den folgenden Abschnitten erläutert werden.

6.5.1 Pfadausdrücke

Pfadausdrücke werden mit dem Präfix `path:` gekennzeichnet. Sie geben einen Pfad zu einen Zope-Objekt, einer -Methode oder einer -Eigenschaft an. Das Pfadtrennzeichen ist der Schrägstrich(/):

```
"path:here/mein_objekt"
```

Da Pfadausdrücke der Standard-Ausdruckstyp sind, kann auf das Präfix auch verzichtet werden. Alle Ausdrücke ohne Präfix werden als Pfadausdrücke ausgewertet. Somit ist der obige Ausdruck mit dem folgenden identisch:

```
"here/mein_objekt"
```

Als Ergebnis wird das Objekt zurückgegeben bzw. der Wert der Eigenschaft. Bei einer Methode wird diese ausgeführt und das Ausführungs-Ergebnis zurückgegeben. Ist das aufgerufene Objekt nicht vorhanden oder kommt es beim Durchlaufen des Pfades zu einem Fehler, wird eine entsprechende Meldung ausgegeben.

Ein Pfadausdruck muss immer mit einer Variablen beginnen, die definiert, an welchem Punkt in der Objekt-Hierarchie die Suche nach einem Objekt beginnt. Es gibt zwei Gruppen dieser Variablen, zum einen die Standard-Variablen, die unabhängig vom System, in dem die Page-Templates implementiert sind, zur Verfügung stehen, zum andern die systemspezifischen Variablen, die den Zugriff auf Objekte in der ZODB regeln.

Die Standard-Variablen

▶ nothing

Eine spezielle Variable, die einen Nicht-Wert repräsentiert. Eine Notation wie

```
<span tal:replace="nothing">Inhalt</span>
```

würde das span-Tag entfernen, ohne dass ein Wert eingesetzt wird.

▶ default

Eine weitere spezielle Variable, die bewirkt, dass der vorhandene Text nicht ersetzt wird. Dies ist nützlich im Zusammenhang mit der condition-Anweisung:

```
<span tal:condition="not:exists:here/inhalt"
 tal:content="default">Objekt nicht vorhanden!</span>
```

Wenn das Objekt inhalt nicht vorhanden ist, wird das Tag mit dem notierten Text ausgegeben.

▶ options

Man kann Page-Templates von Python aus wie Methoden aufrufen und ihnen dabei Parameter-Wert-Paare übergeben. Im aufgerufenen Template kann man mit dieser Variablen auf die übergebenen Parameter referenzieren. Die Übergabe mit Python erfolgt in der Form parameter=wert, im Template wird darauf mit *»options/parameter«* referenziert.

▶ repeat

Diese Variable repräsentiert den jeweils aktuellen Durchlauf bei einer repeat-Anweisung (*siehe Abschnitt 6.3.6*).

▶ attrs

Diese Variable enthält alle Attribute und die zugehörigen Werte des aktuellen Tags. Sie werden als Dictionary zurückgegeben.

▶ CONTEXTS

Mit dieser Variablen erhält man eine Liste der Standard- und Systemvariablen. Diese Liste ist nützlich, wenn eine dieser Variablen durch eine lokale oder globale Variable verdeckt wird (Verwendung gleicher Namen). Als Unterobjekt von CONTEXTS sind alle Standard-Variablen weiterhin verfügbar.

Die systemspezifischen Variablen

▶ `root`
Diese Variable referenziert auf das root-Objekt der ZODB. Damit ist es möglich, Pfade von der Wurzel des Verzeichnisbaums aus aufzubauen.

▶ `here`
Diese Variable referenziert auf den Kontext aus dem heraus das Template aufgerufen wird. In der Regel ist das ein Ordnerobjekt. Damit ist es möglich, Pfade relativ zum aktuellen Kontext des Templates zu bilden.

▶ `container`
Diese Variable ist die Referenz auf den Ordner, in dem das Template abgelegt ist.

▶ `template`
Die Referenz auf das Template selbst. Da Page-Templates – anders als DTML-Methoden – Eigenschaften haben können, muss eine Referenz darauf mit dieser Variablen beginnen.

▶ `request`
Diese Variable referenziert direkt auf das REQUEST-Objekt mit allen enthaltenen Variablen, einschließlich etwaiger Session-oder Formvariablen.

▶ `user`
Mit dieser Variable hat man Zugriff auf den aktuell authentifizierten Benutzer.

▶ `modules`
Diese Variable referenziert auf alle verfügbaren Python-Module. Allerdings greifen auch hier Zopes Sicherheitsmechanismen, sodass mit dieser Variablen nur bestimmte Module angesprochen werden können.

Mit Pfadausdrücken arbeiten

Bei der Arbeit mit Pfadausdrücken gelten die gleichen Regeln wie bei DTML. Ein Unterschied jedoch besteht darin, dass man bei TAL-Ausdrücken immer angibt, wo die Suche nach Variablen beginnen soll. Je nach Startpunkt und Situation kann das Ergebnis der Suche unterschiedlich sein. Ein Beispiel soll das verdeutlichen.

Abbildung 6.1 zeigt im `root`-Ordner einen Ordner mit der Id `eins` und darin einen weiteren mit der Id `zwei`. Zusätzlich befindet sich in Ordner `eins` ein Page-Template mit der id `ausgabe`. Alle drei Objekte haben eine Eigenschaft mit dem Namen `farbe`, aber jeweils unterschiedlichen Werten.

Abbildung 6.1 Zugriff auf Eigenschaften

Wenn jetzt das Template `ausgabe` mit dem URL

http://localhost:8080/eins/zwei/ausgabe

also über den Ordner `zwei` (mit Punkt gekennzeichnet) aufgerufen wird und darin auf die Eigenschaft `farbe` referenziert wird, wird das Ergebnis je nach vorangestellter Variable ein anderes sein.

Mit der Angabe

```
<span tal:content="here/farbe">Die Farbe</span>
```

wird man den Wert »blau« erhalten. Die Variablen-Suche beginnt mit der Angabe `here` im Kontext des Aufrufs. Hingegen bekommt man mit

```
<span tal:content="container/farbe">Die Farbe</span>
```

den Wert »gelb«, da mit `container` ab dem Ablageort des Templates nach der Variablen gesucht wird. Schließlich ergibt

```
<span tal:content="template/farbe">Die Farbe</span>
```

den Wert »rot«. Die Angabe `template` referenziert auf das Template selbst.

Die Variablen definieren, ab welchem Objekt die Bildung des Namensraum-Stapels beginnt. Die Suche nach der referenzierten Variable beginnt bei diesem Objekt und verläuft dann, entsprechend dem Aufbau des Stapels, durch diesen hindurch, bis eine Variable mit dem angegebenen Namen gefunden wurde. Hat z.B. im obigen Beispiel das Template `ausdruck` die Eigenschaft `farbe` nicht, erhält man mit der Angabe

```
<span tal:content="template/farbe">Die Farbe</span>
```

die Ausgabe »gelb«, da die Suche im Namensraum des Templates selbst nicht erfolgreich war und der dann folgende Namensraum der des Ordners `eins` ist.

Der Zugriff auf Variablen, die im REQUEST-Objekt definiert sind, erfolgt über die Angabe des Pfades ihres jeweiligen Unterobjekts. Der Zugriff auf Session-Variablen erfolgt z.B. mit

```
"request/SESSION/meine_variable"
```

und entsprechend erhält man Formular-Variablen mit

```
"request/form/meine_variable"
```

bzw. Variablen, die in einem Cookie gespeichert sind mit

```
"request/cookie/meine_variable"
```

Mit der Referenzierung auf das REQUEST-Objekt befindet man sich bereits am unteren Ende des Namensraum-Stapels. Ist die gesuchte Variable dort nicht vorhanden, wird eine Fehlermeldung ausgelöst.

Die Angabe alternativer Pfade

Man kann in einem Pfadausdruck mehrere Pfadangaben machen, die durch einen geraden Strich (|) getrennt werden. Dabei werden die angegebenen Pfade von links nach rechts ausgewertet. Sobald einer der Pfade zu einem Ergebnis führt, wird die Auswertung des gesamten Pfadausdrucks abgebrochen und das Ergebnis angezeigt. Damit ist es also möglich, die Variablen-Suche an mehreren Stellen in der ZODB vorzunehmen und diese Suche gleichzeitig zu hierarchisieren:

```
<span tal:content=" request/farbe | here/farbe">Farbe
</span>
```

Im obigen Beispiel wird zunächst im REQUEST-Objekt nach der Variablen `farbe` gesucht. Wird sie dort nicht gefunden, wird die Suche im Kontext des aufgerufenen Templates fortgesetzt. Erst wenn auch der zweite Pfad zu keinem Ergebnis führt, wird eine Fehlermeldung ausgelöst.

6.5.2   string-Ausdrücke

Leitet man einen Ausdruck mit dem Präfix `string:` ein, wird er als Zeichenkette ausgewertet. Damit kann man einfachen Text in ein Template einfügen:

```
<p tal:content="string:Es ist Text">Inhalt</p>
```

Eine Suche nach Variablen erfolgt nicht, sondern der nach dem Präfix angegebene Text wird in den p-Block eingefügt.

Es ist aber auch möglich, Variablenwerte in die Zeichenkette einzusetzen. Hierzu wird der Pfad zur Variablen in geschweifte Klammern gesetzt und vor diesen Klammerausdruck das Dollarzeichen notiert (${}).

Diese Möglichkeit bietet eine Alternative zur Verwendung des span-Tags:

```
<p tal:content="string:Die Farbe ist ${here/farbe}.">
 Inhalt</p>
```

Dieses Beispiel erzielt das gleiche Ergebnis wie

```
<p>Die Farbe ist <span tal:replace="here/farbe">
 Inhalt</span>.</p>
```

ist aber übersichtlicher und schneller notiert.

6.5.3 Python-Ausdrücke

Wenn man direkt im Template Python-Code ausführen will, kann man dies mit dem Präfix **python:** erreichen. Nützlich sind Python-Ausdrücke, wenn man Methoden aufruft, an die Parameter übergeben werden sollen oder man Variablenwerte überprüfen muss. Sie unterliegen allerdings den gleichen Restriktionen wie Python-Skripte.

Will man z.B. aus dem aktuellen Verzeichnis nur bestimmte Objekttypen in einer Liste ausgeben, kann man das folgendermaßen realisieren:

```
<ul>
  <li tal:repeat="ordner python:here.¬
  objectValues('Folder')"
  tal:content="ordner/id">ordner</li>
</ul>
```

Die Übergabe des Objekttyps 'Folder' an die Methode objectValues() ist nur mit einem Python-Ausdruck zu realisieren. Man muss beachten, dass das Trennzeichen zwischen Objekten in Python der Punkt (.) ist.

Das nächste Beispiel überprüft den Wert einer Eigenschaft:

```
<span tal:condition="python:template.anzahl > 5">Es
gibt genug</span>
```

Wenn die Variable `anzahl` einen höheren Wert als 5 hat, wird das `span`-Tag und sein Inhalt ausgegeben. Diese Überprüfung auf einen bestimmten Wert kann ebenfalls nur in einem Python-Ausdruck vorgenommen werden.

Wenn man komplexere logische Strukturen benötigt, sollte man keine Python-Ausdrücke, sondern Python-Skripte oder externe Methoden verwenden. Page-Templates sollen in erster Linie als Seitenvorlagen genutzt werden, die von komplexer Logik frei gehalten werden.

6.5.4 Die not-, nocall- und exists-Ausdrücke

Die `not-`, `nocall-` und `exists`-Anweisungen sind streng genommen keine eigenständigen Anweisung, sondern definieren, wie ein Pfadausdruck ausgewertet werden soll.

not-Ausdruck

Der `not`-Ausdruck kehrt den Wahrheitswert eines Ausdrucks um. Ist der Ausdruck wahr (true), wird er durch `not:` falsch (false) und umgekehrt:

```
<p tal:condition="not:here/objectValues">
Keine Objekte.</p>
```

Das Beispiel überprüft den aktuellen Ordner auf Inhalte. Wenn keine Objekte darin sind, wird der Ausdruck wahr und das p-Tag dargestellt.

Falsch sind Zahlen mit dem Wert 0, leere Zeichenketten ("") und Sequenzen sowie Nicht-Werte wie `nothing` oder `none`. Alle übrigen Werte sind wahr.

nocall-Ausdruck

Ein Pfadausdruck versucht immer, das angegebene Objekt zu rendern. In Fällen, in denen man auf ein Objekt zugreifen und das Rendering umgehen möchte, ist der `nocall`-Ausdruck nützlich.

```
<p tal:define="daten nocall:here/ein_objekt"
tal:content="string Währung: ${daten/cur}; Summe:¬
${daten/sum}>Währung und Summe</p>
```

Im Beispiel wird ein Objekt komplett in einer Variablen abgelegt. Das Objekt selbst wird nicht gerendert. Im Folgenden kann auf die Eigenschaften des Objektes über die Variable zugegriffen werden.

exists-Ausdruck

Mit dem `exists`-Ausdruck wird überprüft, ob ein Objekt oder eine Eigenschaft vorhanden ist. In diesem Fall wird der Ausdruck wahr (true), andernfalls falsch (false). Man kann `exists:` im Zusammenhang mit der `condition`-Anweisung benutzen, um vor der Ausgabe eines Objektes dessen Vorhandensein abzufragen:

```
<p tal:condition="exists:here/ein_objekt"¬
 tal:replace="structure here/ein_objekt>Inhalt</p>
```

Damit wird eine Fehlermeldung abgefangen, wenn das angegebene Objekt nicht in der ZODB vorhanden ist.

6.6 Bausteine mit METAL definieren

Eine weitere Komponente, die mit Page-Templates benutzt werden kann, ist die »Macro Expansion for TAL« oder kurz METAL. Mit Macro wird in diesem Zusammenhang ein Teilstück einer HTML-Seite bezeichnet, das separat definiert wird, um es an mehreren Stellen der Website zu verwenden.

Damit ist es möglich, häufig wiederkehrende Elemente der Website einmalig anzulegen und immer dort zu verwenden, wo sie benötigt werden. Beispielsweise könnte eine Navigation, die auf allen Seiten vorhanden sein soll, in einem Macro angelegt werden. Auf jeder einzelnen Seite wird dann nur noch das Macro aufgerufen. Konsequent eingesetzt, kann man die gesamte Website in einzelne Bausteine zerlegen und aus diesen die jeweils angeforderte Seite zusammensetzen. Gleichzeitig verringert man den Aufwand bei etwaigen Veränderungen, da diese nur am jeweiligen Baustein vorgenommen werden müssen. Alle Bereiche, die den Baustein aufrufen, vollziehen die Änderung automatisch nach.

METAL kann gemeinsam mit TAL eingesetzt werden, funktioniert aber auch unabhängig davon. Es hat vier Anweisungen, deren syntaktischer Aufbau dem von TAL entspricht. Eine typische METAL-Anweisung sieht z. B. folgendermaßen aus:

```
<p metal:define-macro="absatz1">
 mit Bausteinen arbeiten</p>
```

Als Präfix wird hier `metal`: notiert, gefolgt von der Anweisung, die nach dem Gleichheitszeichen einen Ausdruck erhält.

Die nächsten Abschnitte erläutern, wie man mit METAL Seitenbausteine erzeugt und einsetzt.

6.6.1 Mit define-macro Bausteine definieren

Um den Einsatz von Bausteinen zu verdeutlichen, soll die Navigation einer Website in ein Macro ausgelagert werden, um es auf den einzelnen Seiten der Site einzusetzen. Die einzelne Seite ist in zwei Spalten aufgeteilt, von denen die linke die Navigation und die rechte den jeweiligen Seiteninhalt aufnehmen soll. Die Navigation wird als Tabelle in einem eigenen Page-Template angelegt, das die Id `navigation` erhält. Der Code dafür sieht folgendermaßen aus:

```
<table border=0 width="200" metal:define-macro="navi">
  <tr>
    <td>Link 1</td>
  </tr>
  <tr>
    <td>Link 2</td>
  </tr>
  <tr>
    <td>Link 3</td>
  </tr>
  <tr>
    <td>Link 4</td>
  </tr>
</table>
```

Listing 6.1 Die Navigation

Die Links selbst sind im Beispiel aus Gründen der Übersichtlichkeit nur durch einfachen Text angedeutet. Die Makrodefinition erfolgt beim `table`-Tag. Damit kann die gesamte Tabelle als Baustein benutzt werden. Wie auch die TAL-Anweisungen, erstreckt sich die Gültigkeit der METAL-Anweisungen bis zum Ende des Blocks, in dem sie notiert sind.

Die `define-macro`-Anweisung erhält als Ausdruck einen Namen, der zur Identifizierung des Bausteines dient. Auch mehrere Bausteine können in einem Template definiert werden. Dann muss für jedes Makro ein eindeutiger Name vergeben werden. Beim Einsetzen des Bausteins wird das Makro über den vergebenen Namen referenziert.

6.6.2 Mit use-macro Bausteine einsetzen

Die so definierte Navigation kann jetzt in die linke Spalte der Seite eingesetzt werden. Dafür wird ein weiteres Template im gleichen Ordner angelegt, das die Id start erhält. Im Edit-Tab muss folgender Code eingegeben werden:

```
<html>
  <head>
    <title tal:content="template/title">The title</title>
  </head>
  <body>
    <table border=1 width="800" height="600">
      <tr>
        <td width="200">
<span metal:use-macro="here/navigation/macros/navi">navi
</span>
</td>
        <td width="600">Inhaltsbereich</td>
      </tr>
    </table>
  </body>
</html>
```

Listing 6.2 Einsetzen eines Makros

Die Seite definiert eine Tabelle mit zwei Spalten, die für die Aufnahme der Navigation bzw. den eigentlichen Seiteninhalt vorgesehen sind. In der linken Spalte ist ein span-Tag notiert, dass als Platzhalter für den Navigationsbaustein fungiert. Dieses Tag erhält die Anweisung use-macro mit dem Pfad zum Navigations-Makro. Dieser Pfad führt mit here/navigation zunächst zum Template, das das Makro enthält. Alle Makros, die in einem Template definiert sind, sind in dem Unterobjekt macros zusammengefasst. Über den Namen, der bei der Makrodefinition vergeben wurde, kann der gewünschte Baustein angesprochen werden. Der gesamte Pfad zum Makro lautet daher wie im Beispiel angegeben here/navigation/macros/navi.

Die `use-macro`-Anweisung funktioniert ähnlich der `replace`-Anweisung. Sie entfernt das Tag, in dem sie notiert ist, und dessen gesamten Block und setzt an deren Stelle den definierten Baustein.

Auf diese Weise kann jetzt jede weitere Seite aufgebaut werden. Die Spalte, in der im Moment nur das Wort »Inhaltsbereich« notiert ist, nimmt den jeweiligen Seiteninhalt auf.

6.6.3 Einschübe mit define-slot definieren

Man kann aber auch die gesamte Seitengrundstruktur zu einem Baustein machen, der die Navigation als Baustein aufnimmt und einen Bereich enthält, der für spezifische Inhalte vorgesehen ist. Solche Bereiche für spezifischen Inhalt kann man in einem Macro mit so genannten Slots definieren. Das vorherige Beispiel muss dazu ein wenig umgebaut werden. Das Template mit der Id `start` wird umbenannt und erhält jetzt die Id `basis`. Dessen Code wird wie folgt modifiziert:

```
<html metal:define-macro="rahmen">
  <head>
    <title tal:content="template/title">The title</title>
  </head>
  <body>
    <table border=1 width="800" height="600">
      <tr>
        <td width="200">
<span metal:use-macro="here/navi/macros/navi">naviagation
</span>
</td>
        <td width="600"><span metal:define-slot="inhalt">
Inhaltsbereich</span>
</td>
      </tr>
    </table>
  </body>
</html>
```

Listing 6.3 Umbau des start- zum basis-Template

Die gesamte Seite wird als Makro definiert, indem ein `define-macro`-Anweisung zum Wurzel-Tag (`<html>`) notiert wird. Dieses Makro ruft den schon vorhandenen Navigations-Baustein auf und fügt ihn wie bisher in die linke Spalte eine. In der rechten Spalte wird ein Platzhalter für spezifischen Inhalt mit dem span-Tag geschaffen. Dieses Tag erhält die Anweisung define-slot. Als Wert wird auch hier ein Name vergeben, um den Einschub eindeutig identifizieren zu können.

Es können mehrere Einschübe in einem Makro definiert werden, die alle einen eindeutigen Namen erhalten müssen. Es ist jedoch nicht möglich, die define-slot-Anweisung außerhalb eines Makro-Blocks zu verwenden.

Testet man dieses Template, erhält man das gleiche Ergebnis wie vor dem Umbau. Aber es ist nun nicht mehr als eigenständige Seite gedacht, sondern als Vorlage für alle weiteren Seiten, in das zusätzlich spezifischer Seiteninhalt einfließen kann.

6.6.4 Einschübe mit fill-slot auffüllen

Eine erste Seite kann also erstellt werden, die die gerade erstellte Vorlage nutzt. Dazu wird ein weiteres Template erstellt, das die alte Id start bekommt.

Der Standard-Code muss durch folgende Zeilen ersetzt werden:

```
<span metal:use-macro="here/basis/macros/rahmen">
<table width="400" metal:fill-slot="inhalt">
  <tr>
    <td>das ist Spezieller Inhalt</td>
  </tr>
</table>
</span>
```

Listing 6.4 Seite mit spezifischem Inhalt

Da die gesamte Seitenstruktur schon im Makro vorhanden ist, reicht es aus, ein span-Tag zu notieren, das die use-macro-Anweisung erhält. Dadurch wird der Code des Bausteins auf dieses Template übertragen.

Innerhalb des use-macro-Blocks kann jetzt mit fill-slot der Bereich definiert werden, der den Einschub des Macros auffüllen soll. Im Beispiel ist das ein table-Block, der den spezifischen Inhalt (angedeutet) trägt. Welcher Einschub gefüllt werden soll, erfährt das Makro durch die Angabe des Einschubnamens (hier »inhalt«), der zur fill-slot-Anweisung notiert wird. Es reicht hier allein der Name des Einschubs aus, da der Pfad zum Makro selbst schon in der use-macro-Anweisung festgelegt wurde. Das bedeutet umgekehrt aber auch, dass eine `fill-slot`-Anweisung nur innerhalb eine `use-macro`-Blocks notiert werden kann.

Wird für einen im Makro vorgesehenen Einschub kein spezifischer Inhalt festgelegt, wird der im Makro an der Stelle festgelegte Inhalt angezeigt. Man muss also Einschübe nicht unbedingt füllen, sondern kann im Makro einen Standardinhalt notieren, der nur im Bedarfsfall gegen spezifischen Inhalt ersetzt wird.

6.6.5 METAL und TAL kombinieren

Es ist ohne weiteres möglich, innerhalb von Makros und Einschüben TAL zu verwenden. Durch die Kombination beider Konzepte erreicht man ein hohes Maß an Flexibilität. Es gibt dabei keine Beschränkungen oder Änderungen in der Nutzung von TAL. Alle in den vorigen Abschnitten erläuterten Anweisungen sind wie dort beschrieben anwendbar.

Zwar ermöglicht es auch TAL, Code-Bausteine aus anderen Templates einzufügen, jedoch erfolgt die Auswertung der Variablen zu einem anderen Zeitpunkt als bei der Verwendung von METAL. Für die Verwendung der beiden Konzepte hat das entscheidende Auswirkungen. Das soll an einem Beispiel verdeutlicht werden.

In einem Template mit der Id `stein` wird der von Zope angelegte Standard-Code gegen folgende Zeile ersetzt:

```
<span tal:content="template/id">meine Id<span>
```

Ein Test ergibt wie erwartet die Ausgabe der Id des Templates. Ein zweites Template mit der Id `haus` wird angelegt und erhält den Code:

```
<html>
  <body>
  <p tal:content="template/id">meine Id</p>
  <span tal:replace="structure here/stein">einschub
  </span>
  </body>
</html>
```

Beim p-Tag wird über die `content`-Anweisung die Id des Templates ausgegeben. Die `replace`-Anweisung im `span`-Tag ersetzt das Tag durch den Code des zuvor angelegten Templates. Wenn man nun zum Test-Tab umschaltet, erhält man folgende Ausgabe:

```
haus stein
```

Der durch die replace-Anweisung eingefügte Code kommt mit einer schon ausgewerteten Variablen beim Template haus an. Die content-Anweisung aus dem Template stein wird also zuerst ausgeführt und das Ergebnis wird an das Template haus geschickt. Das kann natürlich auch Konsequenzen bei der Verwendung der Variablen here und container haben, je nachdem wo das aufgerufene Template abgelegt ist.

Bei der Verwendung von METAL jedoch ist die Auswertungsreihenfolge eine andere. Dazu werden die beiden Templates wie folgt modifiziert. Zunächst das Template stein:

```
<span metal:use-macro="name" tal:content="template/id">
  meine Id<span>
```

Zum schon vorhandenen span-Tag wir lediglich die Makrodefinition notiert. Die Verwendung von METAL und TAL bei einem Tag ist dabei problemlos möglich.

Dann das Template haus:

```
<html>
  <body>
  <p tal:content="template/id">meine Id</p>
  <span metal:use-macro="here/stein/macros/name">
    einschub</span>
  </body>
</html>
```

Hier wird die replace-Anweisung durch die use-macro-Anweisung ersetzt. Testet man jetzt dieses Template, erhält man diese Ausgabe:

```
haus
```

```
haus
```

Der Code aus dem stein-Template wird an das haus-Template übergeben, ohne vorherige Variablenauswertung. Diese findet nach der Zusammensetzung des Codes im Template haus und – das ist der entscheidende Unterschied – bezogen auf dieses statt.

Verfolgt man bei der Entwicklung seiner Web-Applikation das sinnvolle Konzept der Bausteine, ist es angeraten, METAL zu verwenden. Mit Makros findet die Variablenauswertung vom aufrufenden Template aus statt, nicht aber vom Baustein aus. Der Baustein liefert also eine Struktur, der Inhalt aber wird vom aktuellen Kontext bestimmt.

7 Python in Zope verwenden

7 Python in Zope verwenden

Dieses Kapitel gibt eine schnelle Einführung in die Program-
miersprache Python. Es erläutert das grundlegende Konzept
und die Syntax. Dabei werden Pythons Datentypen bespro-
chen und gezeigt, wie man den Kontrollfluss mit dieser Spra-
che aufbaut. Schließlich wird die Verwendung von Python in
Zope gezeigt und welche Beschränkungen dabei vorhanden
sind.

7.1 Die Programmiersprache Python

Python ist eine einfach zu erlernende und einfach zu handhabende
Programmiersprache. Sie wurde von Guido van Rossum Anfang der
Neunzigerjahre entwickelt. Sie ist konsequent auf objektorientierte
Programmierkonzepte ausgelegt und modular aufgebaut. Sie steht für
die verschiedensten Systemplattformen zur Verfügung und unterstützt
tatsächliches plattformübergreifendes Arbeiten. Das bedeutet, dass
Entwicklungen auf einer Plattform mit nur wenig Einschränkungen auf
jede andere unterstützte Plattform übernommen werden können. Wie
auch Zope hat Python eine Open-Source-Lizenz und ist damit – unter
Beachtung dieser Lizenz – kostenlos einsetzbar. Die erste Anlaufstelle
für weitere Informationen zu Python ist die Website **www.python.org**,
auf der man u.a. ausgezeichnete englischsprachige Dokumentationen
erhält.

Zope selbst basiert größtenteils auf Python. Das bedeutet, dass die
meisten Funktionen, die Zope zur Verfügung stellt, in Python realisiert
sind. Allen DTML- und TAL-Anweisungen z.B. liegen Python-Pro-
gramme zugrunde, die aufgerufen und verarbeitet werden, wenn Zope
beim Rendering eines Objektes auf diese Anweisungen stößt. Das ZMI
könnte man auch als eine benutzerfreundliche Schnittstelle bezeichnen, die eine einfache Verwendung der jeweiligen Python-Module
ermöglicht, aus denen Zope besteht.

Die aktuelle Python-Version zum Zeitpunkt der Erstellung dieses
Buches ist 2.3, die nach Aussage der Entwickler 20-30 % an Ausführungsgeschwindigkeit gewonnen hat. Damit käme ihre Performance
allmählich in den Bereich von C++ und würde Java überholen. Wie bei
jeder anderen Sprache auch, bietet eine neue Version zahlreiche neue
und überarbeitet Features sowie Bugfixes.

Für die Arbeit in Zope spielt diese neue Python-Version allerdings vorerst keine Rolle. Die aktuelle Zope-Version 2.6.1 basiert auf der älteren Version 2.1.3. Zwar arbeitet das Python-Entwicklerteam mittlerweile unter dem Dach der Zope-Entwickler von Zope.com (früher Digital Creations), aber der Entwicklungsprozess von Python ist ein unabhängiger, der nicht von den Erfordernissen von Zope allein bestimmt wird. Man kann aber davon ausgehen, dass die nächste Zope-Version auf einer neueren Python-Version basieren wird.

7.2 Python-Grundlagen

Python in Zope zu verwenden, ist an vielen Stellen sinnvoll. Zum Beispiel kann man mit einem Python-Skript sehr schnell und effizient die Daten eines HTML-Formulars auswerten. Man benötigt Python aber auch, wenn man die Trennung von Inhalt, Design und Funktion realisieren will. Für die Funktionen einer Website sind Python-Skripte unverzichtbar. Externe Methoden (*siehe Abschnitt 7.4*) hingegen benutzt man, wenn man die Restriktionen, denen Python-Skripte im ZMI unterworfen sind (*siehe Abschnitt 7.3.2*) umgehen muss. In jedem Fall ist zur Ausschöpfung der Möglichkeiten von Python in Zope eine Beschäftigung mit den Grundzügen dieser Sprache notwendig.

Die Verwendung von Python erfolgt – abgesehen von den Restriktionen – nach den gleichen Regeln, denen auch die Arbeit mit Python außerhalb von Zope unterliegt. Die folgenden Abschnitte erläutern daher die Grundlagen der Arbeit mit Python, ersetzen aber keine umfassende Einführung in die Sprache. Hierzu sei auf das Buch **»Einstieg in Python«** von **Thomas Theis** hingewiesen, dass ebenfalls bei Galileo Press erschienen ist.

7.2.1 Variablen und Wertzuweisungen

Einer der häufigsten Befehle, die man beim Programmieren benutzt, ist die Definition einer Variablen und die Zuweisung eines Wertes. In Python geschieht dies in einem Schritt:

```
a = 17
```

Dies erstellt die Variable a mit dem Wert 17.

```
ort = 'Berlin'
```

Damit wird die Variable ort gebildet und ihr der Wert 'Berlin' zugewiesen.

In Python muss keine Typendeklaration für eine Variable vorgenommen werden. Der Datentyp ergibt sich aus der Art des zugewiesenen Wertes. Wird eine Ganzzahl zugewiesen, ist der Datentyp der Variablen *integer*, wird eine Zeichenkette zugewiesen, ist er *string*. Des Weiteren ist es im Programmverlauf möglich, einer Variablen einen anderen Datentyp zuzuweisen als sie ursprünglich hatte. Aus der Variablen `ort`, die als *string* erstellt wurde, kann z.B. bei Bedarf auch durch

```
ort = 10117
```

eine Ganzzahl werden. Die erneute Wertzuweisung löscht den ursprünglichen Wert und bestimmt den Datentyp neu. Allerdings ist ein solches Vorgehen kein besonders guter Programmierstil.

Will man die gesamte Variable einschließlich des Wertes löschen, kann man den Befehl `del` benutzen:

Variablen löschen

```
del ort
```

Damit ist keine Referenzierung der Variablen `ort` mehr möglich. Der Versuch, es dennoch zu tun, würde einen Fehler auslösen.

Python benötigt kein besonderes Zeichen für das Ende eines Befehls wie etwa PHP. Vielmehr wird pro Zeile ein Befehl notiert und das Ende der Zeile kennzeichnet auch das Ende eines Befehls. Will man doch mehrere Befehle in einer Zeile notieren, werden diese auch in Python per Semikolon getrennt. Da aber auch das kein besonders guter Programmierstil ist, sollte man sich auf die zeilenweise Notation der Befehle ohne Semikolon beschränken.

Befehlsende

7.2.2 Datentypen

Für die Arbeit mit einer Programmiersprache ist es notwendig, die von ihr unterstützten Datentypen zu kennen. Python unterstützt viele der aus anderen Sprachen bekannten Datentypen und besitzt zudem eigene, die interessante Möglichkeiten bieten. Man kann die Datentypen zunächst in zwei Gruppen einteilen, in *numerische* und *sequentielle* Datentypen. Im Folgenden werden diese beiden Gruppen vorgestellt.

Numerische Datentypen

Bei numerischen Datentypen hat man es mit Zahlen zu tun. Python kann mit ganzzahligen Werten als *Integer*, *Long Integer*, *Hexadezimal-* oder *Oktalzahl* umgehen. Ferner kann es mit *Fließkommazahlen* und *komplexen Zahlen* operieren.

Integer *Integer*-Werte können im Bereich von -2147483647 bis +2147483647 verwendet werden. Werte, die außerhalb dieses Bereichs liegen, lösen bei ihrer Verwendung einen Fehler aus. Ein *Integer*-Wert darf nicht mit der Zahl 0 beginnen, da er sonst als Oktalzahl interpretiert wird. Die Notierung eines *Integer*-Wertes geschieht durch die Angabe der Zahl selbst:

```
zahl = 13
```

Long Integer Für Zahlenoperationen außerhalb des genannten Bereiches stehen *Long Integer* zur Verfügung. Sie werden durch ein kleines oder großes L hinter der Zahl gekennzeichnet:

```
zahl = 3147483647L
```

oder

```
zahl = 31474836471 * 17
```

Dieser Datentyp unterliegt keiner Beschränkung, d.h., *Long Integer* können so groß werden, wie man sie benötigt. Allerdings könnte bei extrem großen Werten der Arbeitsspeicher eine Begrenzung darstellen.

Hexadezimal- und Oktalzahlen Ganzzahlige Werte können mit den gleichen Beschränkungen auch als *Hexadezimal-* oder *Oktalzahl* dargestellt werden. *Hexadezimal*werte werden mit »0x«, *Oktal*-Werte mit einer null (0) beginnend gekennzeichnet. Die Zahl 2724 z.B. wird *hexadezimal* als

```
zahl = 0xaa4
```

und *oktal* als

```
zahl = 05244
```

notiert.

Fließkommazahlen Zahlen mit Nachkommastellen werden in amerikanischer Schreibweise mit einem Punkt notiert. Dieser Datentyp wird als *Float* bezeichnet. Bei sehr vielen Stellen vor oder hinter dem Komma kann man die Exponentialschreibweise anwenden. Eine einfache Fließkommazahl wird folgendermaßen notiert:

```
zahl = 0.15
```

In Exponentialschreibweise wird die gleiche Zahl so notiert:

```
zahl = 15e-2
```

Das entspricht dem Term $15*10^{-2}$ oder 15*0.01.

Python kann auch mit komplexen Zahlen umgehen. Diese Zahlenart Komplexe Zahlen benötigt man allerdings ausschließlich in der wissenschaftlichen Mathematik. Sie wird hier deshalb nur der Vollständigkeit halber aufgeführt. In Python wird eine komplexe Zahl aus einem realen und einem imaginären Teil gebildet. Der imaginäre Teil wird mit einem nachgestellten großen oder kleinen »J« gekennzeichnet:

```
zahl = 12.3+4j
```

Bei Rechenoperationen mit komplexen Zahlen werden jeweils die imaginären und realen Zahlen berechnet.

Mathematische Operatoren

Die wichtigsten Operatoren, die für Berechnung von Zahlenwerten zur Verfügung stehen sind:

▶ + Addiert zwei Zahlen.

▶ − Subtrahiert zwei Zahlen.

▶ * Multipliziert zwei Zahlen.

▶ / Dividiert die erste durch die zweite Zahl.

▶ ** Potenziert die erste mit der zweiten Zahl.

▶ % Modulo-Operator. Dividiert die erste durch die zweite Zahl und gibt den Restwert aus.

Sequentielle Datentypen

Bei sequentiellen Datentypen geht es um die Auflistung von Werten. In Python werden vier solcher Datentypen unterschieden: *Strings*, *Listen*, *Tupel* und *Dictionaries*.

Strings (Zeichenketten) enthalten eine Aneinanderreihung (Kette) von Strings einzelnen Zeichen. Sie werden gekennzeichnet durch einfache oder doppelte Anführungszeichen zu Beginn und am Ende der Reihe:

```
text = 'Berlin'
text = "Berlin"
```

Beide Zeilen sind Zeichenketten und werden von Python gleichwertig behandelt. Durch die Kombination von beiden Arten von Anführungszeichen kann man Anführungszeichen im String ausgeben:

```
text = 'Berlin "gehört" mir.'
```

In diesem Fall sind die doppelten Anführungszeichen Bestandteil des Strings.

Eine Besonderheit in Python sind dreifach gesetzte Anführungszeichen. Mit ihnen lässt sich ein String über mehrere Zeilen notieren und auch wieder entsprechend, d.h. mit den Zeilenumbrüchen, ausgeben:

```
text = """Berlin ist eine
Reise Wert"""
```

Diese Schreibweise eines Strings ist auch mit einfachen Anführungszeichen gleichwertig möglich.

Strings verbinden Häufig muss man zwei oder mehrere Strings miteinander verbinden. In Python geschieht das mit dem Operator +:

```
text1 = "Berlin"
text2 = "Brandenburg"
text3 = text1+" und "+text2
```

Im Ergebnis ergibt diese Operation den String

```
"Berlin und Brandenburg"
```

Zwei Variablen, die Strings enthalten und ein weiterer String wurden mit dem Operator + zu einem neuen String verbunden.

Listen Eine Liste entspricht dem Datentyp Array aus anderen Sprachen. Sie stellt eine Sammlung von Werten oder Objekten dar. Eine Liste wird von eckigen Klammern begrenzt, die einzelnen Elemente darin werden durch Kommata voneinander getrennt:

```
sammlung = ["tag","monat",2003]
```

Es ist nicht notwendig, die Liste vorab zu definieren, oder ihre Größe festzulegen. Erzeugung und Wertzuweisung werden auch hier in einem Schritt erledigt. Die Anzahl der Elemente kann nach Bedarf zu- oder abnehmen. Die Werte in einer Liste können unterschiedliche Datentypen haben. Selbst Listen können von Listen aufgenommen werden.

Auch eine leere Liste, in die später Werte eingetragen werden, kann erzeugt werden:

```
sammlung = []
```

Die Funktion len() Die Anzahl der Elemente in einer Liste ist jederzeit mit der Funktion len() abfragbar:

```
anzahl = len(sammlung)
```

Der Funktion wird als Parameter eine Liste übergeben. Sie gibt die Anzahl der Elemente dieser Liste als *Integer*-Wert zurück.

Jedes Element einer Liste ist indiziert. Das bedeutet, dass sein Platz in der Liste mit einem Index versehen ist, über den es aus der Liste abgerufen werden kann. Wenn man eine Liste

Listenindizes

```
alpha = ["a","b","c","d","e","f"]
```

hat, kann man z.B. den Wert »c« mit

```
alpha[2]
```

aus ihr auslesen. Die Indizierung der Liste beginnt mit der 0. Das erste Element der Liste, das »a«, hat also den Index 0, das zweite den Index 1 usw.

Python kann Listen aber auch quasi »rückwärts« auslesen, indem man negative Indizes verwendet. Die Angabe

```
alpha[-1]
```

liest aus der Liste den letzten Wert, also das »f« aus. Der Index −1 zeigt also auf den letzten Eintrag einer Liste, -2 auf den vorletzten usw.

Genauer gesagt, die Indizes zeigen vor die Elemente einer Liste. Die 0 zeigt dabei vor das erste Element, die 1 vor das zweite usw. Der Index −1 zeigt vor das letzte, der Index -2 vor das vorletzte Element usw.

Wichtig ist diese Genauigkeit dann, wenn man nicht nur Einzelwerte, sondern Teilsequenzen auslesen will. Möchte man zum Beispiel die Elemente »c«, »d« und »e« aus der Liste extrahieren, kann man Folgendes notieren:

```
alpha[2:-1]
```

Es wird eine Teilsequenz extrahiert, die vom Listenplatz 2 bis zum Platz −1, also vor dem dritten Element beginnt und vor dem letzten endet. Alle Elemente innerhalb dieses Bereiches bilden die Teilsequenz. Das gleiche Ergebnis erhält man bei dieser Liste mit

```
alpha[2:5]
```

Die Indizierung beginnt wieder vor dem dritten Element und endet vor dem sechsten Element der Liste.

Bei der Referenzierung von Einzelwerten wird immer das Element gewählt, das rechts vom angegebenen Index liegt, bei der Referenzierung auf eine Teilsequenz werden die Elemente gewählt, die genau zwischen den beiden angegebenen Indizes liegen. Das erklärt, warum mit

```
alpha[-1]
```

zwar das letzte Element gewählt wird, mit

```
alpha[2:-1]
```

dieses Element aber nicht in der Teilsequenz auftaucht. Will man das letzte Element auch darin aufnehmen, muss man Folgendes notieren:

```
alpha[2:]
```

Damit wird ab dem dritten und einschließlich des letzten Elementes die Teilsequenz extrahiert.

Teilstrings extrahieren Auf die gleiche Weise können auch Teile einer Zeichenkette extrahiert werden. Hat man den String

```
text = "alles wird gut."
```

erhält man mit

```
text[11:-1]
```

das Wort »gut« als Teilstring. Da Strings in Python als Sequenzen behandelt werden, können einige der Funktionen, die auf Listen angewendet werden, auch für sie verwendet werden.

Listenelemente hinzufügen Um neue Elemente einer bestehenden Liste hinzuzufügen, kann man zwei Methoden anwenden. Mit der einen, append(), fügt man am Ende der Liste ein neues Element ein, die andere, insert(), fügt ein neues Element an einen bestimmten Platz ein. Mit

```
alpha.append("i")
```

fügt man am Ende der Liste alpha den Wert "i" hinzu. Nach dieser Operration sieht die Liste folgendermaßen aus:

```
["a","b","c","d","e","f","i"]
```

Die Methode append() erwartet als Parameter den neuen Wert, der der Liste hinzugefügt werden soll. Die Methode insert() benötigt zwei Parameter. Der erste gibt den Listenindex an, den der neue Wert einnehmen soll, mit dem zweiten wird der Wert selbst übergeben:

```
alpha.insert(6,"g")
```

Diese Aktion führt dazu, dass die Liste alpha folgenden Inhalt hat:

```
["a","b","c","d","e","f","g","i"]
```

Die Elemente ab dem Index, den das neue Element einnimmt, rücken um einen Platz nach hinten.

Negative Indizes sind bei dieser Methode zwar möglich, führen aber zu anderen Ergebnissen als beim Auslesen von Einzelwerten oder Teilsequenzen. Jeder Wert, der kleiner oder gleich 0 ist, führt dazu, dass das Element am Anfang der Liste eingefügt wird.

Will man einen Wert in einer Liste gegen einen anderen austauschen, muss man der entsprechenden Stelle in der Liste einfach einen neuen Wert zuweisen:

```
alpha[4] ="E"
```

Dieser Befehl ersetzt in der Liste das »e« durch »E«. Die Liste sieht danach wie folgt aus:

```
["a","b","c","d","E","f","g","i"]
```

Das Löschen eine Listelementes geschieht mit der Funktion del:

```
del alpha[4]
```

Damit wird das fünfte Element aus der Liste gelöscht, alle folgenden Elemente rücken einen Listenplatz nach vorne. Man kann auch Teilsequenzen löschen. Dies geschieht nach den gleichen Regeln wie das Auslesen von Teilsequenzen:

```
del alpha[4:7]
```

Dieser Befehl löscht die Teilsequenz, die vor dem Element mit dem Index 4 beginnt und vor dem Element mit dem Index 7 endet.

Schließlich kann man auch Werte aus einer Liste löschen, ohne dass man deren Listenplatz kennt. Dies kann mit der Methode remove() erledigt werden. Ihr übergibt man als Parameter den Wert, der aus der Liste entfernt werden soll:

```
alpha.remove("b")
```

Damit wird der Wert "b" aus der Liste alpha entfernt. Kommt in einer Liste der übergebene Wert mehrfach vor, wird der erste gefundene aus der Liste entfernt.

Tupel Der Datentyp *Tupel* ist dem der Listen sehr ähnlich, hat jedoch einen entscheidenden Unterschied: *Tupel* können nicht verändert werden. Einmal erstellt, führt jeder Versuch, einen der enthaltenen Werte zu ändern, zu löschen oder neu hinzuzufügen, zu einer Fehlermeldung.

Lediglich das Auslesen von einzelnen Werten oder Teilsequenzen und das Löschen des gesamten *Tupels* mit der Funktion `del` sind möglich. Beide Operationen funktionieren auf dieselbe Weise wie bei Listen.

Tupel werden mit runden Klammern gekennzeichnet und können ebenfalls unterschiedliche Datenformate beinhalten:

```
fest = ("so","und","nicht","anders",2003)
```

Da runde Klammern in Python auch zur Gruppierung von Ausdrücken eingesetzt werden, gilt für *Tupel* mit nur einem Wert eine Besonderheit in der Notation. Obwohl nur ein Wert enthalten ist, wird nach ihm ein Komma gesetzt. Damit »weiß« Python, dass es sich um ein Tupel, nicht aber um einen gruppierten Ausdruck handelt:

```
allein = ("wer",)
```

Der Unterschied zu

```
allein = ("wer")
```

wird deutlich, wenn man mit

```
allein[0]
```

jeweils den ersten Wert der Sequenz auslesen will. Im ersten Fall erhält man als Ergebnis »wer« zurück, im zweiten aber »w«, da Python diesen Ausdruck als String interpretiert.

Dictionaries In einem *Dictionary* besteht ein Eintrag aus einem Paar mit einem so genannten Schlüssel (key) und einem Wert. Der Schlüssel dient dabei als Referenz auf den Wert. Somit werden Werte in einem *Dictionary* nicht über ihre Indizes referenziert, sondern über ihre Schlüssel.

Dictionaries werden durch geschweifte Klammern begrenzt. Die Schlüssel-Werte-Paare werden durch einen Doppelpunkt getrennt, die Paare voneinander durch Kommata.

Als Schlüssel eines *Dictionaries* können alle Arten von *numerischen* Datentypen, *Strings* und *Tupel*, nicht aber Listen und *Dictionaries* selbst verwendet werden. Als Wert kann hingegen jeder Datentyp aufgenommen werden.

Die Bildung eines Dictionaries erfolgt ebenfalls über die Vergabe eines Namens und gleichzeitiger Wertzuweisung:

```
tage = {1:'Mo',2:'Di',3:'Mi',4:'Do',5:'Fr'}
```

Das Hinzufügen eines neuen Paares in eine Dictionary erfolgt mit:

Hinzufügen, Überschreiben und Löschen in Dictionaries

```
tage[6] = 'Sa'
```

Der neue Schlüssel wird in der eckigen Klammer notiert, die Wertzuweisung wie gewohnt rechts vom Gleichheitszeichen. Ist ein solcher Schlüssel schon vorhanden, wird der zugehörige Wert mit dem neuen überschrieben.

Die Notation hat Ähnlichkeit mit der Wertzuweisung bei Listen, ist aber in Wirklichkeit anders. Soll der Schlüssel ein String sein, sieht die Zuweisung folgendermaßen aus:

```
tage['wochenende'] = 'Sa u. So'
```

Der Ausdruck in den eckigen Klammern ist tatsächlich ein Schlüssel und kein Index. Entsprechend funktioniert das Auslesen von Werten aus einem Dictionary:

```
tage[3]
```

liefert das Ergebnis 'Mi' zurück. Der Schlüssel funktioniert als Referenz auf den Wert.

Mit der Funktion del lässt sich auch in einem Dictionary ein Eintrag löschen:

```
del tage[1]
```

löscht sowohl den Wert mit dem Schlüssel 1 als auch den Schlüssel selbst.

Mit zwei Methoden kann nach Schlüsseln in einem Dictionary gesucht werden. Mit

Schlüssel überprüfen

```
tage.has_key(5)
```

wird überprüft, ob das Dictionary den als Parameter angegeben Schlüssel besitzt. In diesem Fall gibt die Methode einen *true*-Wert zurück, andernfalls einen *false*-Wert. Hingegen liefert

```
tage.get(7,'kein Wochenende')
```

den Wert zurück, der mit dem als ersten Parameter angegeben Schlüssel assoziiert ist, falls das Dictionary einen solchen Schlüssel hat. Andernfalls wird der Wert, der für den zweiten Parameter angegeben wurde, zurückgegeben.

Dictionaries sind eine gute Lösung zur Verwaltung von Daten. Sie sind zudem sehr schnell, da ihre Implementierung in Python sehr effizient gelöst ist. Auch Zope benutzt zur internen Datenverwaltung häufig diesen Datentyp.

7.2.3 Kontrollfluß

Wie andere Sprachen auch, bietet Python die Möglichkeit, mittels Verzweigungen und Schleifen, den Programmablauf zu steuern. Darüber hinaus kann man in Python sehr leicht Fehler abfangen und Alternativ-Code ausführen lassen.

Verzweigungen

if: Die einfachste Art einer Verzweigung ist das Verarbeiten von Codeblöcken unter einer bestimmten Bedingung. In Python gibt es dafür – wie in vielen anderen Sprachen auch – die if-Anweisung. Ihr folgt eine Bedingung, und wenn diese Bedingung zutrifft (wahr ist), wird der folgende Block abgearbeitet. Das besondere in Python ist die Art, wie eine solche Bedingung und der folgende Anweisungsblock notiert werden:

```
if alter < 18:
    return 'Grünschnabel!'
```

Die Anweisung prüft, ob eine Variable mit dem Namen alter einen kleineren Wert als 18 hat. Trifft dies zu, wird ein String zurückgegeben.

Die Zeile, in der die Bedingung formuliert ist, wird mit einem Doppelpunkt abgeschlossen. Der folgende Anweisungsblock wird eingerückt notiert. Allein durch diese Einrückung erkennt Python, welche Zeilen zum Block der bedingten Anweisung gehören.

Einrückungen Das scheint im ersten Moment ungewöhnlich, zwingt aber dazu, übersichtlichen Code zu schreiben. Man erkennt sehr schnell anhand der Einrücktiefe, welche Code-Teile zu welchen Blöcken gehören. Da Python auch, wie erwähnt, kein Zeilenendzeichen benötigt, ist das Schreiben von Python-Code vom umständlichen Notieren von Spezialzeichen weitgehend befreit. Das macht u. a. die Arbeit mit Python so angenehm. Längere Skripte sehen in der Regel sehr übersichtlich aus und sind daher meistens sehr schnell nachvollziehbar.

Selbstverständlich kann Python auch alternative Befehle abarbeiten, wenn eine Bedingung nicht zutrifft:

else:

```
if alter < 18:
    return 'Grünschnabel!'
else:
    return 'ich bin schon groß'
```

Wie auch in anderen Sprachen wird der Alternativblock unter einer else-Anweisung notiert.

Genauso kann man mehrere Bedingungen, die logisch miteinander ver- knüpft sind überprüfen und jeweils entsprechenden Code bearbeiten lassen:

elif:

```
if geld < 0:
    return 'Schulden!'
elif geld < 500:
    return 'das wird knapp!'
elif geld < 1000:
    return 'geht gerade so.'
else:
    return 'alles im grünen Bereich'
```

Hier prüft Python jeweils den Wert der Variablen geld. Mit der elif-Anweisung wird die neue Bedingung eingeleitet. Wenn keine der aufgeführten Bedingungen zutrifft, kommt der optionale else-Block zur Ausführung.

Bedingungen können logisch miteinander verknüpft werden. Bei einer Verknüpfung mit dem and-Operator müssen alle Bedingungen wahr sein, damit der folgende Anweisungsblock ausgeführt wird:

or, and

```
if alter > 16 and alter < 65:
    return 'Sie müssen arbeiten!'
```

Bei der Verwendung des or-Operator muss nur eine der Bedingungen wahr sein, damit der folgende Block ausgeführt wird:

```
if tag == 'Samstag' or tag == 'Sonntag':
    return 'Wochenende!'
```

Die in Python verwendbaren Vergleichsoperatoren sind:

Vergleichs-operatoren

▶ == für gleich

▶ != für ungleich

- ▶ > für größer als
- ▶ < für kleiner als
- ▶ >= für größer oder gleich
- ▶ <= für kleiner oder gleich

not Daneben lässt sich jeder Wahrheitswert einer Bedingung durch den not-Operator umkehren:

```
if not geld < 1000000:
    return 'Ich bin reich!'
```

Die formulierte Bedingung ist im Beispiel also dann wahr, wenn die Variable geld größer oder gleich 1000000 ist.

Schleifen

Python kennt zwei Arten von Schleifen., die for- und die while-Schleife. Beide werden eingesetzt, um Anweisungsblöcke mehrfach ausführen zu lassen.

for-Schleife Die for-Schleife ist ideal, um mit Elementen aus Sequenzen zu operieren:

```
zehner = [10,20,30,40,50,60,70,80,90]
summe = 0
for x in zehner:
    summe += x
return summe
```

Die Schleife wird so oft durchlaufen wie Einträge in der Liste zehner sind. Die Variable x nimmt dabei nacheinander den Wert jedes Listenelementes an. Dieser Wert wird im Block zum Wert der Variablen summe hinzu addiert. Nach allen Schleifendurchläufen sind alle Zahlen in der Liste miteinander addiert, das Ergebnis wird zurückgegeben.

while-Schleife Die while-Schleife wird solange durchlaufen, wie eine Bedingung, die im Schleifenkopf formuliert wird, zutrifft:

```
x = 1
summe = 0
while x <= 100:
    summe += x
    x += 1
return summe
```

Im Beispiel werden zwei Variablen definiert. Zuerst x mit dem Wert 1, dann summe mit dem Wert 0. Die Bedingung für die while-Schleife lautet, sie soll so lange durchlaufen werden, wie die Variable x kleiner oder gleich dem Wert 100 ist. Im Schleifenkörper wird bei jedem Durchlauf die Variable summe um den aktuellen Wert der Variablen x und diese danach um 1 erhöht. Wenn die Schleife nicht mehr durchlaufen wird, die Bedingung also nicht mehr zutrifft, wird der Wert der Variablen summe zurückgegeben. Diese Schleife wird also 100 mal durchlaufen und addiert dabei die Zahlen 1 bis 100.

Bei while-Schleifen ist darauf zu achten, dass die Bedingung auch tatsächlich wieder unwahr wird, da andernfalls die Schleife nicht mehr verlassen werden kann. Würde im Beispiel die Variable x im Schleifenkörper nicht bei jedem Durchlauf um den Wert 1 erhöht, würde die Bedingung nie falsch, und die Schleife könnte nicht verlassen werden.

Fehler abfangen

Python stellt auch Möglichkeiten zur Verfügung, Fehler im Programmablauf abzufangen. Normalerweise wird beim Auftreten eines Fehlers das Programm abgebrochen und eine Fehlermeldung ausgegeben. Das ist auch bei der Verwendung von Python innerhalb von Zope nicht anders. Man kann aber den Code, der einen Fehler enthalten könnte, zunächst gewissermaßen »ausprobieren« und eine Alternative notieren, die im Falle eines Fehlers abgearbeitet werden soll.

Dazu stellt Python das Anweisungspaar try – except bereit, mit dem eine solche Konstruktion aufgebaut werden kann. Fehlt z.B. eine der beiden Variablen aus dem vorherigen Beispiel, kommt es zu einer Fehlermeldung. Diese lässt sich folgendermaßen abfangen: try – except

```
try:
    while x <= 100:
        summe += x
        x += 1
    return summe
except:
    return "Fehler im Ablauf"
```

Der Code im try-Block wird zunächst getestet. Gibt es bei der Ausführung keinen Fehler, wird wie erwartet die Summe der Addition zurückgegeben. Wenn jedoch ein Fehler auftritt, wird nicht die Standard-Fehlermeldung ausgegeben, sondern der except-Block ausgeführt. Es kommt auch nicht zum Abbruch des Skriptes, sondern folgender Code wird ebenfalls abgearbeitet. Das ermöglicht einen sehr flexiblen Umgang mit möglichen Programmfehlern.

7.2.4 Definition von Funktionen

Eine Funktionsdefinition besteht in Python aus dem Schlüsselwort `def`, einem frei wählbaren Namen für die Funktion sowie einem Paar runder Klammern gefolgt von einem Doppelpunkt:

```
def tester():
```

Der Code der Funktion wird in den folgenden Zeilen jeweils eingerückt notiert:

```
def tester():
    return 'Ich bin eine Funktion'
```

Der Aufruf einer Funktion geschieht durch die Angabe ihres Namens:

```
tester()
```

Der Code, der in der Funktion notiert wurde, kommt durch den Aufruf zur Ausführung. In diesem Fall wird der String »Ich bin eine Funktion« zurückgegeben.

Parameter Der Umgang mit Funktions-Parametern ist in Python sehr flexibel. In der einfachen Benutzung von Parametern unterscheidet es sich dabei nicht von anderen Sprachen. Die Parameter werden in der Funktionsklammer durch Kommata getrennt angegeben, im Funktionskörper wird auf sie referenziert:

```
def diff(a,b):
    return a - b
```

Beim Aufruf dieser Funktion entscheidet die Reihenfolge der Wertangabe darüber, welcher Wert an welchen Parameter übergeben wird. Der Aufruf:

```
diff(5,3)
```

übergibt den Wert 5 an den Parameter a, den Wert 3 an b. Die Funktion gibt demnach den Wert 2 zurück. Vertauscht man hingegen die Parameter beim Aufruf und notiert

```
diff(3,5)
```

erhält man als Ergebnis -2, da nun a den Wert 3 und b den Wert 5 annimmt.

Man kann in Python aber auch die Wertübergabe explizit an den Parameternamen binden. Die Position des Wertes in der Klammer spielt dann keine Rolle mehr:

```
diff(b=12,a=28)
```

Mit diesem Aufruf gibt die Funktion den Wert 16 zurück.

Man kann Funktionen mit voreingestellten Werten für einzelne oder alle Parameter definieren. Diese Werte werden in der Klammer zum einzelnen Parameternamen notiert:

Standardwerte für Parameter

```
def diff(a, b=1)
    return a - b
```

Dieser Standardwert für einen Parameter wird benutzt, wenn beim Funktionsaufruf für ihn kein Wert übergegeben wird:

```
diff(a=10)
```

Ohne einen Standardwert für den Parameter b würde dieser Aufruf eine Fehlermeldung auslösen, so aber liefert die Funktion den Wert 9 zurück.

Der Aufruf

```
diff(a=10,b=4)
```

hingegen, gibt den Wert 6 zurück. Findet also eine Wertübergabe beim Funktionsaufruf statt, wird der Standardwert überschrieben.

Für einfache Funktionen, wie sie bislang gezeigt wurden, kann man in Python auch eine Kurzform der Funktionsdefinition mittels eines lambda-Ausdrucks benutzen:

Kurze Funktionsdefinition

```
diff = lambda a,b=1: a-b
```

Die Parameter werden getrennt durch ein Leerzeichen nach dem Schlüsselwort lambda notiert. Auch bei dieser Art der Funktionsdefinition ist es möglich, Standardwerte zu definieren. Die Parameterreihe wird durch einen Doppelpunkt beendet, dem ein Befehl folgt. Diese Kurzform entspricht der Funktion aus dem vorigen Beispiel.

Der Aufruf dieser Funktion erfolgt auf die gleiche Weise wie die vorigen Aufrufe:

```
diff(a=10,b=4)
```

Das Ergebnis dieses Aufrufs ist auch hier der Wert 6.

7.2.5 Kommentare

Python unterstützt leider keine mehrzeiligen Kommentare. Das ist insbesondere, wenn man Python-Skripte im ZMI schreibt manchmal etwas lästig. Es bleibt einem dann nichts anderes übrig, als alle Zeilen, die man zum Testen auskommentieren möchte, einzeln mit dem Kommentarzeichen zu versehen. Dies geschieht mit dem Zeichen # am Zeilenanfang. Codezeilen, die mit diesem Zeichen beginnen, werden beim Programmablauf nicht ausgeführt. Natürlich sollten Kommentarzeichen nicht nur zum Auskommentieren von Codezeilen verwendet werden, sondern auch um tatsächliche Kommentare zum Code, die zum guten Programmierstil gehören, zu notieren.

7.3 Python in Zope verwenden

7.3.1 Python-Skripte

Ein Python-Skript ist eine Funktion, die über das ZMI erstellt werden kann. Die Id des Skriptes entspricht dabei dem Funktionsnamen. Für Funktionsparameter stellt das Edit-Tab des Skriptes ein eigenes Eingabefeld zur Verfügung (*siehe Abbildung 7.1*). In dieses Feld werden die Parameter durch Kommata getrennt eingegeben. Die Möglichkeit der Angabe eines Standardwertes für einen Parameter ist auch hier gegeben.

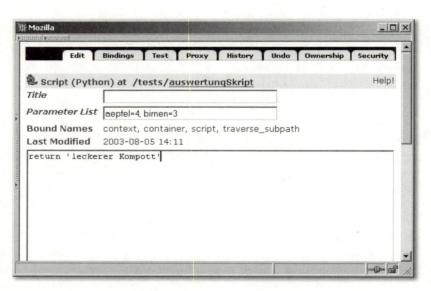

Abbildung 7.1 Edit-Tab eines Python-Skriptes

Ein Skript wird wie jedes andere Objekt in Zope aufgerufen. Mit DTML geschieht das mit dem var-Tag, sofern das Skript einen Wert zurückliefert:

Aufruf von Skripten mit DTML

```
<dtml-var mein_skript>
```

Das Skript wird ausgeführt und der Rückgabewert wird beim Rendern für das var-Tag eingefügt. Skripte, die keinen Wert zurückliefern, geben ein None zurück; Pythons Ausdruck für einen leeren bzw. Nicht-Wert. Um die Ausgabe des None zu vermeiden, ruft man solche Skripte besser mit dem call-Tag auf.

```
<dtml-call mein_skript>
```

Das call-Tag führt das Skript zwar aus, aber es kommt nicht zum Rendering und damit nicht zur Ausgabe des None-Wertes.

Sollen an das Skript Werte übergeben werden, muss man den Aufruf als Python-Ausdruck notieren:

```
<dtml-var expr="mein_skript(4,obst='birnen')">
```

In der einfachen Schreibweise lässt das var-Tag nur die Angabe von Objekt-Ids zu. Für die Übergabe von Parametern an das Skript wird aber ein Aufruf benötigt, der einem normalen Python-Funktionsaufruf entspricht. Dies kann nur mit einem Python-Ausdruck realisiert werden.

Wenn ein Skript eine Sequenz zurückgibt und man jeden einzelnen Wert in der Sequenz auslesen will, kann auch mit dem in-Tag ein Python-Skript aufgerufen werden:

```
<dtml-in sequenz_skript>
  <dtml-var sequence-item>
</dtml-in>
```

Mit der Variablen sequence-item hat man Zugriff auf die einzelnen Werte in der Sequenz.

Mit TAL erfolgt der Aufruf im Prinzip ähnlich. Werden keine Werte an die Skript-Parameter übergeben, wird es wie jedes andere Objekt auch mit dem content- oder replace-Befehl aufgerufen:

Aufruf von Skripten mit TAL

```
<p tal:content="here/mein_skript">inhalt</p>
```

Das p-Tag erhält als Inhalt den Wert, den das Skript zurückliefert. Liefert das Skript keinen Wert zurück, ist es mit TAL allerdings nicht notwendig, eine andere Art des Aufrufs zu verwenden. Page-Templates geben kein None aus, wenn Skripte keine Werte zurückgeben. Die einfachste Möglichkeit, ein Skript ausführen zu lassen, das keinen Wert zurückgibt, ohne dass der Quelltext der gerenderten Seite verändert wird, ist der replace-Befehl:

```
<p tal:replace="here/mein_skript">inhalt</p>
```

Das Skript wird ausgeführt, liefert aber nichts an die aufrufende Stelle zurück. Der TAL-Befehl ersetzt das Tag daraufhin mit »nichts«, das Tag wird so komplett aus dem gerenderten Quelltext entfernt.

Für die Übergabe von Werten an Skript-Parameter muss auch bei TAL ein Python-Ausdruck verwendet werden:

```
<p tal:content="python:here.mein_
skript(4,obst='birnen')"> inhalt</p>
```

Bei der Verwendung von Pfadausdrücken wird auf die Objekt-Id referenziert. Wenn man also einen Python-Funktionsaufruf benötigt, muss ein Python-Ausdruck verwendet werden.

Auch in TAL kann ein Python-Skript über den repeat-Befehl aufgerufen werden, wenn das Skript eine Sequenz als Wert zurückgibt:

```
<p tal:repeat="element here/mein_
skript" tal:content="element">inhalt</p>
```

Auf die einzelnen Elemente in der Sequenz kann dann mit der Schleifenvariable – im Beispiel element – zugegriffen werden.

7.3.2 Einschränkungen für Python-Skripte

Neben den normalen Sicherheitsbeschränkungen bei der Ausführung von Objekten, denen besonders auch Skript-Objekte unterliegen, ist die Verwendung von Python in Skript-Objekten eingeschränkt. So sind Funktionen, die auf das Dateisystem des Rechners zugreifen, auf dem Zope installiert ist, wie z.B. open(), nicht verfügbar.

Andere Funktionen wie range() (Erzeugung von Sequenzen) und pow() (Erzeugung von Potenzen) sind so eingeschränkt, dass keine zu großen Sequenzen bzw. Zahlen erzeugt werden können. Diese Begrenzung dient als Schutz vor Angriffen auf den Server, die darauf abzielen, den Rechner durch zu viele oder zu rechenintensive Anfragen in seiner Funktionsfähigkeit zu blockieren. Mit der Funktion range() können nur Sequenzen erzeugt werden, die über maximal 65536 Einträge verfügen. Die Funktion `pow()` erzeugt nur Zahlen, die noch im Bereich von normalen Ganzzahlen liegen. Die prinzipiell sinnvollen Sicherheitsbeschränkungen haben ihren Preis in Performance-Einbußen. Da neben der Ausführung des eigentlichen Codes auch immer Sicherheitsüberprüfungen stattfinden, sind Python-Skripte in der Verarbeitung langsamer als z.B. externe Methoden.

Folgende Funktionen der in Zope integrierten Python-Installation, können in Python-Skripts verwendet werden:

```
None, abs, chr, divmod, float, hash, hex, int, len, max,
min, oct, ord, round, str, pow, apply, callable, cmp,
complex, isinstance, issubclass, long, repr, range, list,
tuple, unichr, unicode
```

Die genaue Arbeitsweise dieser Funktionen ist unter **www.python.org/doc/** ausführlich beschrieben.

Die fehlende Funktion `type()` ist in Zope durch `same_type()` ersetzt. Mit ihr lässt sich der Datentyp einer Variablen überprüfen:

same_type()

```
if same_type(mein_wert,''):
    return 'mein_wert ist eine Zeichenkette.'
```

Die Funktion erhält als ersten Parameter die Variable, die überprüft werden soll, und als zweiten einen Ausdruck von dem Datentyp, der als Referenz dienen soll. Wenn man einen Integer-Wert überprüfen will, gibt man z.B. eine ganze Zahl als zweiten Parameter an. Sind Prüf- und Referenzwert vom gleichen Typ, gibt die Funktion 1 (*true*) zurück, andernfalls 0 (*false*).

Eine weitere Einschränkung besteht beim Import von Python-Modulen. Während Python normalerweise aus einer Vielzahl von Modulen besteht und auch um etliche Module, die nicht zum Standardpaket gehören, erweitert werden kann, beschränkt sich der Zugriff von Python-Skripten aus Zope heraus auf das Dienstmodul *Products.PythonScripts.standard*, das Modul *AccessControl* sowie auf die Module *string*, *random* und *math*.

Importbeschränkungen

7.3.3 Objekte und Eigenschaften referenzieren

Für die Referenzierung von anderen Objekten aus einem Python-Skript heraus ist es entscheidend, wo das Skript in der Ordnerstruktur von Zope abgelegt ist und welche Umgebungsvariablen für die Referenzierung eingesetzt werden. Es ist nicht möglich, in einem Python-Skript allein die Id eines Objektes zur Referenzierung anzugeben. Eine Notation wie

```
mein_objekt.title
```

zur Abfrage der `title`-Eigenschaft eines Objektes führt zu einer Fehlermeldung beim Ausführen des Skriptes. Vielmehr verlangt das Skript die Angabe eines Startpunktes, von dem aus die Suche des Objektes beginnen kann. Dies kann zum einen der Ordner sein, in dem das Skript selbst abgelegt wurde. Dieser wird standardmäßig mit `container` angegeben:

```
container.mein_objekt.title
```

Diese Notation sucht nach einem Objekt mit der Id `mein_objekt` ab dem Ordner, in dem das Skript abgelegt ist und folgt entsprechend den Regeln der Akquisition der Ordnerhierarchie bis zum `root`-Ordner. Dabei ist es unerheblich, von wo aus das Skript aufgerufen wurde.

Will man aber die Suche nach dem Objekt dort beginnen lassen, wo auch der Aufruf des Skriptes erfolgte, dann muss man die Variable `context` einsetzen:

```
context.mein_objekt.title
```

Ein Beispiel soll diesen Unterschied verdeutlichen. Abbildung 7.2 zeigt einen Ordner mit der Id eins, der ein Python-Skript und einen weiteren Ordner mit der Id zwei enthält. Beide Ordner haben jeweils eine Eigenschaft mit dem Namen `farbe`, aber unterschiedlichen Werten.

Abbildung 7.2 Aufruf oder Position eines Skriptes

Der Aufruf des Skriptes über

http://localhost:8080/eins/zwei/test-skript

ergibt bei der Skriptzeile

```
return conainter.farbe
```

den Wert 'gelb', da dies der Wert der Eigenschaft `farbe` des Ordners ist, in dem das Skript abgelegt ist. Ändert man die Skriptzeile zu:

```
return context.farbe
```

erhält man als Ergebnis den Wert 'blau', da jetzt die Suche nach der Variablen in dem Ordner beginnt, von dem aus das Skript aufgerufen wurde.

Eine andere Möglichkeit der Notation für die Referenz auf eine Variable ist:

Variable Variablen

```
return context['farbe']
```

Die Id des Unterobjektes bzw. der Name der Eigenschaft wird dazu als String in eckigen Klammern notiert. Diese Notation kann man benutzen, wenn die Id eines Objektes oder der Name einer Eigenschaft per Variable eingefügt werden soll.

```
such_wert = 'farbe'
return context[such_wert]
```

Damit erhält man eine große Flexibilität beim Zugriff auf Variablen. Deren Namen selbst können variabel referenziert werden.

7.3.4 Formulareingaben verarbeiten

Die wohl häufigste Verwendung von Python-Skripten ist die Auswertung und Verarbeitung von HTML-Formularen. Damit ein Python-Skript die Daten aus einem Formular verarbeiten kann, wird es als Wert des `action`-Attributs im Formular angegeben. Sobald ein Benutzer den Abschicken-Button anklickt, wird das Skript aufgerufen.

Die Formular-Variablen können als Parameter an das Skript übergeben werden. Dazu ist es lediglich notwendig, dass die Namen der Formular-Variablen und die Namen der Parameter übereinstimmen. Ein Beispiel verdeutlicht diese Möglichkeit:

Formulardaten als Parameter

```
<form action="auswertungSkript" method="post">
Vorname: <input type="text" name="vorname" /><br />
Nachname: <input type="text" name="nachname" /><br />
Straße: <input type="text" name="strasse" /><br />
PLZ: <input type="text" name="plz" /><br />
Ort: <input type="text" name="ort" /><br />
<input type="submit" value="abschicken" />
</form>
```

Dieses Formular hat fünf Eingabefelder vom Typ "text" sowie einen Button zum Abschicken. Als Wert für das action-Attribut des form-Tags ist die Id eines Python-Skriptes angegeben. Dieses Skript erhält die Parameter vorname, nachname, strasse, plz und ort. Über diese Parameter kann das Skript dann auf die eingegebenen Werte im Formular zugreifen:

```
## Script (Python) "auswertungSkript"
##parameters=vorname,nachname,strasse,plz,ort
context.adresse_01.manage_changeProperties({'v_name':¬
vorname,'n_name':nachname,'str':strasse,'plz':plz,'ort':¬
ort})
```

In diesem Fall werden die Werte aus dem Formular benutzt, um mit der Funktion manage_changeProperties() die Eigenschaften eines Objektes zu ändern.

Umwandlung der Datentypen Die Werte der Formular-Variablen werden an das Skript normalerweise als String übergeben. Das ist jedoch nicht in jedem Fall wünschenswert. Im vorherigen Beispiel ist es vielleicht von Vorteil, wenn die Angabe im Feld PLZ als Ganzzahl an das Skript übergeben wird. Zope ist in der Lage, die Datentypen von Formularfeldern umzuwandeln. Damit die Eingabe im Feld »PLZ« zur Ganzzahl gewandelt wird, muss das Feld folgendermaßen notiert werden:

```
PLZ: <input type="text" name="plz:int" />
```

An den Namen des Formularfeldes wird, durch einen Doppelpunkt getrennt, die Datentyp-Bezeichnung angehängt. Für Zope ist das die Anweisung, den Wert dieses Formularfeldes in den angegebenen Datentyp umzuwandeln. Allerdings muss es auch möglich sein, die Eingabe in den angegebenen Datentyp zu wandeln, andernfalls wird eine Fehlermeldung ausgegeben. Im obigen Beispiel dürften in Feld »PLZ« nur noch Zahlen eingegeben werden, damit es nicht zu einem Fehler kommt. Wenn man nicht möchte, dass die zope-eigenen Fehlermeldungen angezeigt werden, sollte man auf die Datentypwandlung verzichten, und die Überprüfung der eingegebenen Werte im Python-Skript vornehmen.

Zope kann eine Formualarvariable in verschiedenste Datentypen wandeln. Die folgende Liste zeigt die wichtigsten Typen:

▶ boolean: Wandelt die Eingabe in *true* oder *false*. Wird keine Eingabe in das Formularfeld gemacht, wird die Variable zu *false* gewandelt, andernfalls zu *true*.

- ▶ int: Wandelt die Eingabe in eine Ganzzahl.
- ▶ long: Wandelt die Eingabe in eine lange Ganzzahl.
- ▶ float: Wandelt die Eingabe in eine Fließkommazahl.
- ▶ text: Wandelt die Eingabe in eine Zeichenkette mit normalisierten Zeilenumbrüchen. Da Zeilenumbrüche auf den unterschiedlichen Rechnerplattformen verschieden kodiert werden, stellt diese Umwandlung sicher, dass die Umbrüche unabhängig von der Codierung einheitlich bleiben.
- ▶ list: Wandelt die Eingabe in eine Liste.
- ▶ tuple: Wandelt die Eingabe in einen Tupel.
- ▶ tokens: Teilt die eingegebene Zeichenkette an den Whitespaces (Leerzeichen, Tabs, Zeilenumbrüche) und gibt die so erhaltenen Elemente als Liste aus.
- ▶ lines: Teilt die eingegebene Zeichenkette an den Zeilenumbrüchen und gibt die so erhaltenen Elemente als Liste aus.
- ▶ date: Wandelt die Eingabe in ein DateTime-Objekt.
- ▶ required: In ein so gekennzeichnetes Feld muss eine Eingabe gemacht werden. Anderfalls wird eine Fehlermeldung ausgegeben.

Die Angaben **list** und **tuple** können mit den anderen Angaben kombiniert werden. Man bestimmt dadurch, welchen Datentyp das einzelne Element in der Liste oder im Tupel annimmt:

```
<form action="auswertungSkript">
Was gehört zum Auto?<br />
Räder <input type="checkbox" value="1" ¬
name="antwort:list:int" /><br />
Lenkrad <input type="checkbox" value="2" ¬
name="antwort:list:int" /><br />
Segel <input type="checkbox" value="3" ¬
name="antwort:list:int" /><br />
Getriebe <input type="checkbox" value="4" ¬
name="antwort:list:int" /><br />
<input type="submit" value="abschicken" />
</form>
```

Bei diesem Beispiel wird eine Liste mit den Werten der angekreuzten Checkboxen an das auswertende Skript übergeben. Die einzelnen Werte in der Liste sind Ganzzahlen.

Eine weitere Möglichkeit, die Daten aus einem Formular auszuwerten, besteht darin, das REQUEST-Objekt abzufragen. Dieses enthält alle Formulardaten als Schlüssel-Werte-Paare. Hat man folgendes Formular

```
<form action="auswertungSkript">
Name: <input type="text" name="name" /><br />
Alter: <input type="text" name="alter" /><br />
<input type="submit" value="abschicken" />
</form>
```

dann kann im auswertenden Skript mit

```
context.REQUEST.name
```

auf den Wert eines Eingabefeldes mit dem entsprechenden Namen zugegriffen werden. Parameter sind für das Skript dann nicht mehr notwendig.

Alle Daten des Formulars sind in dem Unterobjekt `form` als Dictionary enthalten. Darauf kann mit

```
context.REQUEST.form
```

zugegriffen werden. Die Schlüssel in diesem Dictionary bilden die Namen der Formular-Variablen, die zugehörigen Werte entsprechen den Eingaben. Auch aus diesem Dictionary lassen sich die einzelnen Werte auslesen. Den Wert der Variable `alter` z.B. erhält man mit:

```
context:REQUEST.form['alter']
```

Besonders effektiv ist diese Methode, wenn durch Formulareingaben die Eigenschaften eines Objektes geändert werden sollen. Da auch die neuen Werte für die Eigenschaften als Dictionary übergeben werden, kann man sehr schnell mit

```
neu_daten = context.REQUEST.form
context.das_objekt.manage_changeProperties(neu_daten)
```

die Änderungen vornehmen.

Die Frage, auf welche Weise man nun auf die Formulardaten zugreift, muss von Fall zu Fall beantwortet werden. Je nachdem, was mit den Daten geschehen soll, kann mal die eine, mal die andere Zugriffsart effektiver sein. Python-Skripte lassen auch eine Kombination aus beiden Arten zu.

7.4 Externe Methoden verwenden

Die erwähnten Beschränkungen, denen Python-Skripte unterliegen, kann man mit externen Methoden umgehen. In ihnen kann man den vollen Leistungsumfang von Python einschließlich seiner Module nutzen. Allerdings benötigt man den Zugang zum Dateisystem des Rechners auf dem Zope installiert ist. Das ist zwar für eine lokale Testinstallation von Zope gegeben, aber für eine Serverinstallation meistens nur dann der Fall, wenn man selbst auch der Serveradminstrator ist.

Eine externe Methode besteht aus zwei Komponenten, einer Datei, die die Methode enthält, und einem Zope-Objekt vom Typ *External Method*, das als Schnittstelle zur Datei fungiert. Die Datei muss im Ordner **Extensions** der Zope-Installation abgelegt werden, und ihr Name muss die Endung .py erhalten, damit Zope darauf zugreifen kann.

Eine Beispielanwendung, die es ermöglichen soll, Dateien im Dateisystem des Servers auszulesen, wird die Verwendung von externen Methoden verdeutlichen.

Zunächst wird im Ordner **Extensions** der Zope-Installation eine Datei mit dem Namen **datei_lesen.py** angelegt. Sie erhält folgenden Quelltext:

Externes Python-Skript

```
def liesDatei(datei=''):
    if datei:
        datObj = open(datei, 'r')
        zeilen = datObj.readlines()
        datObj.close()
        return zeilen
    else:
        return 'Keine Datei angegeben!'
```

Listing 7.1 datei_lesen.py

Das Skript definiert eine Funktion mit einem Parameter. Diesem soll später der Pfad zur auszulesenden Datei übergeben werden. Im Funktionskörper wird zunächst geprüft, ob überhaupt ein Pfad übergeben wurde. Ist das der Fall, wird mit der Methode `open()` ein Objekt erzeugt, das die im Lesemodus geöffnete Datei enthält. Danach wird die Datei mit `readlines()` ausgelesen und anschließend mit `close()` wieder geschlossen. Die Methode `readlines()` liest die Datei zeilenweise aus und erstellt eine Liste mit den ausgelesenen Zeilen als Elemente. Diese Liste wird an die aufrufende Stelle zurückgegeben.

Wurde der Funktion kein Dateipfad übergeben, gibt die Funktion eine entsprechende Meldung aus.

Dieses Skript könnte nicht innerhalb von Zope realisiert werden, da u.a. ein Zugriff auf das Dateisystem mit der Funktion open() erfolgt. Dies fällt unter die erwähnten Restriktionen, denen Python-Skripte unterliegen.

Externe Methode anlegen In Zope kann nun eine externe Methode angelegt werden. Das geschieht wie bei allen anderen Objekten auch über das Add-Menü. Auf der erscheinenden Seite gibt man die gewohnte Id für das Objekt an, hier auslesen (*siehe Abbildung 7.3*). Dann muss im Feld *»Module name«* der Name der Datei (*datei_lesen*) angegeben werden, die das Skript enthält. Das Suffix *.py* kann dabei weggelassen werden, andernfalls wird es von Zope entfernt. Schließlich wird im Feld *»Function Name«* der Name der in der Datei definierten Funktion, also liesDatei, ohne Klammern eingetragen.

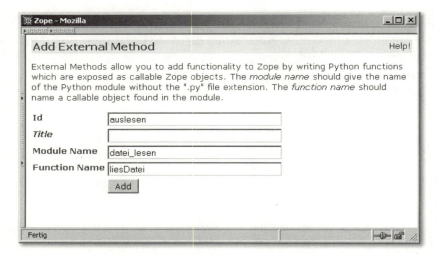

Abbildung 7.3 Externe Methode hinzufügen

Gibt es die angegebene Datei im Ordner Extensions nicht, gibt es eine Fehlermeldung. Eine solche erhält man auch, wenn die angegebene Funktion nicht in der Datei vorhanden ist.

Mit den richtigen Angaben kann die Funktion über die externe Methode genutzt werden. Allerdings nicht, indem man den Funktionsnamen aus der Skript-Datei angibt, wie man vielleicht denken könnte, sondern der Aufruf erfolgt über die Id der externen Methode.

In einem Python-Skript, das sich im gleichen Ordner befindet, kann diese externe Methode z. B folgendermaßen aufgerufen werden:

Externe Methode nutzen

```
return context.auslesen('C:\config\daten.txt')
```

Aufgerufen wird das Externe-Methode-Objekt. Auch der Parameter wird an dieses Objekt übergeben. Es reicht diesen an das Skript im Ordner Extensions weiter, das die angegebene Datei ausliest, und eine Liste mit allen Zeilen der Datei an das Objekt zurückliefert. Letztere reicht das Ergebnis an die aufrufende Stelle, in diesem Fall ein Python-Skript, weiter. Genauso können externe Methoden auch von DTML-Dokumenten, DTML-Methoden oder Page-Templates aufgerufen werden.

Teil II:
Zope-Praxis

8 Prototyping eines Projektes

1
2
3
4
5
6
7
8
9
10
11
12
13
14
15
16
17
18
19
20
21
22

8 Prototyping eines Projektes

In diesem Kapitel werden die Hintergründe und die grundsätzlichen Überlegungen eines praktischen Projektes beschrieben. Der Einstieg in die Entwicklung wird mit der Grundanlage des Projektes in Zope gemacht. Dabei wird noch einmal auf Akquisition eingegangen. Schließlich werden die Stylesheet-Verwaltung und die Navigation angelegt.

8.1 Hintergrund

Das Projekt, das in diesem und den weiteren Kapiteln vorgestellt wird, ist eine Lernplattform, die für die Zentrale Einrichtung Kommunikation (ZEK) an der Technischen Universität Berlin entwickelt wurde. Einsatzgebiet ist die Weiterbildung von Hochschullehrenden im Blended-Learning-Verfahren. In einem Pilotprojekt wurde der Einsatz von Online-Systemen mit einem frei auf dem Markt erhältlichen Produkt getestet. Aus den dort gesammelten Erfahrungen ergab sich die Zielsetzung, eine eigene Entwicklung auf den Weg zu bringen. In einem ersten Schritt sollte ein Prototyp entstehen, dessen Entwicklung in den nächsten Kapiteln ausschnittsweise dokumentiert wird. Dabei wird es nicht um den inhaltlich-konzeptionellen Entstehungsprozess gehen, in dem die Fragen des didaktischen Aufbaus, der telemedialen Lernformen u.a. eine wesentliche Rolle spielen. Dies würde den Rahmen dieses Buches sprengen. Der Focus in diesem und den nächsten Kapiteln liegt auf der programmtechnischen Umsetzung der Konzeption mit den Mitteln, die Zope zur Verfügung stellt. Dabei werden nur Funktionen und Objekte genutzt, die die Standard-Installation von Zope zur Verfügung stellt. Auf die Verwendung von Zusatzprodukten wurde für die Darstellung in diesem Buch bewusst verzichtet.

Entwicklung einer Lernplattform

Mithilfe der Standardinstallation von Zope

8.1.1 Übergeordnete Anforderungen

Die Erfahrungen mit mehr oder weniger hermetischen Systemen, die ein bestimmtes Spektrum an Features, unabhängig vom tatsächlichen Bedarf, bereitstellen, führte zu der Überlegung ein in mehrfacher Hinsicht modulares System zu entwickeln. Es soll den Bildungsplanern die Möglichkeit geben, aus vorhandenen Software-Modulen eine Plattform zusammenzustellen, die den jeweiligen Inhalten und Bildungszielen adäquat ist. Es soll den Dozenten, die ihre Inhalte über die Plattform bereitstellen, die Möglichkeit geben, aus einem Set an Features diejenigen zu wählen, die die didaktischen Anforderungen und die Kursziele unterstützen. Schließlich soll das System auch den Lernenden die Möglichkeit bieten, für sich allein bzw. für Lerngruppen passende Werkzeuge und Hilfsmittel auszuwählen.

Lernmodule übers Internet buchbar Inhaltlicher Kernpunkt des Systems ist das Lernmodul, das vom Planer definiert, vom Dozenten mit Lerninhalten gefüllt wird. Solche Module sind über das Internet buchbar und werden für einen eingegrenzten Zeitraum freigeschaltet.

Darüber hinaus soll es die Plattform den Bildungsplanern ermöglichen, aus mehreren solcher Lernmodule einen Kurs zusammenzustellen. Die einzelnen Lernmodule sollen dann entweder in einer festgelegten Reihenfolge oder insgesamt für einen bestimmten Zeitraum zugänglich sein.

Änderungen am laufenden System Auf der Entwicklungsseite schließlich soll das System so angelegt werden, dass zu jedem Zeitpunkt im laufenden Betrieb neue Software-Module hinzugefügt werden können. Das Lernsystem muss also so flexibel aufgebaut sein, dass Erfahrungen, die man mit dem System macht, in neuen oder veränderten Features ihren Niederschlag finden können.

Anpassung der Interfaces Eine weitere Anforderung ist die Möglichkeit, die Interfaces der Plattform anpassen zu können. Hat man ein System geschaffen, das den zuvor genannten Anforderungen gerecht wird, liegt es auf der Hand, dass es auch in anderen Umfeldern, zum Beispiel in firmeninternen Mitarbeiterschulungen, zum Einsatz kommen kann. Deshalb sollte man die Oberflächen insoweit anpassen können, dass sich das System in die Corporate Identity anderer Organisationen einpassen lässt.

Zope bietet mit seinem objektorientierten Konzept die ideale Voraussetzung, einen solchen modularen Systemaufbau umzusetzen.

8.1.2 Zugangs- und Zugriffsebenen

Für eine solche Plattform ergeben sich vier Zugangs- und Zugriffsebenen mit unterschiedlichen Aufgaben und Rechten. Zunächst gibt es einen – zumindest optionalen – öffentlichen Zugang. Dieser ist vor allem für Bildungseinrichtungen interessant, die gewerblich Bildungsangebote machen, und diese natürlich öffentlich präsentieren wollen.

Die zweite Zugriffsebene ist für die Teilnehmer der Bildungsangebote. Dieser Zugang muss personen- und modul- bzw. kursbezogen sein. Da ein Benutzer gleichzeitig in mehreren Kursen eingeschrieben sein kann, sollen sich diese auf einer persönlichen Oberfläche abbilden und von dort zugänglich sein.

Für Lehrende, die die Inhalte von Lernmodulen entwickeln und bereitstellen, ist die dritte Zugangsebene notwendig. Diese schließt die vorherige Ebene ein, ist aber erweitert um die Möglichkeiten, Inhalte in den Lernmodul-Bereich einzugeben und dafür die adäquaten Features zu wählen. Dieser Zugang sollte ebenfalls personenbezogen sein. Damit ist gewährleistet, dass jeder Dozent einen eigenen, für andere gesperrten Bereich erhält.

Schließlich ermöglicht die vierte Zugangsebene die Administration des Gesamtsystems. Hier können alle Benutzer des Systems verwaltet, Module definiert und zu Kursen zusammengestellt, die Oberflächen angepasst und die laufenden Module und Kurse betreut werden. Dieser Zugang bleibt den Planern der Bildungsangebote vorbehalten.

Außer dem öffentlichen Bereich wird jede Zugriffsebene passwortgeschützt. Durch Verbindung jedes Benutzers mit einer bestimmten Rolle, kann der jeweilige Zugang implizit definiert werden. Zopes Sicherheitssystem und seine Benutzerverwaltung bieten dafür ideale Voraussetzungen.

8.1.3 Grundanlage des Systems in Zope

Die bislang aufgestellten Anforderungen legen es nahe, die Site zunächst in zwei grobe Bereiche, einen öffentlichen und einen nicht öffentlichen, aufzuteilen. Dabei kann der öffentliche Bereich entweder nur aus einer Seite bestehen, die eine Einlog-Möglichkeit in den nicht öffentlichen Bereich bereitstellt, oder ein voll ausgebauter Web-Auftritt sein, der z.B. Beschreibungen der Kurse und des Kursanbieters vorsieht.

Im nicht öffentlichen Bereich sind die Kurse sowie die am System angemeldeten Benutzer zu finden. Jeder Benutzer erhält eine seiner Rolle entsprechende eigene Oberfläche angezeigt. Für Kursteilnehmer befindet sich auf der Oberfläche die Auswahl der Module bzw. Kurse, zu denen er angemeldet ist, sowie ein persönlicher Arbeitsbereich. Dozenten bekommen die Lernmodule angezeigt, für die sie verantwortlich sind, sowie ebenfalls einen persönlichen Arbeitsbereich. Die Oberfläche für Administratoren erlaubt die organisatorische Verwaltung aller Kurse, einschließlich der Möglichkeit, neue Kurse anzulegen.

Ferner enthält sie eine Teilnehmer- und Dozentenverwaltung und ein Tool zur grafischen Anpassung der Oberflächen.

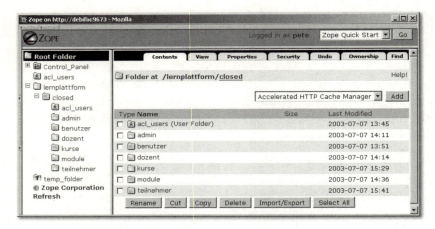

Abbildung 8.1 Aufbau der Ordnerstruktur

Abbildung 8.1 zeigt den ersten Grundaufbau des entstehenden Systems in Zope. Der Ordner lernplattform wird den öffentlichen Bereich aufnehmen. Im weiteren Verlauf des Projektes wird hier allerdings nur eine Seite abgelegt werden, die zum Login in den geschlossenen Bereich führt. Dieser beginnt mit dem Ordner closed. Mithilfe von Zopes Benutzer- und Rechteverwaltung wird der Zugang zu diesem Bereich reglementiert werden (*siehe Kapitel 9*). Innerhalb des geschlossenen Bereiches gibt es dann einen Benutzer-Ordner (acl_users), der die Zope-Benutzerobjekte für die Authentifizierung aufnimmt, sowie einen normalen Ordner mit der Id benutzer für weitere Benutzerdaten. Der Ordner module wird die Daten der Lernmodule aufnehmen. Im Ordner kurse sollen die Informationen zu Kursen, also den Zusammenstellungen von Lernmodulen abgelegt werden. Schließlich werden die Ordner admin, dozent und teilnehmer die Oberflächenbestandteile für die jeweiligen Benutzertypen aufnehmen.

8.2 Die Startseiten

Entsprechend der unterschiedlichen Aufgaben und Rechte erhält jeder Benutzertyp eine eigene Startseite. Diese Seite dient als persönlicher Schreibtisch, der alle Tools und alle Module, für die Zugriffsrechte vorhanden sind, zugänglich macht. Sie wird als Page-Template im Ordner closed angelegt und erhält die Id index_html. Vor diese Seite, die in einem späteren Schritt durch eine Authentifizierung geschützt wird,

wird eine Seite geschaltet, die dem Einloggen dienen wird. Diese Seite wird im Ordner `lernplattform` platziert und erhält ebenfalls die Id `index_html`.

8.2.1 Das Objekt index_html

Ein Objekt mit der Id `index_html` hat in Zope eine besondere Rolle. Es wird im Browser angezeigt, wenn der URL auf den Ordner verweist, in dem sich das Objekt befindet. Gibt man z.B. den URL **http://localhost/lernplattform** an, wird die zuvor in diesem Ordner erstellte Seite mit dieser Id angezeigt. Befindet sich in dem angesteuerten Ordner kein Objekt mit dieser Id, wird auf der nächst höheren Ebene nach einem solchen Objekt gesucht. Wird Zope auch dort nicht fündig, wird erneut eine Ebene höher gesucht und so weiter bis zum `root`-Ordner. Erst wenn dort kein Objekt mit der Id `index_html` zu finden ist, wird eine Fehlermeldung ausgelöst.

Für die Organisation einer Site in Zope bedeutet das, dass man eine Art Standardseite definieren kann, die in der Ordnerhierarchie sehr weit oben platziert wird. Dadurch ist sie für tiefer liegende Ordner verfügbar. Braucht man hingegen für einen Ordner eine spezielle Seite, legt man in diesen Ordner ebenfalls ein Objekt mit der Id `index_html`. Wird dieser Ordner mit einem Browser angesteuert, wird dieses Objekt angezeigt. Alle übrigen Ordner greifen weiterhin auf die Standardseite zu.

8.2.2 Akquisition

Dieses Verhalten von Zope erstreckt sich auch auf Objekte mit anderen Ids. Grundsätzlich kann ein Objekt auf jedes andere Objekt zugreifen, das in der Ordnerhierarchie höher liegt als es selbst, ohne dass der Pfad zum Objekt angegeben werden muss. Es reicht aus, eine einfache Objektreferenz zu notieren. In der gleichen Weise kann ein Objekt auf die Eigenschaften des Ordners, in dem es abgelegt ist, und aller darüber liegenden Ordner zugreifen. Zope sucht eine entsprechende Referenz im sich bildenden Namensraum-Stapel (*siehe Abschnitt 5.1.3*).

Dieses Verhalten von Zope wird Akquisition genannt. In gewisser Weise vererben Ordner ihre Eigenschaften und die in ihnen befindlichen Objekte an ihre Unterordner und darin enthaltenen Objekte. Erst diese Eigenschaft macht es möglich, wiederkehrende Elemente einer Website zu separieren und in einzelnen Objekten zu definieren. Legt man solche Objekte im obersten Ordner der Website ab, können alle anderen Objekte ohne Pfadangabe auf sie zugreifen. Mit Variablen und Makros (beim Einsatz von Page-Templates) hat man zudem Mittel zur Verfügung, diese Objekte so anzulegen, dass sie flexibel auf den Kontext reagieren, aus dem heraus sie aufgerufen werden. Gleichzeitig erreicht man dadurch, dass Änderungen nur noch an einem einzigen Objekt vorgenommen werden müssen. Sie wirken sich auf alle Seiten aus, die auf dieses Objekt referenzieren. Das verringert den Pflegeaufwand einer Website deutlich.

8.2.3 Seiten verlinken

Zope folgt beim Verlinken von Objekten dem gleichen Prinzip wie HTML. Entsprechend der Ordnerhierarchie können relative oder absolute Pfade angegeben werden. Um auf der Seite index_html im Ordner lernplattform einen Link auf die Seite index_html im Ordner closed zu setzen, erhält erstere diese Notation:

```html
<html>
  <head>
    <title tal:content="template/title">The title</title>
  </head>
  <body>
<a href="closed">login</a>
  </body>
</html>
```

Listing 8.1 index_html im Ordner lernplattform

Wie man sieht, wird einfach nur der Ordner closed als Angabe zum href-Attribut notiert. Es wird also ein einfacher relativer Link verwendet. Zope verhält sich hier wie andere Webserver auch. Entsprechend wäre ein Link auf einen tiefer liegenden Ordner, z.B. den Ordner dozent mit der Angabe closed/dozent anzugeben.

Will man in der Ordnerhierarchie eine Ebene nach oben verlinken, muss man zwei Punkte (..) angeben, zwei Ebenen nach oben geht es mit der Angabe ../../. Ein einzelner Punkt (.) verweist auf den aktuellen Ordner selbst.

absolute_url() In manchen Fällen ist es notwendig, absolute URLs zu benutzen. Zope bietet für diesen Fall die Methode absolute_url(). Sie liefert vom angegebenen Objekt den absoluten URL. Der Link aus dem Listing 8.1 wird bei der Verwendung dieser Methode folgendermaßen notiert:

```
<a tal:attributes="href here/closed/absolute_url">
  login</a>
```

Da `absolute_url()` eine Python-Methode ist, muss die `attributes`-Anweisung benutzt werden, um auf sie zuzugreifen. Im Quelltext der gerenderten Seite findet man nun die Angabe:

```
<a href="http://localhost:8080/lernplattform/closed">
  login</a>
```

8.2.4 Flexible Eingangsseite

Die Seite `index_html` im Ordner `closed` soll später abhängig vom eingeloggten Benutzertyp ein unterschiedliches Aussehen annehmen. Sie wird sich ihren eigentlichen Inhalt aus Bausteinen zusammensetzen, die sich in den Ordnern `teilnehmer`, `dozent` oder `admin` befinden. Da die Benutzerverwaltung noch fehlt, wird zunächst nur eine Verbindung zum Ordner `dozent` realisiert. Die Oberflächen für die beiden anderen Benutzertypen werden in späteren Schritten realisiert.

Im Ordner `dozent` wird ein Page-Template mit der Id `desktop` angelegt. Dieses Template erhält eine Makrodefinition, die im Moment die Andeutung einer Schreibtischoberfläche für Dozenten darstellen wird:

```
<div metal:define-macro="desktop" id="desktop">
Dozentenschreibtisch</div>
```

Listing 8.2 desktop im Ordner closed

Da es bei diesem Schritt nur um den Aufbau der Struktur der Plattform geht, reicht die Andeutung des Schreibtisches aus. Wichtig ist allerdings die Vergabe id-Attribut für den `div`-Bereich, um später diesen Bereich mit einem Stylesheet positionieren zu können

Das Template `index_html` im Ordner `closed` bekommt nun folgende Notation:

```
<html>
  <head>
    <title tal:content="template/title">The title</title>
  </head>
  <body>
  <div
    metal:use-macro="here/dozent/desktop/¬
    macros/desktop">Schreibtisch</div>
```

```
  </body>
</html>
```

Listing 8.3 index_html im Ordner closed

Das Listing enthält zum einen ein HTML-Grundgerüst, zum anderen ruft es das Makro im Ordner `dozent` auf.

Damit ist es jetzt möglich, mit dem URL **http://localhost:8080/lernplattform** den öffentlichen Bereich zu erreichen und von dort in den (später dann) geschlossenen Bereich für Dozenten zu gelangen.

8.2.5 Kopfinformationen als Baustein anlegen

Damit bei späteren Ergänzungen die Übersichtlichkeit gewahrt bleibt und um gegebenenfalls unterschiedliche Kopfinformationen realisieren zu können, wird nun noch der `head`-Bereich der Seite `index_html` in ein weiteres Makro ausgelagert. Dieses wird auch im Ordner `closed` angelegt und erhält die Id `head_html`. Sein Code beschränkt sich zunächst auf wenige Zeilen:

```
<head metal:define-macro="head_info">
  <title tal:content="here/title">The title</title>
</head>
```

Listing 8.4 head_html im Ordner closed

Jetzt muss dafür gesorgt werden, dass die Seite `index_html` dieses Makro aufruft. Dafür wird deren Quelltext folgendermaßen geändert:

```
<html>
<head metal:use-macro="here/head_html/macros/head_info">
 Kopf</head>
  <body>
<div metal:use-macro="here/dozent/desktop/¬
 macros/desktop">
 Schreibtisch</div>
  </body>
</html>
```

Listing 8.5 Änderung von index_html im Ordner closed

Statt der direkten Angabe des Seitenkopfes im Objekt wird nun das zuvor erstellte Makro aufgerufen. Diese Auslagerung des Seitenkopfes ist ein Beispiel für die Separierung von wiederkehrenden Elementen.

Das Makro für den Seitenkopf kann auch von anderen Objekten genutzt werden.

8.3 Definition der Seitenbereiche

Der nächste Schritt in der Anlage der Lernplattform ist der Aufbau der Grundstruktur des Dozentenschreibtisches. Abbildung 8.2 zeigt eine schematische Darstellung seiner Oberfläche.

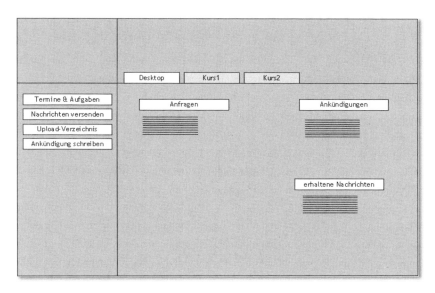

Abbildung 8.2 Schematische Darstellung des Dozentenschreibtisches

Die Seite ist in vier Bereiche aufgeteilt. Die Fläche links oben soll später das Logo der Plattform aufnehmen. Daneben befindet sich ein Bereich, der eine Navigation enthalten wird, mit der der Dozent zwischen den Modulen, für die er verantwortlich ist, und dem Schreibtisch wechseln kann. Die linke Spalte unter dem Logo-Bereich wird die Hauptnavigation enthalten, mit der alle Funktionen des Schreibtisches angesteuert werden können. Deren Interfaces und Inhalte werden jeweils auf der Hauptfläche rechts daneben angezeigt.

8.3.1 Aufteilung der Seitenbereiche

Diese vier Bereiche werden als Makros realisiert, die von der Seite `index_html` im Ordner `closed` aufgerufen werden. Einer dieser Bereiche wird das bereits angelegte Makro `desktop` sein. Es wird den

Hauptinhaltsbereich repräsentieren. Für die drei anderen Bereiche wird je ein Template im Ordner closed angelegt.

Das Template für den Logo-Bereich erhält die Id logo. Zunächst wird mit nur einer Zeile Quelltext dieser Bereich angedeutet:

```
<div metal:define-macro="logo" id="logo">das Logo</div>
```

Listing 8.6 Das Makro logo im Ordner closed

Für die Hauptnavigation in der linken Spalte wird ein Template mit der Id main_navi angelegt. Auch hier wird zunächst nur eine Andeutung der Navigation notiert:

```
<div metal:define-macro="main_navi" id="main_navi">
  Hauptnavigation</div>
```

Listing 8.7 Das Makro main_navi im Ordner closed

Schließlich muss für die Navigation im Kopf der Seite noch ein Template mit der Id modul_navi angelegt werden, das folgenden Quelltext erhält:

```
<div metal:define-macro="modul_navi" id="modul_navi">
  Modulnavigation</div>
```

Listing 8.8 Das Makro modul_navi im Ordner closed

Auch diese drei neuen div-Bereiche benötigen zur Referenzierung unbedingt das id-Attribut. Damit sie angezeigt werden können, müssen diese Makros ebenfalls vom Template index_html im Ordner closed aufgerufen werden. Dessen Quelltext wird folgendermaßen modifiziert.

```
<html>
<head metal:use-macro="here/head_html/¬
      macros/head_info">Kopf</head>
<body>
  <div metal:use-macro="here/logo/macros/logo">Logo</div>
  <div metal:use-macro="here/modul_navi/macros/¬
      modul_navi">
    Modulnavigation</div>
  <div metal:use-macro="here/main_navi/macros/main_navi">
    Hauptnavigation</div>
```

```
<div metal:use-macro="here/dozent/desktop/¬
    macros/desktop">
  Schreibtisch</div>
</body>
</html>
```

Listing 8.9 Änderung von index_html im Ordner closed

Insgesamt ruft dieses Template jetzt fünf Makros auf, von denen vier die Seitenbereiche repräsentieren und eines die Kopfinformationen der Seite enthält. Schaut man sich die Seite nun im Browser an, sollte man eine Ansicht erhalten, wie sie Abbildung 5.3 zeigt.

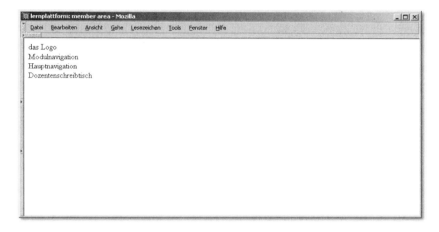

Abbildung 8.3 Die vier angedeuteten Seitenbereiche

Die Worte, die die Bereiche andeuten, werden im Moment noch untereinander aufgelistet, da die `div`-Bereiche bislang nicht weiter definiert sind. Dazu werden im nächsten Schritt Stylesheets angelegt.

8.3.2 Ein Stylesheet-System einbinden

Für eine Trennung von Inhalt und Darstellung ist es auch in Zope notwendig, mit Stylesheets zu arbeiten. Kombiniert mit der Objektorientierung von Zope werden sie zu einem mächtigen Werkzeug, das es möglich macht, das Aussehen einer Website in kürzester Zeit zu verändern. In diesem Abschnitt geht es zunächst darum, die Grundanlage eines Stylesheet-Systems zu realisieren.

Dazu wird die Möglichkeit genutzt, Stylesheets in eine externe Datei auszulagern. Innerhalb von Zope bedeutet das, auch das Stylesheet als

Objekt anzulegen. Dieses wird von der Seite `index_html` aufgerufen. Es wird also zunächst ein neues Page-Template mit der Id `styles_css` im ordner `closed` angelegt. Der Standard-Code kann aus diesem Template gelöscht werden.

Es wäre auch denkbar, ein Datei-Objekt mit einer einfachen Textdatei für das Stylesheet anzulegen. Man nimmt sich dadurch jedoch die Möglichkeit, auch das Stylesheet in Bausteine zu zerlegen. Des Weiteren kann man in Page-Templates die einzelnen Stildefinitionen dynamisch anlegen und dadurch das Aussehen einer Seite konfigurierbar machen.

Für die Definition der vier Bereiche wird ein weiteres Template im Ordner `closed` angelegt, das die Id `styles_area` erhält. Stildefinitionen für das Hauptmenü oder für die Textdarstellung können später in weiteren Templates vorgenommen werden. Bei der Vielzahl an Stildefinitionen in einer größeren Website, behält man mit dieser Vorgehensweise jederzeit den Überblick. Die Stilbausteine werden in den jeweiligen Templates als Makro definiert. Das Template `styles_css` fasst diese Makros dann als Stylesheet für die Web-Applikation zusammen.

Die Definition der Seitenbereiche im Template `styles_area` hat demnach folgenden Quelltext:

```
<style metal:define-macro="area_styles" tal:omit-tag="">
div#logo {
    position: absolute;
    left: 0px;
    top: 0px;
    width: 200px;
    height: 130px;
    background-color: #CCCCCC; }
div#modul_navi {
position: absolute;
    left: 200px;
    top: 0px;
    width: 800px;
    height: 130px;
    background-color: #DDDDDD; }
div#main_navi {
    position: absolute;
    left: 0px;
    top: 130px;
```

```
    width: 200px;
    height: 100%;
    background-color: #EEEEEE; }
div#desktop {
    position: absolute;
    left: 200px;
    top: 130px;
    width: 800px;
    height: 100%;
    background-color: #FFFFFF; }
</style>
```

Listing 8.10 Stildefinitionen im Template styles_area

Für die Makrodefinition wurde das `style`-Tag gewählt. Es wäre jedoch jedes andere Block-Tag möglich gewesen, da es durch die TAL-Anweisung `omit-tag` ohnehin aus dem Quelltext genommen wird. Das allerdings ist in jedem Fall notwendig, damit das generierte Stylesheet keine HTML-Tags enthält.

Im Template `styles_css` vorgenommen, wird dieses Makro dann aufgerufen:

```
<s metal:use-macro="here/styles_area/macros/area_styles">
 Grundaufteilungs-Stile</s>
```

Listing 8.11 Aufruf des Makro im Template styles_css

Hier wurde ein Pseudo-Tag benutzt, um den Aufruf des Makros zu realisieren. Das ist möglich, weil Templates nicht validiert, sondern nur auf ihre Wohlgeformtheit im Sinne der XML-Konventionen überprüft werden. Es muss also lediglich ein entsprechendes End-Tag existieren, damit keine Fehlermeldung ausgelöst wird. Das Tag selbst und sein Inhalt werden beim Rendering durch das Makro ersetzt. Da auch das Tag, in dem die Makrodefinition notiert wurde, entfernt wird, erhält man im Ergebnis allein die Stildefinitionen, wie ein Test des Templates `styles_css` zeigt. Allerdings zeigt die Testansicht die Stildefinitionen ohne Umbrüche. Übersichtlicher wird es, wenn man die Browser-Option der Quelltextanzeige wählt (*siehe Abbildung 8.4*).

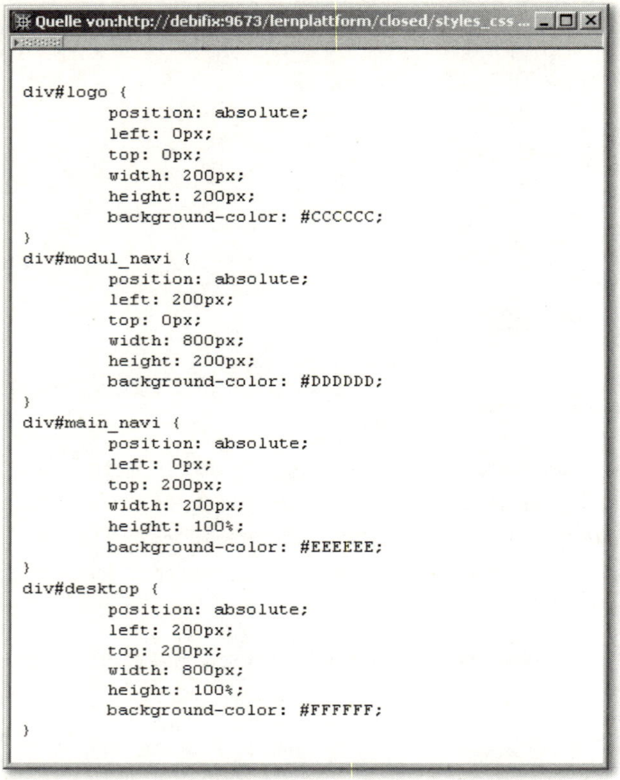

```
Quelle von:http://debifix:9673/lernplattform/closed/styles_css ...

div#logo {
        position: absolute;
        left: 0px;
        top: 0px;
        width: 200px;
        height: 200px;
        background-color: #CCCCCC;
}
div#modul_navi {
        position: absolute;
        left: 200px;
        top: 0px;
        width: 800px;
        height: 200px;
        background-color: #DDDDDD;
}
div#main_navi {
        position: absolute;
        left: 0px;
        top: 200px;
        width: 200px;
        height: 100%;
        background-color: #EEEEEE;
}
div#desktop {
        position: absolute;
        left: 200px;
        top: 200px;
        width: 800px;
        height: 100%;
        background-color: #FFFFFF;
}
```

Abbildung 8.4 Der gerenderte Quelltext von styles_css

Stylesheet verknüpfen

Jetzt muss die Schreibtisch-Seite nur noch mit dem Stylesheet verknüpft werden. Eine solche Verknüpfung wird im head-Bereich einer HTML-Seite definiert. Dieser Bereich wurde auch in einen Baustein ausgelagert. Das Template head_html muss also folgendermaßen geändert werden:

```
<head metal:define-macro="head_info">
  <title tal:content="here/title">The title</title>
  <link rel="stylesheet" type="text/css"
  tal:attributes="href here/styles_css/absolute_url" />
</head>
```

Listing 8.12 Änderung des Templates head_html

Die Erzeugung des Links mit der Methode absolute_url() bewirkt, dass bei jedem Seitenaufruf immer der gleiche URL erzeugt wird und damit das Stylesheet vom Browser gecacht wird. Der Aufruf des Template `style_css` im `link`-Tag bewirkt, dass es gerendert wird, und quasi als Stylesheet-Datei mit der Seite verknüpft werden. Auch wenn also das Stylesheet als Page-Templates innerhalb der ZODB angelegt ist, wird es vom Browser wie eine externe Stylesheet-Datei behandelt. Die Stile stehen der Seite jetzt zur Verfügung. Im Browser sollte sie jetzt so aussehen:

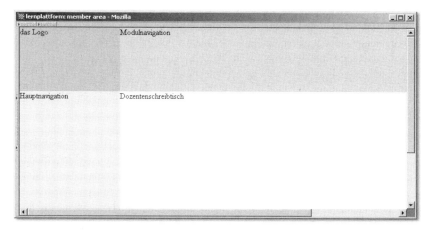

Abbildung 8.5 Die mit dem Stylesheet definierten Seitenbereiche

Im weiteren Verlauf der Entwicklung wird nicht weiter auf die Stylesheets eingegangen, da dies eher ein Thema für ein Buch über CSS wäre. Deshalb sollten hier jetzt die Stildefinitionen der gesamten Lernplattform von der Buch-CD importiert werden. Sie befinden sich dort im Verzeichnis zu diesem Kapitel. Es handelt sich um fünf ZEXP-Dateien, die in das Import-Verzeichnis der Zope-Installation kopiert werden müssen. Danach können sie mit der Import-Funktion in den Ordner `closed` geholt werden. Das in diesem Abschnitt erstellte Page-Template `area_css` muss zuvor gelöscht werden, es wird durch eine der Import-Dateien ersetzt. In den folgenden Abschnitten und Kapiteln werden diese Stildefinitionen in das Template `style_css` eingebunden.

8.4 Entwicklung einer dynamischen Navigation

Wenn man dynamische Webseiten entwickelt, sollte man auch dafür sorgen, dass zusätzliche Bereiche oder Features leicht eingebunden werden können und die Navigation einen neuen Bereich automatisch abbilden kann. Mit Zope ist das relativ einfach zu erreichen, indem man einen neuen Bereich komplett in einem Ordner realisiert. Alle Elemente, die zu diesem neuen Bereich gehören, können in diesem Ordner platziert werden. Eine dynamische Navigation muss dann nichts weiter tun, als diesen Ordner zu registrieren und im vorhandenen Menü eine Repräsentanz für ihn hinzufügen.

Für die Lernplattform wird ein Menü entwickelt, das außerdem noch für jeden Menüpunkt ein dynamisches Untermenü haben kann. Zusätzlich wird schon jetzt die Voraussetzung dafür geschaffen, dieses Menü später zu administrieren. Konkret bedeutet das, dass einzelne Punkte an- und abgeschaltet, hinzugefügt, verändert, gelöscht oder ihre Positionen im Menü verändert werden können.

8.4.1 Container für die Inhalte vorbereiten

Im ersten Schritt werden die Ordner angelegt, die die Menüpunkte repräsentieren, und die Objekte zur Darstellung und der Funktionen der jeweiligen Bereiche aufnehmen werden. Diese werden im Ordner `dozent` abgelegt und erhalten als Id eine Kennung nach dem Muster `f_nnn`, wobei `nnn` für eine fortlaufende Zahl steht. Der erste Ordner erhält also die Id `f_001`, der zweite `f_002` usw. Jeder Ordner erhält des Weiteren drei Eigenschaften, die im Properties-Tab eingerichtet werden müssen. Um unnötigen Aufwand zu vermeiden, ist es sinnvoll, zunächst nur einen Ordner anzulegen, ihm alle Eigenschaften zu geben und dann Kopien von ihm zu machen.

Eigenschaften einstellen

Der erste Ordner wird also mit der Id `f_001` angelegt. Für eine der drei Eigenschaften wird die `title`-Eigenschaft genutzt. Diese soll den Namen des Menüpunktes enthalten wie er im Interface abgebildet wird. Für den ersten Menüpunkt lautet dieser »Termine & Aufgaben«. Nach der Erstellung des Ordners können im Properties-Tab die zwei weiteren Eigenschaften angelegt werden.

Die eine Eigenschaft erhält den Namen `menu` und den Datentyp `boolean`. Da im Ordner `dozent` gegebenenfalls auch Ordner angelegt werden müssen, die nicht Menüpunkte repräsentieren werden, dient diese Eigenschaft dazu, Menüpunkt-Ordner kenntlich zu machen. Ferner kann mittels ihres Wertes, der entweder wahr (*true*) oder falsch (*false*) sein kann, ein Menüpunkt und damit der gesamte Bereich an- bzw. ausgeschaltet werden. Nach dem Anlegen dieser Eigenschaft sollte die Checkbox neben dem Eigenschaftsnamen angekreuzt und die Änderung gesichert werden. Damit ist dieser Ordner jetzt als aktiver Menüpunkt gekennzeichnet.

Die andere Eigenschaft erhält den Namen `order` und den Datentyp `int`. Sie dient der Bestimmung des Platzes eines Menüpunktes im Menü. Für diesen ersten Ordner kann der Wert 1 eingegeben werden.

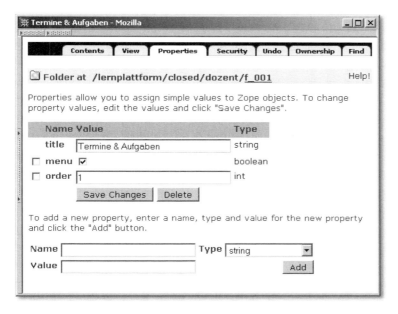

Abbildung 8.6 Die Eigenschaften eines Menüordners

Nach dem Anlegen der Eigenschaften sollte das Properties-Tab des Ordners wie in Abbildung 8.6 aussehen. Jetzt kann dieser Ordner per Kopieren und Einfügen zweimal dupliziert werden. Die beiden neuen Ordner werden zu `f_002` bzw. `f_003` umbenannt. In deren Properties-Tabs können jetzt die Werte der Eigenschaften verändert werden. Der Ordner `f_002` erhält die Werte »Nachrichten verschicken« für die `title`-Eigenschaft und 2 für die `order`-Eigenschaft. Beim Ordner `f_003` wird »Upload-Verzeichnis« und 3 eingetragen.

Weitere
Menüpunkte

Damit sind für die Navigation alle Voraussetzungen geschaffen. Der vierte Menüpunkt wird jetzt noch nicht angelegt. Er soll am Ende als Testfall für das einfache Einbinden neuer Bereiche dienen. Weiterhin fehlen noch Untermenüpunkte, die später als Unterordner im jeweiligen Ordner eines Hauptmenüpunktes realisiert werden.

8.4.2 Auslesen der Menüpunkte mit Python-Skript

Im Sinne der Trennung von Funktionen und Darstellung wird für das Auslesen der Menüpunkte ein Python-Skript verwendet. Dieses soll so flexibel sein, dass es auch für andere Menüs, etwa für den Teilnehmer-Schreibtisch, verwendet werden und auch Elemente eines etwaigen Untermenüs auslesen kann.

Skript anlegen Das Skript wird im Ordner `closed` angelegt und erhält die Id `py_acti-veMenu`. Zunächst erhält das Skript zwei Parameter, die die Ids der Ordner übergeben, in denen nach Menüpunkten gesucht werden soll. Der erste Parameter erhält den Namen `eb1` und steht für einen Zielordner der ersten Ebene, also für den Container der Hauptmenüpunkte. Der zweite Parameter steht für einen Container von Untermenüpunkten. Er erhält den Namen `eb2` und wird mit dem Standardwert 0 eingetragen, also `eb2=0`. Für Ihn muss beim Aufruf des Skriptes nicht unbedingt ein Wert übergeben werden. Wie man später sehen wird, ist das genau dann der Fall, wenn nur das Hauptmenü ausgelesen wird.

Das Editierfeld des Skriptes erhält folgenden Python-Code:

```
## Script (Python) "py_activeMenu"
##parameters=eb1, eb2=''
if not eb2:
    elements = context[eb1].objectValues('Folder')
else:
    elements = context[eb1][eb2].objectValues('Folder')
menupunkte = []
for item in elements:
    if item.hasProperty('menu') and item.menu:
        menupunkte.append(item)
return sequence.sort(menupunkte,(('order','cmp','asc'),))
```

Listing 8.13 Skript py_activeMenu im Ordner closed

Wie es funktioniert Die beiden ersten Zeilen mit den Kommentarzeichen müssen nicht angegeben werden. Sie zeigen die Id des Skriptes und seine Parameter. Es prüft zunächst, ob der Parameter `eb2` einen *true*-Wert hat. Dies ist nur dann der Fall, wenn beim Aufruf des Skriptes ein Wert übergeben wird, ansonsten hat dieser Parameter den Standardwert 0, also einen *false*-Wert. Es wird sodann mit der Methode `objectValues()` der Inhalt des Zielordners ausgelesen, allerdings werden dabei nur Ordner-Objekte berücksichtigt.

objectValues() Die Methode `objektValues()` liest im angesteuerten Verzeichnis alle enthaltenen Objekte aus. Als Parameter können der Methode ein oder mehrere Objekttypen übergeben werden. Das grenzt das Auslesen auf genau diese Objekttypen ein.

Es werden also, wenn `eb2` keinen *true*-Wert besitzt, alle Ordner im Container der Hauptmenüpunkte ausgelesen, im anderen Fall alle Ordner in einem Container für Untermenüpunkte. Welcher das ist, wird dem Skript mittels des Parameters `eb2` mitgeteilt.

Die erhaltenen Ordner-Objekte werden als Liste in der Variable `elements` gespeichert. In der folgenden Skriptzeile wird eine leere Liste mit dem Namen `menupunkte` erstellt. Diese soll die eigentlichen Menüpunkte aufnehmen. Die sich anschließende Schleife iteriert über die `elements`-Liste und überprüft mit der Methode `hasProperty()`, ob die enthaltenen Ordner-Objekte die Eigenschaft `menu` haben, was sie als Menüpunkte auszeichnet.

Die Methode `hasProperty()` erwartet als Parameter den Namen einer Objekteigenschaft. Sie gibt den Wert 1 (*true*) zurück, wenn das Objekt eine Eigenschaft mit dem angegebenen Namen hat. Andernfalls gibt sie 0 (*false*) zurück.

hasProperty()

Des Weiteren muss die Eigenschaft `menu` einen *true*-Wert besitzen, also das Ordner-Objekt als aktiver Menüpunkt gekennzeichnet sein, damit es mittels der Methode `append()` in die Liste `menupunkte` aufgenommen wird.

An die aufrufende Stelle wird die Liste `menupunkte` zurückgegeben, nachdem sie mit der Methode `sequence.sort()` anhand der Eigenschaft `order` sortiert wurde. Dadurch ist gewährleistet, dass die Ordner-Objekte entsprechend der Ordnungsnummer in der Liste aufgereiht sind.

Die Methode `sort()` aus dem `sequence`-Modul von Zope erlaubt es, Sequenzen anhand einiger Funktionen zu sortieren. Als erster Parameter wird der Methode die zu sortierende Sequenz übergeben. Der zweite Parameter wird als Tupel übergeben. Er enthält das Sortierkriterium, die Sortierfunktion sowie eine Angabe über die Reihenfolge der Sortierung. Das Sortierkriterium ist die Eigenschaft `order`, die jeder Menüpunkt-Ordner besitzt, `'cmp'` bezeichnet die Standard-Sortierfunktion, bei der alle Elemente der Sequenz anhand des Sortierkriteriums verglichen werden, und mit `'asc'` wird angegeben, dass die Sequenz aufsteigend sortiert werden soll.

sequence.sort()

Wechselt man in das Test-Tab des Skriptes, kann man durch Eingabe der Id des Ordners `dozent` für den ersten Parameter testen, ob das Skript funktioniert. Für den zweiten Parameter wird keine Wertangabe gemacht. Das entspricht dem Auslesen der Hauptmenüpunkte. Als

Ergebnis erhält man eine Listenangabe in der die Ordner-Objekte mit ihrer Speicheradresse angezeigt werden (*<Folder instance at 8bdd0c0>*).

8.4.3 Aufbau der Navigation

Im nächsten Schritt kann die Navigation aufgebaut werden. Dazu wird das Template `main_navi` im Ordner `closed` folgendermaßen verändert:

```
<div metal:define-macro="main_navi" id="main_navi">
<tal:m repeat="element¬
        python:here.py_activeMenu('dozent')">
  <span id="menu">
    <a class="menu"
      tal:condition="python:request.f!=element.id"
      tal:attributes="href string:.?f=${element/id}&fu="
      tal:content="element/title">link</a>

    <a class="menu_hi"
      tal:condition="python:request.f==element.id"
      tal:attributes="href string:.?f=${element/id}&fu="
      tal:content="structure ¬
                string:&raquo; ${element/title}">
      link</a>
  </span>

  <tal:um condition="python:request.f==element.id"
   repeat="u_el¬
   python:here.py_activeMenu('dozent',element.id)">
    <span id="umenu">
      <a class="umenu"
        tal:condition="python:request.fu!=u_el.id"
        tal:attributes="href¬
            string:.?f=${element/id}&fu=${u_el/id}"
        tal:content="u_el/title">link</a>

      <a class="umenu_hi"
        tal:condition="python:request.fu==u_el.id"
        tal:attributes="href¬
            string:.?f=${element/id}&fu=${u_el/id}"
```

```
        tal:content="structure ¬
            string: &raquo; ${u_el/title}">link</a>
     </span>
   </tal:um>
 </tal:m>
</tal:m>
</div>
```

Listing 8.14 Änderungen im Template main_navi im Ordner closed

Weiterhin bleibt dieses Template ein Makro, das vom Template `index_` `html` im Ordner `closed` aufgerufen wird. Die Makrodefinition beim `div`-Tag bleibt somit unverändert.

Wie es funktioniert

Im folgenden `tal`-Block wird ein Sequenzdurchlauf definiert. Die Sequenz wird vom zuvor erstellten Python-Skript (fett gedruckt) geliefert, dem wird als Parameter die Id des Ordners mit den Hauptmenüpunkten übergeben. Damit ist dafür gesorgt, dass die Menüpunkte im Ordner `dozent` gesammelt werden. Dieses Tag wird allein für den `repeat`-Befehl benötigt und ist deshalb als `tal`-Block notiert. Dieser wird im Quelltext nicht erscheinen.

Für jedes Element in der Sequenz wird jetzt ein `span`-Bereich definiert, der ein `id`-Attribut erhält, um ihn später mit einem Stylesheet formatieren zu können. Innerhalb des `span`-Bereiches wird der eigentliche Link notiert. Hier wird der Fall, dass ein Link angeklickt wurde vom Normalzustand unterschieden. Beide Fälle bekommen je eine eigene Stildefinition, sodass man den gewählten Link später von den übrigen optisch unterscheiden kann. Er bekommt zusätzlich noch einen Doppelpfeil (`&raquo;`) als Kennzeichnung.

Die Unterscheidung wird anhand der Id des Ordners gemacht, die den aktuellen Menüpunkt repräsentiert. An jeden URL wird die Id des ihn repräsentierenden Ordners als Query-String angehängt. Die Bedingungen bei den `a`-Tags überprüfen, ob die Id im Query-String (`request.f`) mit der Id des aktuellen Elements in der Sequenz (`element.id`) übereinstimmt. Ist das der Fall, haben wir es mit dem Menüpunkt des aktuell gewählten Links zu tun und können eine entsprechende Stylesheet-Klasse notieren. Tatsächlich werden zwei Parameter an den URL gehängt, `f` für den aktuellen Hauptmenüpunkt und `fu` für den aktuellen Untermenüpunkt. Letzterer erhält nur dann einen Wert, wenn auch tatsächlich ein Untermenüpunkt gewählt wurde.

Das Untermenü wird aufgebaut, indem eine weitere Schleife durchlaufen wird, die sich des gleichen Python-Skripts bedient. Diese

Schleife wird allerdings nur für den aktuell gewählten Menüpunkt durchlaufen. Diesmal werden zwei Parameter übergeben, die des Ordners, in dem sich die Hauptmenüpunkte befinden, und zusätzlich die Id des aktuell gewählten Hauptmenüordners. Auch für jeden Untermenüpunkt wird ein `span`-Bereich definiert, in den hinein der eigentliche Link geschrieben wird. Und ebenso findet beim Untermenü eine Kennzeichnung des aktuell gewählten Links statt.

Das Menü-Template ist damit fertig. Da aber jetzt mit einen Query-String gearbeitet wird, muss noch, um eine Fehlermeldung beim ersten Aufruf der Seite zu vermeiden, eine kleine Modifikation an dem Template `index_html` im Ordner `lernplattform` vorgenommen werden:

```
<a href="closed?f=">login</a>
```

Listing 8.15 Änderung am Template index_html im Ordner lernplattform

Da im Navigations-Template der Parameter `f` aus dem Query-String in jedem Fall geprüft wird, muss er schon beim ersten Aufruf der Seite vorhanden sein. Einen Wert braucht er allerdings nicht.

Jetzt steht einem ersten Test der Navigation nichts im Wege. Der Aufruf der Seite im Browser sollte ein Ergebnis wie in der folgenden Abbildung bringen.

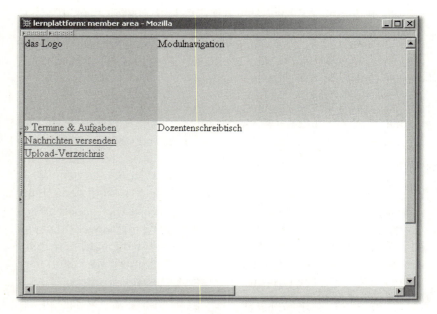

Abbildung 8.7 Funktionsfertige, aber unformatierte Navigation

Die Links in der Navigation funktionieren, es fehlt natürlich noch jeglicher Inhalt im Hauptbereich der Seite. Ein weiterer Test kann vorgenommen werden, indem man in einen der drei Menüpunkt-Ordner Ordner für Untermenüpunkte hinzufügt. Diese müssen eine Id nach dem Muster `fu_nnn` und ebenfalls die Eigenschaften `title` für den Namen des Untermenüpunktes, `menu` für die Kennung als Menüpunkt und `order` für die Position im Untermenü bekommen.

8.4.4 Das Menü mit Stylesheets gestalten

Da in der Anlage des Menü-Templates bereits für jedes Element das `id`- bzw. `class`-Attribut vergeben wurde, ist es nun einfach, die Gestaltung des Menüs mit CSS durchzuführen. Die Stildefinitionen finden sich in dem in Abschnitt 8.3.2 importierten Page-Template `styles_menu` im Ordner `closed`.

Sie sind eine Möglichkeit, das Menü zu formatieren. Der große Vorteil von Stylesheets ist, dass Änderungen an Farben, Schrifttypen und -größen jederzeit möglich sind, ohne dass die Struktur und Funktionalität des Menüs geändert werden müsste.

Jetzt muss dieses als Makro angelegte Template nur noch vom Template `styles_css` aufgerufen werden, damit die Stildefinitionen für das Menü zu Verfügung stehen:

```
<s metal:use-macro="here/styles_area/macros/area_styles">
   Bereichsaufteilungs-Stile</s>
<s metal:use-macro="here/styles_menu/macros/menu">
   Menü-Stile</s>
```

Listing 8.16 Erweiterung des Templates styles_css im Ordner closed

Neben den schon zuvor aufgerufenen Stildefinitionen für die Aufteilung der Seitenbereiche kommt nun der Aufruf für die Menü-Stile hinzu.

Ein erneuter Aufruf der Seite im Browser sollte jetzt das formatierte Menü wie in Abbildung 8.8 zeigen.

Zum Abschluss kann jetzt noch getestet werden, ob auch das Hinzufügen eines neuen Menüpunktes (Ordners) einwandfrei funktioniert bzw. ob ein Ordner ohne die Eigenschaft `menu` von der Menüanzeige ausgespart bleibt.

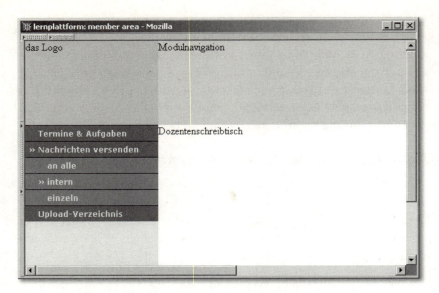

Abbildung 8.8 Das formatierte Menü mit Untermenü

9 Benutzer, Rollen und Rechte

9 Benutzer, Rollen und Rechte

Für jede Website mit personalisiertem Inhalt, aber auch für Seiten, zu denen ein Administrations-Interface gehört, ist es notwendig, die Zugänge und Zugriffsrechte zu kontrollieren. Dieses Kapitel beschreibt Zopes Sicherheitskonzept anhand der Zugangsarten, die für die Lernplattform notwendig sind. Es wird erläutert, wie Rechte zu Rollen zusammengefasst und diese Benutzern zugewiesen werden und wie damit ein Zugriffssystem aufgebaut und verwaltet wird. Der letzte Abschnitt dieses Kapitels befasst sich schließlich mit spezielleren Aspekten in Zopes Benutzersystem.

9.1 Das Sicherheitskonzept von Zope

Jeder Benutzer, der eine Seite aufruft, die von Zope generiert wurde, hat automatisch eine so genannte Rolle. Sie ist gekennzeichnet durch einen Namen und ein Set an Rechten, die definieren, welche Funktionen der Benutzer ausführen kann. Nahezu jede mögliche Aktion in Zope ist mit einem Recht versehen. Das einfache Betrachten einer Seite z.B. ist nur dann möglich, wenn der Benutzer in seiner Rolle das Recht *View* hat. Gleichzeitig benötigt er aber auch das Recht *Access contents information*, um überhaupt auf Ordnerinhalte zugreifen zu können. Durch das gezielte Zuweisen und Entziehen von Rechten ist es möglich, die Zugriffe auf eine Website sehr detailliert einzustellen.

Ein Benutzer, der eine Seite aufruft, sich aber nicht am System angemeldet hat, bekommt automatisch die Rolle *Anonymous* zugewiesen. Diese Rolle hat keine Rechte, die ein Editieren von Seiten erlaubt, sondern nur solche, generierte Seiten zu betrachten. So kann ein nicht angemeldeter Benutzer das ZMI z.B. nicht aufrufen, da der Rolle *Anonymous* das Recht *View management screens* fehlt. Jede Aktion eines Benutzers, die ein Recht voraussetzt, das seine Rolle nicht beinhaltet, führt zum Erscheinen des Anmeldedialogs, der einen Benutzernamen und ein Passwort verlangt.

Die vier Standardrollen

Neben der Rolle *Anonymous* gibt es drei weitere Rollen, die fest in Zope integriert sind. Diese heißen *Authenticated*, *Manager* und *Owner*. Die Rolle *Authenticated* ist quasi das Gegenstück zur Rolle *Anonymous*. Sie wird jedem angemeldeten Benutzer automatisch zugewiesen. Allerdings besitzt sie in der Standardeinstellung kein einziges Recht. Diese müssen entsprechend des tatsächlichen Bedarfs eingestellt werden.

Die Rolle *Manager* wird nicht automatisch zugewiesen. Sie muss beim Anlegen eines Benutzers diesem zugewiesen werden. Sie besitzt in der Grundeinstellung alle Rechte, die Zope zur Verfügung stellt. Man gelangt mit ihr in das ZMI und kann jegliche Art von Veränderungen an allen Objekten vornehmen. Es versteht sich, dass diese Rolle nur an versierte und autorisierte Personen vergeben werden sollte.

Die Rolle *Owner* wird jedem automatisch zugewiesen, der ein Objekt in Zope erstellt, aber nur für dieses Objekt. Diese Rolle wird also nicht pauschal einem Benutzer zugewiesen, sondern nur im Zusammenhang mit einem Objekt. Standardmäßig besitzt diese Rolle nur das Recht *Take ownership*.

Die Einstellungen der Rechte für diese vier Standardrollen werden im Security-Tab des `root`-Ordners vorgenommen. Sie sind im gesamten System verfügbar und können nicht gelöscht werden.

Neben diesen Standardrollen bietet Zope die Möglichkeit, neue Rollen zu definieren. Je nach Bedarf kann ein eigenes Set an Rechten und mit einem Namen versehen werden. Dies kann auf jeder Ebene im System geschehen. Genauso wie auf Objekte kann auf Rollen ab der Ebene, auf der sie definiert wurden, zugegriffen, d.h. Benutzern zugewiesen werden.

Zopes Sicherheitsarchitektur ist deshalb so leistungsfähig, weil auf jeder Ebene einer Web-Applikation Benutzer angelegt und neue Rollen definiert, bestehende verändert, Rechte hinzugefügt oder entfernt werden können.

Jeder Ordner kann einen Benutzer-Ordner enthalten. Darin angelegte Benutzer haben erst ab dieser Ordner-Ebene Zugriff auf Zope. Ordner, die in der Hierarchie höher liegen, können von diesen Benutzern nicht eingesehen werden. Die Art des Zugriffs wird zusätzlich durch die Rolle definiert, die dem Benutzer zugewiesen wurde. Ein Benutzer, der im Benutzer-Ordner des `root`-Ordners angelegt wurde, hat demnach Zugriff auf alle Objekt im Zope-System, vorausgesetzt, die ihm zugewiesene Rolle hat die entsprechenden Rechte.

Für die meisten Zope-Objekte lassen sich Einstellungen für Rollen und Rechte vornehmen. Im Security-Tab des Objektes werden alle verfügbaren Rollen mit den verfügbaren Rechten angezeigt. Ordner-Objekte listen in diesem Tab alle verfügbaren Rechte auf. Einstellungen, die hier gemacht werden, beziehen sich auf den Ordner selbst und alle darin enthaltenen Objekte. Alle anderen Objekte listen in ihrem Security-Tab nur die Rechte auf, die für das Objekt selbst eine Bedeutung haben.

Man kann also die Zugriffe für einzelne Bereiche einer Website steuern, indem man Rollen und Rechte für Ordner einstellt. Zusätzlich ist es möglich, einzelne Objekte bei Bedarf separat einzustellen. Wie das im Einzelnen funktioniert zeigen die nächsten Abschnitte.

9.2 Zugriffsrechte steuern

Bislang gelangt jeder in den derzeit existierenden Bereich für Dozenten der Lernplattform. Diese Situation muss dahingehend verändert werden, dass nur diejenigen Personen Zugriff auf diesen Bereich haben, die dafür auch autorisiert sind. In Zope heißt das zunächst, dass nicht autorisierten Personen der Zugriff verwehrt werden muss. Dazu ist es notwendig, der Rolle *Anonymous* die Rechte zu entziehen, die es ihr ermöglichen, den Dozentenbereich aufzurufen. Da es aber auch einen öffentlichen Bereich in der Lernplattform geben soll, den man ohne Anmeldung aufrufen kann, ist eine grundsätzliche Änderung der Rolle *Anonymous* nicht zweckmäßig. Vielmehr müssen ihr die entsprechenden Rechte für den geschlossenen Bereich der Plattform entzogen werden.

9.2.1 Akquisition von Rechten

Wie Objekte und Eigenschaften werden auch die Rechte einer Rolle akquiriert. Schaut man sich das Security-Tab des `root`-Ordners (siehe *Abbildung 9.1*) an, sieht man, dass dort die vier Standardrollen definiert sind.

Die einzelnen Rechte sind in der linken Spalte aufgelistet (*eine Erläuterung aller Rechte befindet sich im Anhang*), die Rollen sind in der Horizontalen benannt. Mittels der Checkboxen sind für jede dieser Rollen die einzelnen Rechte eingestellt.

In tiefer liegenden Ordnern wie z.B. dem Ordner `closed` finden sich dagegen zunächst keine Rechteeinstellungen. Statt dessen befindet sich links von den Rechtenamen eine weitere Spalte mit dem »*Titel Acquire Permission Settings*«. Die Checkboxen in dieser Spalte sind standardmäßig angewählt. Mit ihnen ist für jedes Recht die Akquisition seiner Einstellung vom übergeordneten Ordner eingestellt.

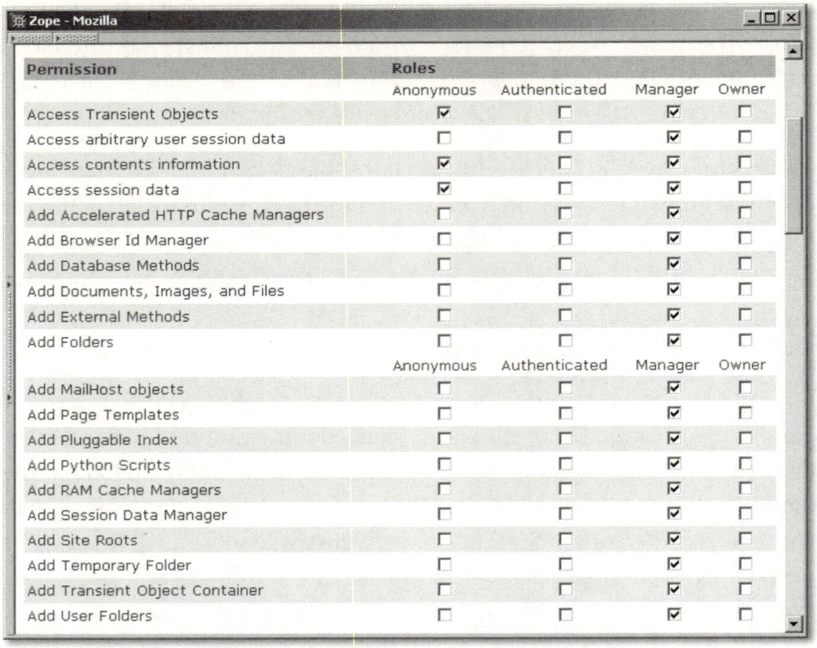

```
Zope - Mozilla
```

Permission	Roles			
	Anonymous	Authenticated	Manager	Owner
Access Transient Objects	☑	☐	☑	☐
Access arbitrary user session data	☐	☐	☑	☐
Access contents information	☑	☐	☑	☐
Access session data	☑	☐	☑	☐
Add Accelerated HTTP Cache Managers	☐	☐	☑	☐
Add Browser Id Manager	☐	☐	☑	☐
Add Database Methods	☐	☐	☑	☐
Add Documents, Images, and Files	☐	☐	☑	☐
Add External Methods	☐	☐	☑	☐
Add Folders	☐	☐	☑	☐
	Anonymous	Authenticated	Manager	Owner
Add MailHost objects	☐	☐	☑	☐
Add Page Templates	☐	☐	☑	☐
Add Pluggable Index	☐	☐	☑	☐
Add Python Scripts	☐	☐	☑	☐
Add RAM Cache Managers	☐	☐	☑	☐
Add Session Data Manager	☐	☐	☑	☐
Add Site Roots	☐	☐	☑	☐
Add Temporary Folder	☐	☐	☑	☐
Add Transient Object Container	☐	☐	☑	☐
Add User Folders	☐	☐	☑	☐

Abbildung 9.1 Das Security-Tab des root-Ordners

Für die Rolle *Anonymous* z.B. bedeutet das, dass das Recht *Access contents information* vom Ordner `lernplattform` übernommen wird. Dieser übernimmt das Recht vom `root`-Ordner, in dem es eingestellt ist. Entfernt man für dieses Recht das Häkchen in der Checkbox, ist die Übernahme aus den übergeordneten Ordnern für alle Rollen unterbrochen. Hat die Rolle *Anonymous* das Recht *Access contents information* im `root`-Ordner erhalten und wählt man die Akquisition für dieses Recht im Ordner `closed` ab, kann ein nicht autorisierter Benutzer ab diesem Ordner keine Informationen über Objekte mehr abrufen.

Ein einmal für eine Rolle vergebenes Recht hat also solange Bestand, bis es in einem der tiefer liegenden Ordner aufgehoben wird. Damit steht ein weiteres Instrument zur Verfügung, mit dem man die Zugriffsrechte sehr fein justieren kann.

9.2.2 Bereiche für die Öffentlichkeit unzugänglich machen

Genau das wird benötigt, um die Bereiche für Teilnehmer, Dozenten und Administratoren der Lernplattform abzuschließen. Das Recht, das es ermöglicht, eine Seite im Browser zu betrachten heißt *View*. Schaut man im Security-Tab des `root`-Ordners nach, sieht man, dass die Rolle

Anonymous und *Manager* dieses Recht besitzen. Der Bereich, der nur noch autorisierten Benutzern zugänglich sein soll, beginnt ab dem Ordner `closed`. Es muss also zunächst im Security-Tab dieses Ordners die Akquisition dieses Rechtes unterbrochen werden.

Jetzt kann keine der vorhandenen Rollen mehr Objekte aus dem Ordner `closed` oder Unterordnern aufrufen. Die Akquisition dieses Rechtes ist für alle Rollen unterbrochen. Selbst als Entwickler der Site, ausgestattet mit der Rolle *Manager,* gelingt es einem nicht mehr auf Objekte zuzugreifen. Da das in der weiteren Arbeit Probleme bereiten dürfte, muss das Recht *View* für die Rolle *Manager* wieder vergeben werden.

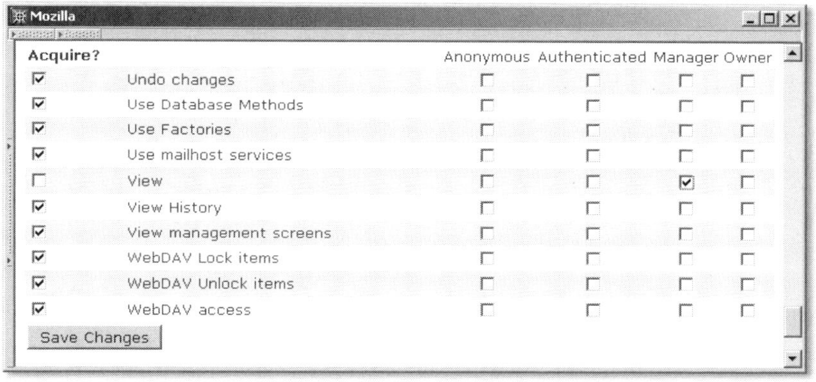

Abbildung 9.2 Einstellung des Rechtes 'View' beim Order 'closed'

Wenn die Einstellung des *View*-Rechtes wie in Abbildung 9.2 vorgenommen wurde, sollte ein Klick auf den Link *»login«* auf der Eingangsseite der Lernplattform das Dialogfenster zur Eingabe von Benutzername und Passwort zum Erscheinen bringen. Allerdings muss man sich vorher aus dem ZMI ausloggen oder zum Testen einen zweiten Browser benutzen. Browser speichern, mit welcher Authentifizierung sie bei Websites angemeldet sind und liefern diese Information über den Request an den Server. Ist man also als Administrator mit einem Browser bereist bei Zope angemeldet, würde ein Einloggen mit diesem Browser verfälschte Ergebnisse bringen.

Gibt man im Anmeldedialog nun seine Benutzerkennung ein, gelangt man weiter zum Dozentenschreibtisch. Der gesamte Bereich der Lernplattform ab dem Ordner `closed` ist jetzt für die Öffentlichkeit unzugänglich. Im nächsten Schritt geht es darum, genau zu definieren, wer Zugang zu diesem Bereich haben soll.

9.2.3 Neue Rollen definieren

Entsprechend der drei Benutzertypen des geschlossenen Bereichs der Plattform werden jetzt drei neue Rollen angelegt. Für Dozenten soll es eine Rolle *dozent*, für Kursteilnehmer eine Rolle *teilnehmer* und für die Planer der Bildungsangebote die Rolle *admin* geben.

Angelegt werden diese Rollen beim Ordner `lernplattform`. Die Rollen *dozent* und *teilnehmer* könnte man auch beim Ordner `closed` anlegen. Die *admin*-Rolle jedoch sollte eine Ebene darüber definiert werden, da diese Ebene den öffentlichen Bereich der Plattform aufnehmen wird, der auch von den Planern der Bildungsangebote administriert werden soll. Damit nun nicht an zu vielen Stellen im System Rollendefinitionen gemacht werden, werden alle drei Rollen an einer Stelle, dem Ordner `lernplattform`, angelegt.

Die Anlage einer Rolle erfolgt durch die Eingabe ihres Namens im Feld »User defined Roles« und einem Klick auf den Button »Add Role«. Beide befinden sich unterhalb der Liste der Rechte im Security-Tab. Die neue Rolle erscheint in der Reihe der bisherigen Rollen. Die Checkboxen für die Rechte der neuen Rolle sind noch nicht angewählt. Auf diese Weise werden nun die Rollen *admin*, *teilnehmer* und *dozent* angelegt. Das Security-Tab des Ordners `lernplattform` sollte danach wie in Abbildung 9.3 aussehen.

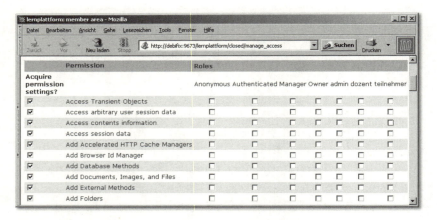

Abbildung 9.3 Neue Rollen im Security-Tab des Ordners 'lernplattform'

Zu diesem Zeitpunkt der Entwicklung kann noch nicht genau definiert werden, welche Rechte die neuen Rollen letztendlich benötigen werden. Deshalb werden sie zunächst mit den gleichen Rechten ausgestattet wie die Rolle *Anonymous*. Diese sind *Access Transient Objects*, *Access contents information*, *Access session data*, *Copy or Move*, *Query Vocabulary*, *Search Z Catalog*, *Use Database Methods*, *View* sowie *WebDAV access*. Sie ermöglichen den Zugriff auf die wichtigsten Informationen und Funktionen. Für diese Rechte müssen die Checkboxen in den Spalten der drei neuen Rollen aktiviert werden. Danach müssen die Eingaben gesichert werden.

Ab dem Ordner `lernplattform` stehen diese Rollen jetzt zur Verfügung und durch die Akquisition auch im Ordner `closed`. Allerdings wurde in diesem Ordner die Akquisition des Rechtes *View* unterbrochen. Deshalb muss dieses Recht für neue Rollen im Security-Tab des Ordners `closed` noch eingestellt werden. Nach Erledigung dieses Schrittes stehen jetzt drei Rollen, entsprechend der vorgesehenen Benutzertypen der Plattform, zur Verfügung.

9.2.4 Neue Benutzer anlegen

Jetzt können Benutzer angelegt und ihnen eine der neuen Rollen zugewiesen werden. Schon bei der Grundanlage des Projektes wurde im Ordner `closed` ein Benutzer-Ordner (`acl_users`) angelegt. Dies ist der Ort für die neuen Benutzer. Ein Klick auf den Add-Button in diesem Benutzer-Ordner öffnet die Seite zum Anlegen eines neuen Benutzers. Dort können ein Benutzername und ein Passwort eingegeben werden. Wie Abbildung 9.4 zeigt, erscheinen die Namen der drei neuen Rollen im Auswahlfeld *Roles*. Dort können sie gewählt und damit dem Benutzer zugewiesen werden.

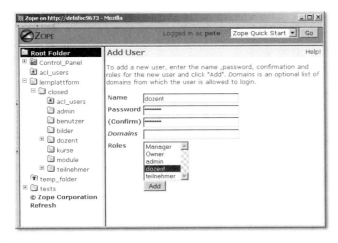

Abbildung 9.4 Neue Rollen auf der 'Add User'-Seite

Für die weitere Entwicklungsarbeit sollen drei Benutzer angelegt werden. Der erste erhält den Benutzername »planer« und die Rolle *admin*, der zweite den Benutzernamen »dozent« und die gleichnamige Rolle, der dritte schließlich den Benutzernamen »lernen« und die Rolle *teilnehmer*. Die Passworte sind jeweils frei zu wählen.

Ein Test – in einem zweiten Browser – zeigt, dass der Eingang zur Lernplattform nun diesen drei Benutzern möglich ist. Allerdings erhalten im Moment noch alle Benutzertypen Zugriff auf den Dozentenbereich. Der nächste Schritt wird die Anzeige der Seiten entsprechend des Benutzertyps regeln.

9.3 Benutzertypspezifische Seiten

Die Unterscheidung des Benutzertyps erfolgt anhand der Benutzerrolle. Während die Navigation und die Inhaltsseite bislang auf Elemente aus dem Ordner dozent zugreifen, müssen diese Objekte jetzt so geändert werden, dass sie zunächst prüfen, welche Rolle der angemeldete Benutzer hat, um dann auf Elemente aus dem entsprechenden Ordner zuzugreifen.

9.3.1 Ein Python-Skript zur Prüfung des Benutzertyps

Die Prüfung des Benutzertyps soll von einem Python-Skript vorgenommen werden. Es wird im Ordner closed mit der Id py_giveRole erstellt. Dieses Skript benötigt keine Parameter. Es hat folgenden Quelltext:

```
## Script (Python) "py_giveRole"
##parameters=

from AccessControl import getSecurityManager

user = getSecurityManager().getUser()
if user.has_role('dozent'):
    return 'dozent'
if user.has_role('admin'):
    return 'admin'
if user.has_role('teilnehmer'):
    return 'teilnehmer'
```

Listing 9.1 Das Skript py_giveRole zur Ermittlung der Benutzerrolle

In diesem Skript wird zunächst in der Variablen user das Objekt des Wie es funktioniert aktuellen authentifizierten Benutzers gespeichert. Das ist zwar nicht unbedingt notwendig, hält den Code im weiteren Verlauf aber lesbar.

Die Methode getUser() gibt ein Objekt zurück, das alle Informationen getUser() über den aktuell eingeloggten Benutzer enthält. Mit der Methode has_role() wird nun überprüft, ob der authentifizierte Benutzer die Rolle *admin*, *dozent* oder *teilnehmer* hat.

Um eine sichere Abfrage des aktuellen Benutzers zu gewährleisten wird getSecurity-Manager() dieser über einen Security Manager ermittelt. Dazu muss im Skript die Funktion getSecurityManager() vom Modul AccessControl importiert werden. Diese Funktion liefert einen solchen Security Manager für den aktuellen Benutzer.

Die frühere Art, den aktuellen Benutzer über AUTHENTICATED_USER, einem Unterobjekt, des REQUEST-Objektes zu ermitteln, sollte nicht mehr verwendet werden, da diese Sicherheitsrisiken birgt. Man kann dieses Objekt im Request ersetzen und sich damit quasi beliebig in Webseiten einloggen.

Die Methode has_role() gibt den Wert 1 (true) zurück, wenn der has_role() authentifizierte Benutzer die der Methode als Parameter übergebene Rolle hat. Es ist möglich, mehrere Rollen anzugeben. Für die Rückgabe des Wertes 1 reicht es dann aus, wenn der Benutzer eine der übergebenen Rollen hat.

Die authentifizierten Benutzer der Lernplattform haben in jedem Fall zwei Rollen. Als authentifizierte Benutzer haben sie die Standardrolle *Authenticated*, die aber für die Überprüfung keine Rolle spielt. Die zweite und entscheidende Rolle ist jene, die dem Benutzer beim Anlegen zugewiesen wurde. Entsprechend dieser Rolle gibt das Skript den jeweiligen Rollennamen als Zeichenkette zurück.

9.3.2   Verzweigen auf die typspezifischen Seiten

Die Namen der Benutzerrollen und die Ids der Ordner, in denen die benutzertypspezifischen Elemente abgelegt sind, sind identisch. Den Rollen *admin*, *dozent* und *teilnehmer* entsprechen die Ordner admin, dozent und teilnehmer. Aufgrund dieser Anlage kann man jetzt die feste Zuordnung zum Ordner dozent zugunsten einer flexiblen Lösung verändern. Das Template index_html aus dem Ordner closed muss dazu folgendermaßen umgeschrieben werden:

```
<html>
<head metal:use-macro="here/head_html/macros/head_info">
  Kopf
</head>
<body>
  <tal:def define="typ here/py_giveRole">
  <div metal:use-macro="here/logo/macros/logo">Logo</div>
  <div metal:use-macro="here/modul_navi/¬
    macros/modul_navi">Modulnavigation</div>
  <div metal:use-macro="here/main_navi/¬
    macros/main_navi">HauptNavigation</div>
  <div metal:use-macro=¬
      "python:here[typ].desktop.macros['desktop']">
    Schreibtisch</div>
  </tal:def>
</body>
</html>
```

Listing 9.2 Änderungen am Template index_html im Ordner closed

Die Veränderungen zum vorhergehenden Zustand des Templates sind im Listing 9.2 fett gekennzeichnet. Der Aufruf der Makros für die vier Seitenbereiche ist nun in einen tal-Block gebettet. Dieser dient dazu, eine Variable mit dem Namen typ zu definieren. Ihren Wert erhält diese Variable aus dem Python-Skript, das die Überprüfung des Benutzertyps durchführt. Es wird vom define-Befehl aufgerufen und liefert den Namen des eingeloggten Benutzers zurück.

Der Aufruf des Makros für die Hauptseite des jeweiligen Schreibtisches wird jetzt mit einem Python-Ausdruck realisiert. Das ermöglicht die Verwendung der im tal-Block definierten Variablen. Statt wie bislang eine unflexible Pfadangabe zum Makro zu haben, ändert sich jetzt der Pfad je nach eingeloggtem Benutzertyp. Durch die Kongruenz von Rollennamen und Ordner-Ids ist gewährleistet, dass im richtigen Ordner nach Makros und Elementen gesucht wird.

Auch im Quelltext der aufgerufenen Makros kann auf die Variable typ referenziert werden. Das ist auch notwendig, da das Template main_navi, das die Hauptnavigation enthält, bislang auch noch starr auf Elemente im Ordner dozent zugreift. Die Änderungen in diesem Skript sind minimal. Lediglich der Aufruf des Skriptes, das die Menüelemente ausliest, erhält als Parameter die Ordner, in denen es nach solchen Elementen suchen soll. Bislang wurde als der Parameter 'dozent' übergeben. Genau an dieser Stelle muss jetzt die Variable `typ` notiert werden. Aus

```
tal:repeat="element python:here.py_activeMenu('dozent')"
```

wird jetzt

```
tal:repeat="element python:here.py_activeMenu(typ)"
```

und weiter unten im Template wird

```
tal:repeat="u_el¬
    python:here.py_activeMenu('dozent',element.id)"
```

zu

```
tal:repeat="u_el¬
  python:here.py_activeMenu(typ,element.id)"
```

Mehr Änderungen sind nicht notwendig, um die Navigation zu flexibilisieren (der gesamte angepasste Quelltext des Templates ist auf der beigefügten CD im Verzeichnis zu diesem Kapitel als Datei mit dem Namen *main_navi.txt* zu finden). Jetzt muss nur noch das Template `desktop` aus dem Ordner `dozent` jeweils in den Ordner `admin` und `teilnehmer` kopiert werden. In der einzigen Zeile darin wird dann für das Template im `admin`-Ordner nur das Wort »Dozentenschreibtisch« in »Adminschreibtisch« geändert. Im Order `teilnehmer` wird im Template `desktop` entsprechend »Teilnehmer-Schreibtisch« eingetragen

Noch werden die Schreibtische nur angedeutet. Für den Test, ob die Zuordnungen jetzt stimmen, reicht das aus. Wichtig ist, dass beide Templates die Id `desktop` und die in ihnen definierten Makros ebenfalls den Namen `desktop` behalten.

Jetzt sollte man sich mit einem der drei Benutzernamen einloggen können und jeweils einen entsprechenden Schreibtisch bekommen. Eine Hauptnavigation gibt es zurzeit nur für den Dozenten-Bereich. Die beiden anderen Bereiche haben in ihren jeweiligen Ordnern noch keine Menüordner. Das Python-Skript und das Template für Navigation können aber auch damit umgehen. Es kommt nicht zu einer Fehlermeldung, sondern der Hauptnavigationsbereich bleibt einfach leer.

Aber auch das Anlegen einer Navigation für die beiden anderen Bereiche ist denkbar simpel. Man kann einfach einen oder mehrere Menüordner aus dem `dozent`-Ordner kopieren und in die beiden anderen Ordner einfügen. Das Schema für die Vergabe der Ids sollte beibehalten werden. Nach Anpassung der Titel für die Menüpunkte und der anderen Eigenschaften dieser Ordner hat man eine spezifische Navigation für den jeweiligen Bereich (*siehe Abbildung 9.5*).

Abbildung 9.5 Teilnehmer-Schreibtisch mit spezifischer Navigation

Genauso wie man in einer bestehenden Navigation einen neuen Menüpunkt hinzufügen kann, ist es auch möglich, in einem neuen Bereich eine Navigation aufzubauen. Es braucht lediglich pro Menüpunkt einen Ordner mit einer Angabe für die `title`-Eigenschaft sowie die Eigenschaften `menu` und `order` (*siehe Abschnitt 8.4*).

Denkbar ist auch, einen neuen Benutzertypen mit einem eigenen Bereich anzulegen. Die Bestandteile, die man dazu benötigt, sind eine neue Rolle, einen Ordner, dessen Id mit dem Namen der Rolle identisch ist, darin ein Template mit der Id `desktop` und Ordner für die Menüpunkte, die nach dem bekannten Schema mit Eigenschaften versehen werden.

9.4 Weiterführende Aspekte in Zopes Benutzersystem

Mit dem Grundgerüst von Benutzern, Rollen und akquirierbaren Rechten, die jeweils auf jeder Ebene einer Zope-Anwendung definiert werden können, ist es allein schon möglich, ein komplexes System für Benutzerzugriffe auf verschiedene Bereiche der Anwendung zu entwickeln. Trotzdem kann es Situationen geben, in denen für einzelne

Objekte eine noch genauere Justierung notwendig ist. Die Mittel, die Zope dafür bereitstellt, werden in den folgenden Abschnitten beschrieben.

9.4.1 Lokale Rollen

Benutzer können mehrere Rollen haben. Wie weiter oben schon beschrieben, hat ein Benutzer, der bei seiner Anlage eine bestimmte Rolle zugewiesen bekam, beim Aufsuchen der Website zwei Rollen, die zugewiesene und die Rolle *Authenticated*. Zusätzlich zu diesen Rollen kann der Benutzer beim Aufruf eines Objektes weitere Rollen erhalten. Solche so genannten *lokalen Rollen* gelten für diesen Benutzer nur für das Objekt, für das sie zugewiesen sind.

Während die Zuweisung einer normalen Rolle ab der Ebene, in der ein Benutzer angelegt wurde, und in allen tieferen Ebenen gültig ist, ist die lokale Rolle für den Benutzer auf das Objekt beschränkt, für das sie definiert wurde. Man gewährt einem Benutzer damit einen besonderen Zugriff auf ein bestimmtes Objekt. Zum Beispiel könnte man auf diese Weise den Zugriff auf externe Datenbanken regulieren. Man benötigt dazu zwei Rollen. Für diejenige, die alle Benutzer erhalten, wird das Recht *Use Database Methods* nicht vergeben, während die zweite Rolle genau dieses Recht enthält. Für das Objekt, das die Datenbankabfrage vornimmt, wird nun all jenen Benutzern, die Zugriff auf die Datenbank haben sollen, diese zweite als lokale Rolle zugewiesen.

Die Seite, auf der man diese Einstellungen vornimmt, ist vom Security-Tab eines Objektes aus über den Link »*local roles*« erreichbar. Dieser befindet sich im Erläuterungstext im oberen Bereich des Security-Tabs.

Im oberen Bereich dieser Seite werden die Benutzer aufgelistet, denen bereits eine lokale Rolle zugewiesen wurde. In Klammern hinter dem Benutzernamen sind die zugewiesenen lokalen Rollen aufgelistet. Ein Klick auf den Benutzernamen führt zu einer weiteren Seite, auf der diesem Benutzer weitere lokale Rollen hinzugefügt oder bestehende entfernt werden können.

Die gesamten lokalen Rollenzuweisungen für einen Benutzer entfernt man, indem man die Checkbox links vom Benutzernamen aktiviert und dann den Button »*Remove*« betätigt.

Die in Abbildung 9.6 zu sehende lokale Rolle *Owner* wird automatisch immer dem Benutzer zugewiesen, der das Objekt erstellt hat. Sie hat im Zusammenhang mit ausführbarem Inhalt eine wichtige Bedeutung (*siehe Abschnitt 9.4.3*).

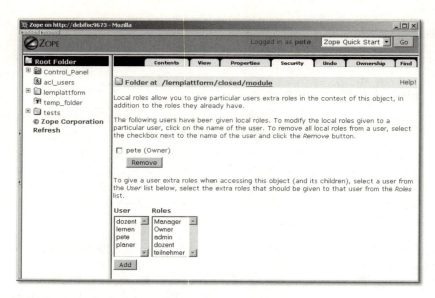

Abbildung 9.6 Die Seite zum Zuweisen lokaler Rollen

Im unteren Bereich der Seite kann einem Benutzer eine oder mehrere lokale Rollen zugewiesen werden. Das Auswahlfeld *»Users«* listet alle Benutzer auf. Ein Klick auf einen der Benutzernamen wählt diesen aus. Die Zuweisung der Rolle erfolgt durch Anklicken einer der im Feld *»Roles«* aufgelisteten Rollen. Es werden alle Rollen aufgelistet, die dem Objekt zur Verfügung stehen. Eine Mehrfachauswahl ist durch Klick bei gedrückter ⎡Strg⎤-Taste möglich. Ein Klick auf den Button *»Add«* legt die neue lokale Rolle an.

9.4.2 Proxy-Rollen

Eine weitere objektbezogene Rollenzuteilung sind Proxy-Rollen. Diese stehen nur bei DTML-Dokumenten, DTML-Methoden und Python-Skripten zur Verfügung. Eine Proxy-Rolle ersetzt die Rolle des aktuell zugreifenden Benutzers für den Moment des Zugriffs auf das Objekt. Damit kann man temporär einem Benutzer mehr oder auch weniger Rechte einräumen, als er aufgrund seiner eigentlichen zugewiesenen Rolle hat.

Die Rolle, die als Proxy-Rolle für ein Objekt vorgesehen ist, muss zunächst auf dem üblichen Weg angelegt werden. Alle Rollen, die in Eltern-Objekten definiert wurden, stehen als Proxy-Rollen zur Verfügung. Denkbar ist auch, die Rolle, die als Proxy-Rolle dienen soll, im

Security Tab des Objektes selbst zu definieren. Auch eine dort definierte Rolle steht als Proxy-Rolle zur Verfügung.

Sinnvoll ist der Einsatz von Proxy-Rollen z.B. für Python-Skripte, die Änderungen an Objekt-Eigenschaften vornehmen, etwa um Daten abzulegen. Das Recht, das solche Operationen zulässt, heißt *Manage properties*. Da dies ein sehr weitreichendes Recht ist, ist es sinnvoll, es nicht einer Rolle einzuräumen, die direkt Benutzern zugewiesen werden soll. Besser ist es, eine zusätzliche Rolle zu definieren, die dieses Recht enthält, und sie dem Python-Skript als Proxy-Rolle zuzuweisen.

Jeder Benutzer, der das Skript aufruft, kann nun Änderungen an den Eigenschaften der Objekte vornehmen, auf die der Skript-Quelltext Bezug nimmt. Allerdings bleibt dieses Recht auf dieses eine Python-Skript beschränkt. In allen anderen Bereichen der Website hat der Benutzer dieses Recht nicht.

Proxy-Rollen ermöglichen es also, »sicherheitskritische Rechte« temporär und beschränkt auf einzelne Objekte zu vergeben. Wenn man mit Page-Templates dieses Konzept verwenden will, sollte man die kritischen Aktionen in einem Python-Skript definieren und für dieses eine entsprechende Proxy-Rolle definieren.

Die Zuweisung der Proxy-Rolle erfolgt im Proxy-Tab des Objektes. Im Auswahlfeld Proxy Roles kann die Rolle ausgewählt werden (*siehe Abbildung 9.7*). Auch hier ist eine Mehrfachauswahl möglich.

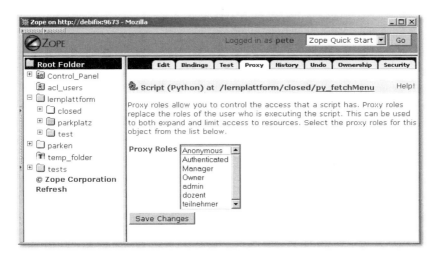

Abbildung 9.7 Das Proxy-Tab eines Python-Skriptes

9.4.3 Rechte und ausführbare Objekte

Skripte und andere ausführbare Objekte bergen ein Sicherheitsrisiko in sich. Zum Beispiel könnte ein Skript alle Objekte in der ZODB löschen und damit die gesamte Website zerstören.

Um das zu verhindern, ist in Zope ein Sicherheitsmechanismus implementiert, der das Ausführen solcher Aktionen nur dann zulässt, wenn der Eigentümer (*Owner*) des Objektes und derjenige, der es aufruft, das Recht haben diese Aktion auszuführen.

Im Beispiel aus dem vorigen Abschnitt (*9.4.2*) werden die Objekt-Eigenschaften nur dann verändert, wenn sowohl derjenige, der das Python-Skript aufruft, als auch derjenige, der es erstellt hat, das Recht *Manage properties* haben. Für den Aufrufenden wurde dieses Recht mittels der Proxy-Rolle eingeräumt. Der Eigentümer des Objektes hat in der Regel die Rolle Manager, die dieses Recht ebenfalls beinhaltet.

Versucht aber jemand ohne Manager-Rolle ein Skript einzuschleusen, das die Website manipuliert, kann der Sicherheitsmechanismus verhindern, dass das Skript zur Ausführung kommt. Wenn man von dem Fall ausgeht, ein Angreifer wollte mit einem Skript alle Objekte der Site löschen und er baute das Skript so in die Site ein, dass ein normaler Benutzer es ahnungslos ausführen würde, müssten beide, der Angreifer und der Benutzer, das Recht *Delete objects* besitzen, damit der Angriff gelänge.

Hat der Angreifer das Recht nicht, kann er selbst den Löschvorgang nicht durchführen. Hat der Benutzer es nicht, wird auch der ahnungslose Aufruf des Skriptes nicht zum Löschen der Objekte führen. Selbst wenn der Benutzer das Recht hat, kommt es nicht zum Verlust von Objekten, da keine Deckungsgleichheit zwischen seinem und dem Recht des Angreifers besteht.

Dieser Mechanismus ist ein gewisser Schutz gegen alltäglich vorkommende Angriffe auf Server. Allerdings sollte man sich klar darüber sein, dass auch diesem Schutz Grenzen gesetzt sind.

9.4.4 Der Notfall-Benutzer

Bei der Arbeit mit Benutzern, Rollen und Rechten kann es passieren, dass man sich selbst aus dem ZMI oder einzelnen Bereichen aussperrt. Das kann z.B. passieren, wenn man den eigenen Benutzer oder den Benutzer-Ordner, in dem der eigene Benutzer angelegt ist, löscht. Bei der nächsten Aktion, die man im ZMI ausführen möchte, erscheint das Login-Fenster und man muss Benutzername und Passwort angeben, um weiterarbeiten zu können. Da man aber soeben seinen eigenen Account gelöscht hat, funktionieren die sonst immer benutzten Zugangsdaten nicht mehr.

Jetzt hilft nur noch der Notfall-Benutzer (Emergency User) weiter, um wieder in das ZMI zu gelangen. Bei der Installation von Zope auf einem Linux-System wird dieses Benutzerkonto gleich mit angelegt. Die Angaben zu Benutzer und Passwort, die dort gemacht werden mussten, haben diesen Notfallzugang bereits erstellt. Er erlaubt es, den gelöschten Benutzer wieder anzulegen.

Der Notfall-Benutzer unterliegt einer Reihe von Einschränkungen. Man kann mit ihm keine neuen Objekte anlegen. Ausgenommen sind nur Benutzer-Objekte und Benutzer-Ordner. Somit ist es möglich, versehentlich gelöschte Benutzerzugänge wiederherzustellen. Bestehende Objekte können vom Notfall-Benutzer verändert werden. Das ist notwendig, damit man einen Zustand im System wiederherstellen kann, der es ermöglicht, sich wieder mit einem normalen Benutzerzugang einzuloggen, etwa wenn man der *Manager*-Rolle wichtige Rechte in einzelnen Bereichen der Site entzogen hat.

Der Notfall-Benutzer sollte nur zum Reparieren versehentlich ausgesperrter Zugänge genutzt werden. Für die weitere Arbeit an der Site sollte man sich wieder aus- und als normaler Benutzer wieder einloggen.

Anlegen eines Notfall-Benutzers unter Windows

Bei der Installation unter Windows wird der Notfall-Benutzer nicht automatisch angelegt. Er lässt sich auch nicht über das ZMI anlegen. Vielmehr muss man über die Windows-Eingabeaufforderung das Skript `zpasswd.py` aus der Zope-Installation aufrufen, das diese Aufgabe übernimmt.

Zunächst wechselt man in das Verzeichnis, in das man Zope installiert hat mit:

```
C:\> Zope
```

Dann ruft man den Python-Interpreter auf und teilt ihm mit, das Skript zu starten. Der Name und das Passwort des Notfall-Benutzers müssen in einer Datei mit dem Namen `access` abgelegt werden. Diesen Dateinamen übergibt man dem Skript:

```
C:\Zope> bin\python zpasswd.py access
```

Das Skript fordert einen auf, einen Benutzernamen und ein Passwort einzugeben. Die Eingaben werden jeweils durch den Zeilenschalter bestätigt.

```
Username: nothelfer
Password:
Verify password:
```

Danach ist die Verschlüsselung des Passwortes zu wählen. Es stehen zwei Algorithmen zur Verfügung, von denen SHA der modernere ist. Er erlaubt Passworte, die länger als 8 Zeichen sind, und ist damit sicherer als CRYPT, der auch auf den meisten Unix-Systemen verwendet wird. Gibt man CLEARTEXT ein, wird das Passwort nicht verschlüsselt.

```
Please choose a format from:
SHA - SHA-1 hashed password (default)
CRYPT - UNIX-style crypt password
CLEARTEXT - no protection
Encoding: SHA
```

Nach der Bestätigung der Eingabe kann man noch Domains angeben, von denen aus der Notfall-Benutzer ausschließlich zugreifen darf. Macht man hier keine Angabe, ist Zugriff von jeder Domain aus möglich.

```
Domain restrictions:
```

Damit ist der Notfall-Benutzer angelegt. Zope muss neu gestartet werden, damit man mit ihm Zugang zum ZMI erhält. Danach kann man sich jetzt mit diesem Account in das ZMI einloggen und die notwendigen Reparaturen vornehmen. Aus Sicherheitsgründen sollte man den Notfall-Benutzer wieder löschen, wenn man ihn nicht mehr benötigt. Dazu entfernt man die Datei access aus dem Zope-Verzeichnis.

10 Lernmodul-Verwaltung aufbauen

10 Lernmodul-Verwaltung aufbauen

*Dieses Kapitel beschreibt die Entwicklung eines Funktions-
moduls für den Planer von Bildungsangeboten: die Lernmodul-Verwaltung. Zunächst werden die notwendigen
Arbeitsschritte geklärt und ein Menüpunkt für das Funktionsmodul angelegt. Des Weiteren müssen Verzweigungen
zu den jeweiligen Interfaces erstellt werden. Kernstück dieses
Kapitels ist die Definition des Objektes Lernmodul. Auf ihr
beruht die anschließende Erstellung aller Templates und
Skripte, die für die gesamte Funktionalität notwendig sind.*

10.1 Die Arbeitsschritte

Bislang bekommen eingeloggte Benutzer entsprechend ihrer Rolle ein
spezifisches Menü angezeigt. In den nächsten Schritten geht es darum,
jedem Teilnehmer und jedem Dozenten die Lernmodule anzuzeigen,
für die sie angemeldet bzw. eingeteilt sind. Dazu muss es zum einen
Lernmodule geben, die angezeigt werden können, zum anderen muss
eine Benutzerverwaltung geschaffen werden, die neben den Daten der
Benutzer auch die Zuordnung der Lernmodule zu den Benutzern enthält. Die Aufgabe in diesem Kapitel wird es sein, die Verwaltung der
Lernmodule zu schaffen.

Das Anlegen und Verwalten der Lernmodule ist Aufgabe des Bildungsplaners. Es muss also ein Interface entwickelt werden, mit dem neue
Module angelegt, bestehende aufgelistet und editiert und Dozenten
zugeordnet werden können. Um die Lerninhalte eines Moduls geht es
dabei nicht. Diese zu entwickeln, ist Aufgabe des zugewiesenen Dozenten. Ein Interface dafür muss also im Bereich für Dozenten entwickelt
werden. Dem Planer eines Bildungsangebotes obliegt es aber, den Status der Entwicklung der Lerninhalte zu überprüfen und die Lernmodule für Teilnehmer freizugeben.

Für die Entwicklung der gesamten Verwaltung von Lernmodulen sind
einige Teilschritte notwendig, die im Folgenden aufgelistet sind:

1. Schaffung eines Menüpunktes »Lernmodul-Verwaltung« und eines
   Zugangs zum entsprechenden Bereich.
2. Entwicklung eines Objektes Lernmodul.

3. Schaffung eines Interfaces, das alle vorhandene Lernmodule auflistet.

4. Schaffung eines Interfaces zur Neuanlage bzw. Veränderung eines Lernmoduls.

10.2 Der neue Menüpunkt und die zugehörige Seite

Bislang kann man im Hauptmenü die einzelnen Punkte anklicken und man erhält gegebenenfalls ein Untermenü bezeihungsweise der ausgewählte Menüpunkt wird gekennzeichnet. Eine zugehörige Seite wird allerdings noch nicht angezeigt. Das ist aber für das Vorhaben dieses Kapitels eine Voraussetzung. Zunächst muss für die Lernmodul-Verwaltung ein Menüpunkt geschaffen werden. Dazu kann einfach aus dem Ordner `teilnehmer` der Ordner mit der Id `f_001` kopiert und im Ordner `admin` eingefügt werden. Anschließend ändert man dessen Eigenschaft `title` zu »Lernmodule verwalten«. Ein Test, bei dem man sich mit den Daten des Testbenutzers »planer« einloggt, sollte dann den neuen Menüpunkt wie in Abbildung 10.1 zeigen.

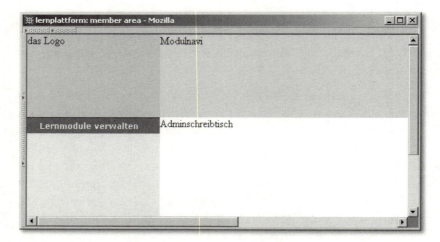

Abbildung 10.1 Neuer Menüpunkt »Lernmodule verwalten«

10.2.1 Die Verzweigung in die Lernmodul-Verwaltung

Bevor jetzt dafür gesorgt wird, dass auch eine zugehörige Seite im Hauptbereich des Fensters angezeigt wird, sollen einige Vorüberlegungen angestellt werden. Die bislang angezeigte Andeutung des Administrator-Schreibtisches soll so erhalten bleiben. Diese Seite fungiert als Hauptseite für den Administrationsbereich und wird zu einem späteren Zeitpunkt ihr endgültiges Gesicht erhalten. Die erste Seite, die im Bereich »Lernmodule verwalten« angezeigt wird, soll eine Übersicht aller vorhanden Lernmodule bieten. Das zugehörige Page-Template wird sinnvollerweise im zuvor angelegten Ordner f_001 platziert. Von hier aus kann man eine weitere Seite aufrufen, auf der ein neues Lernmodul angelegt bzw. ein vorhandenes Lernmodul bearbeitet werden kann. Auch das zu dieser Seite gehörende Page-Template soll im Ordner f_001 abgelegt werden.

Alle Seitenaufrufe verweisen aber in den Ordner closed. Immer wird das darin befindliche Page-Template index_html aufgerufen. Allerdings wurde beim Anlegen der Navigation eine Kennung geschaffen, anhand derer man eindeutig definieren kann, welcher Menüpunkt angezeigt werden soll. Im Query-String wird bei jedem Klick auf einen der Menüpunkte die Id des zugehörigen Ordners übergeben. Mit dieser Id kann auch der Aufruf der zum Menüpunkt gehörenden Seite realisiert werden.

Zunächst muss unterschieden werden, ob die Hauptseite oder die Übersicht der Lernmodule angezeigt werden soll. Es muss quasi eine Weiche eingebaut werden, die entscheiden kann, welche Seite angezeigt wird. Dies geschieht mit einem neu anzulegenden Template mit der Id weiche1 im Ordner closed. Während bislang das Template index_html das Makro desktop aufruft, übernimmt diese Aufgabe jetzt das neue Template weiche1. Das Template index_html ruft dann das neue Template auf. Dessen Quelltext sieht folgendermaßen aus:

Einbau einer Weiche

```
<div metal:define-macro="weiche" tal:omit-Tag ="">
  <tal:bed condition="not:request/f">
    <div metal:use-macro=¬
      "python:here[typ].desktop.macros['desktop']">
      Desktop</div>
  </tal:bed>
  <tal:bed  condition="request/f" tal:omit-Tag ="">
    <div metal:use-macro="here/weiche2/macros/weiche">
      Desktop</div>
  </tal:bed >
</div>
```

Listing 10.1 Template weiche1 im Ordner closed

Auch weiche1 wird als Makro angelegt. Dessen Aufgabe ist es lediglich, ein weiteres Makro abhängig vom Wert der Variablen f im Query-String anzulegen. Hat diese keinen Wert, wird die Hauptseite des Administrationsbereiches aufgerufen. Also wird im ersten div-Block das Template desktop aufgerufen, was zuvor direkt aus dem Template index_html erfolgte.

Zur Erinnerung: Die Variable typ wird im Template index_html definiert. Ihr Wert ist der Name der Rolle des eingeloggten Benutzers. Also ergibt der als Python-Ausdruck notierte Pfad zum Makro, wenn sich jemand mit der Rolle *admin* anmeldet:

```
here/admin/desktop/macros/desktop
```

Hat f aber einen Wert, dann ist es die Id des Ordners, der zum aufgerufenen Menüpunkt gehört. Das zugehörige Template, das dann aufgerufen wird, befindet sich dann in diesem Ordner. Da aber die gesamte Funktionalität eines Bereiches auf mehrere Templates verteilt werden kann, wird eine weitere »Weiche« dazwischen geschaltet, die regelt, welches Template aus dem Ordner aufgerufen wird. Auch dafür wird im Ordner closed ein Template angelegt. Es erhält die Id weiche2 und wird im folgenden Abschnitt besprochen.

Da die Tags der condition-Anweisungen nicht im Quelltext der gerenderten Seite erscheinen sollen, werden sie als tal-Blöcke notiert.

Damit die Verzweigung funktioniert, muss jetzt das Page-Template index_html im Ordner closed modifiziert werden:

```
<html>
<head metal:use-macro="here/head_html/macros/head_info">
  Kopf
</head>
<body>
  <tal:def define="typ here/py_giveRole">
  <div metal:use-macro="here/logo/macros/logo">Logo</div>
  <div metal:use-macro="here/modul_navi/macros/¬
                      modul_navi">
  Modulnavigation</div>
  <div metal:use-macro="here/main_navi/macros/main_navi">
  Hauptnavigation</div>
  <div metal:use-macro="here/weiche1/macros/weiche">
  Schreibtisch</div>
```

```
    </tal:def>
  </body>
</html>
```

Listing 10.2 Modifikationen am Template index_html

Das Listing 10.2 zeigt die Modifikation in fetter Auszeichnung. Statt des früheren Aufrufs des Makros `desktop`, wird nun die Weiche aufgerufen, die sich um den Aufruf der richtigen Seite kümmert.

Von dieser Änderung sind natürlich auch die Bereiche für Dozenten und Teilnehmer betroffen. Auch hier kann jetzt unterschieden werden, ob die Hauptseite des Bereiches oder eine zu einem Menüpunkt gehörende Ansicht aufgerufen werden soll.

10.2.2 Die Verzweigung in Unterseiten

Das Template `weiche2` soll wie erwähnt die Aufgabe übernehmen, das richtige Template aus dem ausgewählten Menüordner aufzurufen. Durch die Platzierung im Ordner `closed` kann es auch für den Dozenten- und Teilnehmer-Bereich verwendet werden. Es erhält folgenden Quelltext:

```
<div  metal:define-macro="weiche" tal:omit-tag="">
  <tal:bed condition="not:python:request.has_key('page')"
  tal:omit-tag="">
    <div metal:use-macro=¬
    "python:here[typ][request.f].erste.
    macros['desktop']">
    Modulübersicht</div>
  </tal:bed>
  <tal:bed condition="python:request.has_key('page')"
   tal:omit-tag="">
    <div metal:use-macro=¬
    "python:here[typ][request.f][request.page].¬
    macros['desktop']">
    Modul editieren</div>
  </tal:bed>
</div>
```

Listing 10.3 Template weiche2

Das Prinzip funktioniert ähnlich wie bei `weiche1`. Es wird das Makro definiert, das von der ersten Weiche aufgerufen wird. Überprüft wird

Wie es funktioniert

jetzt eine Variable im Query-String, die den Namen `page` trägt. Dieses mal wird mittels der Methode `has_key()` überprüft, ob sie im REQUEST vorhanden ist. Ist das nicht der Fall, wird das Makro `desktop` des Templates `erste` aufgerufen.

Erhält jedes Template, das in den jeweiligen Bereichen als Erstes aufgerufen werden soll, die Id `erste` und das darin definierte Makro den Namen `desktop`, dann wird diese Weiche immer die jeweils richtige erste Seite zur Anzeige bringen. Links auf folgende Seiten des Bereiches benötigen die Variable `page` im Query-String. Ihr Wert muss die Id des zugehörigen Templates sein. Mit diesem Prinzip lassen sich alle Seiten, die zu einem Bereich gehören, aufrufen.

Auch in dieser Weiche werden die `condition`-Anweisungen in reinen `tal`-Blöcken notiert, damit die Tags nicht im gerenderten Quelltext erscheinen.

Die gesamte Struktur Einen Überblick über die gerade erstellte Struktur von Templates gibt die folgende Abbildung.

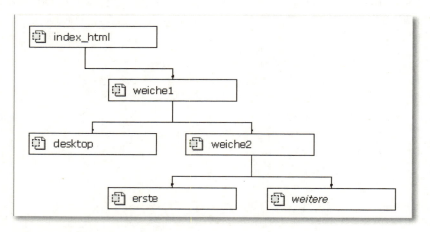

Abbildung 10.2 Template-Struktur

Das Template `index_html` ruft `weiche1` auf. Diese entscheidet anhand der Variable `f` im Query-String, ob das Template `desktop` oder `weiche2` aufgerufen wird. Diese überprüft, ob die Variable `page` im Query-String vorhanden ist, und ruft entweder das Template `erste` auf oder aber ein weiteres Template, dessen Id der Wert der Variablen `page` liefert.

10.3 Das Objekt Lernmodul definieren und anlegen

Bevor nun die Seiten für die Übersicht und zum Editieren der Lernmodule erstellt werden, soll zunächst geklärt werden, welche Informationen über ein Lernmodul zur Verwaltung notwendig sind. Es geht hierbei nicht um die Lerninhalte, sondern um Verwaltungsinformationen bzw. Informationen über das Modul, die z.B. für Ankündigungen benötigt werden.

Jedes Lernmodul erhält einen Titel und eine Beschreibung. Es muss ein Dozent zugeordnet und eine Dauer festgelegt werden können. Der Administrator sollte entscheiden können, ob das Modul ständig angeboten wird, mit der Möglichkeit, sich jederzeit anzumelden, oder ob es einen einstellbaren festen Beginn- und Endtermin gibt.

Ein Lernmodul wird vom Bildungsplaner angelegt und muss dann vom zugeordneten Dozenten mit Lerninhalten gefüllt werden. Wenn dieser Prozess abgeschlossen ist, kann das Modul für Teilnehmer freigegeben werden. Diese Entscheidung muss vom Planer getroffen werden, mit der Möglichkeit einer vorherigen Qualitätskontrolle. Also sollte der Status eines Moduls und der Zeitpunkt einer Statusänderung jederzeit festgehalten werden. Davon unabhängig kann ein Lernmodul natürlich schon angekündigt werden, bevor der Lerninhalt erstellt ist. Also sollte das Objekt auch über den Veröffentlichungsstatus eine Information enthalten.

Jedes Lernmodul verursacht Kosten in Form von Dozentenhonoraren. Gleichzeitig muss ein Teilnehmer eine Gebühr für die Nutzung entrichten. Diese beiden Informationen, die Höhe des Honorars und die der Gebühr, sollten ebenfalls im Objekt enthalten sein. Nimmt man dann noch die Anzahl der erfolgten Anmeldungen hinzu, kann man bei Bedarf sehr schnell und einfach einen Überblick darüber geben, wann ein Lernmodul kostendeckend ist.

Speichert man die Ids der Teilnehmer, die für das Modul angemeldet werden, kann man sehr leicht eine Liste generieren, die einen Überblick über die Anmeldungen gibt. Ferner kann man allen Angemeldeten gezielt Nachrichten über Lernmodul-Neuigkeiten zukommen lassen.

Schließlich ist es sicherlich sinnvoll, das Datum der Erstellung des Moduls sowie die Person, die es angelegt hat, festzuhalten.

Alle genannten Informationen werden als Eigenschaften des Objektes Lernmodul angelegt. Da ein Lernmodul darüber hinaus natürlich Lerninhalte enthalten muss, wird das Objekt als Ordner realisiert, der weitere Objekte aufnehmen kann, die Lerninhalte repräsentieren. Für die Kennung als Ordner, der ein Lernmodul repräsentiert, ist es notwendig eine zusätzliche Eigenschaft nur für diesen Zweck anzulegen.

Der Aufbau des Objektes ist in der nachfolgenden Tabelle festgehalten. Sie zeigt die Namen und die jeweiligen Datentypen der Eigenschaften sowie eine Kurzbeschreibung.

Lernmodul			
title	Titel		*string*
descr	Beschreibung		*text*
c_date	Erstelldatum		*string*
c_person	erstellende Person		*string*
dozent	Dozent		*string*
honorar	Honorar		*int*
preis	Teilnahmegebühr		*int*
register	Anzahl der Anmeldungen		*int*
teilnehmer	Ids der angemeldeten Teilnehmer		*lines*
art	dauerhaft oder einmalig		*boolean*
begin	Beginntermin		*date*
dauer	Dauer in Tagen		*int*
status	Status des Lerninhalts		*string*
s_date	Datum Statusänderung		*date*
publish	Ankündigung veröffent-licht, ja oder nein		*boolean*
modul	Kennung als Modulordner		*boolean*

Tabelle 10.1 Objektaufbau Lernmodul

Das Objekt anlegen

Anhand dieser Tabelle kann im bereits vorhandenen Ordner `module` ein weiterer Ordner angelegt, der das erste Lernmodul repräsentiert. Für die Id dieser und weiterer Lernmodul-Ordner wird wie schon beim Menü ein Schema gewählt, das aus einem Buchstabenkürzel, hier »lm«, einem Unterstrich (_) und einer dreistelligen, fortlaufenden Nummerierung besteht. Der erste Ordner erhält also die Id `lm_001`.

Danach müssen für diesen Ordner alle in Tabelle 10.1 aufgelisteten Eigenschaften angelegt werden. Die bereits vorhandene Eigenschaft `title` wird für den Titel des Moduls genutzt. Alle Daten vom Typ *int* und *date* verlangen bei der Erstellung bereits eine Wertangabe. Hier kann für die *int*-Typen zunächst immer die 0 und für die *date*-Typen »01/01/2000« eingegeben werden. Alle Typen, die eine Texteingabe erfordern, können Blindtext erhalten. Wenn alle Eigenschaften angelegt sind, sollte das Properties-Tab des Ordners `lm_001` wie in der folgenden Abbildung aussehen.

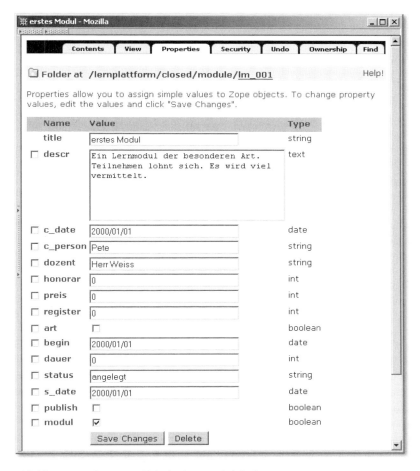

Abbildung 10.3 Properties-Tab des Lernmodul-Ordners

Für die weitere Arbeit ist es sinnvoll, mit mehreren Lernmodulen zu operieren. Durch einfaches Kopieren des gerade erstellten Ordners `lm_001`, erhält man schnell weitere Ordner, deren Ids und Eigenschaften anschließend nur noch entsprechend verändert werden müssen. Im Ordner Module sollten sich nun wenigstens vier Ordner für Lernmodule befinden (*siehe Abbildung 10.4*).

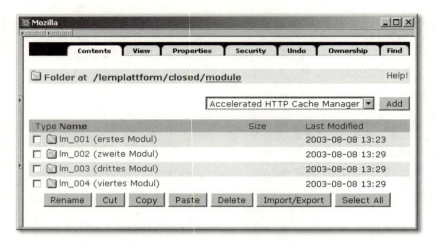

Abbildung 10.4 Mehrere Lernmodule im Ordner module

10.4 Die Übersicht der Lernmodule anlegen

Die Übersichtsseite soll eine tabellarische Aufstellung aller vorhandenen Lernmodule zeigen. Neben dem Titel eines Moduls werden die Modulart, der Status und das Datum der letzten Statusänderung, der zugeordnete Dozent sowie die Anzahl der angemeldeten Personen angezeigt. Die gesamten Daten des Lernmoduls werden auf einer Extraseite angezeigt, die aufgerufen wird, wenn man in der Tabelle den Namen eines Moduls anklickt.

Jede Zeile in der Liste muss eine Checkbox erhalten, die der Auswahl eines Moduls dient. Über einen Button sollen die gewählten Module gelöscht werden können. Ein weiterer Button soll auf eine weitere Formular-Seite führen, auf der ein neues Modul angelegen werden kann.

Für die Realisierung dieser Übersicht wird zum einen ein Page-Template benötigt. Dieses wird das Template `erste` im Ordner `f_001` sein. Zum anderen ist ein Python-Skript notwendig, dass die vorhandenen Lernmodule ausliest. Schließlich werden zur Formatierung der Übersicht weitere Stile definiert.

10.4.1 Das Page-Template für die Übersicht

Zunächst der Quelltext des Templates:

```
<div id="desktop" metal:define-macro="desktop"¬
tal:define="pfad python:here[typ][request.f]">
  <div id="seiten_titel">Lernmodule &Uuml;bersicht</div>
  <div tal:condition="python:request.has_key('err')"¬
   id="fehler">
    Achtung!<br />
    <span tal:content="python:pfad.fehler[request.err]">
    Meldung</span>
  </div>
  <div tal:condition="python:request.has_key('resp')"¬
   id="antwort">
    Server-Antwort:<br />
    <span tal:content="python:pfad.antworten¬
    [request.resp]">
    Meldung</span>
  </div>
  <div id="tabelle">
    <table id="liste" cellspacing="0">
      <colgroup>
        <col width="20" />
        <col width="170" />
        <col width="70" />
        <col width="100" />
        <col width="100" />
        <col width="170" />
        <col width="*" />
      </colgroup>
      <tr id="head">
        <td> </td>
        <td>Titel</td>
        <td>Art</td>
        <td>Status</td>
        <td>seit</td>
        <td>Dozent</td>
        <td>Anm.</td>
        <td> </td>
      </tr>
```

```
<form name="overview" method="post"¬
 tal:attributes="action¬
 string:${typ}/${request/f}/py_overviewAct">
  <input type="hidden" name="f"¬
   tal:attributes="value request/f" />
  <input type="hidden" name="fu"¬
   tal:attributes="value request/fu" />
<span tal:repeat="mod python:pfad.py_fetchModul()"¬
 tal:omit-tag="">
<tr id="weiss" tal:condition="repeat/mod/even">
  <td><input type="checkbox" name="auswahl:list"¬
       tal:attributes="value mod/id" /></td>
  <td>
    <a class="tab"¬
       tal:define="params string:f=${request/f}&¬
       fu=${request/fu}&page=detail&m=${mod/id}"¬
       tal:content="mod/title"¬
       tal:attributes="href string:.?${params}">
       modul</a>
  </td>
  <td tal:condition="mod/art">art</td>
  <td tal:condition="not:mod/art">dauer</td>
  <td tal:content="mod/status">status</td>
  <td tal:content=¬
   "python:mod.s_date.strftime('%d.%m.%Y')">
   seit</td>
  <td tal:content="mod/dozent">dozent</td>
  <td tal:content="mod/register">anmel</td>
  <td> </td>
</tr>
<tr tal:condition="repeat/mod/odd">
  <td><input type="checkbox" name="auswahl:list"¬
       tal:attributes="value mod/id" /></td>
  <td>
    <a class="tab"¬
       tal:define="params string:f=${request/f}&¬
       fu=${request/fu}&page=detail&m=${mod/id}"¬
       tal:content="mod/title"¬
       tal:attributes="href string:.?${params}">
       modul</a>
  </td>
```

```
      <td tal:condition="mod/art">art</td>
      <td tal:condition="not:mod/art">dauer</td>
      <td tal:content="mod/status">status</td>
      <td tal:content=¬
        "python:mod.s_date.strftime('%d.%m.%Y')">
      seit</td>
      <td tal:content="mod/dozent">dozent</td>
      <td tal:content="mod/register">anmel</td>
      <td> </td>
    </tr>
    </span>
    <tr id="abstand">
      <td colspan="8"> </td>
    </tr>
    <tr>
      <td> </td>
      <td colspan="7">
        <input type="submit" name="new"¬
        value="neues Modul" class="button" />
        <input type="submit" name="delete"¬
        value="löschen"  class="button" />
      </td>
    </tr>
    </form>
  </table>
  </div>

</div>
```

Listing 10.4 Template erste im Ordner f_001

Auch die Übersicht über die Lernmodule wird als Makro realisiert. Zum gleichen Tag, das die Makrodefinition aufnimmt, wird noch eine Variablendefinition notiert. Diese enthält den Objektpfad zum Ordner f_ 001, ausgehend von dem Ordner, der tatsächlich über das Web aufgerufen wird. Bei allen Referenzierungen auf Objekte muss man sich klar machen, dass das Objekt, das über das Web aufgerufen wird, immer der Ordner closed ist. Angezeigt wird das darin befindliche Template index_html. Das Template erste, das hier besprochen wird, wird von index_html als Makro aufgerufen. Benutzt man darin die Variable here, erhält man deshalb den Pfad zum Ordner closed, nicht aber zum Ordner f_001. Will man aber Objekte, die in diesem Ordner abgelegt

10

sind, referenzieren, muss man den Pfad von dem Ordner aus, den `here` referenziert, weiter zum Ordner `f_001` aufbauen. Genau das wird mit der Variablendefinition gemacht.

Da einzelne Pfadelemente bereits in Variablen enthalten sind – in `typ` ist die Id des Ordners gespeichert, der einem Benutzertyp zugeordnet ist, und in `f` im Query-String ist die Id des aktuellen Ordners abgelegt – wird hier der Objektpfad mit ihnen gebildet. Im weiteren Verlauf kann also mit der Variablen `pfad` auf den Ordner `f_001` zugegriffen werden. Das spart etwas Schreibarbeit und hält den Code übersichtlicher.

Im `div`-Bereich mit der Id `desktop` sind vier weitere `div`-Bereiche eingebettet. Der erste mit der Id `seiten_titel` beinhaltet lediglich eine Seitenüberschrift. Der zweite mit der Id `fehler` ist für mögliche Fehleranzeigen vorgesehen, die bei der Nutzung der Seite auftreten können. Er wird nur dann angezeigt, wenn eine Variable mit Namen `err` im Query-String vorhanden ist. Die Behandlung von Fehlern wird im nächsten Abschnitt gezeigt. Ähnlich funktioniert der dritte `div`-Bereich. Dieser wird nur dann angezeigt, wenn im Query-String eine Variable mit dem Namen `resp` vorhanden ist. Dieser Bereich ist für Mitteilungen vom Server vorgesehen, die Antwort auf Benutzer-Aktionen geben sollen. Der vierte `div`-Bereich mit der Id `tabelle` enthält die Auflistung der Lernmodule.

Eine `colgroup`-Definition bestimmt die Breiten der einzelnen Tabellenspalten. Danach folgt die erste Tabellenzeile in der die Spaltenüberschriften notiert sind. Bevor nun die einzelnen Lernmodule aufgelistet werden, wird ein Formular-Block geöffnet. Das Skript, das ausgeführt wird, wenn man einen der Submit-Buttons betätigt, wird mittels der `attributes`-Anweisung zum `form`-Tag notiert. Auch hier wird sich der Variablen bedient, die bereits einzelne Pfadelemente enthalten. Im Ergebnis wird folgendes Attribut geschrieben:

```
action="admin/f_001/py_overviewAct"
```

Das zugehörige Skript wird in Abschnitt 10.5 erstellt und besprochen.

Das Formular enthält zunächst zwei versteckte Felder, die die Daten aus dem aktuellen Query-String aufnehmen, also die Variablen `f` und `fu`, damit sie an das auswertende Skript weitergereicht werden können.

Im anschließenden `span`-Tag ruft die `repeat`-Anweisung ein weiteres Skript auf, das die Id `py_fetchModul` hat. Es liest die vorhandenen

Lernmodul-Objekte aus dem Ordner `module` aus und gibt sie als Sequenz zurück. Das Skript selbst wird im folgenden Abschnitt erläutert. Die Anzahl der Lernmodule bestimmt somit, wie häufig die `repeat`-Schleife durchlaufen wird. Das `span`-Tag dient nur der Aufnahme der `repeat`-Anweisung und wird mittels des `omit`-Tags aus dem Quelltext entfernt.

Angezeigt wird dagegen für jedes Element in der zurückgelieferten Sequenz eine Tabellenzeile, die nach dem `span`-Tag in zwei Varianten notiert ist. In der ersten Variante erhält das `tr`-Tag eine Id, über die eine Stildefinition diese Zeile mit einem weißen Hintergrund versehen kann. Die zweite Variante erhält keine Id und bekommt damit die gleiche Hintergrundfarbe wie die gesamte Tabelle. Beide Varianten im Schleifendurchlauf werden abwechselnd verwendet. Erreicht wird dies durch die `condition`-Anweisungen, die jeweils beim `tr`-Tag notiert sind. Diese überprüfen, ob das aktuelle Element der Sequenz einen geraden oder ungeraden Index hat.

In den Zellen geht es nun darum, die Informationen über die Lernmodule anzuzeigen. Die erste Zelle enthält eine Checkbox zur Auswahl des Moduls. Dessen `name`-Attribut wird als Liste formatiert, und das `value`-Attribut erhält als Wert die Id des jeweiligen Lernmoduls. Wenn das auswertende Skript aufgerufen wird, erhält es somit eine Liste der Ids jener Module, die der Benutzer ausgewählt hat.

In der nächsten Zelle wird der Titel des Moduls angezeigt. Dieser ist gleichzeitig ein Link, der zu der Seite führt, auf der die gesamten Informationen zum Modul einseh- und änderbar sind. Wie weiter oben bereits erläutert, bleibt auch hier das eigentlich aufgerufene Objekt der Ordner `closed`. Es wird also die gleiche Seite nochmals aufgerufen, nur mit anderen beziehungsweise zusätzlichen Variablen im Query-String. Der URL für den Link ist also der gleiche wie der zu dieser Seite. Deshalb kann ein Punkt (.) als Wert für das `href`-Attribut angegeben werden. Variablen des Query-Strings werden in der `define`-Anweisung in der Variablen `params` zusammengefasst. Neben den Variablen f und fu, die auch weiterhin benötigt werden, sind das die Variablen `page` und m. Der Wert von `page` ist die Id des Templates, das bei Klick auf den Link im Hauptbereich der Seite angezeigt werden soll. Das Template `weiche2` benutzt diesen Wert, um die Verzweigung zu realisieren (*siehe Abschnitt 10.2*). Die Variable m erhält als Wert die Id des aktuellen Moduls im Schleifendurchlauf. Damit ist das Lernmodul eindeutig identifiziert und das aufgerufene Template kann auf seine Daten zugreifen.

Die folgenden Zellen zeigen die noch ausstehenden Informationen über ein Modul an. Diese sind die Art, der Status, das Datum der letzten Statusänderung, der zuständige Dozent und die Anzahl der Anmeldungen. Für die Anzeige der Art sind zwei Zellen notiert, von denen aber immer nur jeweils eine angezeigt wird. Eine `condition`-Anweisung überprüft den Wert der Eigenschaft `art` des Moduls. Da diese ja ein boolscher Wert ist, ist er entweder *true* oder *false*. Dementsprechend wird eine der beiden Zellen angezeigt.

Das Datum der letzten Statusänderung wird als Python-Ausdruck notiert, um mit der Methode `strftime()` eine europäische Datumsausgabe zu erzielen (*siehe Abschnitt 10.6*).

Nach dem `span`-Block ist zunächst eine komplett leere Tabellenzelle notiert, die lediglich Abstand zur folgenden Zeile herstellen soll, die die Submit-Buttons enthält. Für die Modulübersicht sind dies ein Button zum Löschen ausgewählter Module sowie einer, der zu einem weiteren Formular führen soll, in dem ein neues Modul angelegt werden kann.

10.4.2 Das Skript zum Auslesen der Lernmodul-Objekte

Das Python-Skript, das die Lernmodul-Objekte ausliest und als Sequenz zurückgibt, muss jetzt im Ordner `f_001` mit der Id `py_fetchModul` angelegt werden. Sein Quelltext sieht folgendermaßen aus:

```
## Script (Python) "py_fetchModul"
##parameters=
elements = context.module.objectValues('Folder')
module = []
for item in elements:
    if item.hasProperty('modul'):
        if item.modul:
            module.append(item)
return sequence.sort(module,(('c_date','cmp','asc'),))
```

Listing 10.5 Python-Skript py_fetchModul

Wie es funktioniert

Die Ähnlichkeit zu dem Skript, das die Menüpunkte ausliest (*siehe Abschnitt 8.4.2*), ist nicht verwunderlich. Auch hier werden mit der Methode `objectValues()` alle Ordner, die sich im Ordner `module` befinden, ausgelesen. Anschließend wird in der for-Schleife jedes Objekt darauf überprüft, ob es die Eigenschaft `modul` besitzt, und im Erfolgsfall der Liste `module` hinzugefügt. Diese wird anhand der Eigenschaft `c_date` sortiert, damit die Lernmodule in der Reihenfolge ihrer Erstellung angezeigt werden.

Ein Test sollte jetzt ein Tabelle anzeigen, die zwar noch unformatiert ist, aber alle Informationen anzeigt, die in der Übersicht erscheinen sollten.

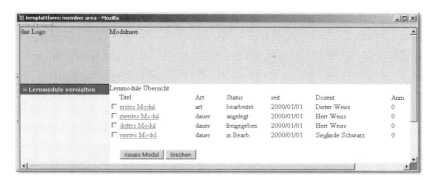

Abbildung 10.5 Die unformatierte Übersicht der Lernmodule

10.4.3 Neue Stile zur Formatierung der Übersicht

Für alle Stile, die die Tabelle formatieren, sind die Stildefinitionen im Page-Template mit der Id `styles_tables` im Ordner `closed` zuständig. Formularelemente werden von den Stildefinitionen im Template Id `styles_inputs` im gleichen Ordner definiert. Beide Templates wurden in Abschnitt 8.3.2 bereits importiert. Jetzt muss nur noch dafür gesorgt werden, dass sie vom Template `styles_css` aufgerufen werden:

```
<s metal:use-macro="here/styles_area/macros/area_styles">
Bereichsaufteilungs-Stile</s>
<s metal:use-macro="here/styles_menu/macros/menu">
Menü-Stile</s>
<s metal:use-macro="here/styles_tables/macros/tables">
Tabellen-Stile</s>
<s metal:use-macro="here/styles_inputs/macros/inputs">
Formularelement-Stile</s>
```

Listing 10.6 Änderungen im Template styles_css

Nach diesen letzten Anpassungen sollte die Seite jetzt wie in Abbildung 10.6 dargestellt aussehen.

Abbildung 10.6 Formatierte Lernmodul-Übersicht

Die Links auf den Titeln der Module funktionieren natürlich noch genauso wenig wie die beiden Buttons unterhalb der Tabelle. Diese werden im folgenden Abschnitt mit ihren Funktionen belegt.

10.5 Die Funktionen der Übersichtsseite

Da die beiden Buttons des Formulars als Submit-Buttons angelegt sind, lösen sie das unter dem `action`-Attribut angegebene Skript aus. Dieses muss also die zwei Funktionen, *»löschen«* und *»neues Modul«*, unterscheiden können. Des Weiteren macht es keinen Sinn, den Button *»löschen«* zu betätigen, wenn keines der Module ausgewählt ist. In diesem Fall muss das Skript eine Fehlermeldung auslösen, die den Benutzer auffordert, eine Auswahl zu treffen. Ist aber eine Auswahl getroffen worden, sollte das Löschen von Modulen nicht ohne eine weitere Bestätigung des Benutzers erfolgen, damit versehentliches Löschen abgefangen wird.

10.5.1 Das auswertende Skript

Das Skript wird mit der Id `py_overviewAct` im Ordner `f_001` angelegt. Für die Übernahme der Formulardaten erhält es die Parameter, die den Formularelementen entsprechen. Im Einzelnen sind das `auswahl`, für die Ids der ausgewählten Lernmodule, `new` und `delete`, für die beiden Buttons sowie `f` und `fu`, für die Daten der beiden versteckten Formularfelder. Alle Parameter werden mit einem Standardwert eingestellt. Für `auswahl` ist dies eine leere Liste (`[]`), für die übrigen Parameter ein leerer String (`''`). Im Editierfeld wird nachfolgender Quelltext notiert (die beiden ersten Zeilen sind Kommentarzeilen und können weggelassen werden; die zweite zeigt dabei die Parameter, wie sie im Feld *Parameter List* eingetragen werden müssen):

```
## Script (Python) "py_overviewAct"
##parameters=auswahl=[],delete='', new='',f='',fu=''¬
params = '?f='+f+'&fu='+fu
self = context.REQUEST.URL3+params
if new:
   context.REQUEST.RESPONSE.redirect(self+'&page=detail')
   return
if delete:
   if auswahl:
      module=''
      for id in auswahl:
         module += '&lm:list='+I
      context.REQUEST.RESPONSE.
      redirect(self+'&page=confirm'+module)
      return
   else:
      context.REQUEST.RESPONSE.redirect(self+'&err=01')
      return
```

Listing 10.7 Das Skript py_overviewAct

Zunächst werden zwei Variablen gebildet. Die erste, params, setzt die beiden Werte aus dem Query-String der Seite, die mittels der versteckten Formularfelder übergeben wurden, zu einem neuen Query-String zusammen. Die zweite, self, bildet einen URL, der auf den Ordner closed verweist, und hängt daran den neu gebildeten Query-String.

Wie es funktioniert

Die Bildung des URL geschieht über das Attribut URLn des REQUEST-Objektes. Dieses enthält wie auch das Attribut BASEn Teilsegmente des aktuellen URL. Dabei erhält man mit BASE0 den URL des Servers auf dem Zope läuft. Mit BASE1 bekommt man den Server sowie den root-Ordner von Zope, also den ersten Ordner, in dem tatsächlich Objekte abgelegt werden können. BASE2 liefert einen Pfad, der auf einen Ordner verweist, der direkt im root-Ordner liegt. Mit BASE3 erhält man einen Pfad, der auf einen Ordner verweist, der eine weitere Ebene tiefer liegt, usw. Mit BASEn wird also die Kette der Pfadelemente additiv von der Server-URL beginnend aufgebaut.

BASE und URL

Den genau umgekehrten Weg geht URLn. Dieses Attribut liefert mit URL0 den URL des aufgerufenen Objektes, mit URL1 den des Eltern-Objektes des aufgerufenen Objektes usw. Diese Kette endet beim reinen Server-URL.

Beide Attribute führen zu Fehlermeldungen, wenn die für n angegebene Zahl größer ist als die Zahl der tatsächlich vorhandenen Pfadelemente.

Klickt man im Formular auf einen der beiden Buttons, wird auch eine Formular-Variable mit dem Namen des geklickten Buttons und dem beim value-Attribut des Buttons angegebenen Wert an das Skript übergeben. Für den jeweils nicht geklickten Button, wird keine Variable übergeben. Der Parameter, der für ihn in die Parameterliste notiert wurde, nimmt dann den angegebenen Standardwert an. D.h., wenn auf »neues Modul« geklickt wird, erhält der Parameter new den Wert »neues Modul«, der Parameter delete erhält aus dem Formular keinen Wert und nimmt den Standardwert aus der Parameterliste an.

Deshalb reicht es, die beiden Parameter, die für die Submit-Buttons stehen, auf *true*-Werte zu überprüfen. Haben sie einen solchen, wurde auf den entsprechenden Button geklickt. Ist das für den Parameter new der Fall, wird mit der Methode redirect() eine Weiterleitung auf den URL gemacht, der in der Variablen self gespeichert ist. Der Query-String erhält aber noch die Variable page mit dem Wert detail. Mit dieser Information sorgt weiche2 dafür, dass das Template mit diesem Namen im Hauptbereich der Seite angezeigt wird. Dieses Template wird in Abschnitt 10.6 angelegt und erläutert.

redirect() Aufgerufen wird die Methode redirect() über das RESPONSE-Objekt, ein Unterobjekt von REQUEST. Dieses Objekt enthält Informationen über die Antwort auf eine Zope-Anfrage und stellt Methoden bereit, die Antwort zu modifizieren. Die Methode redirect() erhält als Parameter den URL, inklusive eines etwaigen Query-Strings, zu dem weitergeleitet werden soll.

Wenn der Parameter delete einen *true*-Wert hat, wird der sich anschließende Block abgearbeitet. Zunächst wird überprüft, ob der Parameter auswahl einen *true*-Wert hat, also vom Benutzer auch wirklich Lernmodule gewählt wurden. Ist das der Fall, ist der Wert des Parameters eine Liste, die die Ids der gewählten Module enthält. Diese werden in der folgenden Schleife zu einem Query-String formatiert, der in der Variablen module gespeichert wird. Dabei ist lm der Name des Parameters und :list die Bestimmung des Datentyps. Als Werte werden die jeweiligen Ids der Lernmodule den Parametern zugewiesen. Eine spätere Auswertung dieses Query-String kann durch die Datentypbestimmung auf eine Liste mit den Ids der gewählten Lernmodule zugreifen (*siehe Abschnitt 10.5.2*).

Schließlich wird nach dem gleichen Prinzip wie zuvor eine Weiterleitung gemacht. Diesmal erhält die Variable `page` im Query-String den Wert `confirm`. Damit lädt `weiche2` ein Template dieses Namens in den Hauptbereich der Seite. Zusätzlich erhält der Query-String noch die Ids der gewählten Lernmodule, die in der Variablen `module` gespeichert sind.

Wurde der Button »löschen« geklickt, ohne vorher eine Auswahl zu treffen, werden an den Parameter `auswahl` keine Werte übergeben. Damit nimmt er den in der Parameterliste definierten Standardwert an, einen *false*-Wert. In dem Fall wird der `else`-Block abgearbeitet. Erneut wird eine Weiterleitung gemacht. Diesmal soll aber die Übersicht der Lernmodule wieder angezeigt werden. Deshalb wird die Variable `page` nicht in den Query-String eingefügt. Das Template `weiche2` lädt dann ein Template mit der Id `erste` in den Hauptbereich der Seite. Damit dem Benutzer auf der Übersichtsseite eine Fehlermeldung angezeigt werden kann, wird in den Query-String eine Variable mit dem Namen `err` gesetzt. Dieser bewirkt beim Template `erste`, dass der `div`-Bereich, der für die Fehlermeldung vorgesehen ist, in den gerenderten Quelltext geschrieben wird. Der Wert des Parameters ist die Codezahl der Fehlermeldung. Der folgende Abschnitt zeigt die genaue Handhabung der Fehlermeldungen.

10.5.2 Handhabung der Fehlermeldungen

Die Fehlermeldungen sollen einfach zu handhaben und schnell erweiterbar sein. Bei der Lernmodulübersicht kann nur ein Benutzerfehler auftreten, nämlich dann, wenn ein Benutzer ohne vorige Auswahl eines Moduls den Button »löschen« betätigt. Doch sind auch Formulare denkbar, bei denen zehn oder mehr Eingabefehler möglich sind. Diese alle in den Code des Formular-Templates zu notieren und durch `condition`-Anweisungen zu steuern, ist sehr ineffektiv. Besser ist es, einen zentralen Platz für die Fehlermeldungen zu schaffen, und über Codezahlen die jeweils richtige Meldung zu identifizieren. Dieser zentrale Platz wird ein Ordner mit der Id `fehler` sein, der im Ordner `f_001` angelegt wird. Die Fehlermeldungen der gesamten Lernmodul-Verwaltung werden als Eigenschaften dieses neuen Ordners angelegt. Als Namen für die Eigenschaften werden Codezahlen vergeben, über die bei Bedarf eine Meldung abgerufen wird.

Für den einen bisher möglichen Fehler muss also dem Ordner `fehler` eine Eigenschaft mit dem Namen `01` hinzugefügt werden. Als Datentyp wird *string* gewählt. Als Wert für die Eigenschaft wird der Text der

Fehlermeldung notiert, in diesem Fall »Es wurde keine Auswahl getroffen« (*siehe Abbildung 10.7*).

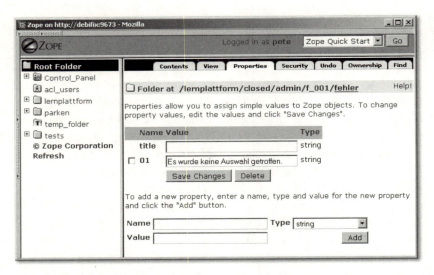

Abbildung 10.7 Eigenschaften des Ordners fehler

Ein Blick auf den Fehlermeldungsbereich im Template erste verdeutlicht die Funktionsweise:

```
<div tal:condition="python:request.has_key('err')"¬
 id="fehler">
    Achtung!<br />
    <span tal:content="python:pfad.fehler[request.err]">
    Meldung</span>
 </div>
```

Listing 10.8 Fehlermeldungsbereich aus dem Template erste

Als Voraussetzung für die Darstellung des div-Bereichs muss die Variable err im Query-String vorhanden sein. Der span-Bereich, der den Fehlertext anzeigt, erhält seinen Inhalt aus dem Ordner fehler, und zwar anhand der übergebenen Codezahl. Mit einem anderen Wert für err und entsprechender Eigenschaft des Ordners fehler kann also jede andere Fehlermeldung ausgegeben werden.

10.5.3 Bestätigung des Löschvorgangs

Wie bereits erwähnt, soll das Löschen von Lernmodulen vom Nutzer bestätigt werden. Das Python-Skript leitet zu diesem Zweck auf ein

Template mit der Id `confirm` weiter, das jetzt im Ordner `f_001` angelegt werden muss. Es soll die Namen der vom Benutzer ausgewählten Lernmodule anzeigen. Dabei soll ein Hinweis erscheinen, wenn eines der gewählten Module den Status »freigegeben« hat. Ein solches Modul soll vom Löschen ausgenommen werden, da es Teilnehmer haben kann, die daraus bereits auf Lerninhalte zugreifen.

Mit einem Button kann das Löschen bestätigt werden. Ein zweiter Button führt ohne zu löschen auf die Übersichtsseite zurück.

Der Quelltext dieses Templates sieht folgendermaßen aus:

Das Template

```
<div id="desktop" metal:define-macro="desktop">
  <div id="seiten_titel">L&ouml;schen best&auml;tigen
  </div>
  <div id="tabelle">
    <table id="meldung" cellspacing="0">
      <colgroup>
        <col width="20" />
        <col width="10" />
        <col width="200" />
        <col width="300" />
        <col width="*" />
      </colgroup>
      <tr>
        <td colspan="4">Sollen folgende Lernmodule
          tats&auml;chlich gel&ouml;scht werden?:</td>
        <td> </td>
      </tr>
    <form name="overview" method="post"¬
     tal:attributes="action¬
     string:${typ}/${request/f}/py_delModul">
      <input type="hidden" name="f"¬
       tal:attributes="value request/f" />
      <input type="hidden" name="fu"¬
       tal:attributes="value request/fu" />
      <tr tal:repeat="mod request/lm">
        <input type="hidden" name="lm:list"¬
         tal:attributes="value mod" />
        <td> </td>
        <td>&bull;</td>
        <td tal:content="python:here.module[mod].title">
          Modulname</td>
```

```
      <td tal:condition=¬
       "python:here.module[mod].status=='freigegeben'"¬
       id="warn">kann nicht gel&ouml;scht werden,¬
       da freigegeben!</td>
      <td tal:condition=¬
       "not:python:here.module[mod].status==¬
       'freigegeben'">
        </td>
      <td> </td>
     </tr>
     <tr>
       <td colspan="4">Damit werden ihre Lerninhalte
        komplett und unwiederbringlich entfernt!</td>
       <td> </td>
     </tr>
     <tr>
       <td colspan="5"> </td>
     </tr>
     <tr>
       <td colspan="5">
        <input type="submit" name="back"¬
         value="zur&uuml;ck" class="button" />
        <input type="submit" name="delete"¬
         value="Module l&ouml;schen"  class="button" />
       </td>
     </tr>
    </form>
    </table>
  </div>
</div>
```

Listing 10.9 Das Template confirm

Wie es
funktioniert

Die Grundstruktur dieses Templates ist der des Templates mit der Id
erste ähnlich. Es beginnt auch hier mit einer Makrodefinition. Innerhalb dieses div-Bereichs befinden sich zwei weitere div-Bereiche. Der
erste enthält die Seiten-Überschrift, der zweite die Bestätigung des
Löschvorgangs.

In diesem zweiten div-Bereich ist eine Tabelle definiert, die die Aufgabe hat, den Bereich zu strukturieren. Die für die Bestätigung entscheidende Notierung beginnt mit dem form-Tag. Das dort definierte
Formular ruft bei Betätigung einer der Submit-Buttons ein weiteres

Python-Skript mit der Id `py_delModul` auf, das die eigentlichen Funktionen ausführt. Es wird weiter unten in diesem Abschnitt erstellt.

Es folgen auch hier die versteckten Formularfelder für die Variablen `f` und `fu` aus dem Query-String. Danach wird mit einer repeat-Anweisung eine Tabellenzeile so oft in den Quelltext geschrieben, wie Lernmodule ausgewählt wurden. Deren Ids wurden im Query-String mit der Variablen `lm` übergeben. Formatiert wurde diese Variable als Liste, sodass man die einzelnen Elemente nun mit einer `for`-Schleife auslesen kann.

Zunächst wird pro Schleifendurchlauf ein verstecktes Formularfeld mit dem Namen `lm` angelegt. Es wird ebenfalls als Liste formatiert und erhält als Wert das aktuelle Listenelement. Dann werden die Tabellenzellen geschrieben.

In der dritten Zelle wird der Titel des Lernmoduls dynamisch eingetragen. Die vierte Zelle wird abhängig vom Wert der Eigenschaft `status` des Lernmoduls angezeigt. Ist deren Wert `'freigegeben'`, wird ein Hinweis darauf, dass dieses Modul nicht gelöscht werden kann, ausgegeben. Ist es ein anderer Wert, bleibt die Zelle ohne Text.

Nach einem weiteren Hinweis und einer leeren Tabellenzeile folgen zwei Submit-Buttons, einer zum tatsächlichen Löschen der Lernmodule, der andere zum Zurückkehren auf die Übersichtsseite.

Beide Buttons rufen das beim `action`-Attribut angegebene Python-Skript auf. Dieses muss nun im Ordner `f_001` mit der Id `py_delModul` angelegt werden. Es erhält ebenfalls eine Parameterliste, die auf die Formular-Variablen referenziert. Der Quelltext dieses Skriptes sieht folgendermaßen aus:

Das Python-Skript

```
##parameters=delete='',back='',lm=[],f='',fu=''
params = '?f='+f+'&fu='+fu
self = context.closed.absolute_url()+params
if back:
    context.REQUEST.RESPONSE.redirect(self)
    return
if delete:
    x = 0
    for mod in lm:
        if context.module[mod].status == 'freigegeben':
            del lm[x]
        x +=1
```

```
context.module.manage_delObjects(lm)
context.REQUEST.RESPONSE.redirect(self+'resp=01')
return
```

Listing 10.10 Das Skript py_delModul

Wie es
funktioniert Die erste Zeile des Listings enthält die vorgesehenen Parameter. Nach dem Sichern der Eingabe überträgt Zope diese automatisch in das Feld »Parameter List« des Edit-Tabs und entfernt die Zeile aus dem Editierfeld.

Auch in diesem Skript wird zunächst der Query-String aufgebaut und der Link auf den Ordner closed generiert.

Wenn der Parameter back einen *true*-Wert hat, wurde der Button »zurück« betätigt. Daher wird im folgenden Anweisungsblock eine Weiterleitung gemacht, die wieder die Lernmodul-Übersicht in den Hauptbereich der Seite lädt.

Ist der Parameter delete mit einem *true*-Wert belegt, sollen die gewählten Module tatsächlich gelöscht werden. Zuvor müssen aber noch die Ids derjenigen Lernmodule herausgefiltert werden, deren Status ein Löschen nicht zulässt. Dazu wird die Liste, die dem Parameter lm übergeben wurde, mit einer for-Schleife durchlaufen. Eine Variable x wird bei jedem Durchlauf um den Wert 1 erhöht. Damit wird quasi der Index jedes Listeneintrags, beginnend mit 0, gebildet. Hat ein Modul einen Status, der das Löschen nicht erlaubt, wird dessen Id aus der Liste lm entfernt.

manage_
delObjects() Die so bereinigte Liste wird an die Methode manage_delObjects() übergeben, die den eigentlichen Löschvorgang durchführt. Diese Methode kann auf Ordner-Objekte angewendet werden; in diesem Fall auf den Ordner module. Als Parameter wird entweder eine einzelne Id oder eine Liste von mehreren Ids übergeben. Werden Ids übergeben, die in dem Ordner, auf den die Methode angewendet wird, nicht vorhanden sind, wird eine Fehlermeldung ausgelöst.

Nach erfolgter Löschung wird auf die Übersichtsseite weitergeleitet. Dabei wird der Parameter resp übergeben, der dazu dient, auf der Übersichtsseite den Bereich für Server-Antworten sichtbar zu machen.

10.5.4 Server-Antworten handhaben

Das Prinzip der Server-Antworten entspricht dem der Fehlermeldungen. Auch sie werden zentral verwaltet. Dazu wird im Ordner f_001 ein weiterer Ordner mit der Id `antworten` angelegt. Die möglichen Server-Antworten werden als Eigenschaften dieses Ordners definiert. Wieder wird die einzelne Antwort mit einer Codezahl versehen, die dann als Wert des Parameters `resp` übergeben wird.

Es muss also für den neuen Ordner `anworten` eine Eigenschaft mit dem Namen `01` angelegt werden. Als Datentyp haben wir *string* gewählt, als Wert »Die ausgewählten Lernmodule wurden gelöscht (sofern nicht freigegeben).« eingetragen. In der gleichen Weise muss eine Eigenschaft mit der ID `02` angelegt werden, die als Wert den Antworttext »Die Änderungen wurden gespeichert.« erhält.

Wenn jetzt also das Template `erste` wieder aufgerufen wird, zeigt es den Antwortbereich mit dieser Meldung an.

10.5.5 Proxy-Rolle für das ausführende Skript

Im Prinzip ist die Löschfunktion jetzt funktionsfähig. Allerdings fehlt der Rolle *admin* das Recht, Objekte zu löschen. Würde man als eingeloggter Bildungsplaner den Löschvorgang bestätigen, erschiene der Anmeldedialog, der auch beim Einloggen in die Plattform erscheint. Die erneute Eingabe von Benutzername und Passwort würde nichts bewirken. Nur ein Benutzer mit der Berechtigung, Objekte zu löschen, würde Zopes Sicherheitsrichtlinien genügen. Grundsätzlich zeigt Zope den Anmeldedialog, wenn eine Aktion ausgeführt werden soll, für die der aktuelle Benutzer keine Berechtigung besitzt.

Es ist aber nicht unbedingt ratsam, der Rolle *admin* das Recht zum Löschen von Objekten einzuräumen (*Delete objects*), da damit theoretisch auch andere Objekte der Applikation gelöscht werden könnten. Sinnvoller ist es, dem Skript `py_delModul` eine *Proxy-Rolle* zuzuweisen, die das Recht besitzt, und die die Rolle des aktuell eingeloggten Benutzers temporär überschreibt. Dazu muss im Skript das Tab *Proxy* ausgewählt werden und die Rolle im Auswahlfeld eingestellt werden. Man kann dafür gezielt eine Rolle definieren, die nur die wirklich benötigten Rechte erhält, was bei einer Applikation, die tatsächlich sicher laufen muss, auch angeraten ist. Für diesen Prototyp wird der Einfachheit halber die Rolle *Manager* gewählt, die das entsprechende Recht besitzt.

10.6 Neue Module hinzufügen, bestehende ändern

Den Abschluss der Entwicklung der Lernmodul-Verwaltung bildet das Formular zum Anlegen neuer Module, das gleichzeitig auch der Anzeige und dem Verändern bestehender Module dient. Alle Daten eines Moduls können hier eingesehen, verändert bzw. eingegeben werden. In seiner Endform wird es wie in Abbildung 10.8 gezeigt aussehen.

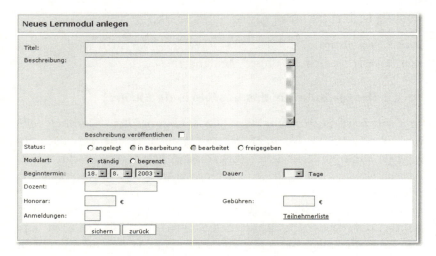

Abbildung 10.8 Seite zum Anlegen und Bearbeiten eines Lernmoduls

10.6.1 Der Aufbau des Formulars

Das zugehörige Template wird im Ordner `f_001` mit der Id `detail` angelegt. Es muss in der Lage sein, für drei mögliche Situationen die richtigen Daten anzuzeigen. Zum einen muss es alle Daten eines Moduls anzeigen, wenn es als Detailansicht eines Moduls aufgerufen wird. Wenn jemand den Button »neues Modul« in der Übersicht anklickt, muss es zum anderen mit leeren Eingabefeldern erscheinen. Wenn ein Fehler bei der Eingabe aufgetreten ist, muss es nicht nur die Fehlermeldung, sondern auch die vom Benutzer bereits richtig eingegebenen Daten anzeigen, damit deren Eingabe nicht wiederholt werden muss.

Zum Formular gehört auch ein Python-Skript, das die Formulardaten auswertet und verarbeitet. Dieses wird ebenfalls im Ordner `f_001` angelegt und erhält die Id `py_detailAct`. Es wird in Abschnitt 10.6.2 ausführlich erläutert.

Zunächst aber das Template. Da der Quelltext sehr lang ist, wird er hier abschnittsweise angezeigt und erläutert. Der gesamte zusammenhängende Quelltext ist auf der Buch-CD im Ordner zu diesem Kapitel zu finden.

```
<div id="desktop" metal:define-macro="desktop"¬
    tal:define="pfad python:here[typ][request.f]">
  <span tal:condition="python:request.has_key('m')"¬
      tal:omit-Tag="">
  <div tal:define="name python:¬
                  here.module[request.m].title"
      tal:content="string:Lernmodul bearbeiten: ${name}"
      id="seiten_titel">Titel</div>
  </span>
  <div tal:condition="not:python:request.has_key('m')"¬
      id="seiten_titel"> Neues Lernmodul anlegen </div>
  <div tal:condition="python:request.has_key('err')"¬
      id="fehler"> Achtung!<br />
    <span tal:content="python:pfad.fehler[request.err]">
    Meldung</span>
  </div>
  <div tal:condition="python:request.has_key('resp')"¬
      id="antwort">Server-Antwort:<br />
    <span tal:content="python:pfad.antworten¬
    [request.resp]">
    Meldung</span>
  </div>
```

Listing 10.11 Template detail – 1. Teil

Wie mittlerweile gewohnt, beginnt das Template mit einer Makro-definition. Zusätzlich wird auch für dieses Template eine Variable definiert, die den Objektpfad zum Ordner f_001 enthält.

Wie es funktioniert

Es folgen zwei div-Bereiche für den Seitentitel. Beide sind mit einer condition-Anweisung versehen, die überprüft, ob im Query-String eine Variable mit dem Namen m vorhanden ist. Das ist nur dann der Fall, wenn die Detailansicht eines bestehenden Moduls aufgerufen wird. In dem Fall soll der Titel des Moduls in den div-Bereich geschrieben werden. Da der Wert der Variablen m die Id des Lernmoduls ist, kann auf dessen Titel leicht zugegriffen werden. Im anderen Fall, wenn also die Variable m nicht im Query vorhanden ist, wird als Seitentitel »Neues Lernmodul anlegen« ausgegeben.

Die folgenden beiden `div`-Bereiche sind die schon bekannten Bereiche für Fehlermeldungen bzw. Server-Antworten, die nur angezeigt werden, wenn entsprechende Variablen im Query-String vorhanden sind. Die Meldungen werden anhand des als Wert übergebenen Zahlencodes aus den Eigenschaften der für die Meldungen vorgesehenen Ordner-Objekte ausgelesen.

Der folgende Teil im Quelltext beinhaltet ausschließlich drei Blöcke mit Variablendefinitionen, die jeweils für eine der eingangs beschriebenen Situationen vorgenommen werden:

```
<span tal:condition="python:request.has_key('m')"¬
      tal:omit-Tag="">
  <span tal:define="mod python:here.module[request.m];
                    global title mod/title;
                    global descr mod/descr;
                    global publish mod/publish;
                    global status mod/status;
                    global art mod/art;
                    global begin mod/begin;
                    global dauer mod/dauer;
                    global dozent mod/dozent;
                    global honorar mod/honorar;
                    global preis mod/preis;
                    global register mod/register"
        tal:omit-Tag=""></span>
</span>
<span tal:condition="not:python:request.has_key('m')"¬
 tal:omit-Tag="">
  <span tal:define="global title string:;
                    global descr string:;
                    global publish string:;
                    global status string:;
                    global art string:s;
                    global begin python:DateTime();
                    global dauer string:;
                    global dozent string:;
                    global honorar string:;
                    global preis string:;
                    global register string:"
        tal:omit-Tag=""></span>
</span>
```

```
<span tal:condition="python:request.has_key('err')"¬
 tal:omit-Tag="">
  <span tal:define="global title request/title;
                    global descr request/descr;
                    global publish request/publish;
                    global status request/status;
                    global art request/art;
                    date request/begin;
                    global begin¬
                       python:DateTime¬
                       (date[2]+'/'+date[1]+'/'+date[0]);
                    global dauer request/dauer;
                    global dozent request/dozent;
                    global honorar request/honorar;
                    global preis request/preis;
                    global register request/register"
           tal:omit-Tag=""></span>
</span>
```

Listing 10.12 Template detail – 2. Teil

In allen drei Blöcken werden Variablen mit den gleichen Namen defi- **Wie es funktioniert**
niert. Ihre jeweiligen Werte werden in die entsprechenden Formular-
felder eingesetzt. Damit die Variablen im Formularblock noch zur Verfügung stehen, werden sie als `global` deklariert.

Die Variablendefinition im ersten Block wird dann ausgeführt, wenn
im Query-String die Variable m vertreten ist. Hier erhalten die Variablen
ihre Werte aus den Eigenschaften des Lernmoduls, dessen Id als Wert
der Variablen m übergeben wird. Dieser Block wird also ausgeführt,
wenn ein Benutzer die Detailansicht eines Moduls aufruft.

Der nächste Block wird abgearbeitet, wenn auf den Button »neues
Modul« geklickt wurde. Im Query-String ist dann die Variable m nicht
vorhanden. Alle Variablen werden als leere Strings definiert. Im
Formular werden deshalb alle Eingabefelder leer sein. Eine Ausnahme
bildet die Variable `begin`, die für das Beginndatum eines Lernmoduls
steht. Sie erhält mittels der Methode `DateTime()` das aktuelle Datum
als Wert. Die Datumseingabe im Formular wird entsprechend das aktuelle Datum anzeigen.

Die Methode `DateTime()` erstellt ein Datumsobjekt. Übergibt man ihr **DateTime()**
keinen Parameter, enthält das Objekt das Datum des Zeitpunkts der

Erstellung. Als Parameter können Strings im Format »jjjj/mm/tt hh:mm:ss« übergeben werden und damit auch Datumsobjekte, die mit einem anderen als dem aktuellen Datum erstellt werden.

Der dritte Block wird dann aufgerufen, wenn ein Fehler beim Bearbeiten des Lernmoduls auftritt, der Query-String also die Variable err enthält. Die hier definierten Variablen erhalten ihre Werte aus den Variablen im Query-String. Das Hineinschreiben in den Query-String ist Aufgabe des auswertenden Skriptes (*siehe Abschnitt 10.6.2*). Die Variable begin bildet auch hier eine Ausnahme. Sie wird auch als Datumsobjekt definiert, dessen Datum aus drei Werten einer Liste zusammengesetzt ist, die im Query-String übergeben wird.

Dieser Block kann aufgerufen werden, wenn ein neues Modul angelegt oder ein bestehendes bearbeitet wird. In beiden Fällen werden die jeweils vorhergehenden Variablendefinitionen überschrieben. Tritt also bei Änderung eines bestehenden Moduls ein Fehler auf, gibt das auswertende Skript die aktuell eingetragenen Werte als Query-String an das Template zurück. Zusätzlich wird die Variable err mit einer Codezahl als Wert in den String eingefügt. Das Template wird erneut aufgerufen und bildet zunächst die Variablen im ersten Block. Aufgrund des Parameters err werden aber dann im dritten Block diese Variablen mit den Werten aus dem Query-String überschrieben. In das Formular werden die Daten geschrieben, die der Benutzer aktuell eingetragen bzw. verändert hat.

Im Anschluss an die Variablendefinitionen folgt das eigentliche Formular, dessen Struktur mit einer Tabelle aufgebaut wird:

```
<div id="tabelle">
   <table id="liste" width="100%" cellspacing="0">
     <colgroup>
       <col width="110" />
       <col width="200" />
       <col width="50" />
       <col width="110" />
       <col width="200" />
       <col width="*" />
     </colgroup>
     <form name="form1" id="details" method="post"¬
      tal:attributes="action¬
         string:${typ}/${request/f}/py_detailAct">
```

```
<input type="hidden" name="f"¬
 tal:attributes="value request/f" />
<input type="hidden" name="fu"¬
 tal:attributes="value request/fu" />
<input type="hidden" name="page"¬
 tal:attributes="value request/page" />
<input type="hidden" name="m"¬
 tal:condition="python:request.has_key('m')"
 tal:attributes="value request/m" />
<tr>
  <td>Titel:</td>
  <td colspan="4">
    <input id="e" name="title" type="text"¬
    class="w400" tal:attributes="value title" />
  </td>
  <td> </td>
</tr>
<tr>
  <td id="head">Beschreibung:</td>
  <td colspan="4">
    <textarea name="descr" cols="56" rows="10"¬
    class="w400" tal:content="descr">
    </textarea>
  </td>
  <td> </td>
</tr>
<tr>
  <td> </td>
  <td colspan="3" valign="middle">
   Beschreibung veröffentlichen 
    <input tal:condition="publish" class="rc"¬
    type="checkbox" value="on"¬
    checked="checked" name="publish" />
    <input tal:condition="not:publish" class="rc"¬
    name="publish" type="checkbox" value="on" />
  </td>
  <td> </td>
  <td> </td>
</tr>
```

Listing 10.13 Template detail – 3. Teil

Dieser Teil beginnt mit dem `div`-Bereich für die Tabelle, der Tabellen- und Spaltendefinition sowie dem Formular-Tag, dessen action-Attribut die Id des erwähnten Python-Skriptes als Wert erhält. Die Parameter `f`, `fu` und `page` müssen für die weitere Übergabe in versteckte Formular- felder geschrieben werden. Wenn ein bestehendes Modul bearbeitet wird, muss auch der Parameter `m` in ein solches Feld geschrieben wer- den.

Nach den versteckten Feldern kommt das erste sichtbare Formularfeld für den Titel des Lernmoduls. Das `value`-Attribut des Tags erhält seinen Wert aus der zuvor gebildeten Variablen `title`. Der anschließende Textbereich für die Beschreibung des Moduls erhält seinen Inhalt aus der Variablen `descr`.

Schließlich wird anhand der Variablen `publish` bestimmt, ob die fol- gende Checkbox im gewählten oder ungewählten Zustand angezeigt wird. Was wie ein zweifacher Eintrag der Checkbox aussieht, ergibt im gerenderten Quelltext immer nur eine Box, da Tags mit der `condition`- Anweisung komplett entfernt werden, wenn die Bedingung nicht zutrifft.

Es folgt im Quelltext dann eine Gruppe von vier Optionsschaltern, die den Status des Lernmoduls anzeigen bzw. einstellbar machen, sowie eine Gruppe von zwei Optionsschaltern, mit denen die Modulart bestimmt werden kann:

```
<tr id="weiss" >
  <td>Status:</td>
  <td colspan="4">
    <input tal:condition="python:status=='angelegt'"¬
     name="status" type="radio" value="angelegt"¬
     class="rc" checked="checked" />
    <input tal:condition=" python:status!='angelegt'"¬
     name="status" type="radio" value="angelegt"¬
     class="rc">angelegt  
    <input tal:condition="python:status=='in Bearbeitung'"¬
     name="status" type="radio" disabled="true"¬
     value="in Bearbeitung" class="rc" checked="checked" />
    <input tal:condition="python:status!='in Bearbeitung'"¬
      name="status" type="radio" disabled="true"¬
      value="in Bearbeitung" class="rc">
     in Bearbeitung  
```

```
  <input tal:condition="python:status=='bearbeitet'"¬
   name="status" type="radio" disabled="true"¬
   value="bearbeitet" class="rc" checked="checked" />
  <input tal:condition="python:status!='bearbeitet'"¬
   name="status" type="radio" disabled="true"¬
   value="bearbeitet" class="rc">bearbeitet  
  <input tal:condition="python:status=='freigegeben'"¬
   name="status" type="radio" value="freigegeben"¬
   class="rc" checked="checked" />
  <input tal:condition=" python:status!='freigegeben'"¬
   name="status" type="radio" value="freigegeben"¬
   class="rc">freigegeben  
 </td>
 <td> </td>
</tr>
<tr>
 <td>Modulart:</td>
 <td>
  <input class="rc" tal:condition="art" name="art"¬
   type="radio" value="s" checked="checked" />
  <input class="rc" tal:condition="not:art" name="art"¬
   type="radio" value="sn" />
   st&auml;ndig   
  <input class="rc" tal:condition="not:art" name="art"¬
   type="radio" value="" checked="checked" />
  <input class="rc" tal:condition="art" name="art"¬
   type="radio" value="" />begrenzt
 </td>
 <td> </td>
 <td> </td>
 <td>  </td>
 <td> </td>
</tr>
```

Listing 10.14 Template detail – 4. Teil

Alle Optionsschalter werden zweimal notiert, versehen jeweils mit einer `condition`-Anweisung. Diese prüft den Wert der zugehörigen Variablen. Für die erste Gruppe wird überprüft, ob die Variable `status` einen bestimmten Wert hat oder nicht. Entsprechend wird der Optionsschalter als gewählt oder nicht gewählt dargestellt. In der zwei-

Wie es funktioniert

ten Gruppe wird überprüft, ob die Variable `art` einen *true*-Wert besitzt oder nicht.

Der folgende Abschnitt im Formular definiert Pulldown-Menüs für das Beginndatum und die Dauer des Lernmoduls:

```
<tr>
  <td>Beginntermin:</td>
  <td>
    <select name="begin:list" size="1">
      <span tal:repeat="t python:range(1,32)"¬
       tal:omit-tag="">
      <option
       tal:condition="python:t==int(begin.strftime('%d'))"
       tal:attributes="value t"
       tal:content="python:str(t)+'.'"
       selected="selected">tag
      </option>
      <option
       tal:condition="python:t!=int(begin.strftime('%d'))"
       tal:attributes="value t"
       tal:content="python:str(t)+'.'">tag
      </option>
      </span>
    </select>
    <select name="begin:list" size="1">
      <span tal:repeat="m python:range(1,13)"
       tal:omit-tag="">
      <option
       tal:condition="python:m==int(begin.strftime('%m'))"
       tal:attributes="value m"
       tal:content="python:str(m)+'.'"
       selected="selected">monat
      </option>
      <option
       tal:condition="python:m!=int(begin.strftime('%m'))"
       tal:attributes="value m"
       tal:content="python:str(m)+'.'">monat
      </option>
      </span>
    </select>
```

```
<select name="begin:list" size="1">
<span tal:repeat="j python:range(2003,2010)"¬
 tal:omit-tag="">
<option
 tal:condition="python:str(j)==begin.strftime('%Y')"
 tal:attributes="value j"
 tal:content="python:str(j)"
 selected="selected">tag
</option>
<option
 tal:condition="python:str(j)!=begin.strftime('%Y')"
 tal:attributes="value j"
 tal:content="python:str(j)">tag
</option>
</span>
</select>
</td>
<td> </td>
<td>Dauer:</td>
<td>
  <select name="dauer" size="1">
    <span tal:repeat="d pfad/m_dauer" tal:omit-tag="">
    <option tal:condition="python:d==str(dauer)"
     tal:attributes="value d" tal:content="d"
     selected="selected">tag
    </option>
    <option tal:condition="python:d!=str(dauer)"
     tal:attributes="value d" tal:content="d">tag
    </option>
    </span>
  </select> Tage
</td>
<td> </td>
</tr>
```

Listing 10.15 Template detail – 5. Teil

Die drei ersten Pulldown-Menüs dienen der Einstellung des Beginntermins. Sie stehen für den Tag, den Monat und das Jahr. Alle drei zugehörigen select-Tags erhalten für das name-Attribut den Wert begin, der mit :list als Liste formatiert wird. So wird das Datum an das ver-

Wie es funktioniert

arbeitende Skript als eine Liste übergeben, deren erster Eintrag der Tag, der zweite die Monatszahl und der dritte die Jahreszahl ist.

range()

Die einzelnen Einträge im Menü werden mit einer `repeat`-Anweisung generiert. Mittels der Funktion `range()` wird eine Sequenz aus Zahlen gebildet. Dabei bestimmt der erste Parameter, der der Funktion übergeben wird, die erste Zahl der Sequenz. Der zweite Parameter bestimmt die erste Zahl, die nicht mehr in der Sequenz enthalten ist. Die Angabe `range(1,32)` bildet also eine Sequenz aus den Zahlen 1 bis 31.

Übergibt man der Funktion nur einen Parameter, beginnt die Sequenz mit 0 und endet vor dem Wert, der als Parameter angegeben wurde. Ein optionaler dritter Parameter bestimmt die Schrittweite zwischen den Zahlen. Mit `range(2,102,2)` erhält man z.B. alle geraden Zahlen zwischen 1 und 101. Ohne dritten Parameter ist die Schrittweite in der Sequenz 1.

Für die jeweiligen Einträge im Menü für den Tag wird geprüft, ob der aktuelle Wert der Schleifenvariablen mit dem Tag des Datums übereinstimmt, das in der Variablen `begin` gespeichert ist. Da `begin` aber im Format *date* vorliegt, kann der Vergleich nicht ohne weiteres durchgeführt werden. Vielmehr muss mit der Methode `strftime()` zunächst nur der Tag aus dem Datum extrahiert und als Zeichenkette formatiert werden.

strftime()

Die Methode `strftime()` formatiert ein Datumsobjekt als String. Dabei kann die genaue Formatierung mit dem Formatierungsoperator (%) bestimmt werden. Hat man z.B. das aktuelle Datum in einer Variablen mit dem Namen `datum` gespeichert, erhält man mit `datum.strftime('%d.%m. %Y')` die Ausgabe »19.08. 2003«.

Es wird also der Tag aus dem in `begin` gespeicherten Datum extrahiert und mit der Funktion `int()` in eine Ganzzahl umgewandelt. Die so gewonnene Zahl kann mit der aktuellen Zahl aus dem Sequenzdurchlauf verglichen werden. Sind beide Zahlen gleich, wird dieser Menüpunkt als gewählt markiert. Andernfalls bleibt er unmarkiert.

Auf die gleiche Weise funktionieren die Pulldown-Menüs für den Monat und die Jahreszahl. Für den Monat wird eine Sequenz mit den Zahlen 1 bis 12 erzeugt. Beim Vergleich wird die Monatszahl aus dem gespeicherten Datum extrahiert. Für die Jahreszahlen wird eine Sequenz mit den Zahlen 2003 bis 2009 erzeugt. Für den Vergleich wird hier die Jahreszahl aus dem gespeicherten Datum extrahiert.

Das folgende Pulldown-Menü, mit dem man die Dauer des Lernmoduls festlegen kann, funktioniert anders, da hier keine regelmäßige Sequenz benutzt werden kann. Es sollen die Zahlen 2, 3, 7, 14, 21 und 28 im Menü erscheinen, sowie ein leerer Eintrag am Anfang. Die Funktion `range()` kann zur Erzeugung dieser Sequenz nicht verwendet werden. Allerdings ist es möglich, die Sequenz als eine Objekt-Eigenschaft mit dem Datentyp *lines* anzulegen. Das geeignetste Objekt dafür ist der Ordner `f_001`, der ja quasi als Container für das gesamte Funktionsmodul »Lernmodule verwalten« fungiert. Er erhält also eine Eigenschaft mit dem Namen `m_dauer` und dem Datentyp *lines*. In das Wertefeld dieser Eigenschaft kann dann pro Zeile eine der Zahlen eingetragen werden. In die erste Zeile wird nur ein Leerzeichen eingetragen, sie steht für den leeren Eintrag (*siehe Abbildung 10.9*).

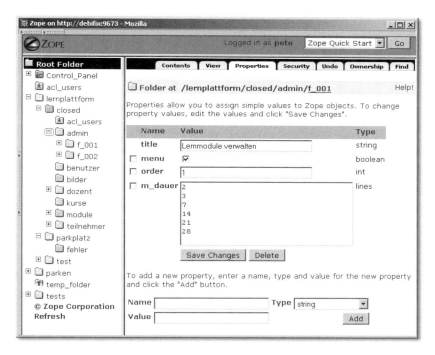

Abbildung 10.9 Die Eigenschaft m_dauer des Ordners f_001

Die `repeat`-Anweisung, die in diesem `select`-Block notiert ist, greift auf diese Eigenschaft zu und erhält eine Sequenz aus den Zahlen im Eingabefeld. Die Schleifenvariable `d` nimmt nun nacheinander die Werte in der Sequenz an. Jetzt muss nur noch geprüft werden, welcher der Werte der aktuell gewählte ist. Dazu wird die mittels der Funktion `str()` zum String gewandelte Variable `dauer` mit dem aktuellen Wert der Schleifenvariablen verglichen. Sind beide gleich, wird der Menüeintrag als gewählt markiert. Die Umwandlung zum String muss deshalb erfolgen, weil die Einträge in `m_dauer` ebenfalls diesen Datentyp haben, die Variable `dauer` aber eine Ganzzahl ist.

Im Formular folgen dann vier weitere Eingabefelder:

```
<tr id="weiss">
<td>Dozent:</td>
 <td>
   <input id="e" name="dozent" type="text"¬
    tal:attributes="value dozent" />
 </td>
 <td> </td>
 <td> </td>
 <td> </td>
 <td> </td>
</tr>
<tr id="weiss">
 <td>Honorar:</td>
 <td>
   <input id="e" name="honorar" type="text" class="w60"¬
    tal:attributes="value honorar" />  &euro;
 </td>
 <td> </td>
 <td>Geb&uuml;hren:</td>
 <td>
   <input id="e" name="preis" type="text" class="w60"¬
    tal:attributes="value preis" />  &euro;
 </td>
 <td> </td>
</tr>
<tr id="weiss">
 <td>Anmeldungen:</td>
 <td>
   <input id="e" name="register" type="text" class="w30"¬
    readonly="true" tal:attributes="value register" />
 </td>
 <td> </td>
 <td> </td>
```

```
<td><a href="#">Teilnehmerliste</a></td>
<td> </td>
</tr>
```

Listing 10.16 Template detail – 6. Teil

Wie es funktioniert

Das erste Eingabefeld ist ein Provisorium. Es wird durch ein Pulldown-Menü ersetzt werden, das alle Dozentennamen enthält, sobald eine Dozentenverwaltung eingerichtet ist. Derzeit bezieht es seinen Wert aus der Variablen `dozent`.

Die drei weiteren Eingabefelder erhalten ihre Werte ebenfalls von den zugehörigen Variablen. Dabei ist das Feld `"register"` streng genommen gar kein Eingabefeld, da dessen `readonly`-Attribut auf `true` gesetzt ist. Dieses Feld soll die Anzahl der für dieses Modul angemeldeten Personen anzeigen. Die Anmeldung selbst erfolgt an anderer Stelle. Eingaben kann man hier also nicht machen.

Schließlich ist noch ein Link angelegt, der im Moment noch nicht funktioniert, später aber auf eine weitere Seite führen soll, die die Teilnehmer, die für dieses Lernmodul angemeldet sind, auflisten soll. Voraussetzung dafür ist die noch zu erstellende Teilnehmerverwaltung.

Den Abschluss des Formulars bilden zwei Submit-Buttons, die beide das auswertende Skript aufrufen. Der eine soll die Angaben speichern, der andere zurück zur Übersicht der Lernmodule führen:

```
<tr>
  <td> </td>
  <td colspan="5">
    <input type="submit" name="save"
     value="sichern" class="button" />
    <input type="submit" name="back"
     value="zur&uuml;ck" class="button" />
  </td>
</tr>
</form>
</table>
</div>
</div>
```

Listing 10.17 Template detail – 7. Teil

Und schließlich und endlich werden die Tabelle, das Formular, und die `div`-Bereiche ordnungsgemäß abgeschlossen. Damit ist das Formular strukturell aufgebaut und sollte jetzt bei Klick auf einen Modulnamen auf der Übersichtseite mit den Daten dieses Moduls angezeigt werden. Bei Klick auf den Button »neues Modul« sollte die Seite mit leeren Eingabefeldern erscheinen. Das Aussehen wie in Abbildung 10.8 erhält das Formular durch die Stile in den entsprechenden Templates, die bereits in Abschnitt 10.4.3 angelegt wurden.

10.6.2 Das auswertende Skript

Das Skript für die Auswertung des Formulars wurde bereits mit der Id `py_detailAct` im Ordner `f_001` angelegt. Es sind im Wesentlichen vier Aufgaben, die das Skript zu erfüllen hat. Es muss auf die Übersichtseite leiten, wenn ein Benutzer den Button »zurück« geklickt hat. Es muss die Daten aus dem Formular überprüfen und eine entsprechende Meldung veranlassen, wenn ein Fehler aufgetreten ist, es muss die Daten eines bestehenden Moduls erneuern und ein neues Modul mit den eingegebenen Daten anlegen. Voraussetzung für die letzten beiden Aufgaben ist, dass das Skript unterscheiden kann, ob ein bestehendes Modul aufgerufen wurde, oder ob ein neues angelegt werden soll.

Als Parameter erhält das Skript alle Formular-Variablen, einschließlich jener in versteckten Feldern, so wie es das folgende Listing in der zweiten Kommentarzeile zeigt:

```
## Script (Python) "py_detailAct"
##parameters=f='',fu='',page='',m='',save='',back='',¬
title='',descr='',publish='',status='',art='',begin=[],¬
dauer='',dozent='',honorar='',preis='',register=''
from AccessControl import getSecurityManager
from Products.PythonScripts.standard import url_quote_
plus
if back:
    params = '?f='+f+'&fu='+fu
    ret = context.REQUEST.URL3+params
    context.REQUEST.RESPONSE.redirect(ret)
    return
if save:
    if m:
        params = '?f='+f+'&fu='+fu+'&page='+page+'&m='+m
```

```
        ziel = context.module[m]
    else:
        params = '?f='+f+'&fu='+fu+'&page='+page
        ziel = context.module

    inhalte = '&title='+title+'&descr='+¬
    url_quote_plus(descr)+'&publish='+¬
    publish+'&status='+status+'&art='+art+¬
    '&begin:list='+begin[0]+'&begin:list='+begin[1]+¬
    '&begin:list='+begin[2]+'&dauer='+dauer+¬
    '&dozent='+dozent+'&honorar='+honorar+'&preis='+¬
    preis+'&register='+register
    self =context.closed.absolute_url()+params
    datum = DateTime(begin[2]+'/'+begin[1]+'/'+begin[0])
    try:
        hon=int(honorar)
        hon_i = 1
    except:
        hon_i= 0
    try:
        pre=int (preis)
        pre_i = 1
    except:
        pre_i= 0
    if not title:
        context.REQUEST.RESPONSE.redirect¬
        (self+inhalte+'&err=02')
        return
    elif not descr:
        context.REQUEST.RESPONSE.redirect¬
        (self+inhalte+'&err=03')
        return
    if datum.isPast():
        context.REQUEST.RESPONSE.redirect¬
        (self+inhalte+'&err=04')
        return
    elif not dauer:
        context.REQUEST.RESPONSE.redirect¬
        (self+inhalte+'&err=08')
        return
```

```
        elif not dozent:
            context.REQUEST.RESPONSE.redirect¬
            (self+inhalte+'&err=05')
            return
        elif not honorar:
            context.REQUEST.RESPONSE.redirect¬
            (self+inhalte+'&err=06')
            return
        elif not hon_i:
            context.REQUEST.RESPONSE.redirect¬
            (self+inhalte+'&err=09')
            return
        elif not preis:
            context.REQUEST.RESPONSE.redirect¬
            (self+inhalte+'&err=07')
            return
        elif not pre_i:
            context.REQUEST.RESPONSE.redirect¬
            (self+inhalte+'&err=10')
            return
        else:
            if m:
                daten = context.REQUEST.form
                daten['begin'] = datum
                if not publish:
                    daten['publish'] = 0
                ziel.manage_changeProperties(daten)
                context.REQUEST.RESPONSE.redirect
                (self+'&resp=02')
                return
            else:
                aktUser = getSecurityManager().
                getUser().getUserName()
                new_id = 'lm_'+context.py_newId
                (ziel,3,'Folder','modul')
                ziel.manage_addFolder(new_id,title)
                ziel[new_id].manage_addProperty¬
                ('descr',descr,'text')
                ziel[new_id].manage_addProperty¬
                ('c_date',DateTime(),'date')
```

```
ziel[new_id].manage_addProperty¬
('c_person',aktUser,'string')
ziel[new_id].manage_addProperty¬
('dozent',dozent,'string')
ziel[new_id].manage_addProperty¬
('honorar',hon,'int')
ziel[new_id].manage_addProperty¬
('preis',pre,'int')
ziel[new_id].manage_addProperty¬
('register',0,'int')
ziel[new_id].manage_addProperty¬
('art',art,'boolean')
ziel[new_id].manage_addProperty¬
('begin',datum,'date')
ziel[new_id].manage_addProperty¬
('dauer',int(dauer),'int')
ziel[new_id].manage_addProperty¬
('status','angelegt','string')
ziel[new_id].manage_addProperty¬
('s_date',DateTime(),'date')
ziel[new_id].manage_addProperty¬
('publish',publish,'boolean')
ziel[new_id].manage_addProperty¬
('modul',1,'boolean')
context.REQUEST.RESPONSE.redirect¬
(self+'&m='+new_id+'&resp=03')
return
```

Listing 10.18 Das Skript py_detailAct

Alle Parameter erhalten als Standardwert eine leere Zeichenkette. Einzige Ausnahme ist der Parameter `begin`, der als leere Liste definiert wird.

Wie es funktioniert

Zunächst prüft das Skript, ob `back` einen *true*-Wert hat. Ist das der Fall, wird auf die bekannte Art und Weise auf die Übersichtsseite weitergeleitet. Etwaige Inhalte, die schon eingegeben wurden, spielen dabei keine Rolle; also sind nur die Parameter `f` und `fu` wichtig.

Wenn der Benutzer den Button »sichern« angeklickt hat, hat der Parameter `save` einen *true*-Wert. Abhängig vom Parameter `m` wird ein Query-String gebildet und ein Objektpfad in der Variablen `ziel` gespeichert. Hat m einen *true*-Wert, geht es um ein bestehendes Modul, dessen Id in m gespeichert ist. In diesem Fall wird der Query-String mit m gebildet und der Objektpfad verweist exakt auf das Modul mit der in m gespeicherten Id. Hat m aber keinen Wert, geht es um die Neuanlage eines Moduls: In den Query-String wird m nicht eingefügt und der Objektpfad verweist lediglich auf den Ordner module. Mit anderen Worten, das Ziel der späteren Aktionen ist entweder ein bestimmtes Lernmodul oder der Ordner, in dem alle Lernmodule angelegt werden.

Danach werden alle Formular-Variablen, die Informationen zum Modul enthalten, ebenfalls zu einem Query-String zusammengefasst und in der Variablen inhalte gespeichert. Dabei wird die Liste, die von begin übergeben wird, wieder auf drei Parameter verteilt, die aber auch als Liste formatiert werden.

Die folgende Zeile definiert den URL auf den Ordner closed und hängt ihm den ersten Teil des Query-Strings an. Danach folgt die Umwandlung der Daten im Parameter begin in ein Datumsobjekt, das der Variablen datum zugewiesen wird. Diese Umwandlung ist notwendig, da die Eigenschaft begin der Lernmodule den Datentyp *date* hat.

Die beiden folgenden try-except-Blöcke versuchen die Umwandlung der Parameter honorar und preis in *float*-Werte. Gelingt dies, werden die Variablen hon_f und pre_f mit dem Wert 1 definiert. Gelingt dies nicht, werden beide Variablen auf den Wert 0 gesetzt. Die Werte aus diesen beiden Eingabefeldern des Formulars werden als Strings dem Skript übergeben. Hat jemand Buchstaben in die Felder eingegeben, gelingt die Umwandlung nicht, und es kann eine entsprechende Fehlermeldung ausgegeben werden.

Diese Meldungen werden im folgenden if-elif-else-Block ausgegeben. Es werden alle wichtigen Formulardaten auf ihr Vorhandensein geprüft. Das eingegebene Datum wird mit der Methode isPast() darauf geprüft, ob es in der Vergangenheit liegt. Hier werden auch die beiden zuvor definierten Variablen hon_f und pre_f genutzt. Trifft eine der Bedingungen zu, wird die Formularseite erneut aufgerufen. Neben den Grundparametern, die in der Variablen params gespeichert sind, werden auch die Inhalte der Formularfelder mit übergeben. Damit füllt das Template die Formularelemente, sodass die aktuellen Eingaben des Benutzers im Fehlerfall nicht verloren sind.

url_quote_plus()   Eine Besonderheit stellt das Feld mit der Beschreibung des Moduls dar. Da hier Zeilenumbrüche vorkommen können, muss dessen Inhalt über die Methode `url_quote_plus()` so gewandelt werden, dass die Umbrüche in HTML-Entitäten gewandelt werden. Die Methode wird zu Beginn des Skriptes aus dem Modul `PythonScripts` importiert. Sie wandelt alle Zeichen, die in URLs eine besondere Bedeutung haben in HTML-Entitäten um. So transferiert sie z.B. Leerzeichen in die Entität `%20`. Würde man diese Wandlung hier nicht vornehmen, käme es zu einem Abbruch des Seitenaufrufs, wenn sich im Text des Feldes für die Modulbeschreibung ein Zeilenumbruch befindet.

Schließlich wird mit dem Parameter `err` eine Codezahl übergeben, die das Template veranlasst, die richtige Fehlermeldung auszugeben. Voraussetzung ist, dass der Ordner `fehler` weitere entsprechende Fehlermeldungen als Eigenschaften erhält (was im Einzelnen nicht mehr erläutert wird). Entsprechend müssen auch für den Ordner `ant-worten` weitere Meldungen angelegt werden.

Wenn alle Eingaben richtig sind, wird der Teil des Blockes abgearbeitet, der ab dem `else` folgt. Dieser unterscheidet auch, ob der Parameter `m` einen *true*-Wert hat. Ist das der Fall, müssen die eingegebenen Daten einem bestehenden Modul zugewiesen werden. Das geschieht mit der Methode `manage_changeProperties()`. Für das Ändern von Eigenschaften ist das Recht *Manage Properties erforderlich*, das im Security-Tab des Ordners `lernplattform` für die *admin*-Rolle eingestellt werden muss.

Diese Methode verlangt als Parameter ein Dictionary aus Schlüssel-Werte-Paaren, die aus den Namen der zu ändernden Eigenschaften und den neuen Werten bestehen. Dabei werden allerdings keine Umwandlungen der Datentypen vorgenommen, was zu unerwünschten Ergebnissen führen kann. Es ist also unbedingt notwendig, vorher alle Datentypen selbst zu konvertieren.

manage_change-
Properties()

Als ein solches Dictionary liegen alle Daten aus dem Formular im `REQUEST`-Objekt vor, genauer gesagt, im Unterobjekt `form`. Deshalb wird im Skript, vor der Zuweisung der neuen Werte, dieses Dictionary in der Variablen `daten` gespeichert. Für die Schlüssel `begin` und `pub-lish` wird dafür gesorgt, dass die richtigen Formate bzw. Werte zugewiesen werden. Dann wird das gesamte Dictionary an die Methode übergeben. Dass darin auch noch andere Schlüssel enthalten sind, die nicht Eigenschaften des Moduls entsprechen, spielt keine Rolle. Sie werden von der Methode einfach ausgefiltert. Nach dem Ändern der Daten wird die Formularseite erneut aufgerufen. Im Query-String wird die Variable `resp` eingefügt, die das Formular-Template veranlasst, eine

Server-Antwort anzuzeigen. Diese soll die Änderung der Daten bestätigen und muss dem Ordner `antworten` als neue Eigenschaft hinzugefügt werden.

Die Anlage eines neuen Objektes gestaltet sich dagegen etwas aufwendiger (*Abschnitt 10.6.4 zeigt eine kürzere Alternativmöglichkeit*). Zunächst wird mithilfe eines weiteren Python-Skriptes eine neue Id erstellt. Das Skript wird im folgenden Abschnitt erläutert. Ihm werden einige Parameter übergeben, mit deren Hilfe es eine dreistellige Zahl ermittelt. Dieser Zahl wird das Kürzel »lm_« vorangestellt, sodass eine Id entsteht, die dem Format der Ids der Lernmodule entspricht.

manage_
addFolder()

Danach wird mit der Methode `manage_addFolder()` ein neuer Ordner angelegt. Diese Methode kann mit einem oder zwei Parametern verwendet werden. Wenn nur ein Parameter übergeben wird, muss es die Id des neuen Ordners sein. Bei zwei Parametern legt man einen neuen Ordner an, dessen `title`-Eigenschaft durch den zweiten Parameter direkt einen Wert erhält.

Diese Möglichkeit wird im Skript genutzt. Die neu erstellte Id und der in `title` gespeicherte Wert werden der Methode übergeben. Damit das Anlegen auch tatsächlich funktioniert, muss allerdings die Rolle *admin* um ein Recht erweitert werden. Für das Anlegen von Ordnern ist es das Recht *Add Folders*, das im Security-Tab des Ordners `lernplattform` für die *admin*-Rolle eingestellt werden muss. Im Anschluss daran werden mit der Methode `manage_addProperty()` dem neu erstellten Ordner alle nötigen Eigenschaften hinzugefügt.

manage_
addProperty()

Die Methode legt für das Zielobjekt eine neue Eigenschaft an und benötigt dazu drei Werte. Mit dem ersten wird der Name der neuen Eigenschaft angegeben, der zweite enthält den Wert der neuen Eigenschaft und mit dem dritten wird ihr Datentyp bestimmt. Ein vierter Parameter ist optional. Er bestimmt, was die Methode als Rückgabewert liefert. Macht man hier keine Angabe, gibt sie `None` zurück.

Die Methode versucht, die Werte in den angegebenen Datentyp zu konvertieren. Gelingt dies nicht, wird eine Fehlermeldung ausgelöst.

Da die Methode immer nur eine neue Eigenschaft anlegen kann, muss sie für jede benötigte Eigenschaft einzeln aufgerufen werden. Für die Eigenschaft `c_person`, also jene, die den Benutzer festhalten soll, der das Modul angelegt hat, wird der Wert der zuvor erstellten Variablen `aktUser` eingesetzt.

Diese enthält ihren Wert über die Methode `getUserName()` vom über den Security Manager ermittelten Benutzer-Objekt (*siehe Abschnitt 9.3.1*). Diese Methode gibt den Namen des angemeldeten Benutzers zurück, wie er bei dessen Anlage vergeben wurde.

Für die Eigenschaften `c_date` und `s_date`, die das Datum der Modulanlage bzw. der Statusänderung wiedergeben sollen, wird mit der Funktion `DateTime()` jeweils das aktuelle Datum eingesetzt.

Nachdem alle Eigenschaften angelegt wurden, wird die Formular-Seite erneut aufgerufen. Dem Seitenaufruf wird jetzt die Variable `m` mit der neu erstellten Id als Wert mitgegeben. Dadurch holt sich das Template die Daten aus dem soeben erstellten neuen Lernmodul. Zusätzlich erhält auch dieser Aufruf den Parameter `resp` mit einer Codezahl als Wert. Auch das Anlegen eines neuen Moduls soll mit einer Server-Antwort bestätigt werden.

10.6.3 Erstellen neuer Objekt-Ids

Das Anlegen neuer Objekte in der ZODB über die Interfaces für die unterschiedlichen Benutzertypen ist ein Vorgang, der sehr häufig stattfindet. Für die Ids inhaltlich ähnlicher Objekte, wie Menüpunkte oder Lernmodule, wurde jeweils ein System für die Id-Vergabe gewählt, das Eindeutigkeit gewährleisten soll. Für die Benutzer findet die Vergabe dieser Ids im Hintergrund statt. Das vermeidet Fehler, die bei einer Eingabe entstehen könnten. Die Vergabe muss daher durch das System selbst vorgenommen werden. Dazu wird das Skript `py_newId` im Ordner `closed` angelegt. Es wird deshalb in diesem Ordner platziert, weil es sich um eine übergeordnete Aufgabe handelt, die von den verschiedenen Funktionsmodulen der Lernplattform gleichermaßen gelöst werden muss. Sie können dann alle auf dieses Skript zugreifen, um neue Ids zu generieren.

Das Skript hat folgenden Quelltext:

```
## Script (Python) "py_newId"
##parameters=ziel,stellen,obj,typ
aktEntries = []
for item in ziel.objectValues(obj):
    if item.hasProperty(typ):
        aktEntries.append(item.id)
if len(aktEntries):
    newId = str(int(max(aktEntries)[-stellen:])+1)
```

```
else:
    newId = '1'
if len(newId) < stellen:
    x = stellen-len(newId)
    for y in range(x):
        newId = '0'+newId
return newId
```

Listing 10.19 Python-Skript py_newId

Wie es funktioniert

Das Skript hat vier Parameter. Der erste Parameter benötigt den Objekt-Pfad zu dem Ordner, in dem das neue Objekt gespeichert werden soll. Für die Lernmodule ist das der Ordner `module`. Der zweite Parameter gibt an, wie viele Stellen die Zahl in der Id hat. Damit können Ids generiert werden, die eine unterschiedliche Anzahl an Zahlenstellen haben, was die Flexibilität erhöht. Der Parameter `obj` steht für den Objekttyp, der für die Untersuchung der Ids bestehender Objekte herangezogen wird. Im Falle der Lernmodule ist es der Objekttyp `'Folder'`. Da aber im System *Lernplattform* Lernmodul-Ordner durch eine zusätzliche Eigenschaft von anderen Ordnern unterschieden werden (Menüpunkt-Ordner haben auch eine solche Eigenschaft), wird der Name dieser Eigenschaft als vierter Parameter verlangt.

Im Skript wird zunächst eine leere Liste mit dem Namen `aktEntries` gebildet. Dieser Liste werden mittels der folgenden `for`-Schleife die Ids der aktuellen Objekte im Zielordner hinzugefügt. Die Schleife durchläuft eine Sequenz aller Objekte, die dem angegebenen Objekttyp entspricht. Besitzt ein Objekt zudem die mit `typ` angegebene Eigenschaft, wird dessen Id der Liste `aktEntries` hinzugefügt.

Danach wird mit der Funktion `len()` überprüft, ob die Liste Einträge hat. Ist das der Fall, wird mit der Funktion `max()` die Id mit der größten Zahl ermittelt. Aus dieser Id wird mit `[-stellen:]` der Zahlenanteil extrahiert. Der Parameter `stellen` enthält die Anzahl der Zahlenstellen in der Id. Er kann also sehr gut verwendet werden, um quasi »von hinten« einen Teilstring der Id zu extrahieren. Dieser Teilstring wird mit der Funktion `int()` zur Ganzzahl gewandelt. Das ist notwendig, damit die Zahl um den Wert 1 erhöht werden kann. Schließlich wird die so erhöhte Zahl mit der Funktion `str()` wieder in einen String verwandelt.

Allerdings sind jetzt etwaige führende Nullen verloren. Diese werden der Zahl durch den folgenden Codeblock wieder hinzugefügt. Mit der

Funktion `len()` wird überprüft ob, die neu ermittelte Zahl weniger Stellen hat, als der Parameter `stellen` angibt. Ist das der Fall, wird ermittelt, wie groß die Differenz zwischen Soll und Ist ist. Die so ermittelte Zahl wird genutzt, um die Anzahl von Schleifendurchläufen festzulegen, in denen der Zahl Nullen vorangestellt werden. Die so erstellte Zahl wird schließlich an die aufrufende Stelle zurückgegeben.

Das Skript liefert also immer eine als String gewandelte Zahl mit so vielen Stellen zurück, wie der gleichnamige Parameter angibt. Der Buchstabenanteil der Id muss an der aufrufenden Stelle hinzugefügt werden. Die Zahl selbst wird immer die höchste im angegebenen Zielordner sein. Etwaige Lücken, die durch das Löschen von Objekten entstanden sind, werden nicht gefüllt.

10.6.4 Alternatives Anlegen neuer Lernmodule

Zope stellt mit der Methode `manage_clone()` ein Mittel zur Verfügung, mit dem man ein Objekt quasi duplizieren kann. Diese Methode verlangt als Parameter den Objektpfad der Quelle und eine Id mit der das Duplikat benannt wird.

manage_clone()

Man könnte also einen vorhandenen Lernmodul-Ordner duplizieren und dem Duplikat mit der Methode `manage_changeProperties()` alle Werte aus dem Formular in einem Schritt zuweisen. Vorteil dieser Methode ist auch, dass Objekte im Ordner mit dupliziert werden. Aus Sicherheitsgründen empfiehlt es sich, einen Quellordner anzulegen, der nur als Vorlage dient. Er hat die gleichen Eigenschaften wie die bisherigen Modulordner, nur müssen alle Eigenschaftswerte gelöscht bzw. auf null gesetzt werden. Insbesondere die Eigenschaft `modul` muss auf `false` gesetzt werden; damit dieser Ordner nicht in der Übersicht der Lernmodule erscheint.

Als Id für diesen 'Master'-Ordner bietet sich `lm_000` an. Angelegt wird er ebenfalls im Ordner `module`. Das Skript `py_detailAct` kann dann ab dem Block, der das Speichern eines neuen Moduls regelt, folgendermaßen geändert werden (alle Änderungen sind fett ausgezeichnet):

```
else:
    aktUser = getSecurityManager().
    getUser().getUserName()
    new_id = 'lm_'+context.py_newId¬
    (ziel,3,'Folder','modul')
    quelle = ziel.lm_000
```

```
ziel.manage_clone(quelle, new_id)
daten = context.REQUEST.form
daten['c_person'] = aktUser
daten['c_date'] = DateTime()
daten['begin'] = datum
daten['status'] = 'angelegt'
daten['s_date'] = DateTime()
daten['register'] = 0
daten['modul'] = 1
if not publish:
    daten['publish'] = 0
ziel[new_id].manage_changeProperties(daten)
context.REQUEST.RESPONSE.¬
redirect(self+'&m='+new_id+'&resp=03')
```

Listing 10.20 Anlegen eines neuen Moduls mit manage_clone()

Wie es funktioniert

Die Feststellung des Namens des angemeldeten Benutzers und das Bilden einer neuen Id werden genauso benötigt wie zuvor. Dann wird die Quelle bestimmt, von der dupliziert wird. Das ist der Ordner `lm_000`, der wie besprochen im Ordner `module` angelegt wurde. Nun kann mit `manage_clone()` das Duplikat mit neuer Id angelegt werden.

In der folgenden Zeile werden alle Formulardaten als Dictionary in der Variablen `daten` festgehalten. Bevor nun aber die Eigenschaften des neuen Moduls mit diesen Daten verändert werden können, müssen die Informationen, die nicht über das Formular eingegeben werden, dem Dictionary hinzugefügt werden. Ebenso müssen Formate, die nicht dem jeweiligen Zielformat entsprechen, gewandelt werden.

Danach aber können alle Informationen in einem Schritt den Eigenschaften des neuen Lernmoduls zugewiesen werden. Anschließend wird die Formular-Seite erneut aufgerufen, die eine Bestätigung des Speicherns ausgeben wird.

10.7 Zusammenfassung

Die Lernmodul-Verwaltung ist damit vorläufig abgeschlossen. Neue Lernmodule können angelegt, verändert und wieder gelöscht werden. Dies ist eine der organisatorischen Voraussetzungen, um Lerninhalte zu entwickeln. Die beiden folgenden Kapitel werden sich mit der Entwicklung der Teilnehmer- und Dozenten-Verwaltung beschäftigen, und damit die Basis der Lernplattform komplettieren. Dann können auch die Dozentenauswahl und die Teilnehmerliste in der Lernmodul-Verwaltung erstellt werden.

Alle Objekte, die das Funktionsmodul Lernmodul-Verwaltung ausmachen, wurden im Ordner f_001 zusammengefasst. Gleichzeitig fungiert dieser Ordner als Repräsentanz des entsprechenden Menüpunktes in der Oberfläche für den Bildungsplaner. Als Datenspeicher dient der Ordner module, in dem alle neuen Lernmodule angelegt werden. Da auch andere Funktionsmodule auf diesen Ordner zugreifen werden, liegt er außerhalb des Ordners f_001. Abbildung 10.10 zeigt eine grafische Darstellung der Zusammenhänge aller in diesem Kapitel erstellten Templates und Skripte.

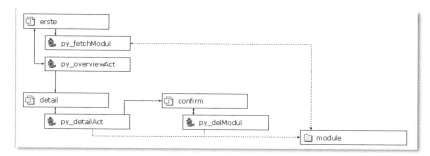

Abbildung 10.10 Zusammenfassung der Objekte der Lernmodul-Verwaltung

Durchgezogene Linien zeigen Aufrufe und Weiterleitungen, gepunktete Linien zeigen an, wo Objekte erstellt, manipuliert oder gelöscht werden.

11 Teilnehmer-Verwaltung aufbauen

11 Teilnehmer-Verwaltung aufbauen

Dieses Kapitel beschreibt den Aufbau des Funktionsmoduls »Teilnehmer verwalten«. Es wird zunächst das Objekt Teilnehmer mit seinen Unterobjekten definiert. Darauf aufbauend werden dann alle Funktionen, die zur Verwaltung von Teilnehmern notwendig sind, entwickelt. Es sind dies das Anlegen, Verändern und Löschen von Teilnehmern sowie die Anmeldung von Teilnehmern zu Lernmodulen. In einem eigenen Abschnitt wird das Mailhost-Objekt besprochen, mit dem es möglich ist, aus Zope heraus E-Mails zu versenden.

11.1 Die Arbeitschritte

Ähnlich der Lernmodul-Verwaltung listet die erste Seite der Teilnehmerverwaltung alle am System angemeldeten Teilnehmer auf. Von dieser Liste aus kann zu jedem Teilnehmer eine neue Ansicht mit Detailinformationen aufgerufen werden. Zu dieser gehören auch die Kurse, die der Teilnehmer belegt hat, zu denen es ebenfalls eine Detailansicht gibt.

Daraus ergeben sich drei zu entwickelnde Interfaces mit den entsprechenden Funktionen. Diese sind das Anlegen eines neuen Teilnehmers, das Modifizieren von bestehenden Teilnehmern, das Anmelden von Teilnehmern an bestehende Kurse, das Freischalten und Stornieren dieser Kurse für den Teilnehmer. Schließlich müssen Teilnehmer darüber informiert werden, mit welchen Zugangsdaten sie sich am System anmelden können. Daher sind das Erzeugen von Passworten und das automatische Versenden von E-Mails als verdeckte Funktionen notwendig.

Die einzelnen Schritte werden in dieser Reihenfolge bearbeitet:

1. Definition und Anlegen des Objektes Teilnehmer
2. Entwicklung des Interfaces zum Anlegen und Modifizieren von Teilnehmern mit der Möglichkeit, einen Teilnehmer zu löschen
3. Anlegen des Fehler- und Nachrichtensystems
4. Entwicklung der Detailansicht belegter Module mit der Möglichkeit, eine Anmeldung zu stornieren.
5. Einrichten der Mailfunktion
6. Entwicklung der Teilnehmerübersicht

In den Schritten enthalten ist die Entwicklung der Skripte, die die geforderten Funktionen ausführen.

Zunächst aber braucht die Teilnehmer-Verwaltung einen Menüpunkt in der Oberfläche für den Bildungsplaner. Es muss also ein Ordner mit der Id `f_002` im Ordner `admin` erstellt werden, der die gleichen Eigenschaften erhält, wie der im vorigen Kapitel angelegte Menüpunkt.

11.2 Das Objekt teilnehmer definieren und anlegen

Damit ein Benutzer auf den Bereich für Teilnehmer zugreifen kann, muss für ihn ein Benutzer-Objekt mit der entsprechenden Rolle im Ordner `acl_users` vorhanden sein. Das Benutzerobjekt speichert aber nur drei Informationen zu einem Benutzer: Den Benutzernamen, das Passwort und die zugewiesenen Rollen.

Neben diesen Informationen müssen aber u.a. auch die Post- und E-Mail-Adressen bekannt sein, um mit dem Teilnehmer kommunizieren zu können. Diese Informationen werden in gewohnter Weise als Eigenschaften eines Ordners festgehalten. Als Ort für die Ablage dieser Benutzerinformationen ist der Ordner `benutzer` vorgesehen. Da es drei Arten von Benutzern gibt, ist es sinnvoll, darin einen Ordner anzulegen, der nur Informationen über Teilnehmer, nicht aber über Dozenten aufnimmt. Dieser Ordner erhält die Id `tn_data`. Alle Ordner, die Informationen über Teilnehmer enthalten, werden in diesen neuen Ordner abgelegt.

Somit wird es also für jeden am System angemeldeten Benutzer zwei Objekte geben, die Informationen über ihn speichern. Zum einen ein Benutzer-Objekt im Ordner `acl_users`, zum anderen ein Ordner, der in `tn_data` abgelegt wird. Die Verbindung zwischen diesen beiden Objekten wird über den Benutzernamen hergestellt. Für das Benutzer-Objekt ist er zwingend notwendig, daher ist es sinnvoll, dem Ordner mit den übrigen Informationen diesen Namen als Id zuzuweisen.

Die weiteren Informationen, die gespeichert werden sollen, listet die folgende Tabelle mit den Namen der Eigenschaften und dem Datentyp auf.

Teilnehmer		
`title`		
`nachname`	der Nachname	*string*
`vorname`	der Vorname	*string*
`strasse`	die Straße	*string*
`nr`	die Hausnummer	*string*
`plz`	die Postleitzahl	*string*
`ort`	der Ort	*string*
`tel`	die Telefonnummer	*string*
`fax`	die Faxnummer	*string*
`email`	die E-Mail-Adresse	*string*
`beruf`	der Beruf	*string*
`geb_datum`	das Geburtsdatum	*lines*
`c_date`	Datum der Erstellung	*date*
`tn`	Kennung als Teilnehmerordner	*boolean*
	belegte Module	*als Ordner pro Modul*

Tabelle 11.1 Objektaufbau Teilnehmer

Entsprechend der Tabelle 11.1 kann nun im zuvor erstellten Ordner `tn_data` ein Ordner angelegt und diesem die aufgelisteten Eigenschaften zugewiesen werden. Dieser Ordner erhält die Id `master`. Er dient später als Vorlage für die Erstellung von Teilnehmer-Ordnern. Alle Wertefelder können ohne Angabe bleiben. Einzig die Eigenschaft `c_date` erhält als Wert den Eintrag *'2000/01/01'*, da der Objekttyp *date* immer einen gültigen Wert benötigt.

Die Anlage des Geburtsdatums als Eigenschaft vom Typ *lines* hat seine Ursache darin, dass Zope unter Windows nur Datumsangaben bis zu dem Datum 01.01.1970 korrekt verarbeitet. Mit Geburtsdaten kann also nicht gearbeitet werden, da diese natürlich auch vor diesem Datum liegen können. Mit dem Datentyp *lines* kann man einen Workaround für dieses Problem schaffen.

Wenn alle Eigenschaften angelegt sind, sollte das Properties-Tab des Ordners `master` wie in Abbildung 11.1 gezeigt aussehen.

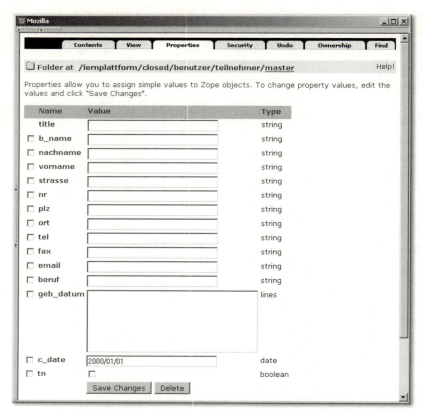

Abbildung 11.1 Das Properties-Tab des Ordners master

Da ein Teilnehmer mehrere Module belegen kann und zu jedem belegten Modul weitere Daten gespeichert werden müssen, werden diese Informationen auch als Eigenschaften eines Ordners gespeichert. Jedes belegte Modul erhält einen Ordner, der im Ordner des Teilnehmers abgelegt wird. Er erhält die gleiche Id wie der Lernmodule-Ordner, auf den er sich bezieht. Damit ist ein eindeutiger Bezug zum Lernmodul gewährleistet. Die weiteren Informationen sowie die Namen und Datentypen der entsprechenden Eigenschaften zeigt Tabelle 11.2.

belegtes Modul		
title		
c_date	das Anmeldedatum	*string*
bezahlt	Kennung für Bezahlung	*boolean*

Tabelle 11.2 Objektaufbau belegtes Modul

belegtes Modul		
gemahnt	Anzahl der Mahnungen	*int*
frei	Kennung für Freigabe	*boolean*
frei_start	Beginntermin	*date*
frei_ende	Endtermin	*date*
modul	Kennung als Modul	*boolean*

Tabelle 11.2 Objektaufbau belegtes Modul (Forts.)

Die Vorlage für diesen Ordner wird mit der Id `master_mod` ebenfalls im Ordner `tn_data` abgelegt. Auch hier erhalten die Eigenschaften noch keine Werte, mit Ausnahme jener des Typs date. Nach erfolgter Anlage aller Eigenschaften sollte das Properties-Tab des Ordners `master_mod` wie in Abbildung 11.2 aussehen.

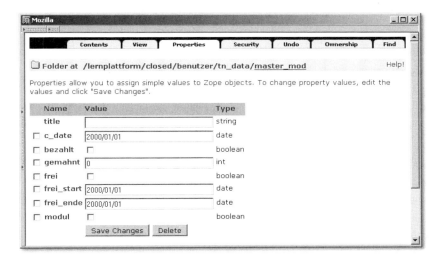

Abbildung 11.2 Das Properties-Tab des Ordners master_mod

11.3 Teilnehmer hinzufügen, löschen und ändern

Das Formular zum Anlegen, Ändern und Löschen von Teilnehmern erreicht man über die Teilnehmer-Übersicht, die erst in einem späteren Schritt entwickelt wird (*siehe Abschnitt 11.6*). Jetzt wird nur das Template mit einem Link auf das Formular benötigt. Dieses wird mit der Id `erste` im Ordner `f_002` angelegt und erhält folgenden provisorischen Quelltext:

```
<div id="desktop" metal:define-macro="desktop">
  <a href="?f=f_002&fu=&page=detail">Formular</a>
</div>
```

Listing 11.1 Provisorischer Code des Templates erste

Damit kann zu Testzwecken das eigentliche Formular aufgerufen werden. Dessen Template wird ebenfalls im Ordner `f_002` abgelegt und erhält die Id `detail`. Im fertigen Zustand wird es wie in Abbildung 11.3 gezeigt aussehen.

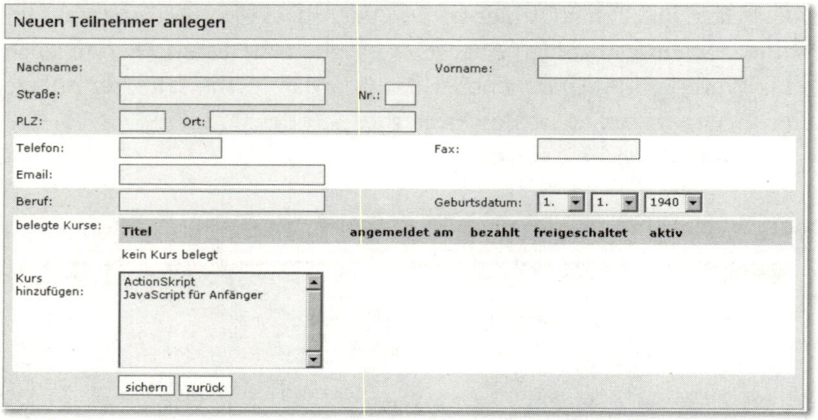

Abbildung 11.3 Das Formular zum Anlegen, Ändern und Löschen von Teilnehmern

Wie man in der Abbildung sehen kann, hat das Formular einen ähnlichen Aufbau wie jenes zum Anlegen neuer Module aus dem vorigen Kapitel. Entsprechend weist auch der Quelltext an vielen Stellen Ähnlichkeiten auf. Aus diesem Grunde werden im Folgenden nur die Besonderheiten im Quelltext erläutert. Das vollständige Skript kann von der Buch-CD in das Editier-Feld des Objektes geladen werden. Die zugehörige Datei trägt den Namen **detail.zpt** und befindet sich im Verzeichnis zu diesem Kapitel.

11.3.1 Der Aufbau des Formulars

Wie bereits die Formulare des vorherigen Kapitels ist auch dieses wieder als Makro angelegt. Die ersten drei `div`-Bereiche in diesem Makro sind für den Seitentitel, etwaige Fehlermeldungen sowie Server-Antworten vorgesehen. Daran schließen sich drei `span`-Bereiche an, die Variablen-Definitionen enthalten. Die Werte dieser Variablen werden in die Felder des Formulars eingetragen. Die Variablen werden als global deklariert, damit sie im gesamten Template verfügbar sind.

Im ersten `span`-Bereich werden die Variablen für den Fall deklariert, wenn Informationen zu einem bereits angelegten Teilnehmer angezeigt werden sollen. Dies kann dann geschehen, wenn der Query-String die Variable `tn` enthält. Als Wert hat diese Variable dann die Id des entsprechenden Teilnehmer-Ordners.

Der zweite Bereich definiert die Variablen für den Fall, dass ein neuer Benutzer angelegt werden soll. Der Query-String beinhaltet dann die Variable `tn` nicht. Alle Variablen erhalten leere Strings oder Grundangaben als Werte. Damit ist gewährleistet, dass alle Formularelemente ohne Eintrag bzw. in einer Grundeinstellung angezeigt werden.

Der dritte Bereich wird abgearbeitet, wenn im Query-String die Variable `err` enthalten ist. Das ist dann der Fall, wenn bei den Eingaben ein Fehler gemacht wurde. Die Werte der Variablen erhalten dann ihre Werte aus dem Query-String. Diese Funktion regelt das auswertende Skript, das die bereits eingetragenen Werte über den Query-String an das Formular zurückgibt (*siehe Abschnitt 11.3.4*). Damit wird gewährleistet, dass richtige Einträge erhalten bleiben.

Eine Besonderheit ist die Definition der Variablen `kurse` im ersten `span`-Bereich. Sie erhält ihren Wert durch ein Python-Skript, das die Module, die ein Teilnehmer belegt hat, an die Variable liefert (*siehe Abschnitt 11.3.2*).

Der dann folgende längste `div`-Bereich im Quelltext enthält das eigentliche Formular, das mithilfe einer Tabelle strukturiert ist. Für jede notwendige Information ist ein entsprechendes Formularelement vorhanden. Deren Werte speisen sich aus den zuvor definierten Variablen.

Für die Auflistung der belegten Module ist eine weitere Tabelle integriert, die ab dem Eintrag "`belegte Module`" beginnt. Sie soll neben dem Modulnamen auch anzeigen, wann die Anmeldung erfolgte, ob die Gebühr bezahlt, das Modul freigeschaltet und im aktiven Zeitraum ist. Der Quelltext dieses Teilstücks wird im Folgenden erläutert:

```
<table id="liste" width="100%" border="0" cellspacing="0">
  <colgroup>
    <col width="220" />
    <col width="110" />
    <col width="70" />
```

```
  <col width="70" />
  <col width="70" />
  <col width="*" />
</colgroup>
<tr id="head">
  <td>Titel</td>
  <td align="center">angemeldet am</td>
  <td align="center">bezahlt</td>
  <td align="center">freigeschaltet</td>
  <td align="center">aktiv</td>
  <td> </td>
</tr>
<span tal:condition="kurse" tal:omit-tag="">
<tr tal:repeat="mod kurse">
  <td><a tal:attributes="href¬
         string:.?f=${request/f}&fu=${request/f}¬
         &page=mod_detail&tn=${request/tn}¬
         &mod=${mod/id}"
      tal:content="python:here.module[mod.id].title">
     Modulname</a>
  </td>
  <td align="center"
     tal:content="python:mod.c_date.¬
                  strftime('%d.%m.%Y')">
     datum
  </td>
  <td align="center" tal:condition="mod/bezahlt">ja</td>
  <td align="center"
      tal:condition="not:mod/bezahlt">nein
  </td>
  <td align="center" tal:condition="mod/frei">ja</td>
  <td align="center"
       tal:condition="not:mod/frei">nein
  </td>
  <td align="center"
     tal:condition="python:mod.frei_ende.isFuture()¬
                    and mod.frei_start.isPast()">ja
  </td>
  <td align="center" tal:condition="not:python:
     mod.frei_ende.isFuture()¬
```

```
      and mod.frei_start.isPast()">nein
  </td>
  <td> </td>
</tr>
</span>
<tr tal:condition="not:kurse">
  <td>kein Kurs belegt</td>
  <td> </td>
  <td> </td>
  <td> </td>
  <td> </td>
  <td> </td>
</tr>
</table>
```

Listing 11.2 Ausschnitt 1 aus dem Template detail

Wie es funktioniert

Die Tabelle beginnt mit einer Spaltendefinition gefolgt von einer Zeile für die Spaltenüberschriften. Die folgenden Zeilen werden gerendert, wenn die Variable kurse einen *true*-Wert hat. Sie enthält dann eine Liste der Objekte der belegten Kurse. Die repeat-Anweisung generiert so viele Zeilen wie kurse Einträge hat. In der ersten Zelle wird der Titel des Moduls eingetragen. Dieser fungiert gleichzeitig als Link auf die Ansicht, die die benutzerspezifischen Informationen zu diesem Modul bereit hält. In dieser Ansicht kann der Bildungsplaner z.B. das Lernmodul für den Benutzer freischalten.

Der Titel des Moduls wird vom entsprechenden Lernmodul-Ordner im Ordner module bezogen. Die weiteren Informationen in der Tabelle stammen vom Ordner, der das belegte Modul repräsentiert. Diese Informationen sind das Anmeldedatum sowie der Status der Bezahlung, der Freischaltung und des aktiven Zustands. Für die letzten drei Informationen sind die Zellen jeweils doppelt mit einer condition-Anweisung notiert. Je nach Variablenwert wird immer je eine der beiden Zeilen gerendert.

Die letzte Zeile der Tabelle wird nur dann notiert, wenn die Variable kurse einen *false*-Wert hat, es also keine belegten Kurse gibt. In diesem Fall wird nur ein entsprechender Hinweis ausgegeben.

Nach dieser Tabelle folgt im Quelltext ein Auswahlfeld, mit dem der Benutzer zu weiteren Lernmodulen angemeldet werden kann:

```
<tr id="weiss">
  <td valign="top">Kurs hinzuf&uuml;gen:</td>
  <td>
    <select id="m" name="neu_mod:list" size="3"
      multiple="multiple">
    <span tal:repeat="mod python:pfad.¬
                      py_fetchModul(b_name)"
         tal:omit-tag="">
      <option tal:condition="not:python:mod.id in g_mods"
             tal:attributes="value mod/id"
             tal:content="mod/title">modul
      </option>
      <option tal:condition="python:mod.id in g_mods"
             tal:attributes="value mod/id"
             tal:content="mod/title"
             selected="selected">modul
      </option>
    </span>
    </select>
  </td>
  <td> </td>
  <td> </td>
  <td> </td>
  <td> </td>
</tr>
```

Listing 11.3 Ausschnitt 2 aus dem Template detail

Wie es
funktioniert

Die Einträge in dieses Auswahlfeld werden ebenfalls mit einer repeat-Anweisung dynamisch erzeugt. Seine Werte bezieht die Anweisung von einem Python-Skript, das aus dem Pool der vorhandenen Module diejenigen herausfiltert, die grundsätzlich freigeschaltet sind und vom aktuellen Teilnehmer noch nicht belegt wurden (*siehe Abschnitt 11.3.3*).

Für den Fall, dass bei den Formulareingaben ein Fehler auftritt, werden die Ids der bereits ausgewählten Module in der Variablen g_mods gespeichert. Durch einen Abgleich der Liste der auswählbaren und der schon gewählten Module kann eine bereits getroffene Auswahl wieder hergestellt werden.

Den Abschluss des Formulars bilden auch hier die Submit-Buttons, die das auswertende Skript aufrufen:

```
<tr>
  <td> </td>
  <td colspan="5">
    <input type="submit" name="save" value="sichern"¬
    class="button" />
    <input tal:condition="python:request.has_key('tn')"¬
    type="submit" name="delete"
    value="Teilnehmer l&ouml;schen" class="button" />
    <input tal:condition="python:request.has_key('tn')"¬
    type="submit" name="new"
    value="neuer Teilnehmer" class="button" />
    <input type="submit" name="back" value="zur&uuml;ck"¬
    class="button" />
  </td>
</tr>
```

Listing 11.4 Ausschnitt 3 aus dem Template detail

Zwei dieser Buttons erscheinen nur dann, wenn im Query-String die Variable tn enthalten ist, also das Formular die Daten eines bereits angelegten Benutzers zeigt. Einer dieser Buttons dient dem Löschen des aktuellen Benutzers, der andere dem Anlegen eines neuen Benutzers. Damit kann das Formular erneut ohne Einträge in den Formularfeldern aufgerufen werden, um einen neuen Benutzer anzulegen. Der Weg über die Teilnehmerübersicht kann eingespart werden.

Wie es funktioniert

Die beiden ständig sichtbaren Buttons sind zum Speichern der Angaben bzw. zum Zurückkehren zur Teilnehmerübersicht.

11.3.2 Das Python-Skript zum Auslesen der belegten Module

Für die Anzeige der Module, die ein Teilnehmer belegt hat, ist ein Python-Skript notwendig, das mit der Id py_fetchTnModul im Ordner f_002 angelegt wird:

```
## Script (Python) "py_fetchTnModul"
##parameters=b_name
elements = context.benutzer.tn_data[b_name].
objectValues('Folder')
module = []
for item in elements:
```

```
        if item.hasProperty('modul'):
            if item.modul:
                module.append(item)
    return sequence.sort(module,(('c_date','cmp','asc'),))
```

Listing 11.5 Das Python-Skript py_fetchTnModul

Wie es
funktioniert
Das Auslesen der belegten Module erfolgt nach dem gleichen Muster,
wie das Auslesen der Lernmodule. Da es hier um die Module geht, die
ein bestimmter Teilnehmer belegt hat, erhält dieses Skript als Parameter den Benutzernamen des Teilnehmers. Dieser wird ja wie
erwähnt auch als Id für den Ordner mit den weiteren Benutzerdaten
verwendet. In diesem Ordner findet sich für jedes belegte Modul ein
Ordner mit der Id des Moduls. Diese Ordner liest das Skript aus. Es bildet zunächst eine Sequenz mit allen im Teilnehmer-Ordner vorhanden
Ordnern. Mit der for-Schleife werden die fraglichen Ordner herausgefiltert. Zurückgegeben wird eine anhand des Anmeldedatums sortierte
Liste von Ordner-Objekten.

11.3.3 Das Python-Skript zum Auslesen der wählbaren Module

Das Auswahlfeld am Ende des Formulars ermöglicht es, dem Teilnehmer weitere Lernmodulen zuzuweisen. Allerdings sollten in diesem
Feld keine Lernmodule erscheinen, die noch nicht freigegeben oder die
vom Teilnehmer schon belegt wurden. Das Skript, das die entsprechenden Daten ausfiltert, wird ebenfalls im Ordner f_002 angelegt und
erhält die Id py_fetchModul:

```
## Script (Python) "py_fetchModul"
##parameters=b_name
b_mods =[]
if b_name:
    b_module =context.benutzer.tn_data[b_name].
            objectValues('Folder')
    for mod in b_module:
        b_mods.append(mod.id)
elements = context.module.objectValues('Folder')
module = []
for item in elements:
    if item.hasProperty('modul'):
```

```
     if item.modul and item.status=='freigegeben':
         if not item.id in b_mods:
             module.append(item)
return sequence.sort(module,(('title','cmp','asc'),))
```

Listing 11.6 : Das Python-Skript py_fetchModul

Wie es funktioniert

Das Skript liest zunächst alle Ordner-Objekte im Teilnehmer-Ordner aus und speichert deren Ids in der Liste b_mods. Dann werden alle Ordner im Ordner module ausgelesen. Die anschließende for-Schleife überprüft jeden gefundenen Ordner darauf, ob er die Eigenschaft modul hat und ob die Eigenschaft status den Wert freigegeben hat. Schließlich wird überprüft, ob die Id des Ordners in der zuvor erstellten Liste b_mods vorhanden ist. Ist das nicht der Fall, wurde das Modul vom Teilnehmer nicht belegt und kann in die Liste der verfügbaren Module aufgenommen werden. Diese Liste wird nach dem Modultitel sortiert zurückgegeben.

Mit der Fertigstellung dieses Skriptes sollte jetzt ein erster Test des Formulars möglich sein. Als eingeloggter Bildungsplaner sollte ein Klick auf den neuen Menüpunkt »Teilnehmer verwalten« die Seite mit dem Link zum Formular zur Ansicht bringen. Ein Klick auf diesen Link zeigt dann das soeben erstellte Formular. Die beiden Buttons des Formulars funktionieren allerdings noch nicht. Dazu ist das Python-Skript des folgenden Abschnitts notwendig.

11.3.4 Das auswertende Skript

Das Skript, das beim Betätigen einer der Submit-Buttons des Formulars aufgerufen wird, erhält die Id py_detailAct und wird ebenfalls im Ordner f_002 abgelegt. Auch dieses Skript weist einige Ähnlichkeiten zum auswertenden Skript auf, das in Abschnitt 10.6.2 besprochen wurde. Deshalb werden vom neuen Skript nur die neuen Funktionen ausführlicher behandelt. Das gesamte Skript kann von der Buch-CD geladen werden. Es findet sich als Datei mit dem Namen **py_detailAct.py** im Ordner zu diesem Kapitel.

Auch an dieses Skript werden alle Formular-Variablen als Parameter übergeben. Das Formular hat je nach Situation zwei oder vier Buttons. Das Skript muss natürlich alle Situationen bedienen können und gliedert sich in vier Hauptbereiche.

Der erste Bereich kümmert sich um den Fall, wenn der Button »zurück« betätigt wurde. Es wird dann mit der Methode redirect() auf die Teilnehmerübersicht geleitet.

Der zweite Bereich, der mit if new: beginnt, ruft das Formular erneut auf, allerdings ohne die Variable tn im Query-String. Dadurch werden alle Formularelemente ohne Werte oder mit Grundeinstellungen angezeigt. Dies geschieht, wenn der Button »neuer Teilnehmer« geklickt wurde.

Der dritte Bereich wird abgearbeitet, wenn ein Benutzer den aktuellen Teilnehmer löschen will. Vorab werden zwei Überprüfungen durchgeführt, die verhindern, dass Teilnehmer gelöscht werden, deren Lernmodule freigeschaltet oder aktiv sind. Aktiv bedeutet, dass das Modul begonnen hat, aber noch nicht beendet ist. Diese Überprüfung hat folgenden Quelltext:

```
tn_mods = context.py_fetchTnModul(tn)
frei = 0
aktiv = 0
for mod in tn_mods:
    if mod.frei_start.isPast() and modfrei_ende.¬
        isFuture():
        aktiv = 1
        break
    if mod.frei:
        frei = 1
        break
```

Listing 11.7 Ausschnitt 1 des Skriptes py_detailAct

Wie es funktioniert
Mit dem in Abschnitt 11.3.2 erstellten Skript py_fetchTnModul werden alle belegten Module des Teilnehmers ausgelesen. Anschließend werden diese Module in einer for-Schleife überprüft.

Die erste Bedingung prüft, ob der Beginntermin, der in der Eigenschaft frei_start gespeichert ist, in der Vergangenheit liegt. Wenn zusätzlich der in der Eigenschaft frei_ende gespeicherte Termin in der Zukunft liegt, ist das Modul noch im aktiven Status.

isPast(), isFuture()
Diese zeitlichen Überprüfungen werden mit den Methoden isPast() bzw. isFuture() des Datumsobjektes vorgenommen. Ausgehend vom aktuellen Datum geben diese Methoden true oder false zurück, wenn das Datumsobjekt ein vergangenes bzw. zukünftiges Datum enthält.

Ist die Überprüfung positiv ausgefallen, wird die Variable aktiv mit einem *true*-Wert versehen. Da damit schon ein Grund vorliegt, den aktuellen Teilnehmer nicht zu löschen, kann die Schleife verlassen werden, ohne weitere Objekte zu überprüfen.

Das Verlassen wird mit dem Schlüsselwort break erreicht. Damit wird **break** eine Schleife sofort verlassen und die Abarbeitung des Codes nach der Schleife wieder aufgenommen. Dies funktioniert ebenso bei einer while-Schleife.

Die zweite Bedingung in der Schleife überprüft, ob die Eigenschaft frei eines der Module einen *true*-Wert hat, setzt in diesem Fall eine Variable mit dem Namen frei auf den Wert 1 und bricht dann die Schleifenverarbeitung ab.

Nach der Schleife werden die Skript-Parameter zu einem Query-String umformatiert, getrennt nach inhaltlichen und strukturellen Parametern, sowie die Links auf das Formular selbst (self) und auf eine Bestätigungsseite (confirm) generiert.

Wurde zuvor die Variable aktiv oder frei auf eins gesetzt, wird die Formularseite erneut aufgerufen und durch die Variable err im Query-String eine Fehlermeldung ausgelöst. Dies erfolgt nach dem gleichen Prinzip wie in der Lernmodul-Verwaltung. Der Wert der Variablen err entspricht einer Eigenschaft des Ordners fehler, der im Ordner f_002 vorhanden sein muss.

Dieser Ordner kann von der Buch-CD importiert werden. Dazu muss die Datei **fehler.zexp** in das Verzeichnis Import der Zope-Installation kopiert werden. Anschließend kann im Ordner f_002 mit der Import-Funktion diese Datei importiert werden.

Sind die Bedingungen zum Löschen erfüllt, wird auf eine Ansicht weitergeleitet, in der das Löschen bestätigt werden muss. Diese Seite und das zugehörige Skript werden in Abschnitt 11.3.5 erstellt.

Im auswertenden Skript folgt der Bereich, der das Sichern der Angaben in den Formularelementen regelt. Dieser Bereich kümmert sich sowohl um die Neuanlage eines Teilnehmers als auch um Änderungen eines bestehenden Teilnehmers. Unterscheidungsmerkmal hierfür ist der Parameter tn. Hat er einen *true*-Wert, handelt es sich um einen bestehenden Teilnehmer, andernfalls um eine Neuanlage.

Entsprechend müssen der Zielordner und der Query-String unterschiedlich definiert werden. Für beide Fälle gleich sind die Inhalte, die, ebenfalls als Query-String formatiert, in der Variablen `inhalte` gespeichert werden.

Danach setzt die Überprüfung der Eingaben ein. Die Postleitzahl im Parameter `plz` wird darauf überprüft, ob sie aus Zahlen besteht. Die E-Mail-Adresse wird nach dem Zeichen @ durchsucht. Alle übrigen Werte werden lediglich auf ihr Vorhandensein überprüft. Insbesondere bei der E-Mail-Adresse können die Prüfungskriterien verfeinert werden. In dieser Betrachtung liegt aber die Konzentration auf dem weiteren Strang des auswertenden Skriptes.

Wird ein Fehler festgestellt, wird nach dem bekannten Muster die Seite erneut aufgerufen und eine Fehlermeldung ausgegeben. Nur wenn alle Angaben richtig gemacht wurden, kommt es zum Sichern der Daten.

Zunächst werden alle Formulardaten als Dictionary in der Variablen `daten` festgehalten. Dann teilt sich der Strang, je nach dem, ob Daten zu einem bestehenden Teilnehmer gespeichert werden sollen, oder ob ein neuer angelegt werden muss.

Die Speicherung der Daten für einen bestehenden Teilnehmer erfolgt mit folgendem Code-Ausschnitt:

```
if tn:
    ziel.manage_changeProperties(daten)
    for mod in neu_mod:
        ziel.manage_clone(ziel.master_mod,mod)
        register = context.module[mod].register + 1
        teilnehmer = context.module[mod].teilnehmer
        teilnehmer.append(tn)
        context.module[mod].manage_changeProperties¬
        ({'register':register,'teilnehmer':teilnehmer})
        if context.module[mod].art:
            frei_start = context.module[mod].begin
            frei_ende = frei_start + ¬
                        context.module[mod].dauer
            ziel[mod].manage_changeProperties¬
            ({'c_date':DateTime(),'modul':1,¬
            'frei_start':frei_start,'frei_ende':frei_ende})
        else:
            ziel[mod].manage_changeProperties¬
            ({'c_date':DateTime(),'modul':1})
    context.REQUEST.RESPONSE.redirect(self+'&resp=02')
    return
```

Listing 11.8 Ausschnitt 2 des Skriptes py_detailAct

Für die Benutzerdaten müssen lediglich die Eigenschaften des Benutzer-Ordners geändert werden. Alle Daten sind als Dictionary in der Variablen `daten` enthalten, sodass das Ändern mit der Methode `manage_changeProperties()` vorgenommen werden kann.

Für neu hinzugefügte Module muss aber jeweils ein neuer Modulordner in den Teilnehmer-Ordner kopiert werden. Die Ids der neu belegten Module sind als Liste im Parameter `neu_mod` enthalten. Also kann mit einer Schleife für jeden Listeneintrag ein Modulordner angelegt werden. Mit der Methode `manage_clone()` wird eine Kopie von der Vorlage in den Teilnehmer-Ordner gelegt und ihr dabei die Id zugewiesen. Damit ist eine Anmeldung für eines der Lernmodule vorgenommen worden. Diese wird beim Lernmodul selbst vermerkt. Dazu wird die dort dafür vorgesehene Eigenschaft `register` um den Wert 1 erhöht und erneut zugewiesen. In der Lernmodulübersicht wird diese Zahl angezeigt, um einen schnellen Überblick über die Anzahl angemeldeter Personen zu bekommen. Ebenso wird der Benutzername des Teilnehmers beim Lernmodul vermerkt. Die dafür vorgesehene Eigenschaft `teilnehmer` vom Typ *lines* kann in einem Python-Skript als Liste behandelt werden. Also wird zunächst der aktuelle Stand der Liste in einer Variablen abgespeichert, dann der neue Teilnehmer mit der Methode `append()` hinzugefügt. Die so aktualisierte Liste wird dem Lernmodul-Objekt erneut zugewiesen.

Dann werden die Eigenschaften des zuvor kopierten Ordners im Teilnehmerordner modifiziert. Handelt es sich um ein einmalig stattfindendes Modul – die Eigenschaft `art` hat dann einen *true*-Wert – ist der Beginntermin bei der Modulanlage festgesetzt worden. Also wird dieser Termin auch für den Teilnehmer eingetragen. Der Endtermin für den Teilnehmer ergibt sich aus dem Beginntermin plus der Dauer des Moduls. Entsprechend wird die Variable `frei_ende` gesetzt. Diese Daten sowie das aktuelle Datum für die Eigenschaft `c_date` und ein *true*-Wert (1) für die Eigenschaft `modul` werden den Eigenschaften des kopierten Ordners zugewiesen.

Handelt es sich um ein dauerhaft angebotenes Lernmodul, in das man jederzeit einsteigen kann, sind Beginn- und Endtermin für den Benutzer solange offen, bis der Bildungsplaner das Modul für den Teilnehmer freigibt. Es müssen dann an dieser Stelle nur die Eigenschaften `c_date` und `modul` verändert werden.

Sind alle Daten gespeichert, wird das Formular erneut aufgerufen, jetzt mit der Variablen `resp` im Query-String. Diese löst eine Server-Antwort aus, die im Ordner antworten als Eigenschaft gespeichert ist. Dieser Ordner kann ebenfalls von der Buch-CD in den Ordner f_002 importiert werden. Er befindet sich als Datei mit dem Namen **antworten.zexp** im Verzeichnis zu diesem Kapitel.

Bei der Neuanlage eines Teilnehmers muss nicht nur ein Teilnehmer-Ordner angelegt werden, sondern auch ein Benutzer-Objekt im Ordner acl_users. Der gesamte Vorgang geschieht durch folgenden Code-Ausschnitt:

```
else:
    pw_pool=string.letters+string.digits
    pw=''
    for x in range(whrandom.randint(9,13)):
        pw+=whrandom.choice(pw_pool)
    bn=vorname+'_'+nachname
    text = context.nachricht.data % (nachname,bn,pw)
    try:
        context.postbox.send
        (text,email,'info@lernplattform.de','Mahnung',None)
    except:
        context.REQUEST.RESPONSE.redirect¬
        (self+inhalte+'&err=17')
        return
    context.acl_users.userFolderAddUser
    (bn, pw, ['teilnehmer'], '')
    ziel.manage_clone(ziel.master,bn)
    daten['b_name'] = bn
    daten['c_date']= DateTime()
    daten['tn'] = 1
    ziel[bn].manage_changeProperties(daten)
    for mod in neu_mod:
        ziel[bn].manage_clone(ziel.master_mod,mod)
        register = context.module[mod].register + 1
        teilnehmer = context.module[mod].teilnehmer
        teilnehmer.append(bn)
        context.module[mod].manage_changeProperties¬
        ({'register':register,'teilnehmer':teilnehmer})
        if context.module[mod].art:
            frei_start = context.module[mod].begin
            frei_ende = frei_start + ¬
                        context.module[mod].dauer
```

```
        ziel[bn][mod].manage_changeProperties¬
        ({'c_date':DateTime(),'modul':1,¬
        'frei_start':frei_start,'frei_ende':frei_ende})
    else:
        ziel[bn][mod].manage_changeProperties¬
        ({'c_date':DateTime(),'modul':1})
context.REQUEST.RESPONSE.redirect¬
(self+'&tn='+bn+'&resp=01')
return
```

Listing 11.9 Ausschnitt 3 des Skriptes py_detailAct

Dieser Ausschnitt beginnt mit der Generierung eines Passwortes. Dazu wird zunächst ein String erzeugt, der alle Buchstaben des Alphabets und alle Ziffern enthält. Dieser String wird der Variablen `pw_pool` zugewiesen.

Die Generierung dieses Strings kann sehr einfach mit zwei Konstanten des Python-Moduls `string` erledigt werden. Mit `string.letters` erhält man alle kleinen und großen Buchstaben des Alphabets ohne Umlaute. Die Konstante `string.digits` liefert alle Ziffern als String.

string.letters, string.digits

Mit diesem so generierten String hat man einen Pool aus dem das Passwort generiert werden kann. Dafür wird eine `for`-Schleife durchlaufen. Die Anzahl der Schleifendurchläufe wird dabei zufällig bestimmt. Mit jedem Durchlauf wird der Variablen `pw` ein Buchstabe oder eine Ziffer aus dem Pool hinzugefügt. Die Auswahl erfolgt ebenfalls per Zufall. Auf diese Weise erhält man ein Passwort von nicht exakt vorhersehbarer Länge mit einer zufällig erzeugten Sequenz aus Klein- und Großbuchstaben sowie Ziffern.

Die Zufallskomponente kommt durch das Python-Modul `whrandom` ins Spiel. Mit seiner Methode `rand()` wird eine Zufallszahl aus einem bestimmten Bereich von Zahlen ermittelt. Dieser Zahlenbereich wird durch zwei Parameter, die der Methode übergeben werden, definiert.

whrandom.rand(), whrandom.choice()

Die Methode `choice()` erwartet als Parameter eine Sequenz. Aus dieser liefert sie ein zufällig ermitteltes Element.

Die zweite Angabe, die es für die Anlage eines neuen Benutzer-Objektes braucht, ist ein Benutzername. Dieser wird aus dem Vor- und Nachnamen des Teilnehmers, verbunden durch einen Unterstrich, zusammengesetzt und der Variablen `bn` zugewiesen.

Bevor nun das Benutzer-Objekt angelegt wird, wird eine E-Mail an die E-Mail-Adresse verschickt, die im Formular angegeben wurde. Diese

E-Mail soll den Teilnehmer darüber benachrichtigen, dass die Anmeldung erfolgte und ihm seine Zugangsdaten mitteilen. Wie das Versenden von Mails aus Zope heraus im Einzelnen funktioniert, wird in Abschnitt 11.4 erläutert.

Sollte das Versenden fehlschlagen, wird eine Fehlermeldung ausgelöst und das Benutzer-Objekt nicht angelegt. Damit wird gewährleistet, dass nur dann Benutzer angelegt werden, wenn den zugehörigen Personen auch die Zugangsdaten zugeschickt werden können.

userFolder-
AddUser()

Wenn der Versand der E-Mail funktioniert hat, kann das Benutzer-Objekt im Ordner `acl_users` angelegt werden. Dies wird mit der Methode `userFolderAddUser()` erledigt, die vier Parameter erwartet. Mit dem ersten wird der Benutzername angegeben, der zweite steht für das Passwort. Für den dritten Parameter wird eine Liste angegeben, die die Namen der Rollen enthält, die dem Teilnehmer zugewiesen werden sollen. Mit dem vierten Parameter schließlich können Domains angegeben werden, von denen der neue Teilnehmer ausschließlich auf die Plattform zugreifen kann. Gibt man hier einen *false*-Wert an, kann der Teilnehmer von jeder Domain aus auf die Plattform zugreifen.

Damit das Anlegen des neuen Benutzers auch funktioniert, muss der Rolle *admin* im Security-Tab des Ordners `lernplattform` das Recht *Manage users* eingeräumt werden.

Der nächste Schritt im Skript ist das Anlegen des Teilnehmer-Ordners, der die weiteren Informationen aufnimmt. Dieser wird mit der Methode `manage_clone()` von der Vorlage kopiert. Anschließend werden dem Dictionary, das die Variable `daten` enthält, einige Einträge hinzugefügt, deren Werte nicht über das Formular eingegeben werden. Danach können die Eigenschaften des neuen Teilnehmer-Ordners mit diesem Dictionary eingestellt werden.

Zum Schluss müssen noch für die ausgewählten Lernmodule entsprechende Ordner im neuen Teilnehmer-Ordner angelegt und deren Eigenschaften eingestellt werden. Dies geschieht auf die gleiche Weise wie bereits oben für Änderung von Daten eines vorhandenen Teilnehmers beschrieben.

Ist auch das erfolgt, wird das Formular erneut aufgerufen. Der Query-String erhält nun die Variable `tn` mit dem neuen Benutzernamen als Wert. Die Daten für die Formularfelder werden jetzt von dem neu erstellten Teilnehmer-Ordner gelesen.

Um jetzt das Anlegen eines neuen Teilnehmers zu testen, muss zunächst noch der `try-except`-Block ausgeklammert werden, der das Versenden der E-Mail-Nachricht enthält. Diese Funktion benötigt noch ein neues Objekt, das in Abschnitt 11.4 eingeführt wird. Genauso wenig ist die Löschfunktion bereits komplett. Diese wird im folgenden Abschnitt erstellt.

11.3.5 Das Löschen bestätigen

Ein Klick auf den Button »*Löschen*« im Formular soll eine neue Ansicht aufrufen, die auffordert, das Löschen zu bestätigen (siehe Abbildung 11.4). Diese neue Ansicht wird mit einem Template realisiert, das die Id `confirm` erhält und im Ordner `f_002` angelegt wird.

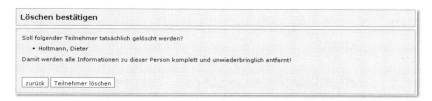

Abbildung 11.4 Das Löschen bestätigen

Der Quelltext dieses Templates ist auf der Buch-CD im Verzeichnis zu diesem Kapitel als **confirm.zpt** zu finden. Er dürfte selbsterklärend sein. Deshalb soll hier nur das Skript besprochen werden, das aufgerufen wird, wenn man einen der Submit-Buttons betätigt. Es wird mit der Id `py_delTN` ebenfalls im Ordner `f_002` angelegt:

```
## Script (Python) "py_delTN"
##parameters=delete='',back='',tn='',f='',fu=''
params = '?f='+f+'&fu='+fu
self = context.REQUEST.URL3+params
if back:
    context.REQUEST.RESPONSE.redirect
    (self+'&tn='+tn+'&page=detail')
    return
if delete:
    context.benutzer.tn_data.manage_delObjects(tn)
    context.acl_users.userFolderDelUsers([tn])
    context.REQUEST.RESPONSE.redirect(self+'&resp=03')
    return
```

Listing 11.10 Das Python-Skript py_delTN

Wie es funktioniert	Das Skript hat zwei if-Bedingungen, die prüfen, welcher der beiden Buttons betätigt wurde. Bei einem Klick auf den *zurück*-Button regelt der erste `if`-Block die Rückkehr zum Formular.

Der zweite `if`-Block regelt das Löschen des Teilnehmers. Dazu muss der Teilnehmer-Ordner gelöscht werden, was mit der Methode `manage_delObjects()` erledigt wird. Des Weiteren muss das Benutzer-Objekt aus dem Ordner `acl_users` entfernt werden.

userFolder-DelUsers()	Dies kann mit der Methode `userFolderDelUsers()` durchgeführt werden. Diese Methode benötigt als Parameter eine Liste mit den Benutzernamen der Benutzer-Objekte, die gelöscht werden sollen.

Nach erfolgtem Löschen wird auf die Ansicht der Teilnehmer-Übersicht weitergeleitet. Damit der Bildungsplaner löschen kann, muss das Skript **py_delTN** noch mit einer *Proxy-Rolle* versehen werden, die das Recht *Delete objects* besitzt. Wie schon in Abschnitt 10.5.5 wird hier die Rolle *Manager* gewählt.

11.4 Anmeldungen stornieren, Lernmodule freigeben

Bei Klick auf den Titel eines Moduls in der Detailansicht eines Teilnehmers ruft man eine weitere Ansicht auf, in der man weitere teilnehmerbezogene Informationen zu diesem Modul erhält. Ferner ist es möglich, das Modul für den Teilnehmer frei zu schalten, zu vermerken, ob die Gebühr bezahlt wurde und gegebenenfalls eine Zahlungserinnerung per E-Mail zu verschicken (*siehe Abbildung 11.5*).

Abbildung 11.5 Detailansicht eines belegten Moduls

11.4.1 Das Formular

Das zugehörige Template wird mit der Id `mod_detail` im Ordner `f_002` angelegt. Der gesamte Quelltext ist als **mod_detail.zpt** im Verzeichnis zu diesem Kapitel auf der Buch-CD zu finden. Er enthält die gleichen `div`-Bereiche wie alle bislang erstellten Templates. Es gibt einen

Bereich für den Seitentitel, einen für Fehlermeldungen, einen für Server-Antworten und einen für das Formular. Etwas abweichend ist hier nur der Titelbereich, der deshalb genauer betrachtet werden soll:

```
<div tal:define=
    "global tn python:here.benutzer.tn_data[request.tn];
     global tn_mod python:tn[request.mod];
     global mod python:here.module[request.mod]"
    tal:content="string:Teilnehmer ${tn/nachname},¬
    ${tn/vorname}:Modul ${mod/title} bearbeiten"
    id="seiten_titel">Titel</div>
```

Listing 11.11 Ausschnitt des Templates mod_detail

Die Generierung des Inhaltes dieses `div`-Bereiches ist weniger interessant. Hier werden einfach Vor- und Nachname sowie der Titel des Moduls ermittelt und eingetragen.

Wie es funktioniert

Wichtiger ist die Bildung der Variablen, bei der jeweils ein Objekt einer Variablen zugewiesen wird. Alle drei Objekte sind Informationsträger bezüglich eines belegten Moduls. Im weiter unten definierten Formular werden Werte von Eigenschaften dieser drei Objekte ausgegeben. Diese Objekte sind der Teilnehmer-Ordner, der darin enthaltene Ordner, der das belegte Lernmodul repräsentiert, sowie der Ordner des Lernmoduls selbst. Die Daten sind so organisiert, dass Informationen zum Lernmodul nur einmalig abgelegt sind. Benutzerspezifische Daten zu einem Lernmodul werden im Teilnehmer-Ordner gespeichert. Die Referenz zwischen Lernmodul und benutzerspezifischen Daten wird über die Id des Lernmoduls hergestellt. Mit anderen Worten, ein Ordner mit der Id `lm_003` in einem Teilnehmer-Ordner bezieht sich mit seinen Daten auf ein Lernmodul mit der Id `lm_003` im Ordner `module`.

11.4.2 Das auswertende Skript

Das auswertende Skript diese Formulars deckt vier Funktionen ab. Es führt zurück auf die Teilnehmer-Detailansicht, es storniert die Anmeldung zum aktuellen Kurs, es sichert Änderungen und es verschickt eine Zahlungserinnerung per E-Mail, wenn der Button »mahnen« betätigt wurde. Das Stornieren einer Kursanmeldung ist technisch gesehen nichts anderes, als das Löschen des entsprechenden Ordners im Teilnehmer-Ordner. Diese Funktion wurde bereits mehrfach besprochen. Auch die Zurück-Funktion und das Sichern von Änderungen sind mittlerweile bekannt. Deshalb erfolgt hier nur der Blick auf die Mahnfunktion. Das gesamte Skript ist im Verzeichnis zu diesem Kapitel auf der Buch-CD als Datei mit dem Namen **py_mod_detailAct.py** zu finden.

```
if warn:
    ziel= context.benutzer.tn_data[tn][mod]
    params = '?f='+f+'&fu='+fu+'&tn='+tn+'&page='+page+¬
            '&mod='+mod
    self = context.REQUEST.URL3+params
    if ziel.bezahlt:
        context.REQUEST.RESPONSE.redirect(self+'&err=18')
        return
    else:
        mail_adr = context.benutzer.tn_data[tn].email
        name = context.benutzer.tn_data[tn].nachname
        titel = context.module[mod].title
        geb = context.module[mod].preis
        datum = (DateTime()+10).strftime('%d.%m.%Y')
        text = context.mahnung.data % (name,titel,geb,datum)
        context.postbox.send (text,mail_adr,¬
            'info@lernplattform.de','Zahlung',None)
        anzahl = ziel.gemahnt +1
        ziel.manage_changeProperties({'gemahnt':anzahl})
        context.REQUEST.RESPONSE.redirect(self+'&resp=05')
        return
```

Listing 11.12 Ausschnitt aus dem Python-Skript mod_detailAct

Wie es funktioniert

Mit der Variablen `ziel` wird zunächst der Ordner bestimmt, der das belegte Modul repräsentiert. Danach wird der URL mit zugehörigem Query-String gebildet. Dann wird überprüft, ob die Eigenschaft `bezahlt` des Modul-Ordners einen *true*-Wert hat. Ist das der Fall, wird die Seite erneut aufgerufen und eine Fehlermeldung ausgegeben. Damit soll verhindert werden, dass versehentlich eine Zahlungserinnerung verschickt wird, obwohl der Teilnehmer die Modulgebühr bereits bezahlt hat.

Ist das nicht der Fall, wird die E-Mail verschickt. Es werden einige Daten aus dem Teilnehmer-Objekt ausgelesen, um in der E-Mail u.a. eine persönliche Anrede zu generieren. Die Mailfunktion selbst wird im folgenden Abschnitt (*11.5*) ausführlich erläutert.

Nach dem Versenden wird die Eigenschaft `gemahnt` des Modul-Ordners um den Wert 1 erhöht und erneut zugewiesen. Anhand dieser Eigenschaft kann der Bildungsplaner die Häufigkeit der Zahlungserinnerungen für die Kursgebühr dieses Lernmoduls ablesen und gegebenenfalls das Modul für den Teilnehmer sperren (Freigabe aufheben).

Schließlich erfolgt der obligatorische Neuaufruf der Ansicht, der eine Server-Antwort auslöst.

11.5 Die Mailfunktion integrieren

11.5.1 Das Mailhost-Objekt

Voraussetzung für das Versenden von E-Mails aus Zope heraus ist, dass ein Objekt vom Typ *Mailhost* zur Verfügung steht. Für die Lernplattform wird es im Ordner `closed` angelegt. Damit kann es von allen drei Bereichen der Plattform genutzt werden, da auch dieser Objekttyp akquiriert wird.

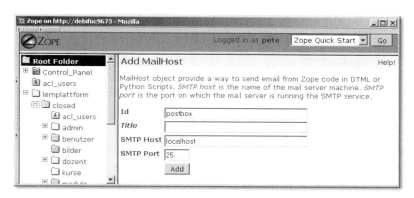

Abbildung 11.6 Ansicht zum Anlegen des Mailhost-Objektes

Beim Anlegen wird wie gewohnt eine Id vergeben, über die das Objekt referenziert werden kann. Für die Lernplattform ist das die ID `postbox`. Die Angabe eines Titels ist optional. Zum Versenden von E-Mails benötigt das Objekt noch die Adresse des Mailservers, über den der Versand abgewickelt werden soll, sowie dessen Portnummer. Dieser Server kann auf dem gleichen Rechner sein, auf dem auch Zope installiert ist. Dann kann der Standardeintrag localhost übernommen werden. Auch die Portnummer 25 ist der Standardport für SMTP-Server. Genauso kann der Mail-Server aber auf einem entfernten Rechner laufen. Dann muss dessen Hostname oder IP-Nummer eingetragen werden.

Betreibt man Zope zu Entwicklungszwecken auf dem lokalen Rechner, kann man hier den Mailserver seines E-Mail-Providers eintragen. Allerdings sollte man beachten, dass das Mailhost kein authentifiziertes Versenden von E-Mails verschickt. Bei manchen Provider funktioniert eine Authentifizierung über das vorherige Abrufen von E-Mails (*POP before SMTP*), andere Provider verlangen eine eigenständige Authentifizierung für der Versendevorgang (*SMTP-AUTH*). Im letzteren Fall funktioniert das Mailhost-Objekt nicht. Ein Ersatzprodukt, das das authentifizierte Versenden von E-Mails aus Zope unterstützt, kann unter der Adresse

http://zope.org/Members/bowerymarc/ESMTPMailHost/

heruntergeladen werden.

11.5.2 E-Mails versenden

Es stehen zwei Möglichkeiten zur Verfügung, um E-Mails zu versenden. Man kann dazu DTML verwenden oder ein Python-Skript. In DTML stehen dazu spezielle Tags zur Verfügen, in einem Python-Skript kann auf eine entsprechende Methode des Mailhost-Objektes zugegriffen werden. Da man aus Page-Templates heraus auch DTML-Methoden aufrufen kann, stehen bei deren Verwendung beide Möglichkeiten offen. Eigene Befehle zum Versenden von E-Mails stehen für Page-Templates nicht zur Verfügung.

Die DTML-Variante

Das Tag sendmail Zum einfachen Versenden von E-Mails mit DTML steht das `sendmail`-Tag zur Verfügung. Es benötigt als Attribut entweder die Angabe `mailhost` oder `smtphost`. Mit der Angabe `mailhost` verweist man auf ein angelegtes Mailhost-Objekt, mit `smtphost` kann man direkt einen Mail-Server angeben, über den der Versand ablaufen soll. Bei Verwendung von `smtphost` kann mit dem weiteren Attribut `port` die Portnummer des Mailservers angegeben werden. Ohne diese Angabe wird der Standardport 25 verwendet. Die weiteren Angaben, die zum Versenden notwendig sind, können innerhalb des `sendmail`-Blockes gemacht werden:

```
<dtml-sendmail mailhost="postbox">
To: empfaenger@example.com
From: pete@densx1.de
Subject: Email mit DTML

Viele Grüße aus dem Zopeland
</dtml-sendmail>
```

Listing 11.13 E-Mail-Versand mit dem sendmail-Tag

Mit diesem Quellcode in einer DTML-Methode wird eine E-Mail über ein Mailhost-Objekt versendet, das die Id postbox hat. Es müssen wenigstens die drei Header-Informationen To:, From: und Subject: angegeben werden. Aber auch die Informationen Cc:, Bcc: und Reply To: können angegeben werden.

Wichtig ist, dass der Mail-Header vom Textkörper mit einer Leerzeile getrennt wird. Innerhalb des Mail-Headers darf aus diesem Grunde keine Leerzeile auftauchen.

Alternativ können die Header-Informationen auch per Attribut angegeben werden. Die Attribut-Namen dafür sind:

▶ mailto – für die Empfängeradresse

▶ mailfrom – für die Absenderadresse

▶ subject – für die Betreffzeile

E-Mails mit Attachment

Es ist auch möglich, E-Mails mit Attachments zur verschicken. Dazu muss der E-Mail-Körper mit einer MIME-Codierung versehen werden. Zope stellt dafür das mime-Tag zu Verfügung. Innerhalb eines mime-Blockes kann mit dem boundary-Tag die MIME-Codierung in mehrere Bereiche aufgeteilt werden. Eine solche in zwei MIME-codierte Bereiche aufgeteilte Nachricht (multipart-MIME) stellt eine E-Mail mit Attachment dar. Das folgende Beispiel, in einer DTML-Methode notiert, zeigt, wie es geht:

```
<dtml-sendmail mailhost="postbox">
To: empfaenger@example.com
From: pete@densx1.de
Subject: Email mit Attachment
<dtml-mime type=text/plain encode=7bit>
Anbei die Datei.
<dtml-boundary type_expr="pdf_dat.getContentType()"¬
  disposition=attachment encode=base64 filename_expr=¬
  "pdf_dat.title">
<dtml-var pdf_dat>
</dtml-mime>
</dtml-sendmail>
```

Listing 11.14 Eine E-Mail mit Attachment

Der E-Mail-Körper wird vom `mime`-Tag eingeschlossen. Mit dem `boundary`-Tag wird der Bereich in zwei Teile geteilt. Der erste Teil enthält die E-Mail-Nachricht, der zweite das Attachment. In diesem Fall ist es ein File-Objekt mit der Id `pdf_data`. Beide Tags können eine Reihe von identischen Attributen haben, über die sie gesteuert werden:

▶ `encode` = *Zeichenkette*
Mit diesem Attribut wird der MIME-Header *Content-Transfer-Encoding* bestimmt. Die Standardeinstellung ist *base64*. Die anderen zulässigen Codierungen sind *quoted-printable*, *uuencode*, *x-uuencode*, *uue*, *x-uue*, und *7bit*. Bei der Verwendung von *7bit* wird der Block nicht kodiert und ein zulässiges MIME-Format vorausgesetzt.

▶ `type` = *Zeichenkette*
Mit diesem Attribut wird der MIME-Header *Content-Type* bestimmt.

▶ `type_expr` = *Zeichenkette*
Mit diesem Attribut wird der MIME-Header *Content-Type* über einen (Python-)Ausdruck bestimmt. Damit sind variable Angaben möglich.

▶ `name` = *Zeichenkette*
Mit diesem Attribut wird der Name des MIME-Header *Content-Type* bestimmt.

▶ `name_expr` = *Zeichenkette*
Mit diesem Attribut wird der Name des MIME-Header *Content-Type* über einen (Python-)Ausdruck bestimmt. Damit sind variable Angaben möglich.

▶ `disposition` = *Zeichenkette*
Mit diesem Attribut wird der MIME-Header *Content-Disposition* bestimmt.

▶ `disposition_expr` = *Zeichenkette*
Mit diesem Attribut wird der MIME-Header *Content-Disposition* über einen (Python-)Ausdruck bestimmt. Damit sind variable Angaben möglich.

▶ `filename` = *Zeichenkette*
Mit diesem Attribut wird der Dateiame des MIME-Header *Content-Disposition* bestimmt.

▶ `filename_expr` = *Zeichenkette*
Mit diesem Attribut wird der Dateiame des MIME-Header *Content-Disposition* über einen (Python-)Ausdruck bestimmt. Damit sind variable Angaben möglich.

▶ skip_expr = *Zeichenkette*

Für dieses Attribut kann ein (Python-)Ausdruck angegeben werden, der entweder *true* oder *false* zurückgibt. Im Falle von *true* wird der Block übersprungen. Damit ist es möglich, MIME-Blöcke variabel aufzunehmen.

Im Beispiel des Listings 11.14 wird die E-Mail-Nachricht unkodiert als einfacher Text übertragen. Das Attachment wird mit einer *base64-*Codierung übertragen. Der Content-Type und der Dateiname des Attachments werden dynamisch vom Objekt selbst ausgelesen.

Die Python-Methode

Das Versenden von E-Mails mit einem Python-Skript geschieht mit der Methode send() des Mail-Host-Objektes, die 5 Parameter erwartet. Mit dem ersten Parameter wird der Text der Nachricht angegeben, der zweite übergibt die Empfänger-, der dritte die Absenderadresse. Der vierte Parameter enthält die Betreffzeile der E-Mail und mit dem fünften kann die Codierung der E-Mail bestimmt werden. Als Werte für diesen Parameter können *base64*, *quoted-printable* und *uuencode* angegeben Werten. Wird kein Wert übergeben, wird die E-Mail nicht kodiert.

Die Methode send()

```
nachricht= "Alles wird gut."
empf = "empfaenger@example.com"
abs = "pete@densxl.de"
betr = "Mail mit Python"
context.postbox.send(nachricht,empf,abs,betr,None)
```

Listing 11.15 E-Mail-Versand mit einem Python-Skript

Das Beispiel zeigt das Versenden einer unkodierten E-Mail über ein Mail-Host-Objekt mit der Id postbox.

11.5.3 Der E-Mail-Versand in der Lernplattform

Die beiden Situationen, in denen E-Mails versendet werden, sind die Neuanlage eines Benutzers und das Versenden einer Zahlungserinnerung.

Für beide Situationen ist der E-Mail-Text jeweils in einem File-Objekt abgelegt. Das Objekt für die Benachrichtigung bei der Neuanlage eines Teilnehmers erhält die Id nachricht, die Zahlungserinnerung die Id mahnung. Beide werden im Ordner f_002 angelegt.

Der Text der Benachrichtigung hat folgenden Wortlaut:

```
Sehr geehrte/r Herr/Frau %s,
wir haben Ihre Anmeldung erhalten.
Ihre Zugangsdatendaten zu unserem Lernsystem lauten:
Benutzername: %s
Kennwort: %s
Ihr Lernmodul wird freigeschaltet, sobald die Teilnahmege
bühr bei uns eingegangen ist.
Ihr Lernplattform-Team
```

Listing 11.16 Der Text des File-Objektes nachricht

Innerhalb des Textes sind an den Stellen, an denen spezifische Werte erscheinen sollen, Formatsequenzen (%) quasi als Platzhalter eingefügt. Diese Platzhalter werden dann jeweils mit den spezifischen Werten gefüllt:

```
text = context.nachricht.data % (nachname,bn,pw)
   try:
      context.postbox.send
      (text,email,'info@lernplattform.de',¬
                         'Ihre Anmeldung',None)
   except:
      context.REQUEST.RESPONSE.redirect
      (self+inhalte+'&err=17')
      return
```

Listing 11.17 Ausschnitt aus dem Python-Skript py_detailAct

Wie es funktioniert In der Variablen text wird der Inhalt des File-Objektes nachricht mit den spezifischen Werten gespeichert. Auf den Inhalt eines File-Objektes kann über dessen Eigenschaft data referenziert werden. Die spezifischen Werte werden über den Operator % (*String-Modulo*) in den Text eingefügt. Dieser Operator durchsucht die linke Seite des Ausdrucks, einen String nach speziellen Formatsequenzen, setzt die Werte der rechten Seite der Reihenfolge nach für die Formatsequenzen ein und gibt einen neuen String zurück. Die Werte auf der rechten Seite des Ausdrucks müssen in einem Tupel notiert werden. Die Möglichkeit der Stringmanipulation wird durch das string-Modul von Python bereitgestellt, das in Zope genutzt werden kann.

Für die Benachrichtigung bei der Anmeldung eines neuen Teilnehmers sind dies der Nachname des neuen Teilnehmers für die Anrede sowie der Benutzername und das Kennwort. Damit erhält der neue Teilnehmer automatisch eine E-Mail mit den persönlichen Anmeldedaten.

In der gleichen Weise wird auch eine E-Mail zur Zahlungserinnerung verschickt. Dazu muss das File-Objekt mit der Id `mahnung` angelegt werden, dessen Text über Formatsequenzen spezifische Daten erhält, bevor er an den Teilnehmer versendet wird.

Will man die Mailfunktionen der Lernplattform nun testen, sollte man als Zieladresse natürlich seine eigene E-Mail-Adresse angeben. Auch die Absenderadresse muss eine real existierende E-Mail-Adresse sein. Andernfalls wird eine Fehlermeldung ausgelöst. Steht ein passender Mailserver zur Verfügung und sind alle Angaben korrekt gemacht, versendet Lernplattform beim Anlegen eines neuen Teilnehmers eine E-Mail mit den Zugangsdaten an das eigene E-Mail-Postfach.

11.6 Die Teilnehmer-Übersicht

Was schließlich noch fehlt, ist die Übersicht aller angemeldeten Teilnehmer. Diese soll den Vor- und Nachnamen, das Datum der Anlage sowie die Anzahl der belegten Kurse anzeigen (*siehe Abbildung 11.7*). Der Name fungiert als Link zur zuvor erstellten Detail-Ansicht.

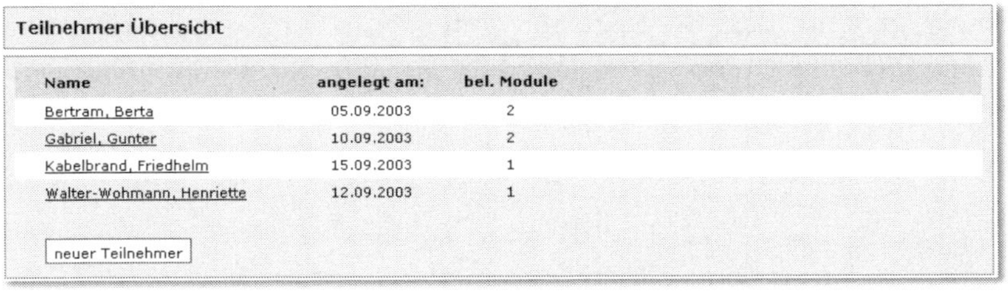

Teilnehmer Übersicht		
Name	**angelegt am:**	**bel. Module**
Bertram, Berta	05.09.2003	2
Gabriel, Gunter	10.09.2003	2
Kabelbrand, Friedhelm	15.09.2003	1
Walter-Wohmann, Henriette	12.09.2003	1

neuer Teilnehmer

Abbildung 11.7 Die Teilnehmer-Übersicht

11.6.1 Das Template

Die Übersicht wird erstellt im Template `erste`, das ja bereits im Ordner `f_002` angelegt wurde. Der Quelltext findet sich auf der Buch-CD in der Datei **erste.zpt** im Verzeichnis zu diesem Kapitel.

Da hier in dieser Übersicht keine Benutzereingaben gemacht werden können, ist es nicht notwendig, einen Bereich für Fehlermeldungen zu haben. Ansonsten aber hat auch dieses Template die gewohnten `div`-Bereiche.

Eine `repeat`-Anweisung durchläuft eine Sequenz, die alle Teilnehmer-Objekte enthält. Diese Sequenz wird vom Python-Skript `py_fetchTN` geliefert. Mittels einer `condition`-Anweisung und einer Stildefinition werden im Wechsel eine Tabellenzeile mit weißer und eine ohne Hintergrundfarbe ausgegeben.

Die Generierung des Teilnehmernamens als Link erfolgt mit dieser Notation:

```
<a class="tab"
   tal:define="params string:f=${request/f}&fu=¬
     ${request/fu}&page=detail&tn=${tn/id}"
   tal:content="string:${tn/nachname}, ${tn/vorname}"
   tal:attributes="href string:.?$params">modul
</a>
```

Listing 11.18 Ausschnitt 1 aus dem Template erste

Wie es funktioniert
Zunächst wird eine Variable mit dem Namen `params` definiert, die den Query-String des Links enthält. Es soll das Template `detail` mit den Daten des gewählten Teilnehmers aufgerufen werden. Also wird dessen Id mit übergeben.

Der Name selbst wird mit der `content`-Anweisung in die Tabellenzelle eingefügt und das `href`-Attribut mit der `attributes`-Anweisung erzeugt. Hier wird die zuvor gebildete Variable `params` zum Anfügen des Query-Strings genutzt.

Etwas ungewöhnlich ist die Notation des Buttons »neuer Teilnehmer«:

```
<button type="button"
   tal:define="params string:f=${request/f}&fu=¬
     ${request/fu}&page=detail"
   tal:attributes="onClick string:self.location.href=¬
                   '?$params'">
   neuer Teilnehmer
</button>
```

Listing 11.19 Ausschnitt 2 aus dem Template erste

Wie es funktioniert
Da die Auflistung der Teilnehmer nicht als Formular angelegt ist, können auch keine Formularelemente verwendet werden. Ein Submit-Button scheidet also für den Link *»neuer Teilnehmer«* aus. Um aber einen Button zu erzeugen, der das gleiche Aussehen hat wie jene in den

Formularen, wurde auf das button-Tag zurückgegriffen. Dieses kann mit einer Stildefinition entsprechend formatiert werden.

Leider kann man das button-Tag nicht in ein a-Tag einbetten, um den notwendigen Link zu erzeugen, da nicht alle Browser dies korrekt interpretieren. Deshalb muss man auf einen JavaScript-Eventhandler zurückgreifen, um einen funktionierenden Link zu erhalten. (Das bedeutet allerdings, dass die Seite nur bei aktiviertem JavaScript korrekt funktioniert.)

Dieser kann wie HTML-Attribute mit der attributes-Anweisung ebenfalls dynamisch erzeugt werden.

11.6.2 Das Skript zum Auslesen der Teilnehmer

Das Skript, das die Teilnehmer ausliest, ist ebenfalls auf der Buch-CD zu finden. Die entsprechende Datei trägt den Namen **py_fetchTN.py**:

```
## Script (Python) "py_fetchTN"
##parameters=
elements = context.benutzer.teilnehmer.¬
           objectValues('Folder')
teilnehmer = []
for item in elements:
    if item.hasProperty('tn'):
        if item.tn:
            teilnehmer.append(item)
return sequence.¬
  sort(teilnehmer,(('nachname','cmp','asc'),))
```

Listing 11.20 Das Python-Skript py_fetchTN

Dieses Skript arbeitet nach dem gleichen Schema, wie jenes aus Abschnitt 10.4.2, das alle vorhandenen Lernmodule ausliest. Alle Ordner, die im Ordner tn_data abgelegt sind, werden ausgelesen. Diese Sequenz wird anhand der Eigenschaft tn, die jeder Teilnehmer-Order hat, von eventuell anderen Ordnern bereinigt. Die bereinigte Sequenz wird nach Nachnamen sortiert zurückgegeben.

Wie es funktioniert

11.7 Fazit

Die Teilnehmer-Verwaltung ist damit fertig gestellt. Es können damit jetzt Teilnehmer angelegt und diese für Lernmodule angemeldet werden. Gleichzeitig bildet sie eine Voraussetzung für den Zugang der Teilnehmer zur Plattform, da Benutzer-Objekte mit der entsprechenden Rolle und Objekte für belegte Lernmodule angelegt werden. Jeder Teilnehmer kann jetzt auf seiner Eingangsseite den Zugang zu den von ihm gebuchten Modulen erhalten.

Alle Page-Templates und Python-Skripte wurden im Ordner f_002 angelegt, der damit das gesamte Funktionsmodul »Teilnehmer verwalten« enthält und gleichzeitig als Menüpunkt fungiert. Ziel- bzw. Ablageort aller Objekte, die durch die erstellten Funktionen erzeugt oder manipuliert werden, sind die Ordner `tn_data` und `acl_users`. Den Zusammenhang aller Templates und Skripte verdeutlicht noch einmal Abbildung 11.8.

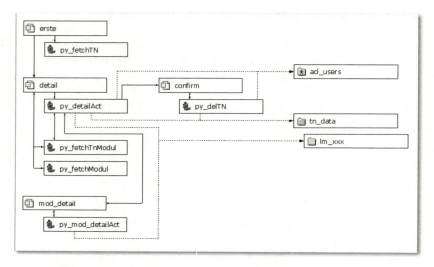

Abbildung 11.8 Funktionsschema der Teilnehmerverwaltung

Durchgezogene Linien zeigen Aufrufe und Weiterleitungen, gepunktete Linien zeigen an, wo Objekte manipuliert werden, einschließlich Erstell- und Löschvorgängen.

Das folgende Kapitel widmet sich dem Aufbau der Dozentenverwaltung.

12 Dozenten-Verwaltung aufbauen

12 Dozenten-Verwaltung aufbauen

Dieses Kapitel beschreibt den Aufbau des Funktionsmoduls »Dozenten-Verwaltung«. Einer Definition des Objektes »Dozent« folgt die Erstellung aller notwendigen Page-Templates und Python-Skripte. Der letzte Abschnitt widmet sich der Komplettierung der Lernmodul-Verwaltung. Mit der Entwicklung von zwei zusätzlichen Funktionen wird die Erstellung der Lernplattform-Administration abgeschlossen.

12.1 Die Arbeitsschritte

Die Dozenten-Verwaltung ist strukturell genauso aufgebaut wie die Teilnehmer-Verwaltung. Die Einstiegsansicht zeigt eine Liste aller Dozenten, von der aus man durch Klick auf den Namen eines Dozenten zu einer Detailansicht mit weiteren Informationen gelangen kann. Das für diese Ansicht vorgesehene Template erfüllt auch hier eine zweite Funktion: ohne Werte in den Formularfeldern dient es der Neuanlage eines Dozenten. Eine weitere Ansicht, die von der Detailansicht aus erreichbar ist, zeigt dozentenspezifische Informationen zu dem Lernmodul, für das der Dozent eingeteilt ist. Schließlich wird eine vierte Ansicht benötigt, in der das Löschen eines Dozenten aus dem System bestätigt werden muss.

Entsprechend der notwendigen Funktionen sind Python-Skripte notwendig, die die vorhandenen Dozenten auslesen, neue anlegen, bestehende modifizieren oder löschen sowie die Informationen zu zugeteilten Modulen auslesen und ändern können.

Alle Templates und Skripte werden in einem Ordner platziert, der mit der Id `f_003` im Ordner `admin` angelegt werden muss. Da auch dieser Ordner als Repräsentanz eines Menüpunktes dient, müssen ihm die entsprechenden Eigenschaften zugewiesen werden.

Natürlich erhält auch dieses Funktionsmodul ein Fehler- und Mitteilungs-Management mit den entsprechenden Ordnern `fehler` und `antworten`.

Vor der Umsetzung gilt es aber auch hier zunächst das Objekt *Dozent* zu definieren. Diese Definition ist schon wie in den Kapiteln zuvor die Basis der Entwicklung.

Im Einzelnen werden in diesem Kapitel folgende Arbeitsschritte durchgeführt:

1. Definition und Anlegen des Objektes Dozent

2. Entwicklung der Dozentenübersicht

3. Entwicklung des Interfaces zum Anlegen und Modifizieren von Dozenten mit der Möglichkeit, einen Dozenten zu löschen.

4. Anlegen des Fehler- und Nachrichtensystems

5. Entwicklung der Detailansicht zugeteilter Module, mit der Möglichkeit, eine Zuteilung aufzuheben.

Schließlich können mit dem Aufbau der Dozenten-Verwaltung die Basisfunktionen komplettiert werden. In der Lernmodul-Verwaltung kann die Liste der angemeldeten Teilnehmer angelegt werden sowie die Dozenten-Auswahl per Pulldown-Menü realisiert werden. Daher ergeben sich zwei weitere Arbeitsschritte:

6. Einfügen der Dozentenauswahl in der Lernmodul-Verwaltung

7. Entwicklung der Teilnehmerliste in der Lernmodul-Verwaltung

12.2 Definition und Anlage des Objektes dozent

Die Informationen, die zu einem Dozenten gespeichert werden sollen, entsprechen teilweise denen, die zu einem Teilnehmer gespeichert werden. Namen, Anschrift, Telefonnummern, E-Mail-Adressen und ähnliche Daten müssen beim Bildungsanbieter auch von den beschäftigten Dozenten vorhanden sein. Daneben ist es für die Zuteilung von Lernmodulen wichtig zu wissen, welche Fachgebiete ein Dozent abdecken kann.

Da ein Dozent für seine Arbeit ein Honorar enthält, sollte auch dessen Bankverbindung im System gespeichert werden. Sind diese Daten vorhanden, kann evtuell später ein Banküberweisungssystem angedockt werden.

Die folgende Tabelle listet alle Informationen, die zu einem Dozenten gespeichert werden sollen, mit den Namen und den Datentypen der Eigenschaften auf:

Dozent			
title			
nachname	der Nachname		*string*

Tabelle 12.1 Objektaufbau Dozent

Dozent		
vorname	der Vorname	*string*
strasse	die Straße	*string*
nr	die Hausnummer	*string*
plz	die Postleitzahl	*string*
ort	der Ort	*string*
tel	die Telefonnummer	*string*
fax	die Faxnummer	*string*
email	die E-Mail-Adresse	*string*
geb_datum	das Geburtsdatum	*lines*
fach_geb	die Fachgebiete	*text*
bank	die Bank des Dozenten	*string*
blz	die Bankleitzahl	*string*
konto_nr	die Kontonummer	*string*
c_date	Datum der Erstellung	*date*
doz	Kennung als Dozentenordner	*boolean*
	zugeteilte Module	*als Ordner pro Modul*

Tabelle 12.1 Objektaufbau Dozent (Forts.)

zugeteiltes Modul		
title		
c_date	das Datum der Zuteilung	*string*
ver_status	der Status der Vertrages	*string*
honorar	Auszahlung des Honorars	*boolean*
modul	Kennung als Modul	*boolean*

Tabelle 12.2 Unterobjektaufbau-Modul

Wie schon beim Teilnehmer-Objekt werden zugeteilte Lernmodule als Unterobjekte realisiert, die als Ordner im Dozenten-Ordner abgelegt werden. Ein Dozent könnte auch für mehr als ein Lernmodul zuständig sein. Jedes einzelne wird dann durch je einen Ordner repräsentiert. Hier werden z.B. Informationen darüber gespeichert, ob der Dozent bereits einen Vertrag oder sein Honorar erhalten hat. In einer Ausbaustufe könnte dann eine automatische Vertragsgenerierung per PDF-Datei hinzugefügt werden.

Die Tabelle 12.2 listet alle Informationen, die in einem Modul-Unterobjekt gesammelt werden, mit Eigenschaftsnamen und Datentypen auf.

Alle Dozenten-Objekte sollen in einem Ordner mit der Id `doz_data` abgelegt werden. Dieser Ordner muss im Ordner `benutzer` erstellt werden. In diesem neuen Ordner können nun die Vorlagen für das Dozenten-Objekt und das Modul-Unterobjekt angelegt werden. Die Vorlage für das Dozenten-Objekt erhält die Id `master`, die Vorlage für das Modul-Unterobjekt die Id `master_mod`.

Entsprechend der Tabellen müssen nun jeweils die Eigenschaften der Vorlagen-Ordner eingestellt werden. Für den Ordner `master` sieht das Properties-Tab nach der Einrichtung wie in Abbildung 12.1 gezeigt aus.

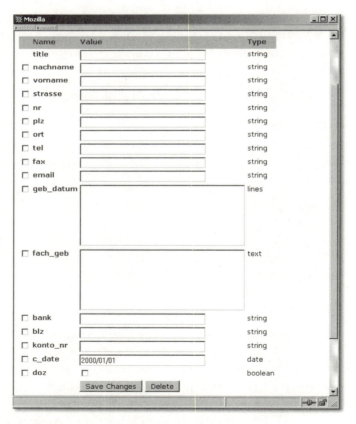

Abbildung 12.1 Properties-Tab des Ordners master

Das Properties-Tab des Ordners `master_mod` hat nach der Einstellung aller Eigenschaften folgendes Aussehen:

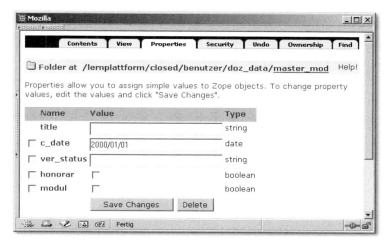

Abbildung 12.2 Properties-Tab des Ordner master_mod

12.3 Das Funktionsmodul Dozenten-Verwaltung

Da das Modul sehr ähnlich der Funktionsweise der Teilnehmer-Verwaltung ist, ist es nicht notwendig, die Quelltexte der Templates und Skripte im Einzelnen zu erläutern. Das gesamte Modul kann von der Buch-CD in den Ordner `admin` importiert werden. Die entsprechende Datei trägt den Namen **f_003.zexp** und findet sich im Verzeichnis zu diesem Kapitel.

Die folgenden Abschnitte erläutern lediglich den Zusammenhang der Page-Templates und Python-Skripte dieses Moduls.

12.3.1 Die Übersicht aller Dozenten

Das Template `erste` bildet auch in diesem Funktionsmodul die Übersicht aller Dozenten ab (*siehe Abbildung 12.3*). Es ruft das Python-Skript `py_fetchDoz` auf, dass alle Dozenten-Objekte aus dem Ordner `doz_data` ausliest und zurückliefert.

Die Übersicht zeigt lediglich, wann ein Dozent im System angelegt wurde und wie viele Module ihm aktuell zugeteilt sind. Der Name des Dozenten fungiert als Link, dessen Betätigung eine Ansicht mit Detailinformationen aufruft. Die gleiche Ansicht, mit dann leeren Formularfeldern, erhält man, wenn man den Button *»neuer Dozent«* betätigt.

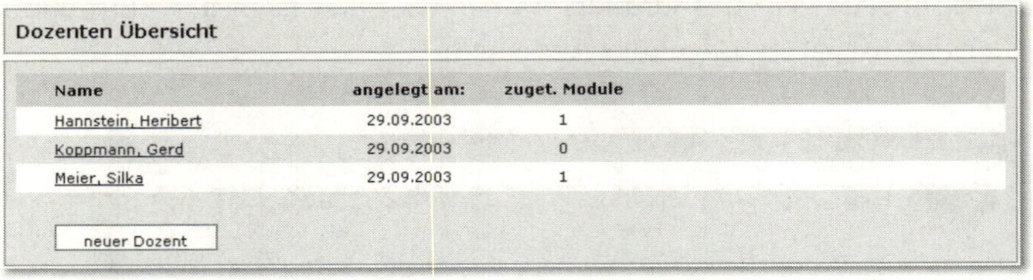

Dozenten Übersicht		
Name	**angelegt am:**	**zuget. Module**
Hannstein, Heribert	29.09.2003	1
Koppmann, Gerd	29.09.2003	0
Meier, Silka	29.09.2003	1

neuer Dozent

Abbildung 12.3 Die Dozenten-Übersicht

12.3.2 Die Detail-Ansicht

Die Detail-Ansicht zeigt alle Informationen, die zu einem Dozenten gespeichert sind. Jede einzelne Information kann hier verändert werden. Das Template, das diese Ansicht bereitstellt, trägt die Id `detail`.

Die Lernmodule, die dem Dozenten zugeteilt sind, liefert das Python-Skript `py_fetchDozModul` an das Template. Es liest aus dem Ordner des Dozenten alle Ordner aus, die als Verweise auf Lernmodule angelegt sind. Auch in der Dozenten-Verwaltung erhalten diese Ordner die gleichen Ids wie die Lernmodule, die sie repräsentieren. Damit ist die eindeutige Zuordnung gewährleistet.

Das auswertende Skript für die Detail-Ansicht trägt die Id `py_detail-Act`. Es wird aufgerufen, sobald einer der Submit-Buttons betätigt wurde. Seine Aufgaben sind es, die Übersicht aufzurufen, wenn der Button *»zurück«* geklickt wird, sowie die Detail-Ansicht ohne Einträge in den Formularfeldern aufzurufen, wenn der Button *»neuer Dozent«* geklickt wird. Wenn der Button *»Dozent löschen«* betätigt wird, überprüft das Skript zunächst, ob dem Dozenten Lernmodule zugeteilt sind. Ist das der Fall, wird in der Detail-Ansicht eine Fehlermeldung ausgegeben. Nur wenn einem Dozenten kein Lernmodul zugeteilt ist, kann er aus dem System gelöscht werden. Allerdings löscht das Skript den Dozenten nicht direkt, sondern ruft eine weitere Ansicht auf, auf der das Löschen bestätigt werden muss (*siehe Abschnitt 12.3.4*).

Die Betätigung des Buttons *»sichern«* führt im Skript zunächst zu einer Überprüfung, ob alle Formularfelder korrekte Einträge haben. Bei fehlenden oder falschen Angaben wird eine Fehlermeldung ausgegeben. Dann unterscheidet das Skript nach Neuanlage eines Dozenten oder Änderung eines vorhandenen Dozenten. Im ersten Fall wird ein Passwort generiert und eine E-Mail mit den Zugangsdaten an den Dozenten geschickt. Dann wird ein Benutzer-Objekt sowie ein Dozenten-Ordner entsprechend der Vorlage (*Abschnitt 12.2*) erstellt.

Dozent bearbeiten: Meier, Silka
Nachname: Meier
Vorname: Silka
Geburtsdatum: 1. 1. 1940
Fachgebiete: ActionScript Flash
Straße: Hermsweg
Nr.: 23
PLZ: 12345
Ort: Meierhofen
Telefon: 03001/12345
Fax: 03001/12347
Email: s.meier@gmx.de
Bank: Sparkasse Meierhofen
KontoNr.: 12345678
BLZ: 12345600
zugeteilte Kurse:
Titel Art Beginn Status
ActionScript dauer 26.11.2005 freigegeben
sichern
Dozent löschen
neuer Dozent
zurück

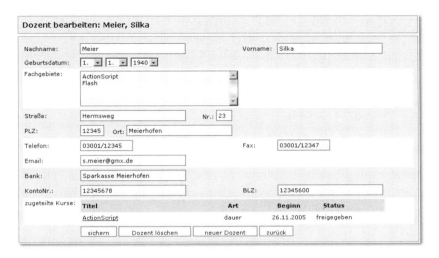

Abbildung 12.4 Die Detail-Ansicht für einen Dozenten

Den Eigenschaften dieses Ordners werden schließlich die Daten aus den Formularfeldern zugewiesen. Bei der Änderung eines vorhandenen Dozenten wird lediglich dieser letzte Schritt ausgeführt.

12.3.3 Die Ansicht des zugeteilten Lernmoduls

Die Namen der zugeteilten Module fungieren als Links auf eine Ansicht, die jeweils dozentenspezifische Informationen zu einem Modul anzeigt (*siehe Abbildung 12.5*). Das zugehörige Template trägt die Id `mod_detail`, das Skript, das aufgerufen wird, wenn einer der Submit-Buttons der Ansicht betätigt wird, die Id `py_mod_detailAct`.

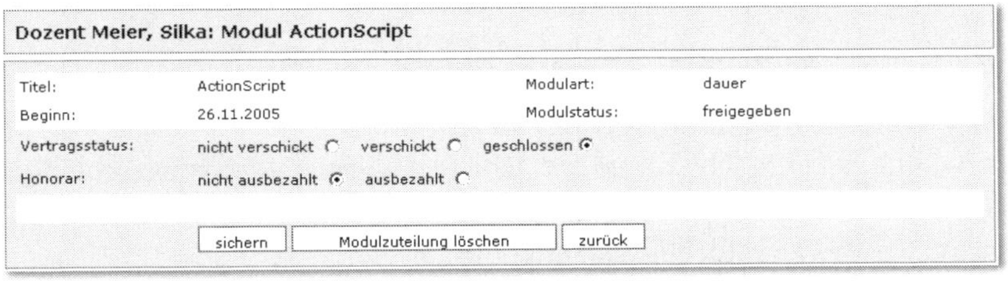

Dozent Meier, Silka: Modul ActionScript
Titel: ActionScript
Modulart: dauer
Beginn: 26.11.2005
Modulstatus: freigegeben
Vertragsstatus: nicht verschickt verschickt geschlossen
Honorar: nicht ausbezahlt ausbezahlt
sichern
Modulzuteilung löschen
zurück

Abbildung 12.5 Die Informationen über ein zugeteiltes Lernmodul

In der Ansicht können die Informationen geändert werden, was im Skript der Änderung der entsprechenden Ordner-Eigenschaften entspricht. Ebenfalls ist es hier möglich, eine Lernmodul-Zuteilung aufzuheben. Allerdings prüft das Skript, ob ein geschlossener Vertrag existiert und gibt in diesem Fall eine entsprechende Warnmeldung aus. Ist der Vertrag noch nicht geschlossen, kann die Zuteilung aufgehoben werden. Das Skript löscht den entsprechenden Ordner und ändert die Eigenschaft `dozent` des Lernmoduls.

Schließlich kümmert sich das Skript auch um den Weg zurück zur Dozenten-Detailansicht.

12.3.4 Bestätigung des Löschens

Das vierte Page-Template mit der Id `confirm` sowie das fünfte Python-Skript mit der Id `py_delDoz` kümmern sich um das Löschen eines Dozenten (*siehe Abbildung 12.6*).

Abbildung 12.6 Bestätigung des Löschens

Die Ansicht zeigt nochmals den Namen des zu löschenden Dozenten und weist darauf hin, dass mit dem Löschen alle Informationen zum Dozenten verloren sind.

Die Betätigung des Buttons »*löschen*« führt dann dazu, dass das Python-Skript den Ordner des Dozenten sowie das entsprechende Benutzer-Objekt im Ordner `acl_users` entfernt.

12.3.5 Übersicht aller Templates und Skripte

Die Dozenten-Verwaltung entspricht in weiten Teilen der Teilnehmer-Verwaltung. Lediglich in einigen Objekt-Eigenschaften unterscheiden sich die beiden Funktionsmodule. Folglich sind auch die Templates und Skripte beider Module ähnlich angelegt.

Die Abbildung 12.7 zeigt eine Übersicht der Struktur dieses Funktionsmoduls. Durchgezogene Linien stellen Aufrufe dar, gestrichelte Modifikationen an Objekten, einschließlich dem Erstellen und Löschen.

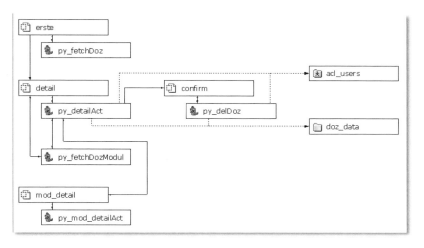

Abbildung 12.7 Aufbau des Funktionsmoduls Dozenten-Verwaltung

12.4 Anpassungen in der Lernmodul-Verwaltung

Mit der Fertigstellung der Teilnehmer- und der Dozenten-Verwaltung können nun zwei Provisorien in der Lernmodul-Verwaltung behoben werden. Zum einen kann ein Pulldown zur Auswahl eines Dozenten eingefügt, zum anderen eine Teilnehmerliste zu jedem Modul erstellt werden. Für die Bearbeitung dieser beiden Features begeben wir uns jetzt wieder zum Ordner f_001, der die Lernmodul-Verwaltung enthält.

12.4.1 Die Dozenten-Auswahl in der Lernmodul-Verwaltung

Wird ein neues Modul angelegt, soll an der Stelle, an der bislang ein einfaches Eingabefeld zur Verfügung stand, ein Pulldown-Menü alle am System angemeldeten Dozenten auflisten. Über dieses Menü kann dann der Dozent ausgewählt werden. Ist einem Lernmodul bereits ein Dozent zugeteilt, soll das Menü nicht erscheinen, sondern nur der Name des zugeteilten Dozenten angezeigt werden. Eine Änderung des Dozenten ist dann nicht möglich, vielmehr soll der Name des Dozenten als Link erscheinen, der auf dessen Detail-Ansicht in der Dozenten-Verwaltung führt. Dort kann dann die Zuteilung zum Lernmodul gegebenenfalls aufgehoben werden.

Für das Pulldown-Menü wird ein Python-Skript benötigt, das die Namen aller Dozenten ermittelt. Es wird mit der Id py_fetchDozName im Ordner f_001 angelegt. Der Quelltext kann als Datei von der Buch-CD geladen werden. Er befindet sich im Verzeichnis zu diesem Kapitel und trägt den Namen **py_fetchDozName.py**.

```
## Script (Python) "py_fetchDozName"
##parameters=
elements = context.benutzer.doz_data.objectValues('Folder')
dozenten = []
for item in elements:
    if item.hasProperty('doz'):
        if item.doz:
            name = item.nachname+', '+item.vorname
            data = (name,item.id)
            dozenten.append(data)
return sequence.sort(dozenten,(('nachname','cmp','asc'),))
```

Listing 12.1 Das Python-Skript py_fetchDozName

Wie es funktioniert
Das Skript benötigt keine Parameter. Es funktioniert im Wesentlichen wie alle vorherigen Skripte, die Objekte in einem Ordner auslesen. Allerdings gibt dieses Skript keine Objekte zurück, sondern Tupel, in denen jeweils der Name des Dozenten im Format *Nachname, Vorname* sowie die Id des entsprechenden Dozenten-Ordners gespeichert sind.

Mit diesen Informationen kann nun das Pulldown-Menü im Template `detail` der Lernmodul-Verwaltung erstellt werden. Sein gesamter modifizierter Quelltext kann ebenfalls von der Buch-CD geladen werden. Im Verzeichnis zu diesem Kapitel stellt ihn die Datei **detail.zpt** zur Verfügung. Hier wird der Ausschnitt gezeigt, der das Pulldown-Menü definiert:

```
<tr id="weiss">
  <td>Dozent:</td>
  <td tal:condition="not:dozent">
    <select name="dozent" size="1">
      <option value=""></option>
      <span tal:repeat="doz pfad/py_fetchDozName"
            tal:omit-tag="">
      <option tal:condition="python:dozent==doz[1]"
              tal:attributes="value python:doz[1]"
              tal:content="python:doz[0]"
              selected="selected">dozent</option>
      <option tal:condition="python:dozent!=doz[1]"
              tal:attributes="value python:doz[1]"
              tal:content="python:doz[0]">dozent</option>
      </span>
```

```
    </select>
  </td>
  <td tal:condition="dozent">
    <a tal:define="vorname python:here.benutzer.¬
          doz_data[dozent].vorname;nachname python:here.¬
          benutzer.doz_data[dozent].nachname"
        tal:attributes="href string:.?f=f_003&fu=&page=¬
          detail&doz=${dozent}"
        tal:content="string:${vorname}${nachname}">Dozent</a>
  </td>
  <input tal:condition="dozent" type="hidden" name="dozent"
        tal:attributes="value dozent" />
  <td> </td>
  <td> </td>
  <td> </td>
  <td> </td>
</tr>
```

Listing 12.2 Das Pulldown-Menü im Template detail

Die Tabellenzelle, die das Pulldown-Menü enthalten soll, wird nur
dann erzeugt, wenn die Variable dozent, die zu Beginn des Templates
erstellt wird, keinen *true*-Wert enthält, also kein Dozent zugeteilt ist.
Zunächst wird ein leerer Menü-Eintrag erzeugt, der anzeigt, dass noch
kein Dozent ausgewählt wurde. Danach werden mit der repeat-
Anweisung die Namen in das Menü geschrieben. In jedem Schleifendurchlauf wird ein Tupel ausgewertet, das als ersten Eintrag den
Namen des Dozenten und als zweiten dessen Id enthält. Diese wird als
Wert für das value-Attribut eingesetzt. Das option-Tag ist in der
Schleife einmal als normaler und ein zweites mal als ausgewählter Eintrag notiert. Das ist notwendig, um eine bereits getroffene Wahl
wiederherstellen zu können, wenn bei der Auswertung des Formulars
ein Fehler auftritt.

Wenn die Variable dozent einen *true*-Wert hat, wurde dem Lernmodul
bereits ein Dozent zugeteilt. In diesem Fall wird eine Tabellenzelle
erzeugt, die einen Link enthält, dessen Text der Name des Dozenten ist.
Er verweist auf die Detail-Ansicht zu diesem Dozenten in der Dozenten-Verwaltung.

Mit dieser kleinen Änderung in der Lernmodul-Verwaltung kann jetzt
aus dem Pool der angelegten Dozenten eine Zuteilung erfolgen. Damit

wird erreicht, dass nur am System angemeldete Personen, zu denen die entsprechenden Daten vorhanden sind, Lernmodule leiten können.

Allerdings ist noch eine Anpassung des auswertenden Skriptes notwendig, um die Zuteilung von Lernmodulen zu komplettieren. Der modifizierte Quelltext findet sich in der Datei **py_detailAct.py** im Verzeichnis zu diesem Kapitel auf der Buch-CD. Hier der entscheidende Ausschnitt:

```
else:
    …
    ziel = context.benutzer.doz_data[dozent]
    quelle = context.benutzer.doz_data.master_mod
    ziel.manage_clone(quelle, new_id)
    ziel[new_id].manage_changeProperties¬
    ({'ver_status':'nicht verschickt','honorar':0,'modul':1})
    try:
        text =  context.nachricht.data %¬
        (context.benutzer.doz_data[dozent].nachname,title)
        email = context.benutzer.doz_data[dozent].email
        context.postbox.send(text,email,'info@plattform.de',¬
        'Zugang zu Lernmodul',None)
        context.REQUEST.RESPONSE.redirect¬
        (self+'&m='+new_id+'&resp=03')
    except:
        context.REQUEST.RESPONSE.redirect¬
        (self+'&m='+new_id+'&resp=04')
    return
```

Listing 12.3 Ausschnitt

Wie es funktioniert Nachdem wie bisher ein Ordner für das Lernmodul angelegt wurde, wird nun auch ein entsprechender Modul-Ordner im Ordner des Dozenten angelegt. Als Vorlage dient der in Abschnitt 12.2 angelegte Ordner master_mod. Der neue Ordner erhält die gleiche Id wie das Lernmodul selbst. Schließlich werden dessen Eigenschaften auf Anfangswerte gesetzt.

Danach versucht das Skript dem Dozenten eine Benachrichtigung per E-Mail zu senden. Gelingt dies, wird die Detail-Ansicht zum Lernmodul mit einer entsprechenden Meldung aufgerufen. Schlägt das Versenden fehl, gibt die Detail-Ansicht einen Hinweis darauf aus, sodass der Bildungsplaner den Dozenten auf einem anderen Weg benachrichtigen kann. Die Anlage des Lernmoduls und die Dozentenzuweisung wird in jedem Fall vollzogen.

12.4.2 Die Liste angemeldeter Teilnehmer

Die Detailansicht eines Lernmoduls enthält bereits den Link auf eine weitere Ansicht, die die für das Modul angemeldeten Teilnehmer auflisten soll. Für diese Ansicht werden ein neues Page-Template sowie zwei Python-Skripte benötigt. Ein Skript liefert die angemeldeten Teilnehmer, das andere fungiert als auswertendes Skript der Ansicht.

Neben der Auflistung der angemeldeten Teilnehmer soll die Ansicht auch die Möglichkeit bieten, zur Detailansicht der Teilnehmer in der Teilnehmer-Verwaltung zu gelangen sowie an ausgewählte Teilnehmer eine Nachricht zu senden. Die letzte Funktion wird allerdings nur angedeutet. Eine Ausführung ist im Prototypen noch nicht vorgesehen.

Das Python-Skript, das die angemeldeten Teilnehmer an das Template liefert, erhält die Id `py_fetchTn` und wird im Ordner `f_001` angelegt (dem Ordner der Lernmodul-Verwaltung). Sein Quelltext kann von der Buch-CD geladen werden. Er ist in der Datei **py_fetchTn.py** im Verzeichnis zu diesem Kapitel enthalten:

```
## Script (Python) "py_fetchTn"
##parameters=lm
tn_ids = context.module[lm].teilnehmer
teilnehmer=[]
for id in tn_ids:
   if id:
       tn_obj = context.benutzer.tn_data[id]
       teilnehmer.append(tn_obj)
return ¬
sequence.sort(teilnehmer,(('nachname','cmp','asc'),))
```

Listing 12.4 Das Skript py_fetchTn

Das Skript benötigt einen Parameter, mit dem die Id des fraglichen Lernmoduls übergeben wird. Es liest die Variable `teilnehmer` des Moduls aus. Da diese vom Typ *lines* ist, enthält die Variable `tn_ids` eine Liste. Darin sind alle Ids der fraglichen Teilnehmer enthalten. Mit einer Schleife kann nun gezielt eine Liste gebildet werden, die die zugehörigen Teilnehmer-Objekte aufnimmt. Die Liste wird anhand der Nachnamen sortiert und an die aufrufende Stelle zurückgegeben.

Wie es funktioniert

Diese aufrufende Stelle ist das Page-Template `tn_liste`, das im Ordner `f_001` angelegt werden muss. Sein Quelltext kann ebenfalls von der Buch-CD aus der Datei **tn_liste.zpt** geladen werden. Er birgt keine Neuerungen oder Überraschungen, sodass er hier nicht näher erläutert werden muss.

Das Template bildet die Teilnehmer-Liste wie in Abbildung 12.8 gezeigt. Es werden die Nach- und Vornamen aufgelistet, mit einer Checkbox vor jedem Namen. Sie dient der Auswahl eines Teilnehmers. Der Name selbst ist ein Link, der zur Detail-Ansicht in der Teilnehmer-Verwaltung führt.

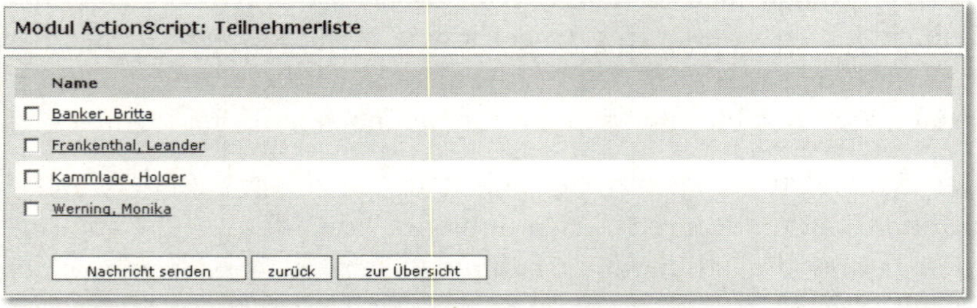

Abbildung 12.8 Die Liste angemeldeter Teilnehmer

Die Ansicht enthält drei Submit-Button, von denen zwei allein der Navigation dienen. Sie führen auf die Detailansicht bzw. auf die Modul-übersicht zurück. Der dritte Button dient dem Versenden einer Nachricht an die per Checkbox ausgewählten Teilnehmer.

Das Skript, das diese Funktionen ausführt, wird mit der Id `py_tn_listeAct` im Ordner `f_001` angelegt. Sein Quelltext kann aus der Datei **py_tn_listAct.py** auf der Buch-CD geladen werden.

Auch dieses Skript enthält keine Besonderheiten, sodass auf eine nähere Erläuterung verzichtet werden kann. Das Versenden der Nachrichten ist allerdings nicht realisiert. Hierzu müsste eine weitere Ansicht aufgerufen werden, in der man den Nachrichtentext eingeben kann. Lediglich die Ausgabe einer Fehlermeldung, bei Betätigung des Buttons »*Nachricht senden*« ohne vorherige Auswahl wenigstens eines Teilnehmers, ist realisiert.

Damit nun die Teilnehmer-Liste auch tatsächlich aufgerufen werden kann, muss der richtige Link im Template `detail` notiert werden. Dieser soll allerdings nur erscheinen, wenn es auch tatsächlich angemeldete Teilnehmer gibt. Der in Abschnitt 12.4.1 geladene Quelltext enthält die Funktion bereits. Hier wird der entsprechende Ausschnitt erläutert:

```
<td tal:condition="register">
  <a tal:attributes="href¬
     string:.?f=${request/f}&fu=${request/fu}¬
     &page=tn_liste&m=${request/m}">
     Teilnehmerliste</a>
</td>
<td tal:condition="not:register"> </td>
```

Listing 12.5 Der Link zur Teilnehmer-Liste im Template detail

Nur eine der beiden Tabellenzellen wird ausgegeben. Ausschlaggebend dafür ist die Variable `register`, die die Anzahl der angemeldeten Teilnehmer enthält. Ist niemand angemeldet, hat die Variable einen *false*-Wert und eine leere Tabellenzelle wird angezeigt. Gibt es aber Anmeldungen, wird eine Zelle mit dem Link Teilnehmerliste angezeigt. Alle notwendigen Daten werden per Query-String übergeben.

Wie es funktioniert

12.5 Zusammenfassung

Die Basis der Lernplattform ist mit diesen letzten Schritten nun aufgebaut. Es können Teilnehmer und Dozenten angelegt sowie Lernmodule administrativ erstellt werden. Zu diesen können Teilnehmer angemeldet und Dozenten eingeteilt werden. Alle notwendigen Daten können erhoben, verändert und sinnvoll zueinander in Beziehung gesetzt werden.

Es fehlt jetzt die Möglichkeit, Lerninhalte anzulegen und diese abzurufen. Diese Funktionen werden in den folgenden Kapiteln entwickelt.

Die Lernmodul-Verwaltung wurde um einige neue Objekte erweitert, die ergänzende Funktionen bereitstellen. Deshalb zeigt Abbildung 12.9 eine aktualisierte Übersicht der einzelnen Objekte und ihrer Relationen zueinander.

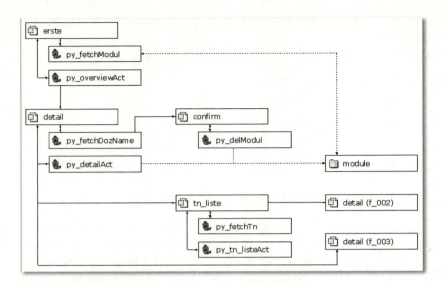

Abbildung 12.9 Die neue Struktur der Lernmodul-Verwaltung

13 Den Dozenten-Bereich aufbauen

13 Den Dozenten-Bereich aufbauen

Nachdem die Kernfunktionen des Bereiches für den Bildungsplaner aufgebaut sind, beschreibt dieses Kapitel den Aufbau des Dozenten-Bereiches. Hier kann der Dozent ihm zugeteilte Lernmodule bearbeiten. Es wird die Möglichkeit erstellt, das Lernmodul in inhaltliche Abschnitte zu gliedern und diese mit unterschiedlichen Medientypen auszustatten. Daneben wird eine neue Navigation im oberen Bereich der Seite erstellt sowie die bestehende erweitert, um das schnelle Wechseln zwischen Lernmodulen und Lernmodul-Abschnitten zu gewährleisten.

13.1 Die Arbeitsschritte

Damit über die Lernplattform tatsächlich Lernmodule angeboten werden können, müssen diese natürlich mit Lerninhalten versehen werden. Das ist die Aufgabe von Dozenten, die ihr Fachgebiet für die Lernplattform aufbereiten. Diese stellt die notwendige Logistik zur Verfügung.

Der Bereich für Dozenten in der Plattform muss also Zugang zu den Lernmodulen schaffen, für die ein Dozent eingeteilt ist. Im oberen Bereich der Seite soll eine Navigation entstehen, die es dem Dozenten erlaubt, schnell zwischen den verschiedenen Modulen, für die er verantwortlich ist, zu wechseln.

Die Eingangsseite seines Bereiches soll ihm ebenfalls alle Module anzeigen, für die er eingeteilt ist. Daneben können je eine Anzeige für aktuell eingegangene Nachrichten sowie aktuelle Termine angeboten werden. Diese beiden Features werden allerdings in diesem Prototypen nicht ausgeführt.

Für die Bearbeitung eines Lernmoduls stellt die Lernplattform zwei Funktionen zur Verfügung. Zunächst kann der Dozent ein Lernmodul in Abschnitte (Kapitel) gliedern, die jeweils eine Überschrift (Titel) erhalten. Jeder Abschnitt kann dann mit Text- und Bildinhalten gefüllt werden. Es wird auch möglich sein, Dateien – z.B. PDF- oder SWF-Dokumente – für den Download durch die Lernmodul-Teilnehmer zur Verfügung zu stellen.

## 13

Für jeden Abschnitt kann eine Vorschau aufgerufen werden, die dem Dozenten eine Ansicht des Abschnittes zeigt, wie sie auch ein Teilnehmer erhalten wird. Damit kann bei der Bearbeitung eines Lernmoduls jederzeit das Layout eines Abschnittes überprüft werden.

Während der Bearbeitung eines Lernmoduls werden dessen Abschnitts-Titel in der Hauptnavigation unterhalb der Funktions-Buttons angezeigt. Damit kann schnell zwischen den einzelnen Abschnitten gewechselt werden.

Alle Arbeitsschritte, die in diesem Kapitel ausgeführt werden, zeigt zusammengefasst die folgende Liste:

1. Erstellung der Modulnavigation
2. Erstellung des Dozenten-Desktops
3. Erstellung der Übersicht für ein Lernmodul mit den Funktionen zum Anlegen, Verschieben und Löschen von Abschnitten
4. Erweiterung der Hauptnavigation um die Anzeige der Abschnittstitel des gewählten Lernmoduls
5. Erstellung der Bearbeitungsansicht für einen Abschnitt mit den Funktionen zum Hinzufügen, Verschieben und Löschen von Texten, Bildern, Flashfilmen und Download-Dateien
6. Erstellung der Vorschau-Ansicht für einen Abschnitt

Alle Schritte enthalten auch die Entwicklung der Python-Skripte, die die benötigten Funktionen bereitstellen.

Bevor allerdings mit der Anlage der einzelnen Objekte begonnen wird, sollte im bestehenden Bereich für den Bildungsplaner ein neuer (Test-) Dozent angelegt werden, mit dem man sich über einen zweiten Browser in die Plattform einloggt. Da aber dessen Passwort dynamisch generiert und dies dem Bildungsplaner nicht mitgeteilt wird, muss es zuvor über das ZMI geändert werden, damit man sich tatsächlich als Dozent einloggen kann.

Diesem (Test-)Dozenten sollten dann ein oder zwei Lernmodule zugewiesen werden, damit im Folgenden alle Funktionen getestet werden können. Weiterhin muss die Rolle *dozent* im Security-Tab des Ordners `lernplattform` angepasst werden. Für die Funktionen, die in diesem Kapitel entwickelt werden, benötigt die Rolle folgende zusätzliche Rechte: *Add Documents, Images, Files*; *Add Folders, Change Images and Files, Delete objects, Manage properties.*

13.2 Die Modulnavigation

Für die Modulnavigation ist das Template `modul_navi` vorgesehen, das sich bereits im Ordner `closed` befindet. Sein Quelltext kann von der Buch-CD geladen werden. Die entsprechende Datei trägt den Namen **modul_navi.zpt** und befindet sich im Verzeichnis zu diesem Kapitel. Das Template ruft ein Python-Skript auf, dessen Quelltext aus der Datei **py_fetchBenMods.py** im gleichen Verzeichnis geladen werden kann. Dieses Skript wird ebenfalls im Ordner `closed` angelegt.

Die Modulnavigation zeigt für jedes Lernmodul, für das der angemeldete Dozent verantwortlich ist, dessen Titel als Link im oberen Bereich der Seite (*siehe Abbildung 13.1*). Zusätzlich erhält auch der Desktop hier einen Link.

Abbildung 13.1 Die Modulnavigation

Damit ist es dem Dozenten möglich, auf einfache und schnelle Weise zwischen den ihm zugeteilten Lernmodulen zu wechseln. Das Page-Template `modul_navi`, das diese Funktion realisiert, hat folgenden Quelltext:

```
<div metal:define-macro="modul_navi" id="modul_navi">
 <tal:def define="global ben_name ¬
            python:modules['AccessControl'].¬
            getSecurityManager().getUser().getUserName();
              global ben_mods ¬
            python:here.py_fetchBenMods(typ,ben_name)" />
  <div>
    <a tal:condition="not:python:request.has_key('mod')"
       id="mod_navi_hi" href=".?f=">Desktop</a>
    <a tal:condition="python:request.has_key('mod')"
       id="mod_navi" href=".?f=">Desktop</a>
    <tal:rep repeat="mod ben_mods">
    <tal:con condition="python:request.has_key('mod')">
    <a id="mod_navi"
       tal:condition="python:request.mod!=mod.id"
       tal:content="mod/title"
```

```
            tal:attributes="href ¬
                string:.?f=mod_edit&mod=${mod/id}">
              Modultitel</a>
          <a id="mod_navi_hi"
             tal:condition="python:request.mod==mod.id"
             tal:content="mod/title"
             tal:attributes="href ¬
                string:.?f=mod_edit&mod=${mod/id}">
              Modultitel</a>
          </tal:con>
          <tal:con condition="not:python:request.has_key('mod')">
          <a id="mod_navi"
             tal:content="mod/title"
             tal:attributes="href ¬
                string:.?f=mod_edit&mod=${mod/id}">
              Modultitel</a>
          </tal:con>
          </tal:rep>
        </div>
</div>
```

Listing 13.1 Das Page-Template modul_navi

Wie es funktioniert

Da die Lernmodule, die als Link angezeigt werden sollen, benutzerabhängig sind, wird zunächst der Benutzername in einer Variablen gespeichert. Dieser kann mit der Methode `getUserName()` ermittelt werden.

getUserName()

Diese Methode gehört zum Objekt `AUTHENTICATED_USER`. Allerdings wird nur diese Methode genutzt. Die Ermittlung des aktuellen Benutzers erfolgt über das Modul `AccessControl`, das über die Systemvariable `modules` referenziert wird. Der aktuelle Benutzer wird mit der Methode `getUser()` dieses Moduls ermittelt. Die Methode `getUserName()` schließlich liefert den Namen des aktuellen Benutzers. Ist dies ein nicht angemeldeter Benutzer, gibt sie den String 'Anonymous User' zurück.

Der Benutzername sowie die Rolle des Benutzers, die in der Variablen `typ` gespeichert ist (*siehe Abschnitt 9.3.2*), werden an ein Python-Skript übergeben, das die Lernmodule, die dem angemeldeten Benutzer zugeteilt sind, ermittelt und als Liste zurückliefert. Die Variable `ben_mods` speichert diese.

Im Folgenden werden die Links definiert, die zu den Lernmodulen führen. Es beginnt mit dem Link für den Desktop selbst. Ist man in der Ansicht für die Modul-Bearbeitung, sollte man auch mit nur einem Klick wieder auf den Desktop gelangen können. Der Link ist zweifach notiert, mit jeweils einer anderen `id`-Angabe, auf die sich unterschiedliche Stylesheets beziehen. Eine unterschiedliche Formatierung soll anzeigen, ob man sich gerade auf dem Desktop befindet oder nicht. Die `condition`-Anweisungen bei den `a`-Tags prüfen, ob im Query-String eine Variable mit dem Namen `mod` vorhanden ist. Diese wird nur dann gesetzt, wenn man sich im Bearbeitungsbereich eines Lernmoduls befindet.

Nach dem Link für den Desktop wird mit der `repeat`-Anweisung durch die Liste `ben_mods` iteriert. Für jeden Eintrag wird ebenfalls ein Link erzeugt. Auch hier wird überprüft, ob im Query-String die Variable `mod` vorhanden ist. In diesem Fall muss mit einer weiteren Prüfung ermittelt werden, welches der Lernmodule, das aktuell gewählte ist. Da der Wert der Variablen `mod` die Id des aktuellen Lernmoduls ist, kann geprüft werden, ob er mit der Id des aktuellen Objektes aus der Schleifensequenz übereinstimmt. Dieser Link wird mittels einer Stildefinition entsprechend gekennzeichnet.

Gibt es die Variable `mod` nicht im Query-String, werden alle Links zu Lernmodulen als nicht gewählt formatiert. Die Links werden mit der `attributes`-Anweisung dynamisch generiert. Auch im Dozenten-Bereich werden die Ansichten, die gezeigt werden, über Variablen im Query-String bestimmt. Die Variable `f` erhält den Wert `'mod_edit'`, was auf einen entsprechenden Ordner im Ordner `dozent` verweist, der noch angelegt werden muss. Die Variable `mod` erhält ihren Wert jeweils von der Id des Lernmoduls. Mit der `content`-Anweisung wird der Titel des jeweiligen Lernmoduls als Link-Text in den Quelltext geschrieben.

Voraussetzung für diese Navigation ist das Python-Skript `py_fetch-BenMods`:

```
## Script (Python) "py_fetchBenMods"
##parameters=typ,ben_name
lernmodule = []
if typ=='dozent':
    obj = context.benutzer.doz_data[ben_name].¬
        objectValues('Folder')
    for item in obj:
```

```
if item.hasProperty('modul'):
    if item.modul:
        lernmodule.append(context.module[item.id])
return lernmodule
```

Listing 13.2 Das Python-Skript py_fetchBenMods

<!-- marginal note -->**Wie es funktioniert** Das Skript erhält über seine Parameter den Benutzernamen und die Rolle des aktuell angemeldeten Benutzers. Damit kann je nach Rolle in unterschiedlichen Ordnern nach Lernmodul-Referenzen gesucht werden. Hier wird zunächst nur im Ordner des angemeldeten Dozenten gesucht. Die Erweiterung für angemeldete Teilnehmer wird in Abschnitt 14.2 vorgenommen. Zunächst werden pauschal alle Ordner-Objekte ausgelesen. Diese werden dann anhand der entsprechenden Eigenschaft in der bereits bekannten Weise gefiltert. Zurück gibt das Skript dann die entsprechenden Ordner-Objekte aus dem Ordner `module`, nicht aber die Lernmodul-Referenzen aus dem Benutzer-Ordner. Das ist notwendig, weil die Titel-Information im Lernmodul-Objekt selbst gespeichert ist, nicht aber in der Referenz.

13.3 Der Dozenten-Desktop

Die erste Ansicht, die ein Dozent erhält, wenn er sich in die Lernplattform eingeloggt hat, ist der Desktop (*siehe Abbildung 13.2*). Hier sollen ihm ebenfalls seine Lernmodule als Link angezeigt werden. In späteren Entwicklungsstufen können auch aktuelle Nachrichten und Termine angezeigt werden, sodass der Desktop jederzeit die wichtigsten Informationen bereithält.

Abbildung 13.2 Der Dozenten-Desktop

Das Page-Template für die Desktop-Ansicht wurde bereits zu einem früheren Zeitpunkt angelegt. Es befindet sich mit der Id `desktop` im Ordner `dozent`. Sein neuer Quelltext kann von der Buch-CD geladen werden. Er ist in der Datei **desktop.zpt** im Verzeichnis zu diesem Kapitel abgelegt.

Überraschendes oder Neues bietet dieses Template nicht. Es greift auf die beiden Variablen `ben_name` und `ben_mods` zu, die in der Modulnavigation definiert wurden. Möglich ist der Zugriff, weil sie dort als globale Variablen definiert wurden und somit für den gesamten Seitenaufruf zur Verfügung stehen. Mit ihrer Hilfe wird im Template der Name des Dozenten angezeigt bzw. die Liste seiner Lernmodule erstellt.

13.4 Die Lernmodul-Bearbeitung

Vom Desktop oder von der Modulnavigation aus soll man dann durch einen Klick auf den Titel eines Lernmoduls in dessen Bearbeitungsansicht gelangen (*Abbildung 13.3*).

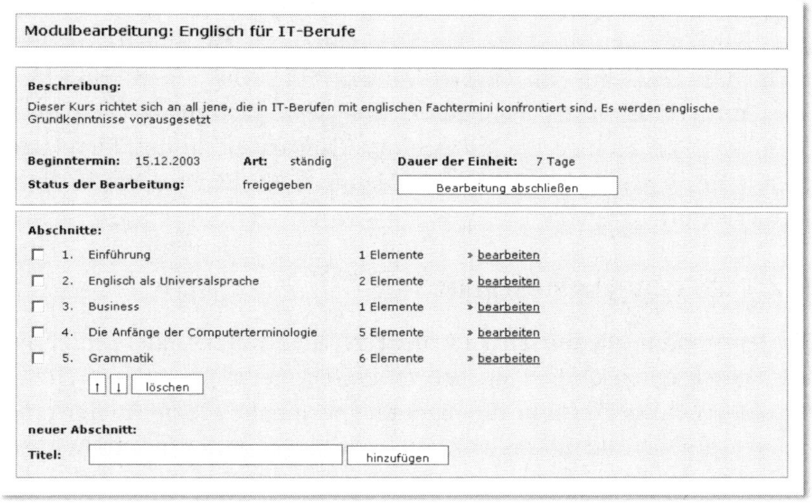

Abbildung 13.3 Die Lernmodul-Bearbeitung

Sie zeigt dem Dozenten zum einen die wichtigsten Daten zum Lernmodul, wie den Beginntermin und die Dauer, und ermöglicht ihm, den Modulstatus als 'bearbeitet' zu kennzeichnen. Diese Angabe ist für den Bildungsplaner notwendig, um das Lernmodul freigeben zu können.

Zum anderen kann der Dozent im unteren Teil der Ansicht das Lernmodul in einzelne Abschnitte gliedern. Es lassen sich Abschnitte anlegen, löschen und ihre Reihenfolge verändern. Ein Link bei jedem Abschnitt führt zu einer weiteren Ansicht, in der die Inhalte festgelegt werden können. Zudem wird dem Dozenten angezeigt, wie viele Inhaltselemente jeder Abschnitt enthält.

Die notwendigen Templates und Skripte für die Lernmodul-Bearbeitung werden in einem neuen Ordner mit der Id `mod_edit` abgelegt. Dieser muss sich im Ordner `dozent` befinden. Auf der Buch-CD im Verzeichnis zu diesem Kapitel befindet sich die Datei **mod_edit.zexp**, die bereits alle Objekte, auch die der folgenden Abschnitte, enthält. Sie muss lediglich in den Ordner `dozent` importiert werden, um die gesamte Funktionalität zur Verfügung zu haben.

Die in Abbildung 13.3 gezeigte Übersicht der Lernmodul-Abschnitte wird durch das Template `erste` erzeugt. Auch dessen Quelltext sollte mittlerweile ohne Erläuterungen zu verstehen sein. Anhand der Variablen `mod`, deren Wert die Id des gewählten Lernmoduls ist, ist es möglich, die Daten dieses Moduls anzuzeigen. Die Abschnitte eines Moduls werden von einem Python-Skript mit der Id `py_fetchChaps` in der gewohnten Weise an das Template geliefert. Daraus wird mit der `repeat`-Anweisung die Liste der Abschnitte erzeugt. Wichtig ist hier noch der Link auf die Bearbeitungsansicht für einen einzelnen Abschnitt. Dazu wird dem Query-String des Links mit der Variablen `page` der Wert `chap_edit` hinzugefügt. Dies ist die Id des Templates, das die Bearbeitungsansicht zur Verfügung stellt. Es wird in Abschnitt 13.6 erläutert.

13.4.1 Das Objekt Abschnitt

Ein Lernmodul gliedert sich in mehrere Abschnitte. Jeder Abschnitt wird durch einen Ordner im Lernmodul-Ordner repräsentiert. Dieser Abschnitts-Ordner nimmt die eigentlichen Inhalte, Texte, Bilder oder Dateien auf. Die Id dieses Ordners wird beim Anlegen automatisch nach dem Muster *chap_xxx* erzeugt. Für diese Aufgabe ist wieder das Skript `py_newId` im Ordner `closed` zuständig. Das Ordner-Objekt benötigt nur drei Eigenschaften, die in der Tabelle 13.1 mit ihren Datentypen aufgelistet sind.

Abschnitt		
title	der Titel des Abschnitt	*string*
order	die Ordnungszahl	*int*
chap	Kennung als Abschnittsordner	*boolean*

Tabelle 13.1 Eigenschaften des Objektes Abschnitt

Für den Titel des Abschnitts wird die vorhandene `title`-Eigenschaft des Ordner-Objektes genutzt. Die Vorlage für dieses Objekt muss mit allen Eigenschaften im Ordner `module` mit der Id `chap_master` angelegt werden.

13.4.2 Das auswertende Skript

Das Skript, das alle Funktionen des Templates `erste` ausführt, hat die Id `py_overviewAct`. Es wird im Folgenden Funktion für Funktion besprochen:

```
## Script (Python) "py_overviewAct"
##parameters=f='',mod='',status='',new='',title='',
auswahl=[],up='',down='',delete=''
params = '?f='+f+'&mod='+mod
self = context.REQUEST.URL3+params
abschnitte = context.py_fetchChaps(mod)
ziel= context.module[mod]
if status:
    if not abschnitte:
        context.REQUEST.RESPONSE.redirect(self+'&err=11')
        return
    for ab in abschnitte:
        if not ab.py_fetchParts(mod,ab.getId()):
            context.REQUEST.RESPONSE.redirect¬
            (self+'&err=12')
            return
    context.module[mod].manage_changeProperties¬
    ({'status':'bearbeitet'})
    context.REQUEST.RESPONSE.redirect(self+'&resp=03')
    return
```

Listing 13.3 Status-Änderung im Skript py_overviewAct

Zu Beginn des Skripts werden vier Variablen definiert. Aus den ersten beiden, `params` und `self`, wird der Link mit dem notwendigen Query-String auf die Ansicht selbst gebildet. Die Variable `self` wird später für alle `redirect`-Befehle benutzt. In `abschnitte` werden schon vorhandene Abschnitts-Objekte gespeichert, während `ziel` den Objekt-Pfad zum gewählten Lernmodul enthält.

Wie es funktioniert

Der folgende `if`-Block wird abgearbeitet, wenn in der Ansicht der Button »*Bearbeitung abschließen*« betätigt wird. Es finden zwei Überprüfungen statt: Zum einen, ob das Lernmodul bereits Abschnitte besitzt, zum anderen, ob die vorhandenen Abschnitte tatsächlich Inhaltselemente haben. Nur wenn beide Bedingungen erfüllt sind, kann der Dozent die Bearbeitung des Lernmoduls abschließen. Andernfalls wird eine Fehlermeldung ausgelöst. Dies geschieht auf die gleiche Weise wie in den Funktionsmodulen des Bildungsplaners und wird deshalb hier nicht mehr erläutert.

Sind Abschnitte und darin Inhaltselemente vorhanden, wird die Eigenschaft `status` des Lernmoduls entsprechend verändert. Dem Dozenten wird eine Mitteilung über die Status-Änderung auf der Seite angezeigt. Auch die Server-Antwort funktioniert nach dem bereits bekannten System. Jetzt kann der Bildungsplaner das Modul kontrollieren und gegebenenfalls für Anmeldungen freigeben.

Der nächste Block regelt das Anlegen eines neuen Abschnittes. Er wird abgearbeitet, wenn in der Ansicht der Button *»hinzufügen«* betätigt wird.

```
if new:
    if not title:
        context.REQUEST.RESPONSE.redirect(self+'&err=01')
        return
    else:
        if not len(abschnitte):
            ziel.manage_changeProperties¬
            ({'status':'in Bearbeitung'})
        quelle = context.module.chap_master
        new_id = 'chap_'+context.py_newId¬
                (ziel,3,'Folder','chap')
        ziel.manage_clone(quelle,new_id)
        order = context.py_newOrder(ziel,'Folder','chap')
        ziel[new_id].manage_changeProperties¬
                ({'title':title,'chap':1,'order':order})
        context.REQUEST.RESPONSE.redirect(self)
        return
```

Listing 13.4 Anlegen eines neuen Abschnittes im Skript py_overviewAct

Wie es funktioniert Wenn der Dozent für den neuen Abschnitt keinen Titel eingegeben hat, wird er mit einer Fehlermeldung darauf hingewiesen. Andernfalls wird überprüft, ob es der erste Abschnitt ist, den der Dozent anlegt. Das ist der Fall, wenn die Liste in der Variablen `abschnitte` keinen Eintrag enthält. In diesem Fall erhält die Eigenschaft `status` des Lernmoduls den Wert `'in Bearbeitung'`. In jedem Fall wird eine Kopie der Abschnitts-Vorlage in den Ordner des entsprechenden Lernmoduls abgelegt. Der Wert für die Eigenschaft `order` wird mit dem Skript `py_newOrder` erzeugt. Als Skript, das eine übergeordnete Funktion bereitstellt, wird es im Ordner `closed` angelegt. Sein Quelltext kann mit der Datei **py_newOrder.py** aus dem Verzeichnis zu diesem Kapitel auf der Buch-CD geladen werden. Die Funktion dieses Skriptes ist denkbar einfach. Es erhält als Parameter den Objektpfad des Ordners, in dem die bisherigen Abschnitte angelegt sind, deren Objekttyp und den Namen der Kennungsvariablen. Mit diesen Informationen kann es die Werte der `order`-Eigenschaft aller vorhandenen Abschnitts-Ordner in eine Liste schreiben. Aus dieser Liste muss dann nur noch das Maximum ermittelt und um den Wert 1 erhöht werden. Dieser Wert, der eingegebene Titel sowie ein *true*-Wert für die Eigenschaft `chap` werden dem neuen Objekt übergeben. Der neue Abschnitt ist sofort am Ende in der Liste sichtbar.

Die im Skript folgenden Blöcke regeln das Verändern der Reihenfolge der Abschnitte. Man kann einzelne oder mehrere Abschnitte in der Position nach oben bzw. unten verschieben. Dazu dienen in der Ansicht die beiden Buttons mit den Pfeilen. Hier wird die Funktion des Verschiebens nach oben gezeigt. Das Verschieben nach unten kann daraus abgeleitet werden.

```
if up:
    akt_order=[]
    for id in auswahl:
        akt_order.append(ziel[id].order)
    if len(akt_order) > 1:
        for order in akt_order:
            if not order == min(akt_order):
                if not (order-1) in akt_order:
                    context.REQUEST.RESPONSE.redirect¬
                    (self+'&err=13')
                    return
    if akt_order:
        mini = min(akt_order)
        einer = mini-1
    else:
        mini = 0
        einer = 0
```

```
for chap in abschnitte:
    if chap.order == einer:
        ein_order = chap.order + len(auswahl)
        ziel[chap.id].manage_changeProperties¬
                    ({'order':ein_order})
    if mini> 1:
        if chap.id in auswahl:
            new_order = ziel[chap.id].order-1
            ziel[chap.id].manage_changeProperties¬
                        ({'order':new_order})
context.REQUEST.RESPONSE.redirect(self)
return
```

Listing 13.5 Verschieben von Abschnitten im Skript py_overviewAct

Wie es funktioniert

Damit man Abschnitte in ihrer Position verschieben kann, muss man mindestens einen über die Checkbox, die sich links vom Abschnitts-namen befindet, auswählen. Wurden nicht hintereinander liegende Abschnitte ausgewählt, wird eine Fehlermeldung ausgelöst. Ermittelt wird eine nicht zusammenhängende Auswahl, indem von den Ord-nungszahlen der aktuellen Auswahl jeweils der Wert 1 abgezogen wird. Außer bei der kleinsten Ordnungszahl sollte der neue Wert ebenfalls in der Liste der aktuellen Auswahl enthalten sein. Ist das nicht der Fall, ist die Auswahl nicht zusammenhängend.

Ist eine zusammenhängende Auswahl ausgeschlossen, kann die Ord-nungszahl ermittelt werden, die um den Wert 1 geringer ist, als die kleinste Ordnungszahl in der aktuellen Auswahl. Diese Ordnungszahl wird in der Variablen einer gespeichert. Der Abschnitt mit dieser Ord-nungszahl ist von der Verschiebung betroffen. Danach wird der Abschnitt mit dieser Ordnungszahl gesucht und seiner order-Eigen-schaft ein neuer Wert zugewiesen. Dieser ergibt sich aus der Addition des alten Wertes mit der Anzahl der ausgewählten Abschnitte. Schließ-lich wird für jeden ausgewählten Abschnitt die Eigenschaft order um den Wert 1 verringert.

Ein Beispiel soll diese Funktionsweise verdeutlichen: Wenn man ins-gesamt fünf Abschnitte im Lernmodul angelegt hat und möchte den dritten und vierten um eine Position nach oben verschieben, ist davon auch der Abschnitt auf Position 2 betroffen. Der Abschnitt auf Position 3 muss nach der Aktion auf dieser Position, der Abschnitt auf Position 4 auf Position 3 gelandet sein. Folglich muss der Abschnitt auf Position

2 auf Position 4 zurückfallen, also genauso viele Plätze nach unten wie Abschnitte ausgewählt wurden.

In der gleichen Weise ist im Skript das Verschieben nach unten realisiert. Dieser Abschnitt sollte sich aus den vorigen Erläuterungen erschließen. Schließlich regelt der letzte Block das Aufrufen einer neuen Ansicht, auf der man das Löschen von Abschnitten bestätigen muss. Diese Ansicht wird mit dem Template `confirm` realisiert, das tatsächliche Löschen der Abschnitte führt das Skript `py_delChap` aus. Dieser gesamte Ablauf des Löschvorgangs wurde bereits in vorigen Kapiteln erläutert und ist hier entsprechend realisiert.

13.5 Erweiterung der Hauptnavigation

Befindet man sich in der Ansicht, in der alle Abschnitte aufgelistet sind, kann man die jeweilige Bearbeitungsansicht für einen Abschnitt aufrufen. Ist man aber auf dieser Bearbeitungsansicht, erreicht man die anderen Abschnitte nicht mehr ohne weiteres. Aus diesem Grunde ist es für die Benutzerfreundlichkeit des Systems sinnvoll, eine Navigation für die Abschnitte eines Lernmoduls zu schaffen. Der geeignetste Platz dafür ist in der Hauptnavigation unterhalb der dort schon vorhandenen Buttons (*siehe Abbildung 13.4*).

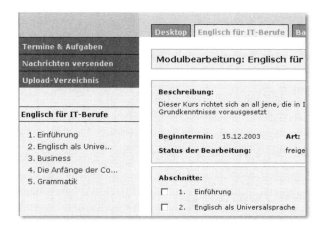

Abbildung 13.4 Navigation zwischen Lernmodul-Abschnitten

Für die Erstellung dieser Navigation muss das Template `main_navi` im Ordner `closed` modifiziert werden. Die Datei **main_navi.zpt** im Verzeichnis zu diesem Kapitel auf der Buch-CD enthält den aktuellen Stand des Quelltextes und kann in das Template hineingeladen werden. Hier der Teil, der die neue Abschnitts-Navigation auflistet:

```
<span id="chap_menu"
      tal:condition="python:request.f=='mod_edit'">
  <span id="mod_title"
        tal:content="python:here.module[request.mod].title">
        Titel</span>
  <tal:rep repeat="ab python:here.py_fetchChaps¬
                   (request.mod)">
    <a class="chap_menu"
               tal:define="chap python:ab[0];
                           titel python:ab[1]"
               tal:attributes="href string:.?f=${request/f}&¬
                              mod=${request/mod}&chap=${chap}¬
                              &page=chap_edit"
               tal:content="string:${repeat/ab/number}.¬
                           ${titel}">abschnitt</a>
  </tal:rep >
</span>
```

Listing 13.6 Die Navigation zwischen Lernmodul-Abschnitten

Wie es funktioniert Die gesamte Abschnitts-Navigation ist in einem span-Bereich notiert, der nur dann angezeigt wird, wenn die Variable f im Query-String den Wert 'mod_edit' hat. Den hat sie nur dann, wenn tatsächlich ein Lernmodul-Bereich angesteuert wurde. In diesem Bereich wird dann zunächst der Titel des Lernmoduls angezeigt. Darunter werden mit der repeat-Anweisung alle Abschnitts-Titel als Link zur Bearbeitungsansicht des Abschnitts aufgelistet. Die Sequenz, die dabei durchlaufen wird, wird von dem Python-Skript py_fetchChaps erzeugt. Alle Formatierungen werden durch Stildefinitionen hergestellt.

Das Python-Skript muss im Ordner closed angelegt werden. Sein Quelltext kann aus der Datei **py_fetchCaps.py** im Verzeichnis zu diesem Kapitel auf der Buch-CD geladen werden.

```
## Script (Python) "py_fetchChaps"
##parameters=mod
elements = context.module[mod].objectValues('Folder')
abschnitte =[]
for item in elements:
    if item.hasProperty('chap'):
        if item.chap:
            data = (item.id,item.title[:20])
            abschnitte.append(item)
```

```
abschnitte = sequence.sort
            (abschnitte,(('order','cmp','asc'),))
chap_menu =[]
for item in abschnitte:
    if len(item.title) > 18:
        titel = item.title[:18]+'...'
    else:
        titel = item.title
    data = (item.id,titel)
    chap_menu.append(data)
return chap_menu
```

Listing 13.7 Das Python-Skript py_fetchChaps

Als Parameter wird dem Skript die Id des fraglichen Lernmoduls übergeben. In der mittlerweile bekannten Weise bildet es eine Liste mit
allen Abschnitts-Objekten des Moduls. Diese wird anhand der Eigenschaft order sortiert. Danach wird aus jedem Abschnitts-Objekt dessen
Id und Titel in einem Tupel zusammengefasst. Diese Tupel werden in
die Liste chap_menu gespeichert und zurückgegeben. Beim Titel der
Abschnitte wird eine Kürzung nach 18 Zeichen vorgenommen und drei
Punkte als Zeichen für die Kürzung angefügt. Damit wird verhindert,
dass es im Abschnittsmenü zu Umbrüchen kommt.

Wie es funktioniert

13.6 Die Abschnitts-Bearbeitung

Das schon erwähnte Page-Template mit der Id chap_edit im Ordner
mod_edit stellt die Ansicht der Abschnitts-Bearbeitung zur Verfügung
(siehe Abbildung 13.5). Hier kann man einem Abschnitt verschiedene
Elemente hinzufügen und diese Element bearbeiten.

Als Elemente stehen Überschriften, Texte, Bilder, SWF-Dateien und
Download-Dateien zur Auswahl. Mit ihnen kann der Dozent die
Abschnitte eines Lernmoduls gestalten. Diese Elemente werden in
Zope als Datei bzw. Bild-Objekte angelegt, die folgende weitere Eigen-
schaften aufweisen:

Abschnitts-Element		
typ	der Elementtyp	*string*
order	die Ordnungszahl	*int*

Tabelle 13.2 Eigenschaften des Objektes Abschnitts-Element

Abschnitts-Element		
width	die Höhe	*string*
height	die Breite	*string*

Tabelle 13.2 Eigenschaften des Objektes Abschnitts-Element (Forts.)

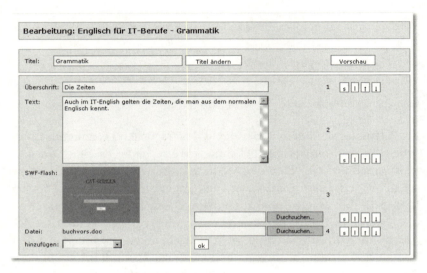

Abbildung 13.5 Die Abschnitts-Bearbeitung

Die Eigenschaft `typ` ist notwendig, um die unterschiedlichen Element-arten zu kennzeichnen, wohingegen `order` die Positionierung im Abschnitt wiedergibt. Die Eigenschaften `width` und `height` werden nur für Datei-Objekte angelegt, die Flash-Dateien aufnehmen sollen. Bild-Objekte bringen diese Eigenschaften schon mit.

Die Elemente eines Abschnitts bzw. die Datei- oder Bild-Objekte werden im Ordner des jeweiligen Kapitels abgelegt. Ihre Id wird nach dem Muster `teil_xxx` automatisch erzeugt.

Nachdem für Bild- oder Flash-Elemente eine Datei hochgeladen wurde, wird in der Bearbeitungsansicht eine Vorschau angezeigt. Texte können über die gewohnten Formularelemente editiert werden, und bei Dateien, die zum Download vorgesehen sind, wird nach dem Hochladen deren Titel angezeigt.

Jedes Element erhält ein Set aus vier Buttons, mit denen man Änderungen speichern, das Element löschen oder es eine Position hoch bzw. runter bewegen kann.

Das Page-Template `chap_edit` bekommt alle Elemente eines Abschnitts vom Python-Skript `py_fetchParts` geliefert. Es liest einen Abschnitts-Ordner nach Objekten aus, die Abschnitts-Elemente repräsentieren, und gibt sie in einer sortierten Liste zurück.

Für die Darstellung der unterschiedlichen Elementtypen müssen im Template die entsprechenden Vorkehrungen getroffen werden. Jeder Elementtyp benötigt seine eigene Darstellungsform. Beispielhaft wird hier die Darstellung des Elementtyps Bild erläutert:

```
<tal:con condition="python:teil.typ=='image'">
  <td id="down">Bild:</td>
  <td tal:condition="python:teil.size>0"
      tal:content="structure ¬
          python:pfad.py_makeThumb(teil)">vorschau
  </td>
  <td tal:condition="python:teil.size==0">
    Noch keine Bilddatei hochgeladen.</td>
  <td valign="bottom">
    <input id="e" type="file" class="w250"
          tal:attributes="name ¬
          string:${teil/id}.file:record" />
  </td>
</tal:con>
```

Listing 13.8 Ausschnitt aus dem Template chap_edit

Wie es funktioniert

Dieser Bereich befindet sich innerhalb eines Blockes einer `repeat`-Anweisung, die durch die Liste aller Element-Objekte iteriert. Er wird von einer `condition`-Anweisung eingeleitet, die überprüft, ob die Eigenschaft `typ` des aktuellen Elementes den Wert `image` hat. In diesem Fall wird der Block in den Quelltext gerendert.

Es folgen dann Notationen für Tabellenzellen. Die erste gibt den Elementtyp an, um den es sich hier handelt. Die zweite Zelle wird in Anhängigkeit der Eigenschaft `size` angezeigt, die die Größe des Objektes in Bytes angibt. Hat diese Eigenschaft den Wert 0, wurde noch keine Datei geladen, und ein entsprechender Text wird angezeigt. Ist der Wert größer 0, wird eine Vorschau der geladenen Datei angezeigt. Diese Vorschau wird von dem Python-Skript `py_makeThumb` erzeugt. Es wird in Abschnitt 13.6.1 erläutert.

Die dritte Zelle enthält ein `input`-Element vom Typ `file`, mit dessen Hilfe die hochzuladende Datei auf dem lokalen Rechner ausgewählt werden kann. Etwas anders als bisher ist die Vergabe des Namens für dieses Formular-Element. Es wird als `record` definiert, was zur Folge hat, dass das auswertende Python-Skript diese Daten als Dictionary verarbeiten kann. Dazu muss man noch die Notation der vier Buttons für das Abschnitts-Element betrachten. Beispielhaft wird hier der Button 'sichern' gezeigt:

```
<input type="submit" value="s" class="button"
  tal:attributes="name string:save.${teil/id}:record" />
```

Listing 13.9 Der Sichern-Button eines Abschnitts-Elements

Auch hier wird der Name des Elements als `record` definiert. Im gerenderten Quelltext wird daraus für das erste Element des Abschnitts:

```
name="save.teil_001:record"
```

Beim auswertenden Skript kommen diese Daten in folgender Form an:

```
save: {'teil_001': 's'}
```

Wurde der Button »*sichern*« eines anderen Elements betätigt, befindet sich dessen Id im Dictionary. Das `'s'` im Dictionary ist der beim `value`-Attribut eingestellte Wert. Damit kann, ohne alle Einträge des Formulars zu überprüfen, festgestellt werden, für welches Element eine Aktion ausgeführt werden soll.

Das Pulldown-Menü zur Auswahl eines neuen Elementtyps erhält die notwendigen Informationen von dem Python-Skript `py_fetchConTypes`, das ebenfalls im Ordner `mod_edit` platziert ist:

```
typen = context.con_types
typenListe = []
for typ in typen:
    eintrag = typ.split(':')
    typenListe.append((eintrag[0],eintrag[1]))
return typenListe
```

Listing 13.10 Das Python-Skript py_fetchConTypes

Wie es funktioniert Dieses Skript wertet die Eigenschaft `con_types` des Ordners `mod_edit` aus. Diese Eigenschaft enthält alle möglichen Elementtypen mit Namen und interner Kennung, getrennt durch einen Doppelpunkt (*siehe Abbil-*

dung 13.6). Das Skript trennt die Paare anhand des Doppelpunktes und gibt sie als Liste mit Tupeln zurück.

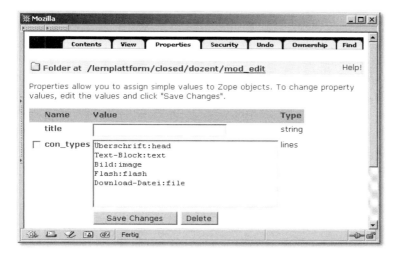

Abbildung 13.6 Das Properties-Tab des Ordners mod_edit

Mit den Informationen aus den Tupeln wird im Page-Template das Pull-down-Menü gebildet. Der Name des Elementtyps wird im Menü sichtbar, die interne Kennung wird als Wert des `value`-Attributs eingetragen.

13.6.1 Das Skript zur Erzeugung der Vorschau

Damit Bilder und Flash-Filme in der Ansicht verkleinert dargestellt werden, ist eine Umrechnung der Breiten und Höhen notwendig, ferner die Erzeugung von HTML-Code zur Anzeige des jeweiligen Medientyps. Diese Arbeit übernimmt das Skript `py_makeThumb` im Ordner `mod_edit`:

```
## Script (Python) "py_makeThumb"
##parameters=objekt
url = objekt.absolute_url()
h = int(objekt.height)
w = int(objekt.width)
THw = 150
if w > THw:
    THh = THw*h/w
else:
    THw = w
```

```
        THh = h
    if objekt.typ == 'image':
        html = '<img src="'+url
        html +='" width="'+str(THw)
        html +='" height="'+str(THh)
        html +='" border="0">'
    elif objekt.typ == 'flash':
        html = '<OBJECT classid=¬
                "clsid:D27CDB6E-AE6D-11cf-96B8-444553540000"
                codebase=¬
                http://download.macromedia.com/pub/shockwave¬
                /cabs/flash/swflash.cab#version=6,0,0,0'
        html +='"  width="'+str(THw)
        html +='" height="'+str(THh)
        html +='" id="'+objekt.getId()+'">\n'
        html +='<PARAM NAME="movie" VALUE="'+url+'">\n'
        html +='<PARAM NAME="quality" VALUE="high">\n'
        html +='<PARAM NAME="play" VALUE="false">\n'
        html +='<PARAM NAME="sound" VALUE="False">\n'
        html +='<EMBED src="'+url+'"'
        html +=' quality="high" '
        html +=' play="False" '
        html +=' sound="0" '
        html +=' width="'+str(THw)+'"'
        html +=' height="'+str(THh)+'"'
        html +=' name="'+objekt.getId()+'"'
        html +=' align=""'
        html +=' type="application/x-shockwave-flash"'
        html +=' pluginpage="http://www.macromedia.com/¬
                go/getflashplayer">'
        html +='</EMBED>\n</OBJECT>'
    return html
```

Listing 13.11 Das Python-Skript py_makeThumb

Wie es funktioniert Das Skript bekommt über den Pararmeter `objekt` das Bild- oder Datei-Objekt übergeben, dessen Abmessungen neu berechnet werden sollen. Es werden zunächst der URL sowie die Breite und Höhe des Objektes in Variablen festgehalten. Die Abmessungsangaben werden dabei in Ganzzahlen umgewandelt, da mit ihnen im Folgenden Berechnungen vorgenommen werden. Die Neuberechnung der Abmessungen basiert auf einem festen Wert von 150 Pixeln für die neue Breite. In einer Dreisatzrechnung kann dann die dem Verhältnis von Breite zu Höhe entsprechende neue Höhe errechnet werden.

Die beim Objekt als Eigenschaften gespeicherten Werte für Breite und Höhe bleiben davon unberührt. In der Vorschau und in der Ansicht für Kursteilnehmer müssen Bilder und Flash-Filme ja in der Originalgröße angezeigt werden. Aus diesem Grunde erzeugt das Skript den notwendigen HTML-Code mit den neuen Abmessungsangaben selbst. Da Bilder einen andern Code brauchen als Flash-Dateien, deckt das Skript beide Fälle ab. In der Variablen html wird ein entsprechender String gebildet, der den notwendigen HTML-Code enthält. Dieser wird an die aufrufende Stelle zurückgegeben.

13.6.2 Das auswertende Skript

Das Skript, das diese Ansicht auswertet, hat die Id py_chapEditAct. Es wird hier Funktion für Funktion besprochen, wobei allerdings das Ändern des Abschnitts-Titels übersprungen wird, da dies lediglich eine Änderung der entsprechenden Eigenschaft des Abschnitts-Objektes bedeutet.

Die daran anschließende Funktion ist das Sichern des Abschnitts-Elements:

```
## Script (Python) "py_chapEditAct"
##parameters=nav={},f='',mod='',chap='',add='',typ='',¬
save={},delete={},up={},down={},change='',titel=''
params = '?f='+nav.f+'&mod='+nav.mod+'&chap='+nav.chap¬
        '&page=chap_edit'
self = context.REQUEST.URL3+params
parts = context.py_fetchParts(nav.mod,nav.chap)
ziel = context.module[nav.mod][nav.chap]
…
if save:
    formular = context.REQUEST.form
    akt_part = save.keys()[0]
    typ = ziel[akt_part].typ
    if typ=='head' or typ=='text':     # Text und Headlines
        text = formular[akt_part].text
        ziel[akt_part].manage_edit('','text/plain','',text)
    elif typ =='image':               # Hochladen von Bildern
```

```
                poss_types=['image/gif','image/jpeg',¬
                    'image/pjpeg','image/jpg']
        file=formular[akt_part].file
        if not file:
            context.REQUEST.RESPONSE.redirect¬
            (self+'&err=03')
            return
        else:
            if not file.headers['Content-Type'] ¬
                    in poss_types:
                context.REQUEST.RESPONSE.redirect¬
                            (self+'&err=04')
                return
            else:
                ziel[akt_part].manage_upload(file)
                if ziel[akt_part].width > 380 or¬
                        ziel[akt_part].height >380:
                    ziel[akt_part].manage_upload()
                    ziel[akt_part].manage_changeProperties¬
                            ({'width':'','height':''})
                    context.REQUEST.RESPONSE.redirect¬
                                (self+'&err=08')
                    return
    elif typ=='flash':                  #Flash-Filme
        file=formular[akt_part].file
        b = formular[akt_part].b
        h = formular[akt_part].h
        if not b or not h:
            context.REQUEST.RESPONSE.redirect¬
                        (self+'&err=07')
            return
        elif not file:
            context.REQUEST.RESPONSE.redirect¬
                        (self+'&err=03')
            return
        else:
            if not file.headers['Content-Type'] ==¬
                    'application/x-shockwave-flash':
                context.REQUEST.RESPONSE.redirect¬
                            (self+'&err=05')
                return
```

```
            else:
                if int(b) > 760:
                    context.REQUEST.RESPONSE.redirect¬
                                (self+'&err=09')
                    return
                else:
                    ziel[akt_part].manage_addProperty¬
                        ('width', b, 'string', REQUEST=None)
                    ziel[akt_part].manage_addProperty¬
                        ('height', h, 'string', REQUEST=None)
                    ziel[akt_part].manage_upload(file)
    elif typ=='file':
        poss_
types =['application/msword','application/pdf',¬
                    'application/x-zip-compressed',¬
                    'application/x-compressed',¬
                    'application/x-shockwave-flash']
        file=formular[akt_part].file
        if not file:
            context.REQUEST.RESPONSE.redirect¬
                        (self+'&err=03')
            return
        else:
            if not file.headers['Content-Type'] in¬
                    poss_types:
                context.REQUEST.RESPONSE.redirect¬
                            (self+'&err=06')
                return
            else:
                dispo = file.headers['Content-Disposition']
                dispo_list = string.split(dispo,'\\')
                dateiname = dispo_list[len(dispo_list)-1]
                ziel[akt_part].manage_changeProperties¬
                    ({'title':dateiname[:len(dateiname)-1]})
                ziel[akt_part].manage_upload¬
                            (file,REQUEST=None)
    context.REQUEST.RESPONSE.redirect(self)
    return
```

Listing 13.12 Die Sichern-Funktion im Skript py_chapEditAkt

Es werden zu Beginn des Skriptes wieder Variablen definiert, die für die folgenden Blöcke benötigt werden. Die ersten beiden bilden den URL mitsamt dem Query-String für den erneuten Aufruf der Ansicht. Die Variable `parts` enthält alle Elemente des fraglichen Abschnitts und `ziel` definiert den Objektpfad zum fraglichen Abschnitts-Ordner.

Im `save`-Block werden zuerst alle Formulardaten in einer Variablen gespeichert. Die Inhalte der einzelnen Elemente können nämlich nicht per Parameter an das Skript übergeben werden, da die Anzahl der Elemente variabel ist. Es wird dann die Id des Elements ermittelt, das gesichert werden soll. Wie im vorigen Abschnitt erwähnt, enthält der Parameter `save` ein Dictionary, dessen Key die Id des Elementes enthält, um das es geht.

Mit der Funktion `keys()` erhält man eine Liste aller Schlüssel in einem Dictionary. Daraus muss dann nur der erste Eintrag (es gibt ja nur einen) ausgelesen werden. Das Gegenstück zur `keys`-Funktion ist `values()`, die eine Liste aller Werte eines Dictionaries erstellt.

Mit der so gewonnenen Id kann dann die Eigenschaft `typ` des fraglichen Elements ermittelt werden.

Das Sichern der Daten muss für jeden möglichen Typ gesondert behandelt werden. Es beginnt mit Überschriften und Texten. Hier muss lediglich der eingegebene Text in das Datei-Objekt übertragen werden. Das geschieht mit der Methode `manage_edit()` des Datei-Objektes.

Die Methode verlangt vier Parameter, von denen jedoch nicht alle mit Inhalt gefüllt sein müssen. Mit dem ersten Parameter kann dem Objekt ein Titel gegeben werden, der zweite bestimmt den Content-Type des Objektes. Der dritte Parameter kann eine Funktion benennen, die aufgerufen wird, bevor das Objekt gerendert wird (*siehe Abschnitt 4.3.5*). Schließlich übergibt der vierte Parameter den Textinhalt an das Objekt.

Sollte der Dozent keinen Text angegeben haben, wird eine leere Zeichenkette an die Methode übergeben, die diese in das Datei-Objekt schreibt.

Anschließend folgt die Prozedur zum Speichern eines Bildes. Diese beginnt mit der Bildung einer Liste (`poss_types`), die die möglichen Datentypen enthält. Es muss verhindert werden, dass z.B. ein Bildformat hochgeladen wird, das ein Browser nicht darstellen kann.

Es folgt die Übergabe der hochzuladenden Datei an die Variable `file`. Nun wird zunächst geprüft, ob überhaupt eine Datei ausgewählt wurde. Ist das der Fall, prüft die nächste Bedingung, ob deren Content-Type in der zuvor erstellten Liste vorhanden ist. Der Content-Type einer hochzuladenden Datei ist in deren Attribut `headers` enthalten. Dieses enthält neben anderen Informationen auch den Key `'content-type'`. Ist dieser korrekt, wird die ausgewählte Datei hochgeladen. Sollte eine der Bedingungen vorher nicht gestimmt haben, wird eine Fehlermeldung ausgelöst.

Das Hochladen der Datei in das Bild-Objekt ist mit der Methode `manage_upload()` unkompliziert zu realisieren. Ihr wird die hochzuladende Datei als Parameter übergeben. Je nach Dateigröße kann der Vorgang eine Weile dauern.

manage_upload()

Da das Bild natürlich auch angezeigt werden soll, ist es wichtig, dass es mit seinen Abmessungen das vorgesehene Layout nicht sprengt. Aus diesem Grunde werden nach dem Hochladen die Eigenschaften `width` und `height` des Bild-Objektes überprüft. Ist einer der Werte zu hoch, das Bild also zu groß, wird die Methode `manage_upload()` erneut ausgeführt. Diesmal wird ihr jedoch kein Parameter übergeben, was dazu führt, dass quasi eine »leere« Datei hochgeladen wird, die das zuvor gespeicherte Bild überschreibt. Es müssen dann noch die Werte der Eigenschaften `width` und `height` mit leeren Zeichenketten überschrieben werden.

Für einen Flash-Film ist die Prozedur ähnlich, mit dem Unterschied, dass die Abmessungen vom Dozenten selbst eingegeben werden müssen und deshalb vor dem Hochladen geprüft werden können. Da die Abmessungen für die korrekte Wiedergabe eines Flash-Films benötigt werden, ist deren Angabe zwingend notwendig. Fehlen sie, wird eine Fehlermeldung ausgelöst. Wenn alle Angaben korrekt gemacht wurden und tatsächlich eine Flash-Datei ausgewählt wurde, wird diese in ein Datei-Objekt geladen.

Bei einer Datei, die zum Download bereitgestellt werden soll, spielen die Abmessungen keine Rolle. Folglich wird hier nur der Content-Type überprüft. Neben dem Upload wird für diesen Elementtyp auch der Dateiname bestimmt und der title-Eigenschaft als Wert zugewiesen. Dieser wird in der Ansicht nach dem Hochladen angezeigt. Der Dateiname ist ebenfalls im `header`-Attribut der hochzuladenden Datei enthalten. Er verbirgt sich in dem Key `content-disposition`. Genauer gesagt, dort ist der komplette Pfad enthalten. Aus diesem Grunde muss der eigentliche Dateiname mit einigen String-Operationen aus dem Pfad herausgelesen werden.

Im Skript folgt dann der Block, der das Löschen eines Elements regelt:

```
if delete:
    akt_part = delete.keys()[0]
    akt_order = ziel[akt_part].order

    if akt_order < len(parts):
        for part in parts:
            if part.order > akt_order:
                new_order = part.order-1
                ziel[part.getId()].manage_changeProperties¬
                                ({'order':new_order})
    ziel.manage_delObjects([akt_part])
    context.REQUEST.RESPONSE.redirect(self)
    return
```

Listing 13.13 Die Löschen-Funktion im Skript py_chapEditAkt

Wie es funktioniert

Das Löschen geschieht mit der schon bekannten Methode `manage_delObjects()`. Die Id des Elements, das gelöscht werden soll, wird, wie schon im `save`-Block, mit der `keys`-Funktion ermittelt.

Die Besonderheit ist hier, dass gegebenenfalls die Eigenschaft `order` einiger Elemente angepasst werden muss. Wird z.B. von fünf Elementen das mit der Ordnungzahl 3 gelöscht, sollte die `order`-Eigenschaft der beiden folgenden Elemente jeweils um 1 verringert werden.

Aus diesem Grunde wird die Eigenschaft `order` des zu löschenden Elements mit der `order`-Eigenschaft der übrigen Elemente verglichen. Ist `order` größer als beim zu löschenden Element, wird sie um den Wert 1 reduziert. Damit ist gewährleistet, dass die Ordnungszahlen auch nach dem Löschen eines Elements eine zusammenhängende Zahlenreihe bilden, was für die Verschiebungsfunktion eine notwendige Voraussetzung ist.

Diese Funktion ist relativ einfach zu realisieren. Hier beispielhaft das Verschieben nach oben:

```
if up:
    akt_part = up.keys()[0]
    akt_order = ziel[akt_part].order
    new_order = akt_order-1
    if akt_order > 1:
        for part in parts:
```

```
if part.order == new_order:
    ziel[part.getId()].manage_changeProperties¬
                        ({'order':akt_order})

ziel[akt_part].manage_changeProperties¬
                    ({'order':new_order})
context.REQUEST.RESPONSE.redirect(self)
return
```

Listing 13.14 Die Aufwärts-Funktion im Skript py_chapEditAkt

Da in der Bearbeitungsansicht die Elemente nur einzeln verschoben werden können, muss nur das Element ermittelt werden, dessen Pfeil-Button betätigt wurde. Auch hier kommt dafür die Funktion keys() zum Einsatz. Deren order-Eigenschaft muss um den Wert verringert werden. Dieser verringerte neue Wert wird in der Variable new_order gespeichert. Das Element, das in der Reihenfolge vor ihm liegt, muss dagegen deren alte Ordnungszahl erhalten. Diese Zahl ist in akt_order gespeichert. Es wird nun dieses Element ermittelt, indem die Ordnungszahlen aller Elemente in einer for-Schleife überprüft werden. Ist das Element gefunden, wird deren order-Eigenschaft mit Wert akt_order versehen, das Element, das in der Reihenfolge nach oben rutschen soll, erhält den Wert new_order. Nach dem erneuten Aufruf der Ansicht ist die Änderung sofort zu sehen.

Wie es funktioniert

Entsprechend kann die Funktion zum Verschieben eines Elements nach unten abgeleitet werden.

Der letzte Block im Skript regelt das Hinzufügen eines neuen Elements. Es wird auf die schon bekannte Weise eine neue Id und eine Ordnungszahl ermittelt. Dann wird dem entsprechenden Abschnitts-Ordner ein neues Objekt hinzugefügt und die entsprechenden Eigenschaften für dieses Objekt eingestellt. Die einzige Besonderheit ist hier, dass zwischen Datei-Objekten und Bild-Objekten unterschieden werden muss, je nachdem, welcher Elementtyp gewählt wurde.

13.6.3 Die Vorschau

Betätigt man in der Ansicht zur Bearbeitung eines Abschnitts den Button »*Vorschau*«, öffnet sich ein neues Browserfenster, in dem die Elemente so angezeigt werden, wie auch Teilnehmer sie sehen werden (*siehe Abbildung 13.7*). Damit hat der Dozent eine gewisse Kontrolle über das Aussehen der von ihm erstellten Inhaltsseite.

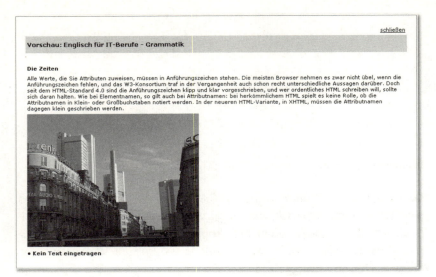

schließen

Vorschau: Englisch für IT-Berufe - Grammatik

Die Zeiten

Alle Werte, die Sie Attributen zuweisen, müssen in Anführungszeichen stehen. Die meisten Browser nehmen es zwar nicht übel, wenn die Anführungszeichen fehlen, und das W3-Konsortium traf in der Vergangenheit auch schon recht unterschiedliche Aussagen darüber. Doch seit dem HTML-Standard 4.0 sind die Anführungszeichen klipp und klar vorgeschrieben, und wer ordentliches HTML schreiben will, sollte sich daran halten. Wie bei Elementnamen, so gilt auch bei Attributnamen: bei herkömmlichem HTML spielt es keine Rolle, ob die Attributnamen in Klein- oder Großbuchstaben notiert werden. In der neueren HTML-Variante, in XHTML, müssen die Attributnamen dagegen klein geschrieben werden.

• **Kein Text eingetragen**

Abbildung 13.7 Die Vorschau-Ansicht eines Abschnitts

Gleichzeitig zeigt die Vorschau auch Elemente an, die angelegt, aber noch nicht mit Inhalten gefüllt wurden. Damit erhält der Dozent auch einen Überblick über den Stand der Entwicklung des Abschnitts.

Das Template, das diese Ansicht erzeugt, hat die Id `preview`. Da es in einem neuen Browserfenster aufgerufen wird, muss es alle Komponenten einer HTML-Seite erhalten. Auch die Verbindung zum Stylesheet muss hier wieder hergestellt werden, um auf die bestehenden Stildefinitionen zugreifen zu können. Der Aufruf aus der Ansicht `chap_edit` erfolgt mit den notwendigen Informationen über die entsprechende Lernmodul- und Abschnitts-Id im Query-String, sodass das Template `preview` die richtigen Elemente anzeigt.

Für jeden Elementtyp ist der Quelltext in der entsprechenden Darstellungsform notiert. Hier wieder stellvertretend die Darstellung für ein Bild:

```
<tr>
...
<tal:con condition="python:teil.typ=='image'">
  <td tal:condition="teil/size"
      tal:content="structure teil">Bildanzeige</td>
  <td tal:condition="not:teil/size" id="fett">
    &bull; Kein Bild hochgeladen</td>
```

```
</tal:con >
...
</tr>
```

Listing 13.15 Ausschnitt aus dem Page-Template preview

Wie es
funktioniert

Die Vorschau ist mit einer HTML-Tabelle strukturiert. Jedes Element wird in einer eigenen Tabellen-Zeile dargestellt. Genauso wie auch in der Bearbeitungsansicht liefert hier das Python-Skript `py_fetchParts` die Elemente, die zum Abschnitt gehören, als Sequenz. Durch diese wird mit der `repeat`-Anweisung iteriert. Bei jedem Element wird die Eigenschaft `typ` überprüft. Hat diese den Wert `'image'`, wird anhand der Eigenschaft `size` überprüft, ob das Element Daten enthält. Ist das der Fall, wird das Bild angezeigt. Sind keine Daten vorhanden, wird eine entsprechende Meldung ausgegeben. Das Bild wird jetzt in seinen Originalabmessungen angezeigt, insofern kann auf das Bild-Objekt direkt zugegriffen werden. Mit der Angabe `structure` wird dabei der notwendige HTML-Quelltext mit den richtigen Abmessungsangaben erzeugt.

13.7 Zusammenfassung

In diesem Kapitel ging es neben dem Funktionsmodul zur Bearbeitung von Lernmodulen auch um Erweiterungen an der Navigation. Die Hauptnavigation zeigt jetzt die Abschnitte eines gewählten Lernmoduls an. Dazu ruft das Template `main_navi` das Python-Skript `py_fetch-Chaps` auf, das alle Abschnitte eines Lernmoduls zurückliefert.

Die Modulnavigation im oberen Bereich der Seite liefert eine Navigation zwischen den verschiedenen Lernmodulen, für die ein Dozent verantwortlich ist, und dem Desktop. Das Page-Template `modul_navi` bildet im Zusammenspiel mit dem Python-Skript `py_fetchBenMods` diese Funktionalität. Alle genannten Objekte sind im Ordner `closed` abgelegt.

Im Ordner `dozent` wurde die Desktop-Ansicht angelegt, die die Lernmodule auflistet, für die ein Dozent zuständig ist.

Schließlich wurde das Funktionsmodul Lernmodul-Bearbeitung entwickelt, das es ermöglicht, Lernmodule inhaltlich zu strukturieren und mit Inhalten aufzufüllen. Abbildung 13.8 zeigt alle Objekte, die zu diesem Funktionsmodul gehören, in ihren Beziehungen zueinander.

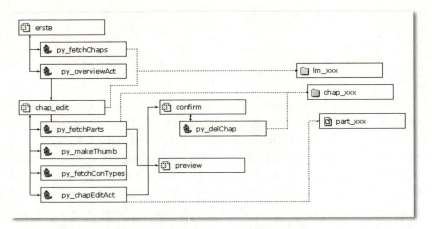

Abbildung 13.8 Die Struktur der Lernmodul-Bearbeitung

14 Den Teilnehmer-Bereich anlegen

14 Den Teilnehmer-Bereich anlegen

Dieses Kapitel erläutert den Aufbau des noch ausstehenden letzten Teils über die Grundfunktionen der Lernplattform: den Teilnehmerbereich mit der Ansicht der Lerninhalte. In gewisser Weise ist diese Ansicht die »Rückseite« des Dozentenbereichs. Was dort angelegt wurde, kann hier eingesehen werden. Insofern ist der strukturelle Aufbau dieses Bereiches ähnlich dem Dozenten-Bereich.

14.1 Die Arbeitsschritte

Um den Kreis zu schließen, muss noch der Bereich geschaffen werden, in dem angemeldete Teilnehmer Zugang zu den von ihnen gebuchten Lernmodulen erhalten. Das Prinzip ist dabei das gleiche wie im Dozenten-Bereich: Jeder Teilnehmer bekommt genau jene Lernmodule angezeigt, für die er angemeldet ist. Allerdings ist der Zugang für den Teilnehmer zeitlich auf die Dauer des Lernmoduls beschränkt.

Der Schreibtisch, der als erste Ansicht nach dem Einloggen eines Teilnehmers erscheint, listet alle Kurse auf, für die er angemeldet ist. Von dort kann er per Klick in die Ansicht eines Kurses einsteigen. Auch im Teilnehmer-Bereich sollen die Kurse in der Modul-Navigation angezeigt werden. Dazu muss das Skript `py_fetchBenMods` im Ordner `closed` (*siehe Abschnitt 13.2*), das für das Auslesen der Module eines angemeldeten Benutzers zuständig ist, entsprechend erweitert werden.

Nach dem Einstieg in ein Lernmodul erscheint eine Übersichtsseite des Moduls, die neben grundlegender Informationen zum Modul alle Abschnitte als Link auflistet. Von hier aus gelangt man auf die jeweilige Inhalts-Ansicht der Abschnitte, die die Inhalte bereitstellt. Die Abschnitte werden auch im unteren Bereich der Hauptnavigation als Links angezeigt, um ein schnelles Navigieren zwischen ihnen zu gewährleisten. Diese Navigation wurde bereits in Abschnitt 13.5 so angelegt, dass sie auch hier funktioniert.

Es ergeben sich daher nur noch folgende Arbeitsschritte:

1. Erstellung des Teilnehmer-Desktops
2. Erweiterung des Skriptes `py_fetchBenMods`
3. Erstellung der Übersicht eines Lernmoduls
4. Erstellung der Inhalte-Ansicht eines Lernmoduls

In den Schritten enthalten ist auch hier wieder die Anlage der notwendigen Python-Skripte.

Um den Teilnehmer-Bereich testen zu können, ist es notwendig, sich in die Plattform als Planer einzuloggen, einen Teilnehmer anzulegen und diesen für ein oder zwei Kurse anzumelden. Im ZMI muss diesem Teilnehmer dann ein neues Passwort gegeben werden.

Die Rechte der Rolle *teilnehmer* müssen nicht erweitert oder verändert werden. Alle Funktionen, die ein Teilnehmer ausführen muss, sind mit den vorhandenen Rechten abgedeckt.

14.2 Der Teilnehmer-Desktop

Der Teilnehmer-Desktop (*siehe Abbildung 14.1*) entspricht exakt dem Dozentenschreibtisch. Er listet die Module auf, die ein Teilnehmer belegt hat und sieht ebenfalls vor, Nachrichten, die ein Teilnehmer erhalten hat, anzuzeigen. Diese Funktion wird in diesem Prototypen nicht realisiert.

Abbildung 14.1 Der Teilnehmer-Schreibtisch

Der Schreibtisch wird als Template mit der Id `desktop` im Ordner `teilnehmer` angelegt. Der Quelltext hierfür kann aus der Datei **desktop.zpt** im Order zu diesem Kapitel auf der Buch-CD geladen werden. Da er keine Neuerungen enthält, wird auf die Erläuterung des Quelltextes verzichtet. Damit die Auflistung der Module aber funktioniert, muss das Skript `py_fetchBenMods` im Ordner `closed` erweitert werden. Dieses ist dafür zuständig, die Lernmodule des aktuell angemeldeten Benutzers zu ermitteln. Es wird von der Modul-Navigation aufgerufen und dort zur Erstellung der Links zu den Modulen genutzt. Und eben der Desktop greift auf die Ergebnisse zurück, die das Skript liefert.

Der neue Quelltext für dieses Skript kann aus der Datei **py_fetchBenMod.py** im Verzeichnis zu diesem Kapitel auf der Buch-CD geladen werden. Hier wird der Teil erläutert, der für das Ermitteln der Teilnehmer-Module zuständig ist:

```
## Script (Python) "py_fetchBenMods"
##parameters=typ,ben_name
lernmodule = []
…
elif typ=='teilnehmer':
    obj = context.benutzer.tn_data[ben_name].¬
        objectValues('Folder')
    for item in obj:
        if item.hasProperty('modul'):
            if item.modul:
                if item.frei:
                    if item.frei_ende.isFuture():
                        lernmodule.append(context.module[item.id])
elif typ=='admin':
    return lernmodule
return lernmodule
```

Listing 14.1 Modifikation des Skriptes py_fetchBenMods

Wie es funktioniert

Wenn die Benutzerrolle, die mit dem Parameter `typ` an das Skript übergeben wird, *teilnehmer* ist, werden aus dem Ordner des Benutzers, dessen Id mit dem Parameter `ben_name` an das Skript übergeben wird, alle Ordner-Objekte herausgelesen.

Die so ermittelte Liste wird mit einer `for`-Schleife überprüft. Damit ein Ordner-Objekt als gültige Lernmodul-Referenz akzeptiert wird, müssen vier Bedingungen erfüllt sein: Der Ordner muss die Eigenschaft `modul` besitzen und diese muss einen *true*-Wert haben. Die Eigenschaft `frei` muss ebenfalls einen *true*-Wert haben, das Lernmodul muss also für den Teilnehmer freigeschaltet sein. Schließlich muss die Eigenschaft `frei_ende`, eine Datumsangabe, in der Zukunft liegen. Damit wird geregelt, dass ein Lernmodul nur solange für den Teilnehmer angezeigt wird, wie die Freischaltdauer es vorsieht.

Mit den Ids der so gefilterten Teilnehmermodule werden nun die eigentlichen Lernmoduldaten aus dem Ordner `module` in die Liste `lernmodule` geschrieben. Diese wird an die aufrufende Stelle zurückgeliefert.

Wenn die angemeldete Person die Rolle `admin` hat, also ein Bildungs-planer ist, wird die leere Liste `lernmodule` zurückgeliefert. Da ein Bildungsplaner über die Lernmodul-Verwaltung Zugriff auf alle Module hat, ist hier keine besondere Auflistung notwendig.

14.3 Die Ansicht der Lerninhalte

Wenn ein Teilnehmer eines der aufgelisteten Lernmodule auswählt, gelangt er auf eine neue Ansicht, die ihm eine Übersicht über alle Abschnitte im sowie einige grundlegende Daten zum Modul anzeigt (*siehe Abbildung 14.1*). Von dieser Seite aus kann dann in die Ansicht der einzelnen Abschnitte navigiert werden. Gleichzeitig werden, wie schon im Dozentenbereich, die Abschnitte des gewählten Moduls unterhalb der Hauptnavigation angezeigt. Diese Funktion ist mit der in *Abschnitt 13.5* durchgeführten Erweiterung der Hauptnavigation bereits vorhanden.

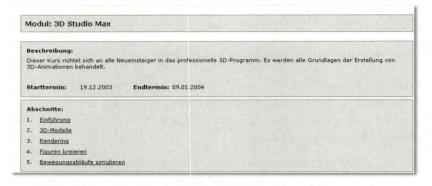

Abbildung 14.2 Die Modulübersicht des Teilnehmerbereichs

Alle Templates und Skripte für die Darstellung der Lernmodule werden in einem neuen Ordner mit der Id `mod_edit` angelegt. Dieser kann mit seinem kompletten Inhalt von der Buch-CD geladen werden. Er befindet sich als Datei **mod_edit.zexp** im Ordner zu diesem Kapitel und muss auf dem üblichen Weg importiert werden, damit alle enthaltenen Objekte vorhanden sind.

14.3.1 Die Modulübersicht

Die Modulübersicht wird durch das Template mit der Id `erste` gebildet. Es folgt in seinem Aufbau dem Template mit der gleichen Id aus dem Dozentenbereich (*siehe Abschnitt 13.4*). Es fehlen hier allerdings die Funktionen zum Anlegen neuer und zum Verschieben bestehender Abschnitte. Das Template greift auf das Skript `py_fetchChaps` zurück, das alle zum Lernmodul gehörigen Abschnitte zurückgibt. Die Quelltexte dieser beiden Objekte dürften keine Überraschungen mehr beinhalten, sodass auf die Erläuterung der Quelltexte hier verzichtet werden kann.

14.3.2 Die Abschnitts-Ansicht

Die Ansicht eines Abschnittes (*siehe Abbildung 14.3*) hat einen ähnlichen Aufbau wie die Vorschau im Dozentenbereich (*siehe Abschnitt 13.3.6*). Sie hat die Id `chap_edit` und bedient sich des Skriptes `py_fetchParts` zum Auslesen aller zum Abschnitt gehörenden Elemente. Jeder Elementtyp hat auch hier eine eigene Darstellungsform, entsprechend der Notwendigkeiten der HTML-Notation. Das Template und das Python-Skript müssten mit dem bisherigen Wissen selbsterklärend sein.

Abbildung 14.3 Die Abschnitts-Ansicht des Teilnehmerbereichs

14.4 Zusammenfassung

Der Teilnehmerbereich leitet sich im wesentlichen aus dem Dozentenbereich ab. Der Schreibtisch, die Übersicht der Lernmodule sowie die Ansicht der Lernmodul-Abschnitte leiten sich aus entsprechenden Objekten im Dozentenbereich ab.

Für das Herausfiltern der Lernmodule, die einem Teilnehmer zugeordnet sind, wurde das Skript `py_fetchbenMods` im Ordner `closed` erweitert. Es liefert die entsprechenden Daten für die Modulnavigation und den Desktop. Abbildung 14.4 zeigt noch einmal den Zusammenhang aller Objekte, die für die Darstellung der Lerninhalte im Teilnehmerbereich zuständig sind.

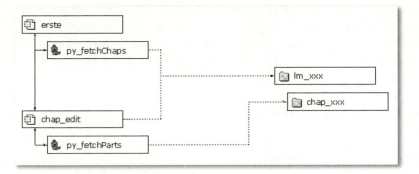

Abbildung 14.4 : Die Struktur der Lernmodul-Ansicht

Die Entwicklung des Prototypen ist mit diesen Funktionen für Teilnehmer von Lernmodulen abgeschlossen. Der Kreislauf der grundsätzlichen Funktionen einer Lernplattform ist geschlossen. Alle drei vorgesehenen Benutzergruppen können sich jetzt in die Plattform einloggen und die ihnen zugedachten Aufgaben ausführen. Natürlich ist damit noch keine vollwertige Lernplattform entstanden, aber das war auch nicht Ziel dieses Teils. Vielmehr wurde anhand eines komplexen und praxisrelevanten Prototyping die Funktionsweise von Zope und das Zusammenspiel seiner verschiedenen Objekttypen aufgezeigt.

Teil III:
Zope-Vertiefung

15 Die Session-Verwaltung

15 Die Session-Verwaltung

Dieses Kapitel beschäftigt sich mit Zopes Session-Verwaltung. Es erläutert alle Objekte, die für die Arbeit mit Sessions notwendig sind. Des Weiteren wird der Umgang mit Session-Daten in Page-Templates und Python-Skripten beschrieben. Den Abschluss bildet eine Beispielanwendung, die die Praxis der Session-Verwaltung erläutert.

Das HTTP-Protokoll ist nicht in der Lage, den Aufruf mehrerer Seiten einer Website einem Benutzer zuzuordnen. Jeder Aufruf einer Seite ist komplett eigenständig und abgeschlossen. Für Web-Anwendungen, die seitenübergreifend Daten festhalten müssen – z.B. Shopsysteme – ist diese Beschränkung problematisch. Mithilfe von Sessions kann man diesem Problem aber begegnen. Als Session bezeichnet man alle Seitenaufrufe eines Clients, die er vom Eintritt bis zum Verlassen einer Website tätigt.

Mit dem Session-System innerhalb von Zope, das seit der Version 2.5 zur Standard-Installation gehört, ist es sehr einfach möglich, Sessions von angemeldeten, aber auch anonymen Benutzern zu verfolgen. Die Daten, die während einer Session anfallen, werden nur temporär für die Dauer des Besuchs der Website gespeichert. Dabei kann zusätzlich eine Zeit der Inaktivität des Benutzers eingestellt werden, nach der die Daten ebenfalls verfallen.

Bei der Verwendung von Sessions sollte man unbedingt beachten, dass die Daten einer Session potentiell unsicher sind, also ein Zugriff von außen auf diese Daten erfolgen kann. Da es für die Verwaltung eines Site-Besuches notwendig ist, eine Kennung, die so genannte Session-Id, anzulegen und diese zwischen Browser und Server bei jedem Seitenaufruf zu übertragen, kann ein Angreifer durch Abfangen der Id Zugriff auf die Session-Daten erhalten. Sensible Daten, insbesondere Authentifizierungs-Daten, sollten also keinesfalls in einer Session gespeichert werden, jedenfalls dann nicht, wenn die Verbindung zwischen Client und Zope nicht verschlüsselt ist.

15.1 Die Komponenten der Session-Verwaltung

Die Session-Verwaltung in Zope besteht aus drei unterschiedlichen Objekten, die bereits mit ihren Standardeinstellung voll funktionsfähig sind. Selbstverständlich können diese Einstellungen aber auch den eigenen Bedürfnissen angepasst werden. Die folgenden Abschnitte erläutern die Komponenten der Session-Verwaltung.

15.1.1 Der Browser Id Manager

Der Browser Id Manager legt für jeden Client eine eindeutige Browser Id an, mit der Zope die Zugriffe einzelner Clients identifiziert. Jeder Client erhält eine eigene Id, sodass mit deren Hilfe die verschiedenen Clients, die gegebenenfalls gleichzeitig zugreifen, voneinander unterschieden werden können.

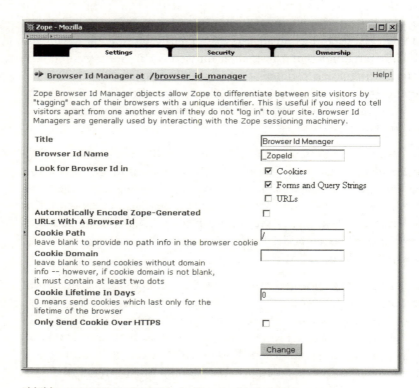

Abbildung 15.1 Das Settings-Tab des Browser Id Managers

Der Browser Id Manager liegt standardmäßig im `root`-Ordner des ZMI. Es können aber auch in jedem anderen Verzeichnis ein oder mehrere zusätzliche Browser Id Manager angelegt werden. In der Regel reicht es aber aus, mit dem Standard-Manager zu arbeiten.

Im Settings-Tab des Managers lassen sich einige Einstellungen vornehmen.

Unter *Browser Id Name* kann der Name der Browser Id verändert werden. Dieser Name fungiert als Referenz auf die Browser Id. Er wird z.B. auch als Name für den Cookie verwendet, der beim Client gesetzt wird.

Weiter lässt sich einstellen, wo Zope nach der Browser Id suchen soll (*Look for Browser Id*). Zope kann die Id in Cookies, Formulardaten und dem URL suchen. Ist die letzte Option gewählt, kann der Browser Id Manager Zope veranlassen, jeden generierten URL automatisch mit der Browser Id zu versehen. Generierte Links sind solche, die mit der Methode `absolute_url()` erzeugt werden.

Mit *Cookie Path* kann ein Pfad angegeben werden, für den der Cookie gültig ist. Die Gültigkeit erstreckt sich dann auf alle URL, die den angebeben Pfad enthalten. Die Standard-Angabe / bezeichnet den `root`-Ordner. Mit dieser Einstellung ist ein Cookie für die gesamte Site gültig.

Mit einer Angabe für *Cookie Domain* kann eine Domain-Angabe im Cookie platziert werden. Damit kann Zope beim Client gültige Cookies identifizieren.

Schließlich kann mit der letzten Option des Tabs bestimmt werden, dass Cookies nur dann versendet werden, wenn zwischen Client und Server eine sichere Verbindung über HTTPS besteht. Damit wird auch ausgeschlossen, dass der Browser des Clients den Cookie über eine unsichere Verbindung (einfaches HTTP) zurücksendet.

Zopes Session-Verwaltung folgt der Cookie-Spezifikation, zu der man nähere Informationen unter der Web-Adresse **http://wp.netscape.com/newsref/std/cookie_spec.html** erhält.

15.1.2 Der Session Data Manager

Der Session Data Manager fungiert als Bindeglied zwischen dem Browser Id Manager und den eigentlichen Session-Daten. Wenn letztere angefordert werden, kommuniziert der Session Data Manager mit dem Browser Id Manager und gibt die entsprechenden Session-Daten an den Client. Sind noch keine Session-Daten vorhanden, legt es ein Session-Daten Objekt an.

Im Settings-Tab dieses Objektes (*siehe Abbildung 15.2*) kann außer dem Titel eingestellt werden, in welchem Container die Session-Daten gespeichert (*Transient Objekt Container Path*) und unter welcher Id die Session-Daten im REQUEST-Objekt referenziert werden (*Place SESSION in REQUEST object as*). Mit dem hier eingestellten Namen werden die Session-Daten in Skripten, Templates und DTML-Dokumenten referenziert.

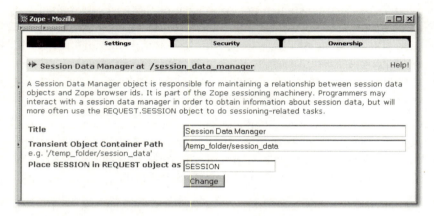

Abbildung 15.2 Das Settings-Tab des Session Data Managers

Es ist möglich, mit mehreren Session Data Managern innerhalb einer Anwendung zu arbeiten. Damit wird es möglich, verschiedene Container für die Session-Daten einzusetzen. Alle eingesetzten Session Data Manager können den gleichen Browser Id Manager benutzen.

15.1.3 Der Temporary Folder

 Streng genommen gehört der Temporary Folder nicht zur Session-Verwaltung in Zope. Er ist ein eigenständiges Objekt, das auch andere Einsatzzwecke haben kann. Es verhält sich wie ein normaler Ordner mit dem Unterschied, dass die in ihm abgelegten Daten nicht in der ZODB gespeichert, sondern im Arbeitsspeicher gehalten werden. Bei einem Neustart von Zope gehen diese Daten verloren. Die Aktionen innerhalb eines Temporary Folders, also das Anlegen, Löschen und Modifizieren von Objekten werden nicht gespeichert, um den Arbeitsspeicher nicht übermäßig zu belasten. Damit entfällt auch die Möglichkeit, einzelne Schritte rückgängig zu machen.

Diese Eigenschaften des Temporary Folders prädestinieren ihn für die Speicherung von Daten, die nicht persistent gespeichert werden müssen. Session-Daten gehören dieser Kategorie an.

Man sollte allerdings nicht allzu viele Objekte in einem Temporary Folder ablegen, da dadurch der Arbeitsspeicher des Servers belastet wird, was Performance-Einbußen zur Folge haben kann. Auf der anderen Seite sind Daten, die im Arbeitsspeicher gehalten werden, sehr viel schneller abrufbar als solche, die aus der ZODB und damit von der Festplatte des Servers geladen werden.

15.1.4 Der Transient Object Container

In der Standardeinstellung von Zopes Session-Verwaltung befindet sich ein Transient Objekt Container mit der Id `session_data` im Temporary Folder im `root`-Ordner des ZMI. Es ist dafür zuständig, die Session-Daten-Objekte aufzunehmen. Pro Client wird bei der ersten Referenz auf das Session-System ein Session-Daten-Objekt angelegt. Aufrufbar ist dieses Objekt über die Id, die im Session Data Manager eingestellt wurde (*siehe Abschnitt 15.1.2*).

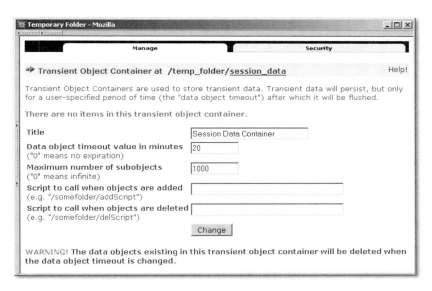

Abbildung 15.3 Das Mangage-Tab des Transient Object Containers

Im Manage-Tab dieses Objektes kann eingestellt werden, nach wie vielen Minuten die Session-Daten im Container verfallen (*Data object timeout value in minutes*). Verfallen bedeutet, dass sie aus dem Container unwiederbringlich gelöscht werden. Gibt man in dem entsprechenden Eingabefeld eine 0 ein, gibt es keine Beschränkung in der Gültigkeitsdauer der Session-Daten.

Die Anzahl von einzelnen Session-Daten-Objekten, die der Container aufnehmen kann, ist in der Standardeinstellung auf 1 000 beschränkt

(Maximum number of subobjects). Damit können für 1 000 Benutzer gleichzeitig Session-Daten gespeichert werden. Auch hier bedeutet die Eingabe der Zahl 0, dass die Beschränkung aufgehoben ist.

Schließlich kann man noch den Pfad zu Skripten angeben, die aufgerufen werden, wenn Session-Daten hinzugefügt bzw. gelöscht werden *(Skript to call when objects are added/deleted)*. Mit solchen Skripten lassen sich Standardeinstellungen vornehmen.

15.2 Mit Session-Daten arbeiten

15.2.1 Auf das Session-Daten-Objekt zugreifen

Der Zugriff auf ein Session-Daten-Objekt kann auf zwei Arten erfolgen. Zum einen über das REQUEST-Objekt, zum anderen über den Session Data Manager. Beide Zugriffsarten liefern das Objekt zurück, in dem die Session-Daten abgelegt sind, sofern eines existiert. Ist das nicht der Fall, wird ein solches angelegt.

In einem Page-Template sähe der Zugriff über das REQUEST-Objekt folgendermaßen aus:

```
<tal:d define="daten request/SESSION">
</tal:d>
```

Das gleiche Ergebnis über den Session Data Manager erzielt man mit:

```
<tal:d define="daten here/session_data_manager/
               getSessionData">
</tal:d>
```

In beiden Beispielen wird eine Variable mit dem Namen `daten` erzeugt und ihr das Session-Daten-Objekt zugewiesen.

Analog dazu erfolgt der Zugriff in einem Python-Skript mit

```
daten = context.REQUEST.SESSION
```

beziehungsweise

```
daten = context.session_data_manager.getSessionData()
```

getSessionData() Mit der Methode `getSessionData()` kann das Erzeugen eines neuen Session-Daten-Objektes unterdrückt werden. Dazu muss der Methode der Parameter `create` mit dem Wert 0 übergeben werden:

```
daten = context.session_data_manager.¬
        getSessionData(create=0)
```

15.2.2 Werte zum Session-Daten-Objekt hinzufügen

Das neu erzeugte Session-Daten-Objekt enthält keine Werte. Die können mit der Methode `set(key,value)` hinzugefügt werden. In einem Page-Template kann sie in einem Python-Ausdruck benutzt werden:

```
<tal:d define="daten request/SESSION"
       content="python:daten.set('test',17)>
</tal:d>
```

In einem Python-Skript wird sie ganz ähnlich verwendet:

```
daten = context.REQUEST.SESSION
daten.set('test',17)
```

Auf diese Weise können beliebige Schlüssel-Werte-Paare dem Session-Daten-Objekt hinzugefügt werden. Jedes Python-Objekt kann dabei als Wert übergeben werden. Als Schlüssel können jedoch nur Strings, numerische Datentypen oder Tupel verwendet werden. Das Session-Daten-Objekt verhält sich dies bezüglich wie ein Python-Dictionary *(siehe Abschnitt 7.2.2)*.

15.2.3 Werte aus dem Session-Daten-Objekt auslesen

Will man einzelne Werte aus dem Session-Daten-Objekt auslesen, so referenziert man diese über ihre Schlüssel (`key`). In einem Page-Template geht das sehr einfach mit:

```
<p tal:define="daten request/SESSION"
   tal:content=daten/test">sessionvariable
</p>
```

Denkbar ist auch, in einem Python-Ausdruck die Methode `get(key)` zu verwenden:

```
<p tal:define="daten request/SESSION"
   tal:content=python:daten.get('test')">sessionvariable
</p>
```

Beide Varianten geben den Wert, der unter dem Schlüssel `'test'` im Session-Daten Objekt gespeichert ist, aus.

Ähnlich einfach ist der Zugriff über ein Python-Skript:

```
daten = context.REQUEST.SESSION
return daten['test']
```

Selbstverständlich kann auch in einem Python-Skript die Methode `get(key)` verwendet werden:

```
daten = context.REQUEST.SESSION
return daten.get('test')
```

Die Methode `get()` bietet die zusätzliche Möglichkeit, einen Standardwert anzugeben, wenn das Session-Daten-Objekt das angeforderte Schlüssel-Wert-Paar nicht enthält:

```
daten = context.REQUEST.SESSION
return daten.get('toast', default='kein Wert enthalten')
```

Wird kein solcher Standardwert angegeben, wird ein Fehler ausgelöst, wenn der Schlüssel im Session-Daten-Objekt nicht enthalten ist.

15.2.4 Session-Daten manuell annullieren

invalidate()

Es ist möglich, die Daten im Session-Daten-Objekt mittels der Methode `invalidate()` zu annullieren. Dies entspricht dem automatischen Verfall der Daten, der im Transient Object Container eingestellt wird (*siehe Abschnitt 15.1.4*). Der Aufruf dieser Methode erfolgt am sinnvollsten in einem Python-Skript:

```
daten = context.REQUEST.SESSION
daten.invalidate()
```

Es ist allerdings Vorsicht geboten, da die Session-Daten damit vollständig und unwiederbringlich verloren sind. Auch bei der manuellen Annullierung der Session-Daten wird ein eventuell im Transient Objekt Container angegebenes Skript ausgeführt.

Die Session als solche ist allerdings weiterhin existent, und es können erneut Daten hinzugefügt werden. Soll auch diese entfernt werden, kann das mit der Methode `flushBrowserIdCookie()` des Browser Id Managers erreicht werden. Diese Methode entfernt den Cookie auf dem Client-Rechner und damit auch die gesamte Session. Es versteht sich von selbst, dass auch damit alle Session-Daten unwiederbringlich verloren sind.

Auch diese Methode wird sinnvollerweise von einem Python-Skript aus aufgerufen:

```
daten = context.REQUEST.SESSION
daten.getBrowserIdManager().flushBrowserIdCookie()
```

Die Methode `getBrowserIdManager()` liefert hierbei zunächst die Referenz auf den Browser Id Manager.

15.2.5 Session-Daten über Seitenaufrufe hinweg verfügbar machen

Der Sinn einer Session-Verwaltung ist es, die Daten eines Site-Besuchs verfügbar zu halten. In der Regel sind dies Daten einer Person, die die Website aufsucht und verschiedene Seiten aufruft. Da aber wie schon erwähnt das HTTP-Protokoll so spezifiziert ist, dass jeder Seitenaufruf für sich abgeschlossen ist, kann normalerweise nicht identifiziert werden, ob eine Seite von einem bestimmten Client aufgerufen wurde. Die Session-Verwaltung in Zope gibt jedem Client eine Id, anhand derer weitere Seitenaufrufe dieses Clients identifiziert werden. Die Daten einer Session werden unter dieser Id im Session-Daten-Objekt gespeichert. Über diese Zuordnung können für jeden Client, der Seiten aufruft, unterschiedliche Daten gespeichert werden. Damit das aber funktioniert, muss die Id, die dem Client zugeteilt wird, gespeichert werden.

Zopes Session-Verwaltung speichert in der Standard-Konfiguration diese Id in einem Cookie auf dem Client-Rechner. Bei der Referenzierung auf Session-Daten wird zunächst aus diesem Cookie die Id ausgelesen und somit der Client identifiziert. Alle bisherigen Beispiele beruhten auf diesem Mechanismus. Das ist bequem, da man sich als Entwickler nicht weiter um die Id kümmern muss. Allerdings funktioniert die Session-Verwaltung dann auch nur, wenn der Client Cookies annimmt. Verweigert er diese, können die Session-Daten nicht mehr zugeordnet werden. Um dem zu begegnen, kann der Browser Id Manager so eingestellt werden, dass er auch in Formularen und dem URL nach der Id sucht (*siehe Abschnitt 15.1.1*). Als Entwickler hat man dann natürlich die Aufgabe, die Id dort auch zu positionieren. Im Folgenden wird gezeigt, welche Mittel dafür zur Verfügung stehen.

Um die Id in einem Formular zu platzieren, kann die Methode `getHiddenFormField()` benutzt werden. Sie fügt ein unsichtbares Formularelement in den Quelltext ein, mit dem Namen der Browser Id und der Id selbst als Wert:

```
<form action="zweites_template">
  <tal:f define="sess_id ¬
       request/SESSION/getBrowserIdManager"
       content="structure sess_id/getHiddenFormField" />
  <input type="submit" value="weiter" />
</form>
```

Die Methode gehört zum Browser Id Manager. Aus diesem Grunde
wird zunächst dieser in einer Variablen gespeichert und dann dessen
Methode aufgerufen. Als reiner TAL-Block notiert, wird die Notation
vollständig zu einem versteckten Formular-Feld aufgelöst. Es wäre
ebenso möglich, einen Python-Ausdruck zu verwenden. Das Ergebnis
sieht folgendermaßen aus:

```
<form action="zweites_template">
  <input type="hidden" name="_ZopeId"
                   value="44122385A1JfFPPYId0">
  <input type="submit" value="weiter" />
</form>
```

Wenn ein weiteres Template mit der Id zweites_template existiert,
kann in diesem nun auf die Session-Daten zugegriffen werden. Zope
fügt dem URL automatisch einen Query-String in der Form
?_ZopeId=44122385A1JfFPPYId0 hinzu.

Wenn die Id mit dem URL weitergereicht werden soll, bietet die Session-Verwaltung zwei Möglichkeiten. Zum einen kann der Browser Id
Manager so eingestellt werden, dass automatisch jeder dynamisch
erzeugte Link mit der Id versehen wird (*siehe Abschnitt 15.1.1*). Aus
einer Notation wie

```
<a tal:attributes="href ¬
       here/weiteres_template/absolute_url">weiter</a>
```

generiert Zope dann folgenden HTML-Quelltext:

```
<a href="http://localhost:9673/¬
       ZopeId/11078224A1JfXK1V4SI/¬
       ein_ordner/weiteres_template">weiter</a>
```

Der Name der Id und die Id selbst werden als Pfadelemente generiert.
Der Browser Id Manager »überwacht« dann den Seitenaufruf, identifi-
ziert die Id und leitet den Rest des Pfades an Zopes Akquisitions-
Mechanismus weiter. Mit anderen Worten, obwohl der Pfad nun nicht

mehr korrekt erscheint, ist der Browser Id Manager in der Lage, die Id zu identifizieren und Zope dazu zu veranlassen, die richtige Seite auszuliefern.

encodeURL()

Die zweite Möglichkeit, die Id mit dem URL weiterzuleiten, bietet die Methode `encodeUrl()` des Browser Id Managers. Ihr wird der Pfad zum aufzurufenden Objekt übergeben:

```
<a tal:attributes="href python:request.SESSION.¬
          getBrowserIdManager().¬
          encodeUrl('/ein_ordner/weiteres_template')">
weiter</a>
```

Erzeugt wird ein URL, dem die Id als Query-String angehängt ist:

```
<a href="/session/zwei?_ZopeId=00339982A1Jf1g987Zk">
weiter</a>
```

Es ist auch mit dieser Methode möglich, die Id als Pfadelement zu erzeugen. Dafür kann ihr ein weiterer Parameter mit der Bezeichnung `style` übergeben werden. Gibt man ihr den Wert `'inline'`, werden der Name der Id und die Id selbst als Pfadelemente generiert.

Mit den gezeigten Beispielen ist es also möglich, unabhängig von Cookies, die Session-Id von Seitenaufruf zu Seitenaufruf weiterzugeben. Insbesondere dort, wo die Funktionalität einer Site vom korrekten Zugriff auf Session-Daten abhängt, sollte man überlegen, etwas mehr Aufwand zu betreiben und die Id auf die eine oder andere hier gezeigte Weise zu übertragen. Andererseits sei hier nochmals auf den Sicherheitsaspekt hingewiesen. Wenn die Id mit dem URL oder im Quelltext des HTML-Dokuments übertragen wird, ist es für potentielle Angreifer ein Leichtes, diese zu ermitteln. Mit der Id ist dann unter Umständen ein Zugriff auf alle Daten in der Session möglich. Liegt die Id beim Client als Cookie, ist die Ermittlung schwieriger. Man befindet sich bei der Verwendung von Sessions also in einem Dilemma. Einerseits können Cookies vom Client abgelehnt werden, andererseits ist die Übergabe per Formulardaten oder URL vollkommen offen und einsehbar. Der Ausweg daraus kann nur bedeuten, genau zu planen, welche Daten in einer Session gespeichert werden können und welche wirklich sensiblen Daten niemals ohne eine sichere Verbindung über HTTPS zu übermitteln sind.

15

15.2.6 Skripte beim Erstellen oder Löschen eines Session-Daten-Objektes

In Abschnitt 15.1.4 wurde bereits erwähnt, dass es möglich ist, Skripte oder externe Methoden anzugeben, die ausgeführt werden, wenn ein Session-Daten-Objekt angelegt bzw. gelöscht wird. Sinnvoll können solche Skripte sein, um zum Beispiel Standard-Daten in einem Session-Daten-Objekt zu speichern, die gleich nach der Erstellung zur Verfügung stehen. Oder man will Session-Daten permanent in der ZODB speichern, bevor ein Nutzer die Site verlässt.

Für ein Skript, das für einen dieser Zwecke zum Einsatz kommen soll, gilt die Besonderheit, dass es in jedem Fall zwei Parameter haben muss. Diese sind `'sdo'` und `'toc'`. An sie übergibt die Session-Verwaltung das Session-Daten-Objekt (`'sdo'`) und den Transient Object Container (`'toc'`), in dem das Session-Daten-Objekt platziert ist. Das bedeutet, dass innerhalb des Skriptes mit diesen Parametern auf die Session-Daten und auf deren Container referenziert werden kann. Aber auch wenn im Skript nicht auf diese beiden Objekte referenziert werden soll, müssen beide Parameter angegeben werden, da es sonst nicht funktioniert. Es löst dann allerdings keinen Fehler aus, sondern die erwartete Funktion findet nicht statt. Das bedeutet auch, dass man nicht unmittelbar bemerkt, wenn der Code logische Fehler enthält.

Ein einfaches Python-Skript, das bei der Erstellung des Session-Daten-Objektes einen Standardwert in die Session-Daten schreibt, sieht folgendermaßen aus:

```
##parameters=sdo,toc
sdo.set('standard','start')
```

Über den Parameter `sdo` wird auf das Session-Daten-Objekt referenziert und mit dessen Methode `set()` ein Schlüssel-Wert-Paar hinzugefügt. Obwohl im Skript auf den Parameter `toc` nicht referenziert wird, muss er in der Parameter-Liste angegeben werden.

15.3 Ein einfaches Beispiel

Auf einer Site soll der Benutzer seinen Namen eingeben, der dann auf den folgenden Seiten angezeigt wird. Das Beispiel ist in der Standard-Konfiguration der Session-Verwaltung realisiert. Diese arbeitet mit Cookies. Damit also das Beispiel nachvollzogen werden kann, müssen Cookies akzeptiert werden. Zu diesem Beispiel gehören zwei Page-Templates und ein Python-Skript, die in einem Ordner mit der Id `session` abgelegt sind. Der komplette Ordner kann von der Buch-CD importiert werden. Er befindet sich als Datei **session.zexp** im Verzeichnis zu diesem Kapitel.

Das Template `index_html` zeigt ein Formular mit einem Feld zur Eingabe des Namens:

```
<form action="session_write">
  <input type="text" value="" name="vname" /><br />
  <input type="submit" value="weiter" />
</form>
```

Listing 15.1 Das Formular im Template index_html

Betätigt man den Submit-Button des Formulars, wird das Skript `session_write` aufgerufen:

```
## Script (Python) "session_write"
##parameters=vname
if vname:
    context.REQUEST.SESSION.set('vname',vname)
    context.REQUEST.RESPONSE.¬
            redirect(context.start.absolute_url())
    return
else:
    context.REQUEST.RESPONSE.¬
            redirect(context.absolute_url())
    return
```

Listing 15.2 Das Skript session_write

Dieses Skript überprüft, ob in das Eingabefeld etwas eingetragen wurde und trägt in diesem Fall die Eingabe in das Session-Daten-Objekt ein. Anschließend leitet es auf ein zweites Page-Template mit der Id `start` weiter. Wurde in das Eingabefeld nichts eingetragen, erfolgt eine Weiterleitung auf das Template `index_html`.

Das Template `start` gibt dann den eingegebenen Namen aus:

```
<h2>Willkommen
  <span tal:content="request/SESSION/vname">name</span>
</h2>
```

Dazu wird auf den Schlüssel `vname` im Session-Daten-Objekt referenziert.

16 Relationale Daten-
banken verwenden

16 Relationale Datenbanken verwenden

Für die Anbindung von relationalen Datenbanken verwendet Zope entsprechende Adapter. Dieses Kapitel erläutert beispielhaft die Verbindung zu einer MySQL-Datenbank. Für die Kommunikation mit einer Datenbank sind ZSQL-Methoden zuständig, die ausführlich erläutert werden. Schließlich werden drei neue DTML-Tags besprochen, die in ZSQL-Methoden verwendet werden. Zum Abschluss des Kapitels wird die Verwendung von ZSQL-Methoden in anderen Zope-Objekten gezeigt.

Zope besitzt eine leistungsstarke und schnelle Datenbank (ZODB), in der alle Templates, Skripte, Bilder und sonstige Daten gespeichert werden, die zum und während des Betriebs einer Web-Applikation benötigt werden bzw. anfallen. Es gibt – sofern man nicht mit extrem großen Datenmengen operieren muss – kaum einen Grund, eine weitere Datenbank einzusetzen. Auf der anderen Seite sind relationale Datenbanksysteme wie Oracle oder MySQL vielfach im Einsatz und man ist bei der Entwicklung von Web-Applikationen häufig mit der Situation konfrontiert, einen vorhandenen relationalen Datenbank-Bestand in Zope zu integrieren. Da die ZODB eine Objekt-Datenbank ist, die Objekte, Unterobjekte und deren Eigenschaften abspeichert, ist es nicht so einfach möglich, Daten aus relationalen Datenbanken, die mit einem Tabellenkonzept operieren, in Zope-Objekte zu überführen.

Aus diesem Grunde verfügt Zope über Schnittstellen zu den wichtigsten relationalen Datenbanken und ein spezielles Objekt, *Z SQL-Methode*, das die Kommunikation mit der angeschlossenen relationalen Datenbank über die Abfragesprache SQL (Standard Query Language) übernimmt..

Die Schnittstellen zu Datenbanken werden in Form von Produkten bereitgestellt. Man muss zunächst für die Datenbank, die angebunden werden soll, den richtigen Adapter installieren und die Verbindung herstellen. Standardmäßig ist in Zope nur ein Adapter für die Datenbank Gadfly integriert. Diese in Python geschriebene Datenbank ist in der Zope-Installation integriert und kann zu Testzwecken genutzt werden. Für den professionellen Einsatz kommt sie nicht in Frage.

Für folgende Datenbanken existieren Adapter, die installiert werden können:

▶ **Oracle**
Die sehr leistungsstarke und häufig eingesetzte kommerzielle Datenbank wird mit dem Produkt *DCOracle* von der Zope Corporation angebunden.

▶ **SAP DB**
Die Open-Source Datenbank von SAP kann mit dem von Ulrich Eck entwickelten *ZsapdbDA* angebunden werden.

▶ **DB2**
Blue Dynamics hat für die leistungsstarke, kommerzielle Datenbank von IBM den Adapter *ZDB2DA* entwickelt.

▶ **PostgreSQL**
Die leistungsstärkste Datenbank im Open-Source-Bereich kann wahlweise mit *ZPsycopgDA* oder *ZpopyDA* angebunden werden.

▶ **MySQL**
Die aus Schweden stammende Datenbank ist sehr schnell und weit verbreitet, insbesondere in PHP-Umgebungen. Ihre Anbindung wird mit dem von Andy Dustman entwickelten *ZMySQLDA* realisiert.

▶ **Sybase**
Eine weitere kommerzielle und vielfach eingesetzte Datenbank, deren Adapter *SybaseDA* von der Zope Corporation entwickelt wurde.

▶ **SQL Server**
Die von Microsoft für den professionellen Einsatz vertriebene Datenbanklösung wird mit dem *ZODBCDA* an Zope angebunden.

▶ **Interbase**
Die von Borland mittlerweile unter einer Open-Source-Lizenz vertriebene Datenbank kann mit dem Adapter *kinterbasdbDA* angebunden werden.

Die Liste erhebt keinen Anspruch auf Vollständigkeit. Die Entwicklergemeinde rund um Zope stellt ständig neue Produkte zur Verfügung. Sollte ein Adapter für eine bestimmte Datenbank bislang nicht vorhanden sein, lohnt ein Blick auf die Seite **www.zope.org**. Hier werden die meisten Datenbankadapter in ihren neuesten Versionen gelistet.

16.1 Eine Datenbankverbindung einrichten

Hat man das richtige Produkt für die Datenbank, die man mit Zope verbinden will, gefunden, zeigt es nach der Installation im Pulldown-Menü zur Objektauswahl einen neuen Objekttyp an, mit dem die Verbindung hergestellt werden kann. Für die Beispiele in diesem Kapitel wird das Produkt *ZMySQLDA* zur Verbindung mit einer MySQL-Datenbank verwendet. Es kann unter dem URL **http://www.zope.org/Members/adustman/Products/ZMySQLDA** heruntergeladen werden. Dort erhält man auch eine Anleitung zur Installation des Produktes (*siehe auch Abschnitt 4.4.3*). Unter Linux bieten einige Distributionen auch ein entsprechendes Paket, sodass der Adapter bequem über die jeweilige Paketverwaltung installiert werden kann. Der Datenbank-Server MySQL kann von der Seite **http://www.mysql.de/downloads** heruntergeladen werden. Auch dort erhält man Informationen zur Installation. Nach der Installation sollte eine neue Datenbank mit dem Namen *adressbuch* angelegt werden.

Ist beides installiert, kann im Add-Menü das Objekt zur Verbindung mit der Datenbank (*Z MySQL Database Connection*) ausgewählt werden. Es erscheint daraufhin eine Ansicht wie in Abbildung 16.1 dargestellt.

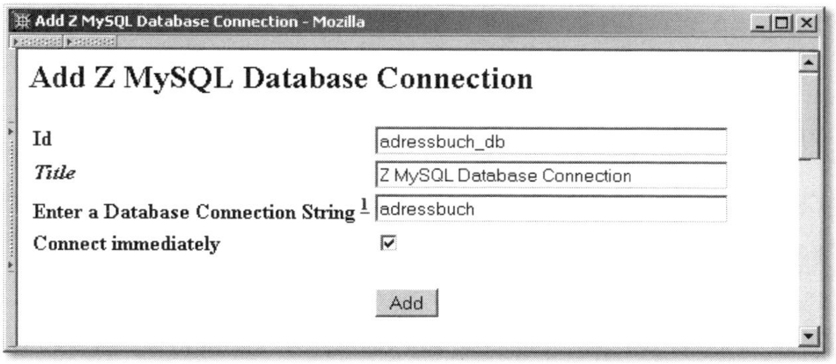

Abbildung 16.1 Erstellung einer MySQL-Datenbankverbindung

Auch dieses Objekt erhält eine Id und kann mit einem Titel versehen werden. Das dritte Eingabefeld (*Enter a Database Connection String*) verlangt einen String, der bestimmt, mit welcher Datenbank die Verbindung hergestellt werden soll. Hier wird die in MySQL erstellte Datenbank *adressbuch* angegeben. Weitere Angaben sind zunächst nicht notwendig. Der Adapter »findet« die Datenbank auf dem Rechner selbstständig, sofern MySQL in der Standard-Konfiguration installiert wurde.

Liegt die Datenbank auf einem anderen Rechner als Zope, wurde zudem die Datenbank mit einer Benutzer-Authentifizierung versehen, muss der String zur Verbindung nach folgendem Muster aufgebaut werden:

[+/-]database[@host[:port]] [user [password [unix_socket]]]

Die Angaben in eckigen Klammern sind optional. Ein Pluszeichen (+) vor dem String weist das Verbindungsobjekt an Transaktionen zu verwenden. Allerdings geht dies nur, wenn die Datenbank diese unterstützt. Mit einem Minuszeichen (-) wird die Transaktionsverwaltung des Objektes abgeschaltet. Transaktion bedeutet, dass mehrere Datenbankoperationen als Block ausgeführt werden. Die Datenbank stellt dann sicher, dass entweder alle Operationen des Blocks ohne Fehler ausgeführt werden oder aber gar keine.

Das Verbindungsobjekt wird wie gewohnt durch Betätigung des »*Add*«-Buttons angelegt. Es kann gewählt werden, ob eine Verbindung zur angegebenen Datenbank sofort hergestellt werden soll (*Connect immediatly*).

16.1.1 Das Status-Tab

Direkt nach dem Anlegen der Verbindung wechselt die Ansicht zum *Status*-Tab des Verbindungsobjektes (*siehe Abbildung 16.2*). Die Funktion dieses Tabs besteht darin, die Datenbankverbindung zu öffnen bzw. zu schließen und den jeweils aktuellen Zustand anzuzeigen.

Abbildung 16.2 Das Status-Tab des Verbindungsobjektes

16.1.2 Das Test-Tab

Im *Test*-Tab (*siehe Abbildung 16.3*) können SQL-Anweisungen eingegeben und auf ihre Richtigkeit geprüft werden. Die Bezeichnung Test ist allerdings ein wenig irreführend, denn die SQL-Anweisungen werden tatsächlich ausgeführt, d.h. Operationen in der Datenbank vorgenommen.

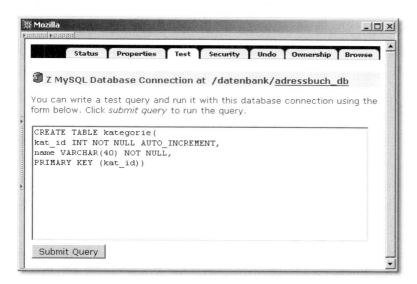

Abbildung 16.3 Das Test-Tab des Verbindungsobjektes

So führt die SQL-Anweisung, wie sie Abbildung 16.3 zeigt, nach Betätigung des Buttons »*Submit-Query*« dazu, dass eine neue Tabelle mit dem Namen `kategorie` in der Datenbank *adressbuch* angelegt wird.

16.1.3 Das Browse-Tab

Die neu eingefügte Tabelle wird im *Browse*-Tab (*siehe Abbildung 16.4*) dann auch folgerichtig angezeigt. Dieses Tab bildet die gesamte Struktur der Datenbank ab. Es werden alle Tabellen der Datenbank angezeigt sowie deren Felder mit den jeweiligen Datentypen.

Das Browse-Tab kann allerdings nur die Struktur der Datenbank anzeigen. Die Daten, die in den Tabellen eingetragen sind, bildet es nicht ab.

16

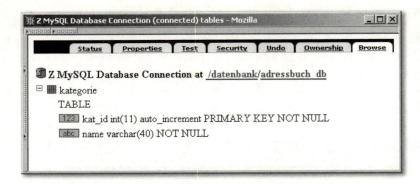

Abbildung 16.4 Das Browse-Tab des Verbindungsobjektes

16.2 Z SQL-Methoden benutzen

Um eine Datenbank für eine Web-Applikation nutzbar zu machen, benötigt man nicht nur die Verbindung zu dieser Datenbank, sondern muss mit SQL-Befehlen Daten aus der Datenbank auslesen und in sie hineinschreiben können. Von einer Web-Applikation aus betrachtet müssen diese SQL-Befehle von der HTML-Seite aus aufgerufen werden. Für Zope bedeutet das, dass die SQL-Befehle von Page-Templates, DTML-Dokumenten oder Python-Skripten aus aufgerufen werden müssen.

Zope bietet die Möglichkeit, die notwendigen SQL-Anweisungen in eigenen Objekten, den SQL-Methoden, abzulegen, die von anderen Objekten aufgerufen werden können. Selbstverständlich unterliegen auch SQL-Methoden dem Akquisitions-Mechanismus.

16.2.1 Das Objekt SQL-Methode

 Fügt man ein Objekt vom Typ SQL-Methode hinzu, erhält man eine Ansicht wie sie Abbildung 16.5 zeigt.

Hier muss die für alle Objekte obligatorische Id eingetragen werden. Optional ist auch bei diesem Objekttyp die Angabe eines Titels.

Im Pulldown-Menü *Connection Id* werden alle Datenbankverbindungen aufgelistet, die die SQL-Methode per Akquisition nutzen kann. Jede SQL-Methode kann also nur für eine bestimmte Datenbank-Verbindung genutzt werden. Leider aktualisiert sich eine SQL-Methode nicht automatisch, wenn man das Verbindungsobjekt umbenennt. Jede SQL-Methode, die sich auf ein umbenanntes Verbindungsobjekt bezieht, muss von Hand angepasst werden.

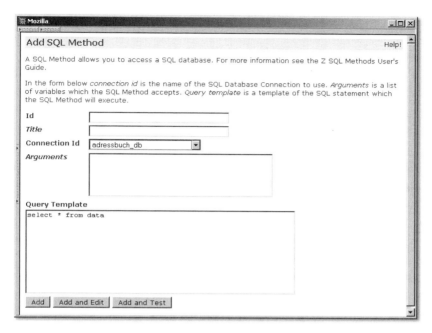

Abbildung 16.5 Seite zum Anlegen einer SQL-Methode

Im Feld *Arguments* können Parameter für die Methode notiert werden. Auf diese Parameter kann dann in den SQL-Anweisungen referenziert werden. Für diese Anweisungen steht das Feld *Query Template* zur Verfügung.

Zum Speichern der SQL-Methode stehen gleich drei Buttons zur Verfügung. Mit »*Add*« gelangt man nach dem Speichern zur Ansicht des Ordner zurück, in dem die Methode angelegt wurde. »*Add and Edit*« führt auf das *Edit*-Tab der SQL-Methode, die außer dem Id-Feld die gleichen Editiermöglichkeiten bietet, wie in Abbildung 16.5 gezeigt. »*Add and Test*« schließlich führt auf das *Test*-Tab der SQL-Methode, in dem die SQL-Anweisungen ausgeführt werden können. Für etwaige Parameter erscheinen in dem Tab Eingabefelder, in denen Werte eingegeben werden können. Auch dieser Test führt tatsächlich Modifikationen an der Datenbank aus.

16.2.2 Das Advanced-Tab

Je größer eine Datenbank ist und je mehr potentielle Treffer eine Abfrage liefern kann, desto mehr wird die Performance von SQL-Abfragen beeinträchtigt. Aus diesem Grunde werden die Ergebnisse einer SQL-Abfrage, sofern sie mit den gleichen Parametern durchgeführt wird, von Zope zwischengespeichert. Ähnlich eines Browser-Caches werden die Ergebnisse ab der zweiten Abfrage aus diesem Zwischenspeicher angefordert, ohne eine Verbindung mit der Datenbank herzustellen, was die Performance erheblich verbessert.

Das Verhalten des Zwischenspeichers kann auf dem Advanced-Tab einer SQL-Methode (*siehe Abbildung 16.6*) eingestellt werden.

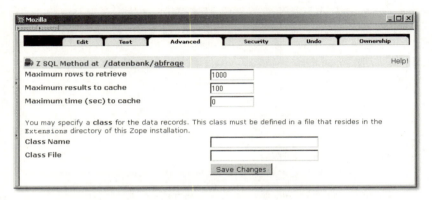

Abbildung 16.6 Das Advanced-Tab einer SQL-Methode

Im ersten Feld (*Maximum rows to retrieve*) kann eingestellt werden, wie viele Datensätze pro Anfrage maximal abgerufen werden können. Der hier eingestellte Wert wird als Parameter des LIMIT-Befehls an eine SELECT-Abfrage angefügt.

Im zweiten Feld (*Maximum results to cache*) wird die Anzahl der Datensätze festgelegt, die maximal gespeichert werden.

Der Zeitraum der Speicherung wird im dritten Feld (*Maximum time (sec) to cache*) festgelegt. Die Dauer wird in Sekunden angegeben, wobei die Eingabe einer null (0) das Caching ausschaltet.

Man muss bei der Einstellung des Cachings bedenken, dass höhere Angaben zwar die Performance verbessern, aber auch mehr Arbeitsspeicher benötigen. Es ist also mitentscheidend, auf welchem Rechner Zope läuft, um hier sinnvolle Einstellungen zu machen.

Es ist allerdings zu bedenken, dass Zopes Caching problematisch werden kann. Es liefert unter Umständen falsche Daten, da allein die Zeit das Kriterium ist, wann der Cache-Inhalt ungültig wird. MySQLs eigener Cache hingegen kann durch UPDATE- bzw. INSERT-Operationen ungültig werden. Es ist also im Zweifelsfall der Cache von MySQL dem von Zope vorzuziehen, da ersterer quasi internes Wissen über den DB-Zustand nutzt.

16.3 Spezielle DTML-Tags für SQL-Methoden

In der Regel wird man seine SQL-Abfragen so gestalten wollen, dass sie dynamisch benutzt werden können. In einer Adressdatenbank, die die Adressen nach bestimmten Kategorien sortiert, wird man z.B. eine SQL-Abfrage benötigen, die alle Adressen einer Kategorie abruft. Eine solche Abfrage benötigt einen Parameter, der für die jeweilige Kategorie steht und bei einer konkreten Anfrage mit einem Wert versehen wird. Innerhalb von SQL-Methoden stehen für die Dynamisierung von Anfragen einige spezielle DTML-Tags zur Verfügung. Diese Tags werden innerhalb der SQL-Befehle genutzt, ganz ähnlich der bereits bekannten DTML-Tags (*siehe Kapitel 5*), die innerhalb des HTML-Quellcodes notiert werden. Wenn eine SQL-Methode aufgerufen wird, werden die speziellen DTML-Tags aufgelöst und ihre Ergebnisse in den SQL-String eingebaut.

16.3.1 Das sqlvar-Tag

Das `sqlvar`-Tag arbeitet ähnlich dem `var`-Tag, mit dem für Datenbankabfragen wichtigen Unterschied, dass es keine SQL-Befehle als Wert zulässt. Damit wird verhindert, dass über eine Variable SQL-Befehle, die Schaden an der Datenbank anrichten könnten, z.B. zum Löschen einer Tabelle, in eine Abfrage eingeschleust werden. Mit dem normalen `var`-Tag, das auch in einer SQL-Methode benutzt werden kann, wäre dies ohne weiteres möglich. Benutzt man also das `var`-Tag in Z SQL-Methoden, öffnet man Angreifern ein riesiges Tor, in das sie per so genannter SQL-Injection einfallen können. SQL-Injection ist das einschleusen von SQL-Befehlen über die normalen Eingabemöglichkeiten, die eine Web-Applikation bietet (siehe hierzu auch **http://www.next-genss.com/papers/advanced_sql_injection.pdf**). Das `sqlvar`-Tag bietet also eine sichere Möglichkeit, Variablen in eine SQL-Abfrage einzubinden:

```
SELECT * FROM adressen
    WHERE kat_id=<dtml-sqlvar kat_id type=int>
```

Für die Variable `kat_id` wird der Wert eingesetzt, der beim Durchsuchen des Namensraum-Stapels zuerst unter diesem Namen gefunden wird. SQL-Methoden suchen zuerst in der Liste ihrer Argumente (Parameter) nach dem gültigen Namen. Das bedeutet, hat die SQL-Methode ein Argument mit dem Namen `kat_id`, wird sie den Wert von dort beziehen. Ist in der Liste der Argumente kein gültiger Name vorhanden, akquiriert die Methode die Variable wie jedes andere Objekt in Zope auch. Da SQL-Methoden keine Eigenschaften haben können, ist der erste Namensraum, der durchsucht wird, der Container (Ordner), in dem die Methode abgelegt ist.

Notwendig ist die Angabe des `type`-Attributs beim `sqlvar`-Tag. Es bestimmt den Datentyp der Variablen, die in die SQL-Abfrage integriert wird. Mögliche Angaben sind `string`, `int`, `float` oder `nb`. Diese letzte Angabe steht für *non-blank* und bedeutet, ein String mit wenigstens einem Zeichen (auch Leerzeichen). Das `type`-Attribut garantiert die korrekte Auflösung einer Variablen und damit die Integrität der SQL-Abfrage. Dies ist ein weiterer Grund, warum in SQL-Methoden nur das `sqlvar`-Tag genutzt werden sollte.

Das `sqlvar`-Tag kennt weiterhin noch das `optional`-Attribut, mit dem festgelegt werden kann, ob die Variable einen Nullwert haben bzw. nicht existent sein kann. Gibt man dem `optional`-Attribut den Wert 0, wird die Variable im Falle eines Nullwertes oder der Nichtexistenz nicht gerendert. Gibt man den Wert 1 an oder verzichtet auf das Attribut, würde ein Nullwert bzw. die Nichtexistenz der Variablen einen Fehler auslösen.

16.3.2 Das sqltest-Tag

Häufig überprüft man in SQL-Abfragen die Werte einzelner Spalten. In der Abfrage aus dem vorigen Abschnitt wurde z. B. in der Tabelle *adressen* die Spalte *kat_id* überprüft und alle Datensätze ausgelesen, die in dieser Spalte einen bestimmten Wert haben. Mit dem `sqltest`-Tag können solche Abfragen vereinfacht notiert werden:

```
SELECT * FROM adressen
    WHERE <dtml-sqltest kat_id op=eq type=int>
```

Das `sqltest`-Tag sucht den Wert der Variablen `kat_id` nach den gleichen Regeln wie das `sqlvar`-Tag. Es bildet nun aber den Teil der SQL-Anfrage, der in der gleichnamigen Tabellenspalte nach Datensätzen mit dem Wert sucht. Hat `kat_id` z. B. den Wert 2, bildet das `sqltest`-Tag den Teilstring

```
kat_id=2
```

Der Vergleichsoperator wird dabei durch das op-Attribut bestimmt. Hier kann man die Angaben eq (*gleich =*), gt (*größer al >*), lt (*kleiner als <*), ge (*größer oder gleich >=*) oder le (*kleiner oder gleich <=*) machen. Ebenfalls möglich ist der SQL-Vergleich like (abhängig von der Datenbank). Ohne Angabe des op-Attributs wird der eq-Vergleich gerendert.

Das type-Attribut hat die gleiche Funktion wie beim sqlvar-Tag und ist ebenfalls zwingend notwendig. Auch das optional-Attribut funktioniert hier in der gleichen Weise wie beim sqlvar-Tag.

Wenn sich der Zope-Variablenname und der Spaltenname in der Datenbank unterscheiden, kann man mit dem column-Attribut den Namen der Spalte angeben.

Schließlich lassen sich mit dem multiple-Attribut Reihen von Werten abfragen. Das sqltest-Tag wird dann mit dem SQL-Ausdruck IN gerendert.

So wird, wenn die Variabel n_name eine Liste von Strings enthält, z.B. 'Müller', 'Meyer', 'Schulze', die Notierung

```
SELECT * FROM adressen
    WHERE <dtml-sqltest n_name type=string multiple>
```

gerendert zu:

```
SELECT * FROM adressen
    WHERE n_name IN ("Müller","Meyer";"Schulze")
```

16.3.3 Das sqlgroup-Tag

Die größte Flexibilität in der Erstellung von SQL-Methoden erreicht man mit der Verwendung des sqlgroup-Tags und der zugehörigen optionalen and- und or-Tags. Das sqlgroup-Tag ist ein Block-Tag, das man auch verschachtelt verwenden kann. Ein Beispiel soll die Verwendung verdeutlichen:

Geht man von einer Datenbanktabelle aus, in der Adressen gespeichert werden und die wenigstens die Spalten *n_name* für die Nachnamen und *ort* für die Städtenamen hat, dann kann man drei SQL-Abfragen, die sich auf entweder die eine oder die andere oder beide Spalten bezieht, mit einer SQL-Methode abdecken:

```
SELECT * FROM adressen
<dtml-sqlgroup where>
    <dtml-sqltest n_name type=string multiple optional>
<dtml-and>
    <dtml-sqltest ort type=string multiple optional>
</dtml-sqlgroup>
```

Wird der SQL-Methode nur ein Wert für n_name übergeben, etwa wie im Beispiel zuvor eine Liste mit drei Nachnamen, wird folgende SQL-Abfrage gerendert:

```
SELECT * FROM adressen
    WHERE n_name IN ("Müller","Meyer";"Schulze")
```

Da beide sqltest-Tags mit dem Attribut optional versehen sind, wird die zweite Angabe von sqltest, die sich auf den Ort bezieht, nicht ausgegeben. Entsprechend verhält sich die Methode, wenn nur für die Variable ort ein Wert übergeben wird.

Wenn aber beide Variablen einen Wert erhalten, rendert die Methode folgende SQL-Abfrage:

```
SELECT * FROM adressen
WHERE
(nname IN ('Müller', 'Meyer', 'Schulze')
 AND ort = 'Berlin'
)
```

Diese Abfrage an die Datenbank würde also alle Müller, Meyer und Schulzes aus Berlin, die in der Tabelle adressen eingetragen sind, zurückliefern. Das and-Tag liefert also den SQL-Ausdruck AND. Entsprechend erhält man durch das or-Tag ein OR im Abfrage-String. Beide Tags können nur innerhalb eines sqlgroup-Blockes verwendet werden.

Das where-Attribut des sqlgroup-Tags rendert den SQL-Ausdruck WHERE in den Abfragestring. Häufig hat deshalb das erste sqlgroup-Tag im Quelltext der SQL-Methode dieses Attribut.

Schließlich kann ein sqlgroup-Block mit dem Attribut required als notwendig deklariert werden. Solche Blöcke werden nicht aus dem Rendering ausgenommen, auch nicht, wenn sie leer sind. Leer kann ein Block sein, wenn wie im obigen Beispiel ein sqltest-Tag als optional deklariert ist und die referenzierte Variable einen Nullwert hat. In einem als required gekennzeichneten Block würde dies einen Fehler auslösen.

Das `sqlgroup`-Tag ist immer dann sinnvoll einzusetzen, wenn man mehrere ähnliche Abfragen in seiner Web-Applikation benötigt. Es kann dann für eine hohe Flexibilität sorgen. Auch wenn die Datenbankabfragen komplex sind, sollte man überprüfen, was einem das Tag bieten kann.

16.4 Z SQL-Methoden aufrufen

Bislang wurden die gezeigten SQL-Methoden lediglich über deren Test-Tab ausgeführt. In Web-Applikationen wird man sie aber aus Page-Templates oder Python-Skripten heraus aufrufen, um ihre SQL-Anfragen auszuführen. Dieser Abschnitt beschreibt, wie man SQL-Methoden aus anderen Zope-Objekten heraus aufruft. Die Beispiele, die verwendet werden, kommunizieren mit einer MySQL-Datenbank, die die Daten eines sehr einfachen Adressbuches verwaltet. Diese Datenbank besteht aus nur zwei Tabellen. Die erste Tabelle hat den Namen *kategorie* mit den Spalten:

- ▶ *kat_id* int Primaray Key auto_increment
- ▶ *name* varchar(40)

Diese Tabelle soll Kategorien aufnehmen, nach denen Adressen sortiert und verwaltet werden können.

Die zweite Tabelle hat den Namen *adressen* mit den Spalten:

- ▶ *adr_id* int Primaray Key auto_increment
- ▶ *kat_id* int als Referenz auf *kat_id* in kategorie
- ▶ *v_name* varchar(50)
- ▶ *n_name* varchar(50)
- ▶ *strasse* varchar(50)
- ▶ *nr* varchar(5)
- ▶ *plz* varchar(5)
- ▶ *ort* varchar(50)

Diese Tabelle soll die eigentlichen Adressdaten beinhalten. Natürlich fehlen wichtige Angaben wie Telefon, Fax oder E-Mail. Für die Beispiele dieses Abschnitts sind die Grunddaten jedoch ausreichend. Die Datenbank sollte ein paar Daten enthalten, um die Beispiele zu testen.

Für die Arbeit mit dieser kleinen Datenbank werden einige SQL-Methoden benötigt. Sie können allesamt von der Buch-CD importiert werden. Die Datei **datenbanken.zexp** im Verzeichnis zu diesem Kapitel stellt sie und die hier besprochenen Templates und Skripte zur Verfügung.

16.4.1 Z Search Interface benutzen

Eine sehr einfache Möglichkeit, eine SQL-Methode zu verwenden, bietet das Z Search Interface (*siehe auch Abschnitt 17.2*).

Für das folgende Beispiel wird die SQL-Methode `fetch_adr_by_kat` verwendet, die alle Adressen einer Kategorie aus der Datenbank ausliest. Welche Kategorie es sein soll, wird vom Benutzer angegeben. Die entsprechenden Adressen werden ausgegeben. Die SQL-Methode hat daher ein Argument mit der Bezeichnung `kat_id`. Der Quelltext dieser SQL-Methode sieht folgendermaßen aus:

```
SELECT v_name,n_name,strasse,nr,plz,ort FROM adressen
WHERE kat_id=<dtml-sqlvar kat_id type="int">
```

Listing 16.1 Die SQL-Methode fetch_adr_by_kat

Für das Argument `kat_id` benötigt die Methode beim Aufruf einen entsprechenden Wert.

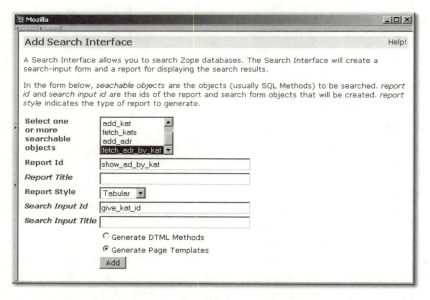

Abbildung 16.7 Hinzufügen einer Suchmaske mit Z Search Interface

Zunächst muss die oben besprochene SQL-Methode in der Liste (*Select one or more searchable objects*) als Such-Objekt ausgewählt werden. Für die Ergebnisseite muss dann eine Id (*Report Id*) eingeben werden. Das Ergebnis kann wahlweise in einer Tabelle oder kommasepariert ausgegeben werden (*Report Style*).

Für eine Anfrage an eine Datenbank, bei der alle Parameter feststehen, würden die Eingaben reichen. Es muss lediglich noch die Entscheidung getroffen werden, ob ein Page-Template oder eine DTML-Methode generiert werden soll. Da aber die SQL-Methode ein Argument besitzt, ist es auch notwendig, ihr einen entsprechenden Wert mitzuteilen. Z Search Interface bietet daher auch die Möglichkeit, ein Interface zu generieren, das die Eingabe eines solchen Wertes ermöglicht. Gibt man im Feld *Search Input Id* einen Namen an, wird ein zweites Page-Template oder eine zweite DTML-Methode erstellt, die eine solche Eingabe zulässt.

Wenn alle Angaben wie in Abbildung 16.7 gezeigt gemacht wurden, erzeugt *Z Search Interface* also zwei Page-Templates. Testet man das Template `giv_kat`, erhält man ein Eingabefeld zur Angabe einer Id für die Kategorie. Das Eingabefeld und der Button zum Abschicken sind in ein Formular eingebettet, das das Template `show_adr_by_kat` als Angabe beim `action`-Attribut hat. Das bedeutet, dieses Template wird aufgerufen, sobald der Submit-Button betätigt wird. Es ruft dann die SQL-Methode `fetch_adr_by_kat` auf. Diese akquiriert den notwendigen Wert für ihr Argument `kat_id` aus den übergebenen Formulardaten.

Die Ausgabe der gefundenen Daten erfolgt in einer Tabelle. Das Page-Template wird automatisch so generiert, dass es maximal 20 Datensätze anzeigt. Alle weiteren Daten können über einen ebenfalls generierten Link mit dem Namen »*next*« angezeigt werden. Entsprechend wird auch ein Link »*previous*« generiert, sodass man in den Datensätzen navigieren kann. Ist die Anzahl der gefundenen Datensätze kleiner als 20, werden beide Links nicht angezeigt. Die Größe der angezeigten Daten kann im Quelltext des Templates verändert werden.

Man erhält also mit Z Search Interface sehr einfach und bequem ein Grundgerüst einer Datenbank-Abfrage einschließlich der Ausgabe der Daten.

16.4.2 Z SQL-Methoden aus Page-Templates aufrufen

Es ist natürlich wenig praktikabel, wenn ein Benutzer die Id einer Adresskategorie eingeben muss. Vielmehr sollte es ihm ermöglicht werden, den Namen der Kategorie auszuwählen, um sich die entsprechenden Adressen anzeigen zu lassen. Aus diesem Grunde wird nun das Template `giv_kat` modifiziert. Das Ergebnis zeigt das Template `sel_kat`. Es ruft eine weitere SQL-Methode auf, die die Kategorien der Adressdatenbank ausliest. Diese SQL-Methode hat die Id `fetch_kats` und kommt ohne Argumente aus. Ihr Quelltext ist sehr einfach:

```
SELECT * FROM kategorie
```

Listing 16.2 SQL-Anweisung der SQL-Methode fetch_kats

Das Page-Template `sel_kat` ruft diese SQL-Methode auf, um mit ihrem Ergebnis ein Pulldown-Menü zu erzeugen:

```
<select name="kat_id" size="1">
    <option tal:repeat="kats here/fetch_kats"
            tal:attributes="value kats/kat_id"
            tal:content="kats/name">name
    </option>
</select>
```

Listing 16.3 Pulldown-Menü des Page-Templates sel_kat

Der Aufruf der SQL-Methode erfolgt im `repeat`-Befehl, der die einzelnen Menü-Einträge generiert. Jeder Datensatz wird von der SQL-Methode als Dictionary geliefert. Die Spaltennamen fungieren dabei als Schlüssel (*key*), der Tabelleneintrag als Wert (*value*). Insofern kann mit den Namen der Tabellenspalten auf die jeweiligen Werte referenziert werden.

In der Ausgabe erhält man so ein Pulldown, das die Namen der Adresskategorien anzeigt und die Id einer gewählten Kategorie weitergibt.

Der Aufruf von SQL-Methoden in Page-Templates unterscheidet sich in keiner Weise vom Aufruf anderer Objekte. Es gelten auch hier alle Regeln der Akquisition. Muss man der Methode Werte für Argumente übergeben, empfiehlt sich ein Python-Ausdruck:

```
tal:define="results¬
  python:here.fetch_adr_by_kat(kat_id=1)"
```

Zu beachten ist hierbei, dass SQL-Methoden die Angabe des Parameternamens verlangen (kat_id =1). Eine Übergabe nur von Werten ist nicht möglich, sondern würde einen Fehler auslösen.

16.4.3 Z SQL-Methoden aus Python-Skripten aufrufen

Bislang wurden aus der Adressdatenbank nur Daten ausgelesen und zur Anzeige gebracht. Für Web-Applikationen ist es natürlich auch notwendig, Daten in eine Datenbank eintragen zu können. Es soll deshalb nun ein Interface geschaffen werden, mit dem es möglich ist, eine Adresse in die Datenbank einzutragen. Dieses Interface ist als Page-Template realisiert und trägt die Id adr_hinzu. Es stellt die notwendigen Eingabefelder bereit, um eine vollständige Adresse anzugeben. Für die Darstellung des Pulldown-Menüs zur Kategoriewahl greift auch dieses Template auf die SQL-Methode fetch_kats zurück.

Den Eintrag einer neuen Adresse in die Datenbank erledigt die SQL-Methode add_adr. Sie hat für jede Angabe ein entsprechendes Argument, dessen Name der zugehörigen Tabellenspalte der Tabelle *adressen* entspricht. Die SQL-Anweisung sieht dann folgendermaßen aus.

```
INSERT INTO adressen (kat_id,v_name,n_
name,strasse,nr,plz,ort) VALUES
(
<dtml-sqlvar kat_id type="int">,
<dtml-sqlvar v_name type="string">,
<dtml-sqlvar n_name type="string">,
<dtml-sqlvar strasse type="string">,
<dtml-sqlvar nr type="string">,
<dtml-sqlvar plz type="string">,
<dtml-sqlvar ort type="string">
)
```

Listing 16.4 SQL-Anweisungen der Methode add_adr

Alle Argumente werden in der SQL-Anweisung mit dem sqlvar-Tag referenziert.

Die Eingabefelder des Interfaces zum Hinzufügen einer Adresse tragen die gleichen Namen wie die Argumente der SQL-Methode. Betätigt man den Submit-Button des Formulars, wird das Python-Skript py_add_adr aufgerufen. Dieses Skript ruft die SQL-Methode add_adr auf und leitet dann zurück auf die Eingabeseite:

```
## Script (Python) "py_add_adr"
##parameters=
seite = context.adr_hinzu.absolute_url()
context.add_adr()
context.REQUEST.RESPONSE.redirect(seite)
return
```

Listing 16.5 Das Python-Skript py_add_adr

Zum Ausführen der SQL-Methode muss diese lediglich aufgerufen werden. Der Aufruf erfolgt als Methoden-Aufruf, also mit Klammern hinter dem Methoden-Namen. Die Werte für die Argumente akquiriert die SQL-Methode aus dem REQUEST-Objekt. Die neue Adresse wird in die Datenbank eingetragen und das Eingabe-Interface mit leeren Feldern erneut aufgerufen.

16.4.4 Methoden des Ergebnis-Objektes

Wenn man eine SQL-Methode aufruft, die Daten einer relationalen Datenbank abfragt, erhält man die Ergebnisse als Objekt zurück. Dieses Ergebnis-Objekt unterstützt einige Methoden, die in Python-Skripten oder Python-Ausdrücken verwendet werden können.

Wenn man von einer SQL-Methode mit der Id `fetch_all_adr` ausgeht, die alle Adressen der Datenbank abfragt (`SELECT * FROM adressen`), dann erhält man in einem Python-Skript das Ergebnis-Objekt mit:

```
adressen = context.fetch_all_adr()
```

Auf `adressen` können nun folgende Methoden angewendet werden:

▶ `len(adressen)`
  Diese Methode gibt die Anzahl der gefundenen Datensätze zurück.

▶ `adressen.dictionaries()`
  Mit dieser Methode erhält man eine Liste in der jeder gefundene Datensatz als Dictionary in der Form `{spaltenname:wert, spaltenname:wert, ...}` verzeichnet ist.

▶ `adressen.data_dictionary()`
  Diese Methode liefert ein Dictionary, das die Struktur der Tabelle im Ergebnis-Objekt wiedergibt. Jeder Spaltenname ist ein Schlüssel im Dictionary. Die zugehörigen Werte sind wiederum Dictionaries in der Form `{name:wert,type:wert,null:wert,width:wert}`. Diese geben Auskunft über den Namen (`name`) und den Datentyp (`type`)

```
```

der Spalte, ob diese einen Nullwert beinhalten darf (`null`) und wie viele Zeichen in der Spalte vorhanden sind (`width`).

▶ `adressen.names()`

Mit dieser Methode erhält man eine Liste der Spaltennamen im Ergebnis-Objekt.

▶ `adressen.tuples()`

Wenn man nur die Werte im Ergebnis-Objekt benötigt, kann man diese Methode verwenden. Sie liefert diese als eine Liste aus Tupeln.

▶ `adressen.asRDB()`

Will man eine Ausgabe der Daten wie man sie von der Kommandozeile gewohnt ist, kann man diese Methode verwenden. Sie liefert die Daten des Ergebnis-Objektes in Spalten mit einem Datensatz pro Zeile.

16

17 Eine Site-Such-maschine integrieren

17 Eine Site-Suchmaschine integrieren

Das Kapitel erläutert den Aufbau einer Suchfunktion, die die Inhalte einer Website durchsuchen kann. Es wird die Funktionsweise des Z Catalogs erläutert sowie die Verwendung von Indizes und Metadaten zur Strukturierung der Informationen. Das Kapitel wird mit der Erläuterung der wichtigsten Methoden des Z Catalogs zur Verwendung in Python-Skripten abgeschlossen.

Große Web-Anwendungen mit vielen Seiten und entsprechend viel Content können das Auffinden von bestimmten Informationen sehr schwer machen. Aus diesem Grunde findet man vielfach eine Suchfunktion, die es ermöglicht, Inhalte schnell aufzufinden. Wer schon einmal eine Volltextsuche für eine Website programmiert hat, weiß, dass dies eine nicht ganz leichte Aufgabe ist. Zope hingegen macht es dem Entwickler auch an dieser Stelle wieder einfach und bietet ein Suchsystem an, das in jede Website integriert werden kann. Mit diesem Suchsystem ist es möglich, Objekte nach Textinhalten oder anderen Kriterien, z.B. einem Datum, zu durchsuchen.

Das Suchsystem besteht aus mehreren Komponenten, die im Folgenden erläutert werden. Für die Arbeit an diesem Kapitel kann die Datei **suchen.zexp** aus dem Verzeichnis zu diesem Kapitel von der Buch-CD importiert werden. Sie bildet den Ordner suchen mit sechs File-Objekten, die reinen Text beinhalten. Sie dienen in den Beispielen als zu durchsuchende Objekte. Ebenfalls enthalten ist ein Objekt vom Typ *Z Catalog* mit der Id suchZentrale. Dieser Objekttyp wird in den weiteren Abschnitten ausführlich erläutert.

17.1 Der Z Catalog

Das zentrale Objekt des Suchsystems ist der Z Catalog. Das Hinzufügen dieses Objektes erfolgt wie immer über das Auswahl-Menü. Der Z Catalog erhält wie jedes Objekt eine Id und optional einen Titel. Nach dem Hinzufügen erhält man ein Objekt mit dem nebenstehenden Icon. Ein Klick darauf öffnet eine Ansicht wie in Abbildung 17.1 gezeigt.

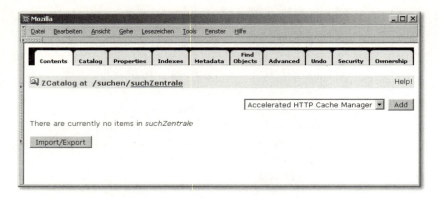

## 17

Abbildung 17.1 Das Content-Tab des Z Catalogs

Der Z Catalog ist ein ordnerähnliches Objekt, das jeden anderen Objekttyp aufnehmen kann. Insofern ist wie beim Ordner-Objekt das Content-Tab die Standardansicht. In früheren Zope-Versionen konnten nur Objekte, die innerhalb eines Z Catalogs abgelegt waren, mit der Suchfunktion erfasst werden. Mittlerweile kann die Suchfunktion aber auch Objekte erfassen, die im gleichen Ordner abgelegt sind wie der Z Catalog selbst, einschließlich etwaiger Unterordner. Ab dem Ordner also, in dem auch der Z Catalog abgelegt ist, können alle Objekte für die Suche erfasst werde. Damit ist es möglich, Objekte, die für die Suche benötigt werden, z.B. Suchmasken, im Z Catalog abzulegen, während die Objekte, die durchsucht werden sollen, in Standard-Ordnern verbleiben. Es empfiehlt sich für den eigenen Überblick und die Organisation der Site, diese Trennung vorzunehmen.

Neben den Tabs, die auch in Ordner-Objekten und anderen Objekten vorhanden sind, besitzt der Z Catalog fünf neue Tabs, die im weiteren Verlauf beim Aufbau einer Suchfunktion erläutert werden.

17.1.1 Das Find-Objects-Tab

Die Hauptaufgabe des Z Catalogs besteht darin, die Objekte zu katalogisieren, die durchsucht werden sollen. Zwar kann der Z Catalog alle Objekte ab dem Ordner, in dem er selbst angelegt wurde, erfassen, aber die Erfassung erfolgt nicht automatisch. Das ist in sofern sinnvoll, da nicht alle Objekte, aus denen eine Web-Applikation besteht, Träger von Inhalten sind. So stellen Python-Skripte bestimmte Funktionen bereit, die ein Anwender zwar nutzt, aber für eine inhaltliche Suche irrelevant sind. Will man also eine Suchfunktion integrieren, muss es möglich sein, nur die Objekte zu erfassen, die die Inhalte in sich bergen. Genau dies wird über das Tab *Find Objects* (*siehe Abbildung 17.2*) erledigt.

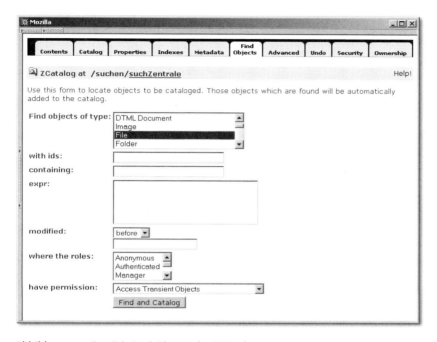

Abbildung 17.2 Das Tab Find Objects des Z Catalogs

Ähnlich dem Find-Tab des Ordner-Objektes (*siehe Abschnitt 4.3.1*) lässt sich in diesem Tab ein Filter definieren, nach dem Objekte für die Suche erfasst werden. Es können Objekttypen, Ids, Objektinhalte, Erstelldaten sowie Rollen und Rechte von Objekten für den Filter herangezogen werden. Die Suchfunktion des Z Catalogs erfasst automatisch alle Objekte, die den eingestellten Filterkriterien entsprechen, auch in Unterordnern.

Da im Ordner suchen nur File-Objekte die Träger der Inhalte sind, reicht es aus, nur diesen Objekttyp als Filter einzustellen. Ein Klick auf den Button *»Find and Catalog«* startet die Suche, die je nach Menge der Objekte und Tiefe der Ordnerstruktur eine Weile dauern kann.

17.1.2 Das Content-Tab

Nach Abschluss der Erfassung wechselt Zope automatisch zum Tab Content (*siehe Abbildung 17.3*) über. Alle gefundenen Objekte werden hier aufgelistet.

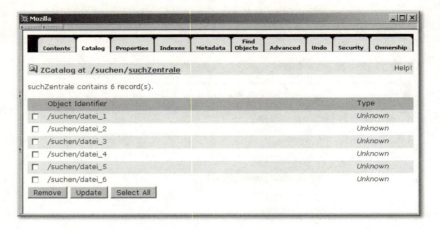

Abbildung 17.3 Das Tab Content des Z Catalogs

Hier kann man einzelne Objekte, die nicht in die Suche mit einbezogen werden sollen, aus dem Katalog entfernen. Des Weiteren hat dieses Tab eine Update-Funktion für einzelne Objekte. Da der Z Catalog keine Funktion zur automatischen Aktualisierung der katalogisierten Objekte besitzt, muss immer dann, wenn ein bereits katalogisiertes Objekt geändert wurde, dieses im Catalog-Tab »von Hand« aktualisiert werden.

Der Klick auf den Objekt-Pfad führt nicht zum Edit-Tab des Objektes wie dies im Content-Tab der Fall wäre, sondern öffnet ein neues Browserfenster mit einer Ansicht, in der aufgelistet wird, welche Informationen zu diesem Objekt im Z Catalog gespeichert sind. Diese können Index- oder Metadaten-Informationen sein. Beide Begriffe werden weiter unten genauer erklärt.

17.1.3 Das Indexes-Tab

Mit der Erfassung der zu durchsuchenden Objekte ist nur der erste Schritt zur Einrichtung einer Suchfunktion getan. Es wäre unter Umständen noch immer sehr zeitaufwendig, alle katalogisierten Objekte nach einem Suchbegriff zu durchsuchen. Schneller geht es, wenn man Indizes anlegt. Diese Möglichkeit stellt das Tab *Indexes (siehe Abbildung 17.4)* zur Verfügung. Die Suche nach einem bestimmten Inhalt erfolgt nicht durch eine Überprüfung der Objekte, die katalogisiert wurden, sondern per Abfrage der Indizes. Diese referenzieren die Objekte mit einer Kennziffer.

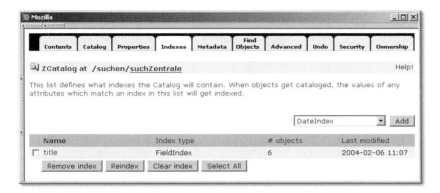

Abbildung 17.4 Das Tab Indexes des Z Catalogs

Es stehen unterschiedliche Index-Typen zur Verfügung, die Basis für verschiedene Suchkriterien sein können. Durch die Kombination der Indizes kann eine differenzierte Suchfunktion realisiert werden.

Ein Index wird durch Wahl eines bestimmten Typs im Pulldown-Menü »Add« auf dem Tab hinzugefügt. Es gibt folgende acht Index-Typen:

▶ **DateIndex**
Der DateIndex indiziert die Datums-Eigenschaft von Objekten. Dies kann die Eigenschaft `bobobase_modification_time` sein, die das Datum der letzten Änderung wiedergibt und die alle Objekte besitzen, oder eine selbst definierte Eigenschaft vom Typ *date*. Allerdings sollte der Name dieser Eigenschaft bei einem anderen Objekt nicht für einen anderen Datentyp verwendet werden. Dieser Index wird benötigt, wenn man eine Suche nach Zeitangaben durchführen will.

▶ **DateRangeIndex**
Dieser Index-Typ bezieht sich ebenfalls auf Datums-Eigenschaften eines Objektes. Die Kriterien für den DateIndex gelten auch für diesen Index-Typ. Hier allerdings werden zwei Variablen angegeben, die für ein Anfangs- bzw. Enddatum stehen. Alle Objekte, die mit der angegebenen Datums-Eigenschaft in den Zeitraum fallen, den diese beiden Variablen beschreiben, werden indiziert. Die Werte der Variablen für das Anfangs- und Enddatum werden in der Regel von einer Suchmaske geliefert.

▶ **FieldIndex**
Der FieldIndex indiziert Objekte nach einer Eigenschaft unabhängig von deren Datentyp. Diese kann eine der Standardeigenschaften eines Objektes wie `id` oder `title` sein oder eine selbst hinzugefügte.

► **KeywordIndex**

Dieser Index-Typ referenziert auf eine Objekteigenschaft, deren Wert als Sequenz gelesen werden kann. Dies kann ein String oder eine Liste (`lines`) sein. Jedes Element dieser Sequenz wird als einzelnes Schlüsselwort behandelt. Objekte, die ein oder mehrere dieser Schlüsselworte enthalten, werden indiziert. Dieser Index-Typ eignet sich besonders für eine Suche nach Kategorien.

► **PathIndex**

Dieser Index-Typ dient der Indizierung nach Pfadelementen. Damit kann eine Suche nach Objektpfaden oder Teilen davon realisiert werdem. Der Z Catalog besitzt bereits einen Pfadindex mit dem Namen `path`. Gibt man diesen Namen beim Anlegen eines Pfadindex an, werden alle Objekte indiziert, die im Z Catalog erfasst sind. In einer Suchmaske können dann weitere Pfadelemente angeben werden, um z.B. die Objekte eines Ordners zu finden.

► **TopicIndex**

Ein TopicIndex benötigt ein oder mehrere definierte Filterkriterien. Der Index selbst erhält eine frei wählbare Id. Nach dem Anlegen klickt man auf den Namen des Index und gelangt in eine Ansicht, in der die Filterkriterien definiert werden können. Im Moment können diese nur mit Python erstellt werden. Jeder Filter erhält eine eigene Id. Denkbar ist z.B. ein Filter, der Objekte einer bestimmten Dateigröße herausfiltert. Dazu würde man z.B. notieren:

```
obj.getSize() < 5000
```

Damit würden alle Objekte, die kleiner als 5 KB sind, bei einer Suche angezeigt. Die Variable `obj` steht hier für jedes Objekt, das im Z Catalog erfasst ist. Bei der Suche muss auf die Id des Filterkriteriums oder der Filterkriterien Bezug genommen werden.

► **TextIndex**

Dieser Index-Typ diente in früheren Zope-Versionen zusammen mit dem Objekt Vocabulary der Volltextsuche. Er ist nur noch aus Gründen der Abwärtskompatibilität vorhanden und sollte nicht mehr verwendet werden.

► **ZCTextIndex**

Mit diesem Index-Typ lässt sich eine Volltextsuche realisieren. Voraussetzung ist aber die Anlage eines Lexikons. Die Volltextsuche wird in Abschnitt 17.3 genauer beschrieben.

Für eine Suchfunktion, die z.B. in der Lage sein soll, Objekte nach ihrem Titel zu finden, ist es notwendig, einen FieldIndex anzulegen. Dieser erhält die Id `title`, womit er sich auf die Eigenschaft *title* der katalogisierten Objekte bezieht. Nach der Anlage des Indexes muss dieser in der Listenansicht markiert und der Button »*Reindex*« betätigt werden. In der Liste erscheint dann in der Spalte *#objects* die Anzahl der indizierten Objekte.

17.1.4 Das Metadata-Tab

Neben den Indizes kann ein Z Catalog noch weitere Informationen über Objekte abspeichern, die so genannten Metadaten. Die Aufteilung in Indizes und Metadaten hat ihren Grund in der Optimierung der Suchfunktion. Indizes sind so aufgebaut, dass Objekte sehr schnell gefunden werden können. Die eigentliche Index-Information wird dem gefundenen Objekt nicht übertragen, weil dies Geschwindigkeitseinbußen zur Folge hätte. Die Ergebnis-Objekte ihrerseits sind so konzipiert, dass sie die Informationen beinhalten, die tatsächlich notwendig sind. Da bei einer Suchanfrage ein Ergebnis-Objekt unter Umständen tausende von Treffern beinhalten kann, würden zusätzliche Informationen den Arbeitsspeicher des Servers deutlich belasten.

Die Suchfunktionalität in Zope ist also auf Optimierung ausgelegt und damit auch für große Web-Applikationen geeignet.

Zusätzliche Informationen, die bei einem gefundenen Objekt angezeigt werden sollen, können im Tab *Metadata* (*siehe Abbildung 17.5*) angelegt werden.

Es listet bereits angelegte Metadaten auf und stellt die Möglichkeit zur Verfügung, diese auch wieder zu löschen. Das Hinzufügen von Metadaten erfolgt durch die Eingabe einer Eigenschafts-Id. Automatisch erstellte Suchergebnisanzeigen (*siehe Abschnitt 17.2*) enthalten dann die zusätzlichen Informationen.

Aufgrund der beschriebenen Arbeitsspeicheranforderungen eines Ergebnis-Objektes bei großen Web-Applikationen, ist darauf zu achten, nur wenige Metadaten anzulegen.

17.1.5 Das Advanced-Tab

Das Tab Advanced des Z Catalog bietet einige Pflegefunktionen und weitere Einstellmöglichkeiten.

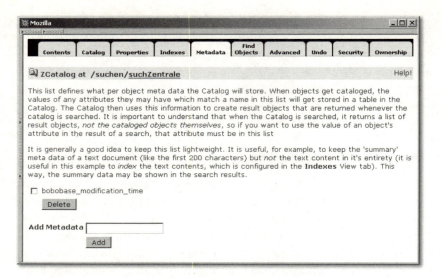

Abbildung 17.5 Das Tab Metadata des Z Catalogs

Im oberen Bereich kann der Katalog aktualisiert (Button »*Update Catlog*«) und gelöscht (Button »*Clear Catalog*«) werden. Bei der Aktualisierung werden alle Objekte neu indiziert und ungültige Katalogeinträge entfernt.

Im unteren Bereich des Tabs kann eingestellt werden, ob Zope das Subtransaktionssystem bei der Suche verwenden soll. Die Verwendung kann den Arbeitsspeicher bei einer Suche deutlich entlasten. Interessant sind Subtransaktionen bei einer großen Zahl von katalogisierten Objekten. Die einstellbare Zahl gibt an, ab wie viel Objekten Zope die Suchanfrage in mehrere Subtransaktionen zerlegen soll. Je kleiner die hier angegebene Zahl, desto länger dauert die Indizierung der Objekte, aber desto weniger Arbeitsspeicher wird verbraucht.

17.2 Eingabe- und Ausgabe-Interfaces generieren

Eine Suchfunktion besteht aus wenigstens zwei Elementen, einer Eingabemaske, in der Suchkriterien angegeben werden können, und einer Ausgabe, die die Treffer der Suche anzeigt. Zope unterstützt die Anlage der entsprechenden Objekte mit dem Z Search Interface. Man wählt es zwar im Pulldown-Menü zur Objektwahl aus, aber es handelt sich hierbei nicht um einen weiteren Objekttyp, sondern um ein Tool zur Erzeugung von Eingabe- und Ausgabeseiten. Dabei kann gewählt werden, ob die Interfaces als Page-Templates oder DTML-Methoden erzeugt werden (*siehe Abbildung 17.6*).

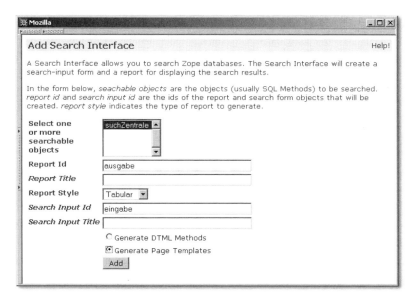

Abbildung 17.6 Z Search Interface

Die Verwendung des Z Search Interfaces ist denkbar einfach. In dem Ordner, in dem die Eingabe- und Ausgabe-Interfaces abgelegt werden sollen, wird Z Search Interface aufgerufen. Es akquiriert alle durchsuchbaren Objekte und zeigt sie in einer Auswahlfeldliste (*Select one or more searchable objects*) an. Hier erscheint der erstellte Z Ctalog `suchZentrale` und kann ausgewählt werden. Für die Ausgabeseite muss dann eine Id (*Report Id*) eingegeben werden. Der Titel (*Report Title*) ist wie bei allen Zope-Objekten optional. Das Ergebnis kann wahlweise in einer Tabelle oder kommasepariert ausgegeben werden (*Report Style*). Die Vergabe einer Id für eine Eingabeseite (*Search Input Id*) ist optional. Bleibt das entsprechende Feld leer, wird nur die Ausgabeseite generiert. Diese würde bei ihrem Aufruf alle katalogisierten Objekte anzeigen. Für eine gezielte Suchanfrage macht das jedoch keinen Sinn, da ja gerade die Einschränkung durch Kriterien qualifizierte Ergebnisse bringen soll. Schließlich wird der Objekttyp gewählt, den die generierten Interfaces haben sollen.

Für eine einfache Suche nach dem Titel eines Objektes sollte der Z Catalog über einen Index vom Typ *FieldIndex* verfügen, der auf die Eigenschaft `titel` der Objekte referiert (*siehe Abbildung 17.4*). Die Interfaces werden am sinnvollsten im Z Catalog selbst angelegt. Damit hat man die Objekte, die für die Suche benötigt werden, von den Objekten, die Inhalte bergen, getrennt. Das Z Search Interface muss

17

also im Content-Tab des Z Catalogs aufgerufen werden und mit den Einstellungen wie in Abbildung 1.6 gezeigt eingerichtet werden. Durch einen Klick auf den Button »*Add*« werden zwei Page-Templates mit den Ids eingabe und ausgabe im Z Catalog angelegt, mit denen nun eine Suche nach einem Titel durchgeführt werden kann. Der Test des Templates eingabe zeigt ein einfaches Formular mit einem Eingabefeld für einen Titel. Z Search Interface bezieht sich bei der Generierung des Templates also auf die angelegten Indizes. Schaut man sich den Quelltext des Templates an, wird man feststellen, dass der Name des Eingabefeldes der Id des Indexes entspricht.

Gibt man in das Feld einen der sechs Titel, z.B. »Einleitung«, ein und klickt auf den Button »*Submit Query*«, erhält man ein Ergebnis wie in der folgenden Ansicht:

Abbildung 17.7 Ergebnis der Suche nach Titel

Das Ausgabe-Interface zeigt die Kennziffer, mit der das gefundene Objekt im Z Catalog indiziert wurde. Das Ergebnis-Objekt, das durch die Suche erzeugt wird, enthält lediglich diese Referenz auf das Objekt, nicht aber das Objekt selbst oder dessen Eigenschaften.

Man kann jetzt z.B. mit Metadaten den Titel des Objektes ausgeben lassen. Dafür ist die Meta-Angabe *title* im Tab Metadata des Z Catalogs notwendig (*siehe Abbildung 17.5*). Wurde eine neue Meta-Angabe gemacht, muss im Tab Catalog ein Update aller Objekte vorgenommen werden.

Generiert man mit Z Search Interface nun eine neue Ausgabeseite mit der Id ausgabe (Achtung, die alte vorher löschen!) und testet die Suche erneut, erhält man folgendes Ergebnis:

Z Search Interface bezieht jetzt für die Ausgabeseite die neue Meta-Angabe mit ein. Die Objekte, die Z Search Interface erstellt, müssen natürlich dem Layout der Web-Applikation angepasst werden. Sie bilden lediglich die Grundlage für eine integrierte Suchfunktion.

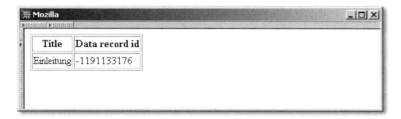

Abbildung 17.8 Ergebnis mit Anzeige des Titels

17.3 Volltextsuche mit ZCTextIndex und Lexika

Natürlich erfasst man mit der Suche nach Objekttiteln nicht die eigentlichen Inhalte einer Website. Vielmehr muss dazu der Seiten- (Objekt-) inhalt durchsucht werden. Notwendig ist dafür eine Indizierung der textlichen Inhalte der Objekte. In Zope steht dafür der Indextyp *ZCTextIndex* zur Verfügung, der für die Indizierung der Objekte im Z Catalog ein zusätzliches Objekt, das *ZCTextIndex Lexicon*, benötigt.

17.3.1 ZCTextIndex Lexicon anlegen

Das Lexikon sollte im Z Catalog angelegt werden, um dem Prinzip, alle Objekte der Suche zusammenzufassen, auch weiterhin zu folgen. Seine Aufgabe ist es, die Indizierungen, also die einzelnen Worte mit ihren Objektzuordnungen, aufzunehmen. Bei der Anlage eines Lexikons können einige Einstellungen vorgenommen werden, die die Indizierung des Textes beeinflussen (*siehe Abbildung 17.9*).

Abbildung 17.9 Hinzufügen eines Lexikons

Selbstverständlich erhält auch das Lexikon eine Id, im Beispiel bekommt es die Id `worte_pool`, und optional einen Titel. Daneben sind drei weitere Einstellungen vorzunehmen.

Wenn man eine Suche möchte, die Groß- und Kleinschreibung unterscheidet, sollte man die Option *Case Normalizer* abwählen.

Unter der Option *Stop Words* lässt sich einstellen, ob häufig gebrauchte Worte sowie solche, die nur aus einem Buchstaben bestehen, nicht in das Lexikon aufgenommen werden. Das kann die Performance der Suche verbessern, aber die Suche nach diesen Worten ist dann nicht möglich.

Mit der Option *Word Splitter* wird bestimmt, wie die Zergliederung des Gesamttextes erfolgt. Entweder man teilt den Text anhand des Whitespaces, also Leerzeichen, Tabulatoren und Umbrüchen, oder man wählt die Option, dass alle HTML-Elemente entfernt werden. Für Objekte, die HTML-Code enthalten, ist letztere die beste Option.

Für die sechs File-Objekte, die reinen Text enthalten, sollte das Lexikon mit den Einstellung wie sie Abbildung 17.9 zeigt eingerichtet werden.

17.3.2 ZCTextIndex anlegen

Das Befüllen des Lexikons geschieht durch die Indizierung der Texte. Dazu muss als nächster Schritt der entsprechende Indextyp angelegt werden (*siehe Abbildung 17.10*).

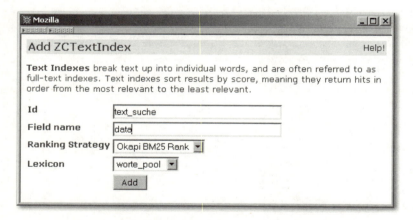

Abbildung 17.10 Hinzufügen des ZCTextIndex

Im Tab Indexes des Z Catalogs wird der Indextyp *ZCTextIndex* gewählt. Er erhält eine *Id*, die hier frei wählbar ist. Im Feld *Field name* wird dann angegeben, welche der Objekt-Eigenschaften für die Indizierung ausgelesen werden sollen. Da es sich bei den Objekten im Ordner `suchen` um File-Objekte handelt, muss hier `data` angegeben werden. Unter dieser Id kann auf den Inhalt dieses Objekttyps zugegriffen werden.

Die Option *Ranking Strategy* bietet die Auswahl von zwei Methoden zur Bestimmung der Rangfolge der indizierten Daten, *Okapi BM25 Rank* oder *Cosine Measure*. Nähere Informationen zu den Methoden sind aus der einschlägigen Fachliteratur zu beziehen.

Schließlich kann in dem folgenden Pulldown-Menü das Lexikon ausgewählt werden, das die indizierten Worte aufnehmen soll. Das Menü verzeichnet alle Lexika, die per Akquisition erreichbar sind.

Nachdem der Index angelegt wurde, muss er zur Indizierung in der Liste der Indizes ausgewählt und der Button »Reindex« betätigt werden. In der Spalte *#objects* wird daraufhin die Anzahl der indizierten Worte angezeigt.

Wählt man danach das Tab Query des Lexikons, findet man alle indizierten Worte in alphanumerischer Reihenfolge aufgelistet.

17.3.3 Möglichkeiten der Volltextsuche

Für die Erstellung einer Suchmaske kann wieder Z Search Interface verwendet werden. Im einfachsten Fall erhält man eine Eingabeseite, auf der man einen Suchbegriff angeben kann, und eine Ausgabeseite, die wieder alle Objekte auflistet, die dem Suchbegriff entsprechen. Das bedeutet in diesem Fall, alle Objekte, in deren textlicher Information das Suchwort enthalten ist.

Bei der Eingabe von Suchworten ist es möglich, Platzhalter und logische Operatoren zu verwenden:

▶ Eingabe: `Zitrone*`
Sucht nach einzelnen Worten, die mit »Zitrone« beginnen, wie z.B. Zitronen, Zitronengras, Zitronenkuchen …

▶ Eingabe: `hal?`
Das Fragezeichen ist ein Platzhalter für einen einzelnen Buchstaben. Es werden Worte gefunden wie halt, halb, half, hall …

▶ Eingabe: `"Heute früh"`
Mehrere in Anführungszeichen gesetzte Wort markieren einen

Gesamtausdruck, nach dem gesucht wird. Die Worte müssen in der angegeben Kombination vorkommen.

▶ Eingabe: `blau AND gelb`
Beide angegebenen Worte müssen im Suchtext vorkommen.

▶ Eingabe: `rot OR weiß`
Entweder eines der beiden oder beide Worte müssen im Suchtext vorhanden sein.

▶ Eingabe: `weiß AND NOT schwarz`
Alle Texte, in denen das Wort weiß ohne das Wort schwarz vorkommt, werden als Treffer angezeigt.

17.4 Methoden des Z Catalogs

Der Z Catalog besitzt eine Reihe von Methoden, die in Python-Skripten oder in Page-Templates mit Python-Ausdrücken verwendet werden können. Einige von ihnen werden in diesem Abschnitt vorgestellt. Eine Volltextsuche mit Python, die den ZCTextIndex aus dem vorigen Abschnitt verwendet, wird in einem Python-Skript, das im Z Catalog abgelegt ist, folgendermaßen notiert:

```
ergebnis=context.suchZentrale.¬
                searchResults(text_suche='hal?')
```

searchResults()   Die Methode `searchResults()` liefert entsprechend des ihr übergebenen Suchstrings ein Trefferobjekt zurück. Dabei werden die Id des Indexes, der zur Suche herangezogen werden soll, und der Suchbegriff als Schlüssel-Wert-Paar an die Methode übergeben. Streng genommen kann bei der Positionierung des Skriptes innerhalb des Z Catalogs auch verkürzt

```
ergebnis=container.searchResults(text_suche='hal?')
```

notiert werden, da der Z Catalog vom Python-Skript aus mit `container` referenziert werden kann.

In beiden Fällen erhält man mit `ergebnis` ein Objekt, das alle Treffer als Sequenz enthält, sodass man mit einer Schleife die einzelnen Treffer auslesen kann:

```
for treffer in ergebnis:
   print treffer.getobject¬
     (treffer.data_record_id_).getId()
return printed
```

Mit der Methode `getobject()` erhält man einen einzelnen Treffer als Objekt zurück. Referenziert werden muss das Objekt mit der Kennziffer, das es bei der Indizierung erhalten hat. Diese Kennziffer kann als Eigenschaft `data_record_id_` ermittelt werden. In der obigen Schleife werden die Ids der Trefferobjekte ausgegeben. Diese wäre ebenso in einem Page-Template mit der repeat-Anweisung durchführbar.

getobject()

Mit der Methode `getpath()` erhält man den Objektpfad des Trefferobjektes. Auch diese Methode verlangt die Index-Kennziffer als Parameter. Die Ausgabe der Pfade durch das Python-Skript erfolgt also mit:

getpath()

```
for treffer in ergebnis:
    print treffer.getpath(treffer.data_record_id_)
return printed
```

Da Zope bei der Neuanlage oder der Änderung eines Objektes nicht dafür sorgt, dass es im Z Catalog katalogisiert wird, muss man als Entwickler dafür sorgen, dass dieses geschieht.

Hat man z.B. ein neues Objekt mit der Id `neuerText`, das angelegt werden soll, kann man mit der Methode `catalog_object()` dieses katalogisieren. Das Python-Skript befindet sich nach wie vor im Z Catalog selbst, und das Beispiel geht davon aus, dass es das neue Objekt akquirieren kann:

```
container.catalog_object(context.neuerText)
```

Die Methode `catalog_object()` erhält als Parameter das Objekt, das katalogisiert werden soll. Das Objekt wird dem Katalog hinzugefügt und entsprechend der angelegten Indizes indiziert. Wenn das Objekt bereits katalogisiert war, wird es aktualisiert. Damit lässt sich diese Methode auch verwenden, wenn ein Objekt geändert und neu indiziert werden muss.

catalog_object()

Weitere Methoden des Z Catalogs können im Anhang A. 23 nachgeschlagen werden.

17

18 Weitere Zope-Funktionen

18   Weitere Zope-Funktionen

Zope verfügt noch über einige weitere Funktionen, die für das Arbeiten wichtig und hilfreich sein können. Dieses Kapitel beschreibt diese Funktionen und erläutert ihre Verwendung. Zunächst wird die Site Access Rule behandelt, gefolgt von der Beschreibung der Caching-Möglichkeiten von Zope. Die Arbeit mit Versionen und das Fehlermanagement werden daran anschließend behandelt. Den Abschluss des Kapitels bildet das Thema virtuelles Hosting, das auch das Zusammenwirken von Zope und Apache behandelt.

18.1   Access Rule

Ein URL, wie zum Beispiel **www.meinZope.de/alpha/beta/gamma**, der auf einen Zope-Server verweist, bedeutet in Zope, dass vom `root`-Ordner aus gesehen ein Objekt mit der Id `index_html` im Ordner `gamma` aufgerufen wird, dieser Ordner im Ordner `beta`, dieser wiederum im Ordner `alpha` und letzterer im `root`-Ordner liegt. Das bedeutet, dass die Pfadelemente des URL Ordnernamen sind, die beim Aufruf durchquert werden. Jeder durchquerte Ordner wird dabei nach möglichen Objekten durchsucht, die für eine Veröffentlichung benötigt werden.

Mit einer *Access Rule* in einem Ordner kann man eine Methode definieren, die bei jeder Durchquerung des Ordners ausgeführt wird. Dabei ist die *Access Rule* kein eigenständiges Objekt, sondern lediglich das Verfahren, ein anderes Objekt – z.B. ein Python-Skript – zur Access Rule zu deklarieren. Pro Ordner ist nur eine Access Rule möglich.

Ein Beispiel soll die Anwendungsmöglichkeit verdeutlichen. Bei der Entwicklung von Websites steht man immer wieder vor dem Problem, dass die unterschiedlichen Browser die HTML- und CSS-Spezifikationen verschieden interpretieren. Häufig besteht die einzige Möglichkeit zu einer in allen Browsern identisch aussehenden Site zu kommen darin, für jeden Browser ein eigenes Stylesheet zu definieren.

Dann aber ist es notwendig, den Browser, den der aktuelle Site-Besucher verwendet, zu ermitteln. Eine Möglichkeit besteht darin, ein entsprechendes JavaScript zu verwenden. Hat aber der Benutzer JavaScript deaktiviert, kommt man auf diesem Weg nicht weiter.

Eine Access Rule, die im `root`-Ordner der Website deklariert ist und den Browsertyp des Benutzers als Variable in das REQUEST-Objekt schreibt, funktioniert dagegen auch bei deaktiviertem JavaScript.

Dazu muss im `root`-Ordner ein Python-Skript angelegt werden, das für das Beispiel die Id `browser_check` erhält. Es erhält folgenden Quelltext:

```
## Script (Python) "browser_check"
##parameters=
request = context.REQUEST
b_env = request.get('HTTP_USER_AGENT','')
if b_env.rfind('Mozilla') != -1:
    request.set('browser', 'moz')
elif b_env.rfind('MSIE') != -1:
    request.set('browser', 'ie')
elif b_env.rfind('Opera') != -1:
    request.set('browser', 'op')
elif b_env.rfind('Firefox') != -1:
    request.set('browser', 'ff')
else:
    request.set('browser', 'unknown')
```

Das Skript liest aus dem REQUEST-Objekt die Variable HTTP_USER_AGENT aus, die verschiedene Informationen über die Umgebung des Benutzers als String enthält. Unter anderem finden sich in diesem String Hinweise auf das Betriebssystem und den verwendeten Browser.

Eine `if`-Konstruktion überprüft den String dann auf die unterschiedlichen Hinweise zum Browser und setzt entsprechend eine Variable mit der Id `browser` im REQUEST-Objekt.

Um dieses Skript nun als Access Rule zu deklarieren, wählt man aus dem Pulldown-Menü zur Objektwahl *Set Access Rule*. In der darauf erscheinenden Ansicht erhält man ein Eingabefeld, in dem man die Id des Python-Skriptes, also `browser_check`, eingeben muss. Nach dem Klick auf den Button *»Set Rule«* erhält man eine Bestätigung, dass die Access Rule definiert wurde.

 Das Icon des Python-Skriptes hat sich nun geändert (nebenstehend), es bleibt aber weiterhin in der gewohnten Weise bearbeitbar. Will man die Deklaration des Skriptes als Access Rule rückgängig machen, ruft man erneut *Set Access Rule* aus dem Objektwähler auf und betätigt in der erscheinenden Ansicht den Button *»No Access Rule«*.

Um zu testen, was die Access Rule bewirkt, kann man in einem tiefer liegenden Ordner ein Page-Template mit der Id `test` anlegen und ihm folgenden Quelltext geben:

```
<html>
  <head>
    <title tal:content="template/title">The title</title>
  </head>
  <body>
    <span tal:replace="structure request">req</span>
  </body>
</html>
```

Das Template zeigt den Inhalt des REQUEST-Objektes an. Darin sollte sich nun unter der Rubrik `other` ein Eintrag `browser` mit einem Wert befinden, der abhängig vom eingesetzten Browser ist.

Hat man nun browserspezifische Stylesheets angelegt, kann man mit einer `tal:condition`-Anweisung das jeweils entsprechende Stylesheet für die Seite aufrufen.

18.1.1 Mehrere Access Rules verwenden

Für das obige Beispiel ist es sinnvoll, die Access Rule im obersten Ordner der Site zu definieren, damit sie bei jedem Seitenaufruf abgearbeitet wird. Es ist aber auch möglich, in tiefer liegenden Ordnern ebenfalls Access Rules zu definieren. Bleibt man bei dem URL aus dem vorigen Abschnitt, **www.meinZope.de/alpha/beta/gamma**, und hat bereits im `root`-Ordner von Zope eine Access Rule definiert, kann man weitere jeweils im Ordner `alpha`, `beta` und `gamma` definieren. Beim Aufruf des URLs würde jede Access Rule abgearbeitet, und zwar in der Reihenfolge `root`-Order, `alpha`, `beta`, `gamma`. Damit könnte die Access Rule im Ordner `alpha` eine Variable, die von der Access Rule im `root`-Ordner erstmalig definiert wurde, überschreiben. Diese könnte wiederum von der Access Rule im Ordner `beta` überschrieben werden usw. Es ist also bei der Verwendung von mehreren Access Rules darauf zu achten, dass sie sich nicht gegenseitig behindern.

18

18.2 Caching

18.2.1 Warum einen Cache benutzen?

Ein Cache ist ein Zwischenspeicher, der Informationen temporär aufnimmt. Jeder Browser z.B. besitzt einen solchen Speicher, in dem HTML-Seiten, Bild- und andere Dateien abgelegt werden, die vom Benutzer aufgerufen wurden. Bei einem erneuten Aufruf derselben Seite, wird diese nicht vom entfernten Server geladen, sondern aus dem Cache. Das erhöht die Geschwindigkeit des Seitenaufbaus enorm, da das Laden der Seite aus dem Cache nicht von der Internetverbindung abhängig ist.

Das Caching innerhalb von Zope findet auf dem Server-Rechner statt. Es geht dabei darum, Ergebnisse von Datenbank-Abfragen und des Renderings von Objekten zwischenzuspeichern. Es werden dadurch erneute Abfragen und die Rendering-Prozesse »eingespart«. Dadurch können bei einer erneuten Abfrage die angeforderten Objekte schneller ausgeliefert werden.

Wenn zum Beispiel auf einer Seite eines Online-Shops alle Produkte einer Kategorie angezeigt werden sollen, müssen uunter Umständen zunächst alle Produkte ausgelesen, auf ihre Kategorie hin überprüft, die richtigen gesammelt und diese dann per Iteration ausgegeben werden. Dieser Vorgang kann je nach Anzahl der Produkte einige Zeit dauern. Hat man nun viele Aufrufe dieser Seite, kann sich die Performance spürbar verschlechtern. Mithilfe eines Caches, der das Ergebnis des gesamten Vorgangs speichert, kann die Zeit bis zur Auslieferung der Seite deutlich verkürzt werden.

Das Caching ist allerdings auch mit Nachteilen verbunden, die man vor dem Einsatz eines Caches bedenken sollte:

▶ *Aktualität*

Wenn auf einer Seite Informationen dargestellt werden, die sich in kurzen Intervallen ändern, kann es sein, dass neueste Informationen nicht ausgeliefert werden, weil die Objekte aus dem Cache und nicht aus der Datenbank ausgeliefert werden. Hier ist die jeweilige Lebensdauer der Objekte im Cache ein entscheidender Parameter, insbesondere auch dann, wenn voneinander abhängige Objekt gecacht werden und diese eine unterschiedliche Lebensdauer im Cache haben.

▶ *Sicherheit*

Seiten mit persönlichen Daten, z.B. eine Bankverbindung, die man in einem Online-Shop angibt, dürfen auf keinen Fall gecacht werden. Der nächste Benutzer, der dieselbe Seite aufruft, könnte unter Umständen diese fremden Daten, die sich im Cache befinden, angezeigt bekommen.

In Zope ist es möglich, mithilfe eines Cache Managers einen Cache so einzustellen, dass diese Probleme zumindest teilweise abgefangen werden.

18.2.2 Einen Cache Manager verwenden

Zope bietet zwei Arten von Cache Managern, die beide wie andere Objekttypen über das Pulldown-Menü zur Objektwahl eingefügt werden. Beiden Objekten gemein ist auch, dass sie nur jene Objekte für das Caching verwalten können, die sich im gleichen Ordner (oder Unterordnern) befinden, wie der Cache Manager selbst. Höher liegende Objekte werden nicht erfasst.

HTTP Accelerated Cache Manager

Mit dem *HTTP Accelerated Cache Manager* kann man einen externen Cache-Server steuern, wie z.B. Squid (**www.squid-cache.org**), der vielfach im Zusammenspiel mit Zope eingesetzt wird. Die Steuerung erfolgt über den Cache-Control_Header des HTTP-Protokolls, der dem externen Cache-Server mitteilt, welche Objekte gecacht werden sollen (nähere Informationen zum HTTP-Protokoll erhält man unter **www.w3.org/Protocols**).

Die Einstellungen des *HTTP Accelerated Cache Mangers* werden in dessen Properties-Tab vorgenommen (*siehe Abbildung 18.1*). Hier kann im Feld *Interval* die Lebensdauer der Objektkopien im Cache eingestellt werden. Des Weiteren ist es möglich, nur solche Objekte cachen zu lassen, die ohne Login erreichbar sind (*Cache anonymous connections only*).

Das Feld *Notify URLs* dient dem Eintrag von Adressen, die vom Cache-Server aus dem Cache entfernt werden sollen. Diese Information sendet der *HTTP Accelerated Cache Manager* mittels der PURGE-Direktive, die von Squid verstanden wird. Andere Cache-Server müssen unter Umständen dafür speziell konfiguriert werden.

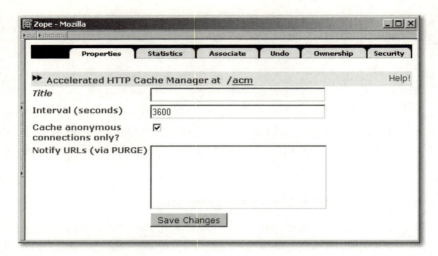

Abbildung 18.1 Properties-Tab des HTTP Accelerated Cache Managers

RAM Cache Manager

Der *RAM Cache Manager* übernimmt das Cachen von Objekten innerhalb des Zope-Servers. Er kann verwendet werden, wenn kein externer
Cache-Server zur Verfügung steht. Wie der Name dieses Cache Managers schon impliziert, werden die gecachten Objekte im Arbeitsspeicher des Servers gehalten. Das macht einerseits die Auslieferung der
gecachten Objekte sehr schnell, bedeutet aber auch, dass Zope mehr
Arbeitsspeicher des Server-Rechners belegt.

Auch beim *RAM Cache Manager* werden die Einstellungen im Properties-Tab vorgenommen (*siehe Abbildung 18.2*). Unter *REQUEST variables*
kann man die REQUEST-Variablen eintragen, die als Cache-Key verwendet werden sollen. Mit der Standardeinstellung AUTHENTICATED_
USER wird gewährleistet, dass Objekte für jeden Benutzer separat
gecacht werden. Mit *Treshold entries* wird die maximale Anzahl der
Objekte, die im Cache gehalten werden, bestimmt. Die Lebensdauer
eines Objektes im Cache wird unter *Maximum age of a cache entry* eingestellt, und mit der Angabe im Feld *Cleanup interval* wird das Zeit-
intervall bestimmt, in dem der RAM Cache Manager den Cache nach
Objekten durchsucht, deren Verweildauer im Cache abgelaufen ist.

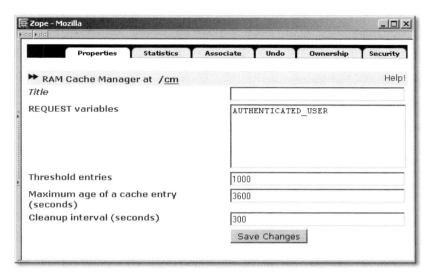

Abbildung 18.2 Das Properties-Tab des RAM Cache Managers

Objekte für das Caching festlegen

Beiden Typen von Cache Managern müssen die Objekte, die gecacht werden sollen, zugewiesen werden. Die Vorgehensweise ist bei beiden Typen identisch. Die Zuweisung erfolgt im Tab *Associate* (*siehe Abbildung 18.3*) in zwei Schritten.

Zunächst müssen die Objekte, die für das Cachen in Frage kommen, über die Liste der Objekttypen ausgewählt werden. Nach Betätigung des Buttons »*Locate*« werden alle Objekte des gewählten Typs, die der Cache Manager verwalten kann, aufgelistet. Aus dieser Liste können dann die Objekte bestimmt werden, die gecacht werden sollen. Dazu wählt man die Ankreuzfelder neben den Objektnamen und klickt anschließend den Button »*Save Changes*«. Beim ersten Aufruf dieser gewählten Objekte werden diese nun in den Cachespeicher übernommen und solange von dort ausgeliefert, wie ihre Verweildauer im Cache nicht überschritten ist.

Es ist auch möglich, jedes Objekt einzeln für das Caching einzustellen. Befindet sich ein Cache Manager in einem Ordner, so erhalten alle Unterobjekte dieses Ordners, die gecacht werden können, ein zusätzliches Tab mit dem Namen *Cache*. In diesem Tab kann dem Objekt ein Cache Manager zugeordnet werden. Mit dieser Zuordnung wird das Objekt automatisch in die Liste der zu cachenden Objekte dieses Cache Managers aufgenommen.

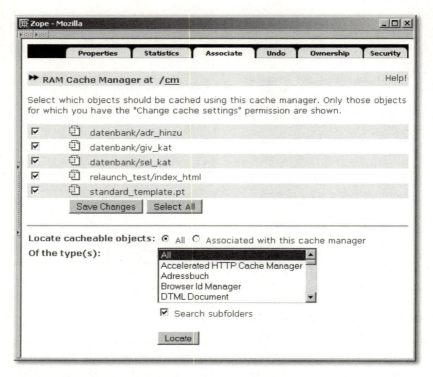

Abbildung 18.3 Das Tab Associate

Das Tab *Statistics*, das auch beiden Cache Managern gemein ist, listet die Objekte auf, die aktuell gecacht werden. Hier kann man u. a. erfahren, wie häufig auf ein einzelnes Objekt zugegriffen wird und wie viel Speicher es belegt.

Für das Caching eignen sich solche Objekte einer Web-Applikation, die sich nicht häufig ändern. Meistens handelt es sich dabei um Bild-Objekte oder um Page-Templates, die die statischen Teile einer Website abbilden.

18.3 Versionen

Mit der professionellen Entwicklung von Web-Applikationen sind in der Regel Teams beschäftigt. Es ist dabei nicht unüblich, dass ein Bereich von unterschiedlichen Personen bearbeitet wird. Damit die Arbeit der einen Person die Arbeit einer anderen nicht überschreibt und damit vielleicht zerstört, braucht es eine gute Verwaltung im Projekt. Zope bietet mit seinem Versionsmanagement einen Mechanismus, um unterschiedliche Stadien eines Projektes zu verwalten. Es ist damit möglich, ganze Bereiche einer Bearbeitung zu unterziehen, ohne den ursprünglichen Zustand oder andere Bereiche einer Web-Site zu verändern.

Das Versionsmanagement kann auch für die Entwicklung solcher Web-Applikationen interessant sein, die in mehreren Phasen realisiert werden. Während erste Phasen bereits online sind, können weitere entwickelt werden, ohne dass der Betrieb gestört wird. Erst wenn die Entwicklung der neuen Phase komplett abgeschlossen ist, wird sie für die Öffentlichkeit freigegeben. Entsprechend kann bei einem Redesign oder Relaunch einer bestehenden Site verfahren werden. Man sollte jedoch bedenken, dass die Entwicklung innerhalb einer laufenden Web-Applikation auch mit dem Versionsmanagement Risiken in sich birgt. Websites, bei denen es auf eine hohe Verfügbarkeit ankommt, sollten auf diese Weise nicht erweitert oder geändert werden.

18.3.1 Arbeiten in einer Version

Eine Version ist ein Zope-Objekt, das wie alle übrigen auch über das Pulldown-Menü hinzugefügt wird. Nach der Auswahl dieses Objekttyps erscheint die übliche Ansicht, in der eine Id und Titel vergeben werden.

Nach dem Anlegen muss die Arbeit in einer Version explizit gestartet werden. Dazu wird das Objekt angewählt und im sich öffnenden Join/Leave-Tab der Button *»Start working in ... «* betätigt (*siehe Abbildung 18.4*). Allerdings muss der Browser, in dem das ZMI aufgerufen wird, Cookies akzeptieren, damit eine Version gestartet werden kann.

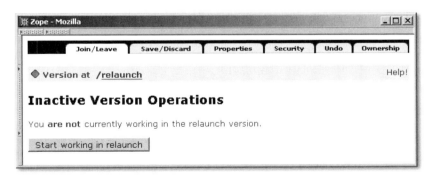

Abbildung 18.4 Das Join/Leave-Tab einer Version

Über den gleichen Button kann die Arbeit in der Version wieder beendet werden.

Unabhängig davon, in welchem Ordner eine Version angelegt wurde, gilt sie immer systemweit. Das bedeutet, dass auch Objekte, die in der Ordnerhierarchie höher liegen als die Version, in dieser bearbeitet werden können. Für die eigene Übersicht ist es allerdings ratsam, Versionen immer im `root`-Ordner oder in einem eigens dafür angelegten Ordner anzulegen.

Das Versions-Objekt fungiert als eine Art Container für alle Modifikationen, die am bestehenden System gemacht werden. Alle nach dem Betreten der Version modifizierten und neu angelegten Objekte werden mit einer roten Raute versehen. Gleichzeitig zeigt das ZMI im oberen Bereich einen Hinweis, dass man in der Version arbeitet (*siehe Abbildung 18.5*).

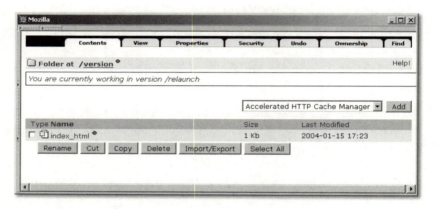

Abbildung 18.5 Das ZMI während der Arbeit in einer Version

Verlässt man die Version wieder, verschwinden alle in der Version angelegten Objekte aus dem ZMI. Objekte, die bereits existierten und in der Version modifiziert wurden, erhalten neben der roten Raute ein Schloss-Symbol. Sie sind durch die Version für die Bearbeitung im Normalmodus gesperrt. Damit ist gewährleistet, dass es nicht zu einer Mehrfachbearbeitung eines Objektes von unterschiedlichen Personen kommt.

18.3.2 Sichern oder verwerfen einer Version

Wenn man die Bearbeitung einer Version abgeschlossen hat, kann man alle Modifikation sichern und damit in den Normalmodus überführen.

Dazu öffnet man das Save/Discard-Tab der Version und betätigt den Button »*Save*«. Alle Änderungen, die in der Version getätigt wurden, gehen jetzt in den Normalmodus über und sind damit auch von außen sichtbar.

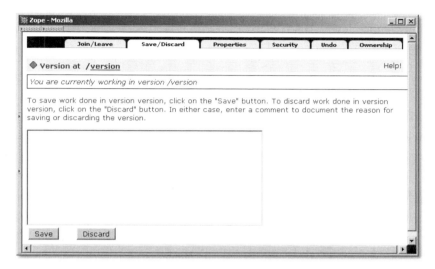

Abbildung 18.6 Das Save/Discard-Tab einer Version

Die Betätigung des Buttons »*Discard*« löscht alle Änderungen, die in der Version gemacht wurden. Das Feld oberhalb der Button dient der Eingabe eines Kommentars. Hier kann man Hinweise geben, warum eine Version gelöscht oder gesichert wurde. Wie fast alles in Zope lässt sich auch das Sichern oder das Löschen einer Version im Undo-Tab rückgängig machen. Bevor nun aber eine gesicherte und damit veröffentlichte Version wieder in den ungesicherten Zustand gebracht wird, ist es sinnvoll den Kommentar in Augenschein zu nehmen. Er verhindert eventuell Aktionen, die von der Person, die in der Version gearbeitet hat, nicht vorgesehen waren.

Das Sichern und Verwerfen von Versionen ist auch im Control Panel möglich. Siehe dazu das Kapitel 19 über die Zope-Administration.

18.4 Fehlermeldungen verwalten

Zope bietet die Möglichkeit, Fehler, die bei der Entwicklung oder der Benutzung einer Website auftreten, in einem speziellen Objekt, dem Site Error Log, aufzuzeichnen. Ein solches Objekt befindet sich bereits nach der Installation von Zope im `root`-Ordner. Es trägt die Id `error_log`.

Das Objekt ist so konzipiert, dass es alle Fehler auflistet, die von Unter-objekten des Ordners ausgehen, in dem es abgelegt ist. Das bedeutet für das Error-Log-Objekt im `root`-Ordner, dass es die gesamte Objekt-struktur von Zope »überwacht«.

Es ist aber genauso möglich, in tiefer liegenden Ordnern ein Error-Log-Objekt anzulegen. Allerdings kann pro Ordner immer nur eines ange-legt werden. Hat man in einem tiefer liegenden Ordner ein Error-Log-Objekt angelegt, werden alle Fehler, die von Unterobjekten dieses Ord-ners ausgelöst werden, in diesem Error-Log-Objekt verzeichnet. Höher liegende Error-Log-Objekte verzeichnen diese Fehler dann nicht mehr. Man kann auf diese Weise verschiedene Bereiche einer Website getrennt kontrollieren.

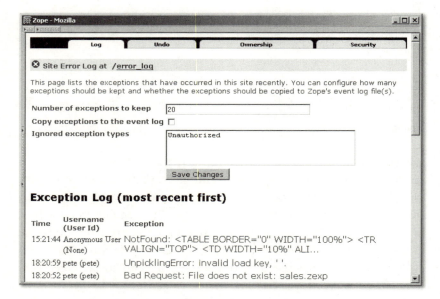

Abbildung 18.7 Das Log-Tab des Error-Log-Objektes

Wählt man ein Error-Objekt im Pulldown-Menü zur Objektwahl aus, erscheint es direkt mit der Id `error_log` im Contents-Tab. Die Mög-lichkeit, eine eigene Id zu vergeben, besteht nicht. Klickt man das Objekt an, erhält man eine Ansicht wie in Abbildung 18.7 gezeigt.

Hier kann man einstellen, wie viele Fehlermeldungen vom Objekt gespeichert werden sollen (*Number of exceptions to keep*). Übersteigt die Anzahl der Fehler, die eingestellte Zahl, wird der älteste Fehler gelöscht. Je größer die Zahl ist, die man hier einstellt, desto mehr Arbeitsspeicher verbraucht Zope, da die Fehlermeldungen dort gespeichert werden. Das bedeutet auch, dass nach einem Neustart von Zope alle bisher aufgelisteten Fehlermeldungen verloren sind. Um diese oder auch ältere zu erhalten, kann die Option *Copy exceptions to the event log* gewählt werden. Die Fehler werden dann zusätzlich in eine Textdatei geschrieben. Diese Datei wird über die Umgebungsvariable EVENT_LOG_FILE beim Starten von Zope bestimmt (zu Umgebungsvariablen und zum Logging gibt es im Verzeichnis **doc** der Zope-Installation in den Dateien **Environment.txt** und **Logging.txt** nähere Informationen). Ist die Umgebungsvariable nicht gesetzt, kann die Option nicht genutzt werden.

Man kann die Auflistung der Fehler im Error-Log-Objekt einschränken, indem man im Feld *Ignored exception type* die Fehlertypen einträgt, die nicht gespeichert werden sollen. Jeder Fehlertyp wird in eine eigene Zeile geschrieben. Es ist dabei auf die genaue Fehlerbezeichnung und deren Schreibweise zu achten, die man am besten einer aufgetretenen Fehlermeldung entnimmt.

Unterhalb der Einstellfelder werden die Fehler chronologisch aufgelistet. Der jüngste steht an der Spitze der Liste. Man kann die einzelnen Fehler anklicken und gelangt dadurch in eine Ansicht, die detaillierte Informationen zu diesem Fehler anzeigt. Neben Informationen zum Benutzer, der den Fehler verursacht hat, und einem Traceback, das die Module anzeigt, die eine Ausnahme ausgelöst haben, wird auch der komplette Inhalt des REQUEST-Objektes angezeigt, wie er im Moment des Auftretens des Fehlers vorhanden war.

Stößt man also bei der Entwicklung auf Fehler, deren Ursache man nicht direkt beim Objekt findet, das man gerade bearbeitet, kann das Error-Log-Objekt wertvolle Hinweise geben. Betreibt man mehrere Websites mit einer Zope-Installation, ist es ratsam, pro Site wenigstens ein Error-Log-Objekt anzulegen. Auch bei der Bearbeitung einer Website durch mehrere Personen kann es sinnvoll sein, in jedem Bereich, der von einer Person bearbeitet wird, ein eigenes Error-Log-Objekt zu haben.

18.5 Virtuelles Hosting

In der Regel werden auf einem Web-Server mehrere Domains verwaltet. Der Rechner selbst ist im Internet über eine IP-Adresse eindeutig gekennzeichnet. So genannte DNS-Server (Domain Name Service) regeln die Zuordnungen von Domain-Namen zu IP-Adressen. Wird eine Domain von einem Browser aufgerufen, wird zunächst ein

DNS-Server angesteuert, um die IP-Adresse des zugehörigen Server-Rechners zu ermitteln. Ist dieser gefunden, kümmert sich die Webserver-Software (z.B. Apache) darum, dass die richtigen Seiten ausgeliefert werden. Das Verfahren dazu wird virtuelles Hosting genannt, bei dem im einfachsten Fall, einem Domainnamen ein bestimmtes Verzeichnis auf dem Server-Rechner zugeordnet wird, in dem die HTML-Dateien für die angesteuerte Domain abgelegt sind. Die Webserver-Software liefert entsprechend der Zuordnung diese Seiten aus.

Zope verfügt auch über die Möglichkeit, virtuelles Hosting zu betreiben. Auch in Zope ist dies die Zuordnung von Domainnamen zu einem bestimmten Ordner. Um die Zuordnung von Domainnamen und Zope-Ordnern kümmert sich das Objekt *Virtual Host Monster*. In früheren Versionen wurde dazu das Objekte *SiteRoot* verwendet, das deutlich schwieriger zu handhaben ist und die Gefahr in sich birgt, dass man sich als Administrator selbst aus Zope ausschließt. Es ist aus Gründen der Abwärtskompatibilität noch in Zope enthalten, sollte aber nicht mehr verwendet werden.

18.5.1 Das Objekt Virtual Host Monster

 Es genügt in der Regel ein einzelnes Virtual Host Monster im `root`-Ordner von Zope anzulegen, um das komplette virtuelle Hosting, das mit der Zope-Installation betrieben werden soll, durchzuführen. Die Id für das Virtual Host Monster spielt dabei keine Rolle, sie sollte nur eindeutig sein, um keine Konflikte mit anderen Objekt-Ids zu erhalten. Betreibt man Zope als einzigen Webserver, sollte man es auf Port 80 starten, dem Standardport für HTTP (*zu Startoptionen siehe Abschnitt 3.7*). Es ist zwar möglich, mehrere Virtual Host Monster in einem Ordner anzulegen, dies sollte aber vermieden werden, da es zu Konflikten kommen kann, die das virtuelle Hosting beeinträchtigen.

Wenn nun zwei Domains, **www.links.local** und **www.rechts.local**, von einer Zope-Instanz verwaltet werden sollen, benötigt man für jede Domain einen Ordner in Zope. Für das Beispiel bekommen sie die Id `links` bzw. `rechts` und werden im `root`-Ordner von Zope abgelegt. In beiden Ordnern sollte zudem jeweils ein Page-Template mit der Id `index_html` liegen. Dieses wird jeweils angezeigt, wenn die Domains aufgerufen werden. Ebenfalls in den `root`-Ordner wird ein Virtual Host Monster mit der Id `hosting` angelegt.

Damit nun bei Aufruf der beiden Domains das jeweils richtige Template angezeigt wird, müssen im Tab *Mappings* des Virtual Host Monsters die beiden Zeilen

```
www.links.de/links
www.rechts.de/rechts
```

eingetragen werden. Eingetragen wird also die Domain, gefolgt vom kompletten Pfad zu dem Ordner, der die jeweiligen Objekte für die Domain enthält. Das Virtual Host Monster überwacht die Anfragen, die an Zope gestellt werden, und lenkt diese an die entsprechenden Ordner weiter. Diese Ordner werden damit quasi zu `root`-Ordnern für ihre jeweilige Domain.

Das hat auch Auswirkungen auf die Verwendung der Methode `absolute_url()`. Diese liefert jetzt im Template `index_html` im Ordner links das Ergebnis

```
http://www.links.de
```

Entsprechend beeinflusst sind die Variablen `URLn` und `BASEn` im REQUEST-Objekt. `URL1` z. B. ist jetzt ebenfalls:

```
http://www.links.de
```

und `URL0` ergibt jetzt

```
http://www.links.de/index_html
```

Dies sollte beachtet werden, wenn man eine Site zunächst ohne virtuelles Hosting entwickelt und testet.

Selbstverständlich ist es auch möglich, mehrere URLs auf einen Ordner zeigen zu lassen oder Subdomains in eigene Ordner zu lenken. Die entsprechenden DNS-Einträge vorausgesetzt, verwaltet das Virtual Host Monster diese problemlos.

18.5.2 Apache und Zope gemeinsam nutzen

Sehr häufig wird Zope gemeinsam mit dem Webserver Apache genutzt. Das ist sinnvoll, um Apaches Caching-Fähigkeit zu nutzen. Oder man benötigt eine verschlüsselte Übertragung der Webseiten, wozu der in Zope integrierte Webserver nicht in der Lage ist.

Hat man Apache als Webserver installiert, wird er in der Regel am Port 80 auf Anfragen warten. Zope läuft dann auf seinem Standardport 8080 (bei Debian-Linux 9673). Das virtuelle Hosting wird in dieser Konstellation von Apache übernommen, der durch Umschreiben von URLs die Anfragen auf Zope umlenkt. Notwendig ist dafür, dass das Apache-Modul *mod_rewrite* aktiviert ist (zur Konfiguration von Apache siehe **http://httpd.apache.org/docs-project/**).

Innerhalb von Zope ist lediglich ein Virtual Host Monster im `root`-Ordner notwendig. Einträge im Mappings-Tab müssen nicht vorgenommen werden. In diesem Fall kümmert sich das Virtual Host Monster um die Neugenerierung von URLs. Ein Beispiel soll das verdeutlichen.

Für die Domain **www.links.local** sieht die Apache-Konfiguration eines virtuellen Hosts, der auf den entsprechenden Ordner in Zope verweist, folgendermaßen aus:

```
NameVirtualHost *
<VirtualHost *>
  ServerName www.links.local
  RewriteEngine On
  RewriteRule /(.*)http://127.0.0.1:8080/VirtualHostBase/¬
      http/www.links.local/links/VirtualHostRoot/$1[L,P]
</VirtualHost>
```

Dabei wird eine Anfrage, die an die Domain **www.links.local** gerichtet ist, umgeschrieben auf die URL

http://127.0.0.1:8080/VirtualHostBase/
http/www.links.local/links/VirtualHostRoot

Die IP-Adresse 127.0.0.1 ist die Adresse für lokale Anfragen. Apache spricht Zope also intern an. Das Virtual Host Monster schreibt diesen URL um und lenkt die Anfrage in den richtigen Zope-Ordner.

Es wird dabei durch die beiden speziellen Pfadelemente *VirtualHostBase* und *VirtualHostRoot* gesteuert.

▶ **VirtualHostBase**

Dieses Pfadelement veranlasst das Virtual Host Monster ein URL zu schreiben, der ein anderes Protokoll, einen anderen Hostnamen und gegebenenfalls einen andern Port enthält als der ursprüngliche URL. Diesem Pfadelement müssen zwei weitere Elemente folgen, die das neue Protokoll und den neuen Hostnamen beschreiben. Die Port-Angabe ist optional und kann für den Standard-HTTP-Port 80 entfallen.

Im Beispiel wird dadurch der URL **www.links.local/links** generiert.

▶ **VirtualHostRoot**

Trifft das Virtual Host Monster auf dieses Pfadelement, »weiß« es, dass der Pfad bis zu diesem Element auf den Zope-Ordner zeigt, der für die aufgerufene Domain als `root`-Ordner fungiert.

Im Beispiel wird deshalb der durch VirtualHostBase erzeugte URL zu **www.links.local** umgeschrieben und gleichzeitig auf den Ordner `links` gelenkt.

Entsprechend muss ein weiterer virtueller Host in Apache konfiguriert werden, der für die Domain **www.rechts.local** zuständig ist und auf den entsprechenden Ordner in Zope verweist:

```
<VirtualHost *>
  ServerName www.rechts.local
  RewriteEngine On
  RewriteRule /(.*) http://127.0.0.1:8080/VirtualHostBase/¬
     http/www.rechts.local/rechts/VirtualHostRoot/$1 [L,P]
</VirtualHost>
```

Die Konfiguration dieses virtuellen Hosts ist ähnlich der für die Domain **www.links.local**. Alle Änderungen sind fett ausgezeichnet. Die Direktive `NameVirtualHost` wir nur einmal angegeben.

Wenn man Apache für das virtuelle Hosting benutzt, und Zope nur über die interne IP 127.0.0.1 anspricht, kann man den Port 8080 für Anfragen von außen sperren. Das ist unter Sicherheitsaspekten eine nicht uninteressante zusätzliche Möglichkeit, sollte aber nur von versierten Administratoren vorgenommen werden.

19 Zope-Administration

19 Zope-Administration

Zope bietet im Management Interface gewisse Funktionen, um den Zope-Server und die Zope-Datenbank zu administrieren. Weitere Verwaltungsfunktionen beziehen sich auf Versionen, die installierten Produkte, das Debugging sowie den Zugriff auf Zope über WebDAV. Dieses Kapitel erläutert all diese Funktionen und deren Verwendung.

19.1 Das Control Panel

Im Control Panel werden vor allem administrative Aufgaben erledigt (*siehe Abbildung 19.1*). Da alles in Zope Objektcharakter hat, gilt dieses auch für das Control Panel. Es nimmt jedoch eine Sonderstellung ein, da man es weder verändern noch löschen kann.

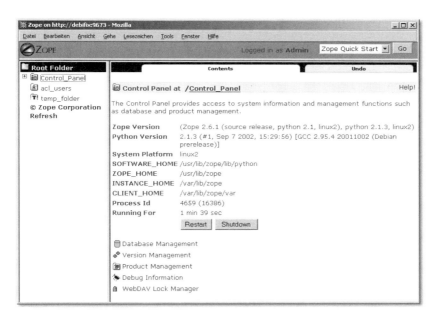

Abbildung 19.1 Das Control Panel

Auf dem Eingangs-Tab erhält man Informationen über das installierte System, z.B. welche Zope-Version installiert ist, auf welchem Betriebssystem die Software läuft und in welchen Verzeichnissen die Zope-Komponenten installiert sind. Zudem ist es hier möglich, den ZServer neu zu starten oder ganz herunterzufahren. Ein Neustart ist z.B. dann notwendig, wenn man ein neues Produkt installiert hat (*siehe hierzu Abschnitt 19.4*)

Im unteren Bereich des Tabs finden sich Links zu weiteren Administrations-Interfaces, die in den folgenden Abschnitten erläutert werden.

19.2 Database Management

In diesem Bereich kann die ZODB verwaltet werden. Die wichtigsten Aufgaben, die hier erledigt werden können, ist das Komprimieren der Datenbank und die Verwaltung des Caches.

19.2.1 Das Database-Tab

Die ZODB kann im Laufe der Zeit einen beträchtlichen Umfang annehmen, da alle Arbeitsschritte in ihr gespeichert werden. Diese Funktion ist für das Rückgängigmachen von Änderungen notwendig, bläht die Datenbank aber auf. Deshalb ist es wichtig, die ZODB von Zeit zu Zeit zu komprimieren.

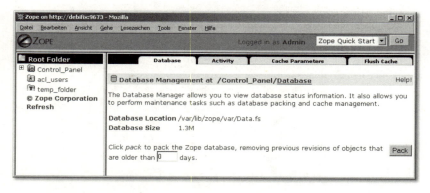

Abbildung 19.2 Das Database-Tab

Dies kann auf diesem Tab erledigt werden, indem man den Button »*Pack*« betätigt (*siehe Abbildung 19.2*). In dem Eingabefeld auf der Seite kann man das Alter der Objekte in Tagen angeben, die aus der Datenbank entfernt werden sollen. Bei Eingabe z.B. der Zahl 3 werden alle Objekte entfernt, die älter als 3 Tage sind. Die Voreinstellung 0 löscht alle zuvor gemachten Änderungen. Das erzielt zwar den größten Komprimierungseffekt, bedeutet aber auch, das kein Arbeitsschritt mehr rückgängig gemacht werden kann.

Allerdings speichert Zope vor dem Komprimieren die Datenbank unter dem Namen **Data.fs.old** im **var**-Verzeichnis der Zope-Installation ab, sodass man notfalls durch Austausch der Datenbank-Datei an frühere Änderungen herankommen kann.

19.2.2 Das Activity-Tab

Auf diesem Tab erhält man eine grafische Ansicht der Datenbankaktivität (*siehe Abbildung 19.3*). Man erhält Informationen über die Anzahl der Verbindungen sowie der geladenen und gespeicherten Objekte. Die Darstellung erfolgt in Balkenform, wobei der rechte die aktuellsten Werte repräsentiert. Durch einen Klick auf einen der Balken »zoomt« man in eine Ansicht für den Zeitabschnitt, den der Balken repräsentiert; erhält also eine zeitlich detailliertere Ansicht.

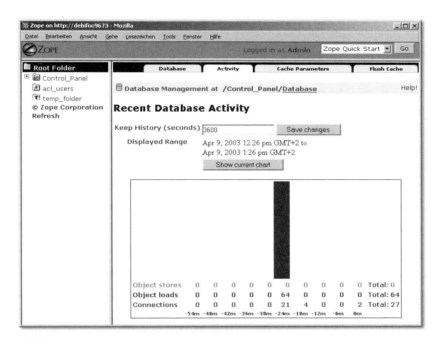

Abbildung 19.3 Das Activity-Tab

Im Feld *Keep History* lässt sich einstellen, welcher Zeitraum für die Betrachtung gewählt werden soll. Die Voreinstellung von 3600 Sekunden entspricht einer Stunde.

Ein Klick auf den Button »*Show current chart*« aktualisiert die Grafik.

19.2.3 Das Tab Cache Parameters

Zope besitzt eine Cache, der die zuletzt aufgerufenen Objekte im Arbeitsspeicher hält. Diese Objekte können schneller ausgeliefert werden, als wenn sie direkt aus der ZODB abgerufen werden. Ein großer Cache steigert also die Performance von Zope, belegt aber mehr Arbeitsspeicher.

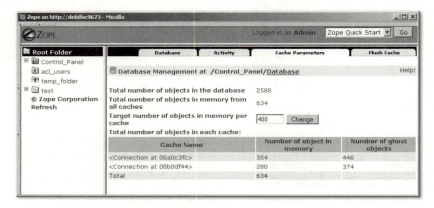

Abbildung 19.4 Das Cache Parameters-Tab

Das Tab zeigt die Gesamtzahl der Objekte in der ZODB und wie viele Objekte sich aktuell im Cache befinden (*siehe Abbildung 19.4*). Unter diesen beiden Angaben hat man die Möglichkeit, die maximale Anzahl der Objekte in den einzelnen Caches festzulegen. Je höher die hier eingestellte Anzahl, desto mehr Arbeitsspeicher nimmt Zope in Anspruch. Da Zope mit je einem Cache pro Thread arbeitet, ist der Arbeitsspeicherbedarf auch davon abhängig, mit wie vielen Threads man Zope gestartet hat (*siehe Abschnitt 3.6.3*). Je mehr Threads, desto mehr Caches, desto mehr Arbeitsspeicher. Letztlich hängt die Wahl der Einstellungen von der zur Verfügung stehenden Hardware und den erwarteten Seitenaufrufen ab.

Die Tabelle auf der Seite zeigt eine detaillierte Auflistung der Objekte in den verschiedenen Caches. Die Angaben in der Spalte *»Cache Name«* sind die Referenzen der Caches im Arbeitsspeicher. Die Spalte *»Number of objects in memory«* zeigt die Anzahl der Objekte pro Cache. Die in der Spalte *»Number of ghost objects«* angezeigten Werte geben die Anzahl noch nicht geladener Objekte wieder. Sie belasten den Arbeitsspeicher kaum, da sie nur mit einer kleinen Referenz dort gehalten werden.

19.2.4 Das Tab Flush Cache

Dieses Tab hat die einzige Funktion, den Cache zu leeren (*siehe Abbildung 19.5*). Durch einen Klick auf den Button »*Minimize*« werden alle Objekt aus dem Cache entfernt. Dieser füllt sich wieder durch neue Zugriffe auf die Objekte.

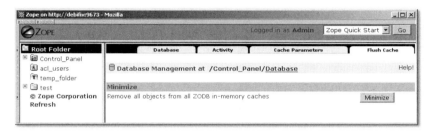

Abbildung 19.5 Das Flush Cache-Tab

19.3 Version Management

Versionen erlauben es, Änderungen oder Weiterentwicklungen einer Website zu realisieren, ohne dass der alte und aktuell veröffentlichte Stand davon berührt wird (*siehe Abschnitt 18.3*). So kann der Entwicklungsprozess »verborgen« stattfinden und erst nach seinem Abschluss wird die neue Version veröffentlicht.

Im Version Management werden alle angelegte Versionen aufgelistet. Damit hat man eine Übersicht über alle aktuellen Stellen, die in der Entwicklung sind. Insbesondere in großen Projekten, die von mehreren Entwicklern bearbeitet werden, können an den unterschiedlichsten Stellen in der Site-Struktur Versionen vorhanden sein. Diese Übersicht kann dann sehr hilfreich sein.

19.4 Product Management

Produkte sind Module, die den Leistungsumfang von Zope erweitern. Es gibt zum einen Software-Produkte, in der Regel Python-Entwicklungen, die als Pakete erhältlich sind und in das Zope-Verzeichnis installiert werden. Zum anderen kann man über das ZMI Produkte entwickeln, die in der ZODB gespeichert werden. Beide Produkt-Arten werden im Product Management aufgelistet (*siehe Abbildung 19.6*). Viele von Zopes Grundfunktionen sind als Produkte realisiert und deshalb in der Liste vertreten. Mittlerweile existieren circa 800 weitere Produkte für die unterschiedlichsten Funktionen. Die weitaus meisten davon sind kostenlos erhältlich. Die größte Übersicht findet sich auf der Internetseite **www.zope.org**.

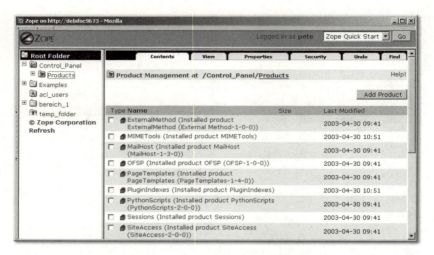

Abbildung 19.6 Liste der installierten Produkte

Nach der Installation eines Software-Produktes und dem Neustart von Zope erscheint es in der Liste. Die meisten Produkte werden in das Verzeichnis **»lib/python/Products«** im Zope-Ordner installiert. In der Regel ist zu jedem Produkt auch eine ausführliche Installationsanleitung erhältlich. Dauerhaft entfernen lassen sich Software-Produkte nur durch Deinstallation des Software-Paketes. Die Löschen-Funktion im Produktmanagement deaktiviert ein solches Produkt nur. Nach einem Neustart von Zope ist es wieder verfügbar.

Eigene Produkte hingegen, werden durch die Löschen-Funktion dauerhaft entfernt. Auch die übrigen Funktionen, die schon aus Ordnern bekannt sind, sind für die Anwendung auf selbst entwickelte Produkte gedacht (*siehe Kapitel 20*).

Software-Produkte und über das ZMI entwickelte Produkte unterscheiden sich in ihrem Icon. Ein Software-Produkt wird durch eine geschlossene Box symbolisiert, während das Icon für selbst entwickelte Produkte eine geöffnete Box darstellt. Ist die Installation eines Software-Produktes fehlgeschlagen oder ist die Entwicklung eines eigenen Produktes fehlerhaft, wird nach einem Neustart von Zope ein Icon angezeigt, das eine zerstörte Box darstellt. Die Funktionsfähigkeit von Zope einschließlich der übrigen Produkte bleibt davon unberührt.

19.5 Debug Information

Diese Seite ist ein wichtiges Hilfsmittel bei der Fehlersuche (*siehe Abbildung 19.7*). Im oberen Bereich erhält man detaillierte Systeminformationen. Darunter befindet sich eine Liste mit dem Namen »*Top Refcounts*«. Diese zeigt an, wie viele Instanzen von welchem Objekt sich aktuell im Arbeitsspeicher befinden. Mit Hilfe der Funktionen »*Update snapshot*« und »*Refresh*« kann man überprüfen, wie sich Objekte bezüglich des Speichers verhalten. Extrem hohe Werte deuten darauf hin, dass ein Objekt den Arbeitsspeicher überflutet.

Abbildung 19.7 Die Debug-Informationen

Die Liste darunter vergleicht die Anzahl geladenen Objektinstanzen an zwei Zeitpunkten und gibt in der Spalte »*Delta*« die Differenz an. Damit hat man einen Blick auf einen zeitlichen Ausschnitt im Objektverhalten. Mit Hilfe der Option »*Autorefresh*« kann man diesen Vergleich fortlaufend führen und damit das Objektverhalten kontrollieren.

19

Die Seite wird in dem eingestellten Intervall neu geladen und zeigt dann aktualisierte Informationen an.

Ganz unten auf der Seite gibt eine Tabelle Informationen über die aktuellen Verbindungen. Die Anzahl der Zeilen dieser Tabelle entspricht der beim Start von Zope eingestellten Anzahl an Threads. Eine offene Verbindung wird in der linken Spalte mit dem Startzeitpunkt angezeigt. In der mittleren Spalte ist der Inhalt des REQUEST-Objektes abgebildet, in dem sich z.B. Informationen über den Benutzerclient (Browser) oder die Seitenaufrufe befinden.

19.6 WebDAV Lock Manager

Bearbeitet man Zope-Objekte auf seinem lokalen Rechner mit einem externen Editor und lädt sie via WebDAV in die ZODB auf den Server, kann man diese auch sperren. Das ist vor allem dann sinnvoll, wenn man in einem Team an einem Projekt arbeitet und verhindern möchte, dass ein Objekt gleichzeitig von zwei oder mehr Personen bearbeitet wird.

Auf dieser Seite werden alle per WebDAV gesperrten Objekte angezeigt. Durch Eingabe eines Pfades in das entsprechende Feld kann man sich die gesperrten Objekte in einem bestimmten Teil der Website anzeigen lassen.

Mit Hilfe des Buttons »Unlock Objects« kann man in der Liste ausgewählte Objekte entsperren.

20 Zope-Produkte entwickeln

20 Zope-Produkte entwickeln

Dieses Kapitel zeigt, wie man Zope mit eigenen Objekten erweitern kann. Es erläutert im ersten Teil die Entwicklung eigener Objekte über das ZMI. Dabei werden die neuen Objekttypen Z Class Zope Factory und Zope Permission in ihrer Verwendung vorgestellt. Der zweite Teil zeigt die Grundlagen der python-basierten Entwicklung eigener Objekte. Es wird auf grundlegende Bestandteile eines Zope-Produktes und ihres Zusammenspiels eingegangen.

Zope bietet in seiner Grundinstallation eine Fülle von Möglichkeiten, um leistungsfähige Web-Anwendungen zu entwickeln. Trotzdem kann es sein, dass eine bestimmte Funktionalität fehlt oder vorhandene Funktionen nicht vollkommen dem Bedarf entsprechen. Zope bietet aber mit dem Konzept der Produkte eine Möglichkeit, die Grundfunktionalitäten zu erweitern. Man kann von der Vielzahl der frei verfügbaren Produkte jene wählen, die den gesuchten Funktionen entsprechen. Das ist die einfachste und schnellste Art, Zope zu erweitern. Ein Blick in den Produkte-Ordner im Control Panel zeigt, dass schon viele der Funktionen, die die Grundinstallation mitbringt, als Produkte realisiert sind. Produkte sind also als Software-Module zu verstehen, die sich in das Zope-Gerüst einfügen.

Findet man unter den frei verfügbaren Produkten (**http://www.zope.org/Products**) nicht die gewünschte Funktionalität, kann man selbst ein Produkt entwickeln, dass genau auf den eigenen Bedarf zugeschnitten ist. Man kann dabei auf zwei Arten vorgehen:

▶ *unter Verwendung von Z Classes*
Das Produkt wird im ZMI entwickelt und in der Zope-Datenbank (ZODB) abgespeichert.

▶ *als Python-Entwicklung*
Das Produkt wird vollständig in Python geschrieben und im Products-Verzeichnis der Zope-Installation abgelegt.

Im Folgenden wird die Entwicklung eines Adressbuch-Produktes mit Z Classes beschrieben, um zu verdeutlichen, welche Schritte dabei zu gehen und welche Dinge zu beachten sind. Danach folgt ein einfaches Beispiel eines python-basierten Produktes.

Das fertige Adressbuch-Produkt kann auch von der Buch CD in den Produkte-Ordner importiert werden. Es befindet sich als **Adressbuch.zexp** im Verzeichnis zu diesem Kapitel.

20.1 Produkte mit Z Classes entwickeln

Mit einer Z Class erstellt man eine Art Muster für Objekte. Dabei können spezifische Eigenschaften und Methoden definiert werden, die das Objekt besitzt. Über das Pulldown-Menü zum Hinzufügen neuer Objekte ist das so erstellte Muster genauso wie andere Objekte auswählbar. Man spricht in diesem Zusammenhang auch von einer Klasse (das Muster) und seinen Klasseninstanzen (das hinzugefügte Objekt). Die Instanz besitzt alle Eigenschaften und Methoden, die in der Klasse definiert wurden. Wird die Klasse geändert, geht die Änderung auf alle Instanzen der Klasse über, während die Änderung einer Instanz die Klasse nicht modifiziert.

Ein Klasse kann Eigenschaften und Methoden von anderen Klassen übernehmen. Dieser Vorgang wird auch als Vererbung bezeichnet. Es ist dadurch möglich, eine Klasse zu erstellen, die auf einer oder mehreren anderen Klassen basiert.

Mit Z Classes besitzt Zope die Möglichkeit, über das ZMI neue Klassen zu erstellen. Das kann von Vorteil sein, wenn man keinen Zugriff auf das Dateisystem des Servers hat, auf dem Zope installiert ist. Damit bleibt einem auch die Möglichkeit verwehrt, Python-Produkte zu entwickeln. Z Class-Produkte lassen sich zudem so exportieren, dass sie in andere Zope-Installationen eingefügt werden können.

Allerdings ist man mit Z Classes auch den Beschränkungen unterworfen, die für die Verwendung von Python in Zope gelten. Benötigt man für sein Produkt Funktionen, die über diese Beschränkungen hinausgehen, muss man ein Python-Produkt entwickeln. Trotzdem sind Z Classes für viele Anwendungsfälle ein gutes Werkzeug.

20.1.1 Ein Produkt anlegen

Bevor man mit der Arbeit an einem Produkt beginnt, ist es ratsam, einige Überlegungen bezüglich der Verwendung vorzunehmen. Dabei geht es darum, zu definieren, welche Klassen mit welchen Eigenschaften und Methoden man benötigt. Das Adressbuch soll aus einem Container-Objekt bestehen, in dem Adressen gespeichert werden können. Dieser Container soll Kategorien liefern, die den Adressen zugewiesen werden können. Es soll möglich sein, Kategorien hinzuzufügen. Dieses Objekt muss ähnlich einem Ordner funktionieren, da es andere Objekte (Adressen) aufnehmen muss.

Ein zweiter Objekttyp bildet die Adresse. Dieser Typ muss die Möglichkeit bieten, einen Namen, eine Straße und einen Ort einzugeben. Diese werden als Eigenschaften des Objektes realisiert. Es wird dann später möglich sein, ein Objekt vom Typ Adresse hinzuzufügen, dem dann Werte für die Eigenschaften Name, Straße und Ort gegeben werden können.

Zum Anlegen des neuen Produktes muss man in den Ordner Products im Control Panel wechseln. Dort hat man oberhalb der Liste der installierten Produkte einen Button »*Add Product*«. Die Betätigung dieses Buttons liefert einem die Ansicht wie sie Abbildung 20.1 zeigt.

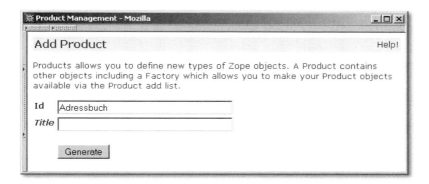

Abbildung 20.1 Ein neues Produkt hinzufügen

Ein neues Produkt erhält die zope-typische Id und kann optional einen Titel haben. Nach Betätigung des Buttons »*Generate*« wechselt die Ansicht zurück zur Liste der installierten Produkte, in der jetzt ein neuer Eintrag mit dem Namen *Adressbuch* und dem nebenstehenden Icon enthalten ist.

Ein Klick auf den Namen des Produktes öffnet das Content-Tab des Produktes (*siehe Abbildung 20.2*). Das Produkt ist einem Ordner ähnlich. Es nimmt alle Elemente auf, die zum Produkt gehören.

Direkt nach der Installation befindet sich im Produkt-Container ein Ordner mit einem Fragezeichen und der Id `Help`. Dies ist ein spezieller Ordner, der Hilfeseiten zum Produkt aufnehmen soll, die dann in der integrierten Zope-Hilfe erscheinen (*siehe Abschnitt 20.1.10*).

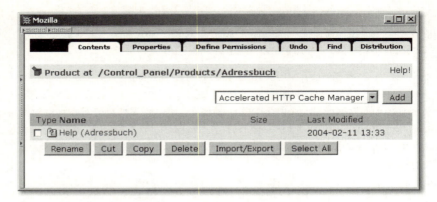

Abbildung 20.2 Das Content-Tab eines Produktes

20.1.2 Z Classes hinzufügen

Innerhalb eines Produkt-Containers lässt sich jeder Objekttyp anlegen. Der entscheidende Objekttyp, die Z Class, lässt sich aber nur hier anlegen. Nach Auswahl der Z Class im Pulldown-Menü zur Objektwahl erscheint eine Eingabeseite wie sie Abbildung 20.3 zeigt.

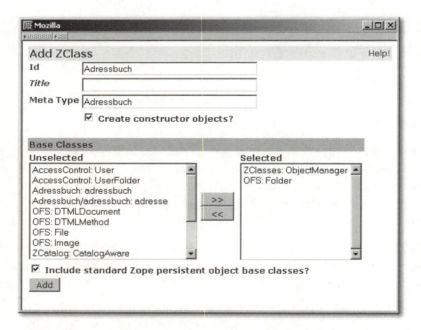

Abbildung 20.3 Hinzufügen einer Z Class

Die Z Class erhält wie gewohnt eine Id und optional einen Titel. Als dritte Angabe (*Meta Type*) ist ein Name zu vergeben, unter dem der neue Objekttyp in der Objektauswahl erscheint. Schließlich kann man wählen, ob einige weitere Objekte erstellt werden sollen (*Create constructor objects?*), die für das Anlegen eines Objektes von diesem (neuen) Typ notwendig sind. Wählt man diese Option ab, muss man später diese Objekte selbst anlegen.

Für den ersten Objekttyp des Adressbuch-Produktes müssen die Einstellungen wie in Abbildung 20.3 übernommen werden. Es handelt sich um das Objekt, das die Adressen aufnimmt, und wird unter dem Namen »Adressbuch« in der Objektwahl erscheinen.

Damit es andere Objekte (Adressen) aufnehmen kann, muss es noch einige Basisklassen erhalten. Die Wahl, welche Basisklassen eine Z Class erhalten soll, kann im unteren Bereich der Ansicht getroffen werden. In der linken Auswahlliste (*Unselected*) sind die Klassen aufgelistet, die zur Verfügung stehen. Um eine dieser Klassen als Basisklasse für die Z Class festzulegen, wird sie in der Auswahlliste angewählt und durch Klick auf den Button »>>« in die rechte Liste (*Selected*) eingetragen. Mit einem Klick auf den Button »<<« wird eine gewählte Basisklasse wieder entfernt.

Bei Wahl von Basisklassen sollte man bedenken, dass ein späteres Entfernen oder Hinzufügen nicht möglich ist und dass die Reihenfolge der Auswahl für das korrekte Funktionieren der Z Class wichtig ist, da auch die Basisklassen teilweise voneinander erben.

Für die Z Class Adressbuch ist es notwendig, die Klassen *Z Classes: Object Manager* und *OFS: Folder* hinzuzufügen. Durch erstere kann in der Z Class definiert werden, welche Objekttypen das Adressbuch aufnehmen kann, die zweite ermöglicht dem Adressbuch, überhaupt Objekte aufzunehmen.

Schließlich kann man unterhalb der Listen entscheiden, ob die Z Class Standard-Objekt-Klassen als Basisklassen haben soll (*Include standard Zope persistent object base classes?*). Diese Standard-Klassen geben der Z Class die Möglichkeit, Rechte zu verwalten, die Rolle *Owner* für das Objekt zu manipulieren und Änderungen rückgängig zu machen. Für das Adressbuch sollte diese Option in jedem Fall gewählt werden.

Mit einem Klick auf den Button »*Add*« wird die Z Class angelegt. Zusätzlich werden, wenn die Option zum Anlegen der Konstuktor-Objekte gewählt wurde, fünf neue Objekte im Produkt-Container angelegt (*siehe Abbildung 20.4*): Die *Z Class* mit der gewählten Id, ein *Python-Skript*, das das Anlegen eines Objektes von diesem Typ regelt, eine *DTML-Methode*, die die Ansicht zum Hinzufügen eines Objektes dieses Typs liefert, eine *Zope Permission*, die das Recht zum Hinzufügen eines Objektes dieses Typs bereitstellt sowie eine *Zope Factory*, eine Art Verwaltungsobjekt für die Z Class (*siehe Abschnitt 20.1.9*). Alle diese Objekte können auch »von Hand« angelegt werden. Die beiden letztgenannten stehen, wie auch die Z Class, nur in einem Produkt-Container zur Verfügung.

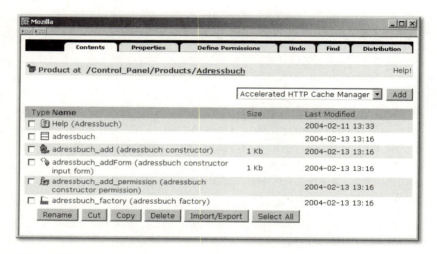

Abbildung 20.4 Objekte nach Anlegen einer Z Class

Im `root`-Ordner des ZMI kann jetzt ein neuer Objekttyp mit dem Namen *Adressbuch* gewählt werden. Allerdings sind noch einige Modifikationen nötig, um dem Objekt die volle gewünschte Funktionalität zu geben.

20.1.3 Eigenschaften zur Z Class hinzufügen

Klickt man auf das Icon (nebenstehend) oder den Namen der Z Class, öffnet sich das Tab *Methods*. Hier kann z.B. eine Ansicht für das Objekt angelegt werden, die gezeigt wird, wenn es über das Web aufgerufen wird (`index_html`). Es soll aber zunächst eine Eigenschaft für die Z Class angelegt werden. Jede Instanz des Objektes wird diese Eigenschaft haben, aber sie kann in jeder Instanz mit unterschiedlichen Werten versehen werden.

Das Anlegen der Eigenschaften erfolgt im Tab *Property-Sheets* (*siehe Abbildung 20.5*). Die Organisation der Eigenschaften erfolgt in so genannten Property-Sheets. Damit lassen sich Eigenschaften zu Gruppen zusammenfassen, was unter Umständen für die Übersicht und auch die inhaltliche Organisation von Vorteil ist.

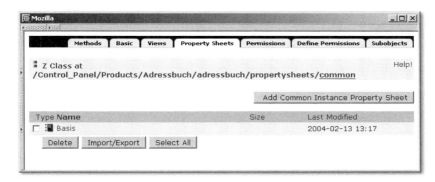

Abbildung 20.5 Das Tab Property-Sheets

Ein Property-Sheet wird über den Button »Add Common Instance Property-Sheet« angelegt. Man erhält eine Ansicht zur Eingabe einer Id und eines optionalen Titels. Für das Property-Sheet der Z Class `adressbuch` ist hier `Basis` einzugeben. Nach einem Klick auf den »*Add*«-Button sollte das Tab Property-Sheets wie in Abbildung 20.5 aussehen.

Klickt man jetzt das Property-Sheet an, gelangt man zu einer Ansicht, in der Eigenschaften hinzugefügt werden können. Dieses Hinzufügen von Eigenschaften unterscheidet sich nicht vom Hinzufügen von Eigenschaften bei Standard-Zope Objekten, etwa Ordnern oder Page-Templates. Man vergibt einen Namen und wählt einen Datentyp. Einige Datentypen verlangen die Eingabe eines Wertes (*siehe auch Abschnitt 4.2.2*).

Für das Adressbuch soll hier eine Eigenschaft mit dem Namen `Kategorien` und dem Datentyp *lines* angelegt werden. Werte werden nicht eingegeben. Jede neu angelegte Instanz der Z Class `Adressbuch` wird also die Eigenschaft Kategorien besitzen. Welche das im Einzelnen sind, muss jeweils in der Instanz geregelt werden.

20.1.4 Views zur Z Class hinzufügen

Damit in der Instanz auch Werte für die gerade angelegte Eigenschaft eingegeben werden können, ist es notwendig, ein Interface dafür anzulegen. Dies geschieht im Tab *Views* der Z Class (*siehe Abbildung 20.6*). Hier anlegte Views erscheinen in einer Instanz der Z Class als Tab. Je nach Basisklasse können hier schon einige Views automatisch angelegt worden sein. So wurde beim Anlegen der Z Class `Adressbuch` bereits das von Ordnern her gewohnte Tab *Contents* angelegt, da die Klasse `OFS: Folder` als Basisklasse für Adressbuch gewählt wurde.

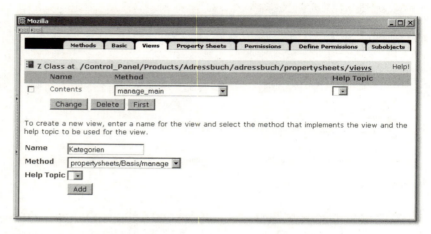

Abbildung 20.6 Das Tab Views

Zum Anlegen eines neuen Views muss unterhalb der Liste ein Name für das View eingegeben werden. Dieser Name erscheint in der Instanz als Bezeichnung des Tabs. Des Weiteren muss eine Methode bestimmt werden, die das Tab generiert; in der Regel sind dies HTML-Formulare. Je nach gewählter Basisklasse erscheinen in dem Pulldown-Menü unterschiedliche Methoden. Auch alle angelegten Property-Sheets sowie im Methods-Tab angelegte Objekte lassen sich über das Menü auswählen.

Schließlich kann man ein Hilfethema auswählen, das dem View zugeordnet wird. Hilfethemen müssen sich im Help-Ordner des Produkt-Containers befinden, um hier im Pulldown-Menü zu erscheinen (*siehe Abschnitt 20.1.10*). Wenn ein Hilfethema gewählt wurde, erscheint der Link »*Help!*« auf dem Tab, der die Zope-Hilfe mit dem zugehörigen Hilfethema aufruft.

Für das Adressbuch soll hier nun ein View mit dem Namen »Kategorien« angelegt werden. Damit in der Instanz ein Tab zur Eingabe von Kategorien erscheint, muss als Methode `propertysheets/Basis/manage` im Pulldown-Menü gewählt werden. Ein Hilfethema kann noch nicht zugeordnet werden. Nach einem Klick auf den Button »*Add*« erscheint das neue View am Ende der Liste.

Dort kann sowohl die Methode als auch das Hilfethema für jedes View mittels der entsprechenden Pulldown-Menüs geändert werden. Ebenso können Views mit dem »*Delete*«-Button wieder entfernt werden, auch solche, die beim Anlegen der Z Class automatisch hinzugefügt wurden. Die Reihenfolge der Tabs in den Instanzen kann über den Button »*First*« geändert werden. Wählt man ein View in der Liste an und klickt diesen Button, wird das View an die Spitze der Liste versetzt. In der Instanz ist dieses View dann das erste von links und damit auch das aktive beim Klick auf die Instanz.

Legt man jetzt eine Instanz des Adressbuchs im `root`-Ordner an oder wählt eine eventuell schon vorher angelegte aus, wird man feststellen, dass diese nun ein Tab mit dem Namen *Kategorien* besitzt. Klickt man dieses an, findet man dort ein Eingabefeld, in dem Kategorien eingegeben werden können.

20.1.5 Änderung der Return-Ansicht

Wenn man Kategorien hinzugefügt hat und den Button »*Save Changes*« klickt, erscheint eine Ansicht, die die Änderung der Kategorien bestätigt. In dieser Ansicht ist ein »*Ok*«-Button enthalten, der einen auf das *Kategorien*-Tab zurückführt. Das ist nicht sehr komfortabel. Besser wäre es, man käme auf das *Contents*-Tab des Adressbuches zurück. Wenn man allerdings wie oben beschrieben ein Property-Sheet als Methode für ein View wählt, hat man keinen Einfluss darauf, welche Ansicht nach dem Ändern der Kategorien angezeigt wird.

Man kann jedoch eine eigene Ansicht erstellen und als Alternative benutzen. Diese eigene Ansicht kann man sich auch von Zope generieren lassen. Dazu wählt man aus dem Pulldown-Menü zur Objektwahl *Property-Sheet Interface*. Dies ist kein Objekt, sondern ein Hilfsmittel zur Generierung von DTML-Methoden. Und hier liegt auch gleich das Manko dieses Hilfsmittels: Es erzeugt ausschließlich DTML-Methoden, nicht aber Page-Templates wie dies *Z Search Interface* macht (*siehe Abschnit 16.4.1*). Gleichwohl können ebenso gut Page-Templates in Z Classes verwendet werden.

Man kann sich behelfen, indem man mit Property-Sheet Interface eine DTML-Methode generiert und deren Quelltext in ein Page-Template kopiert. Zunächst muss also *Property-Sheet Interface* im Tab *Methods* der

Z Class aufgerufen und mit den Angaben wie in Abbildung 20.7 gezeigt versehen werden.

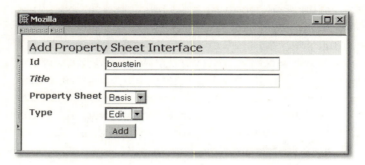

Abbildung 20.7 Eine Ansicht hinzufügen

Man vergibt eine Id für die DTML-Methode und optional einen Titel. Da die DTML-Methode nur die Funktion hat, Quelltext zu liefern, erhält sie die Id `baustein`. Im Pulldown-Menü *Property-Sheet* werden alle vorhandenen Property-Sheets aufgelistet. Hier muss das Sheet `Basis` gewählt werden.

Unter Type kann gewählt werden, ob eine Ansicht zum Editieren (Edit) oder zum Betrachten (View) der Eigenschaften erstellt werden soll. Hier muss Edit gewählt werden, damit ein Formular zur Dateneingabe erzeugt wird. Mit dem Klick auf den *»Add«*-Button gelangt man wieder in das Tab *Methods*, in dem nun eine DTML-Methode mit der Id `baustein` vorhanden ist.

Als nächster Schritt wird hier ein Page-Template mit der Id `kat_manage` angelegt. Dieses Template erhält den gesamten Quelltext der DTML-Methode von `<body>` bis `</body>`, also den gesamten Seitenkörper. Dieser Quelltext wird folgendermaßen modifiziert (Modifikationen fett gedruckt):

```
<html>
  <head>
    <title tal:content="template/title">The title</title>
    <link rel="stylesheet" type="text/css"
          href="/manage_page_style.css">
  </head>
  <body>
    <tal:tabs content="structure here/manage_tabs">
    tabs</tal:tabs>
```

```
<form action="propertysheets/Basis/¬
             manage_editProperties">
<table>
 <tr><th align=left valign=top>Kategorien</th>
  <td align=left valign=top>
   <textarea name="Kategorien:lines" rows="6" cols="35">
    <tal:input repeat="kat here/Kategorien"
          content="kat">Kategorie</tal:input>
   </textarea>
  </td>
 </tr>
 <tr><td colspan=2>
  <input type=submit value=" Change ">
  <input type=reset value=" Reset ">
 </td></tr>
</table>
</form>
</body>
</html>
```

Listing 20.1 Das Page-Template kat_manage

Die erste Modifikation verbindet die Seite mit dem Standard-Stylesheet des ZMI. Damit wird gewährleistet, dass das Tab dem Aussehen der übrigen Tabs angepasst wird.

Mit der zweiten Modifikation werden die Reiter der anderen Tabs in die Seite eingefügt. Diese können mit `here/manage_tabs` akquiriert werden.

Schließlich muss dafür gesorgt werden, dass in dem Textfeld des Formulars die vorhandenen Kategorien angezeigt werden. Da diese als Sequenz vorliegen, wird mit dem `repeat`-Befehl durch diese Sequenz iteriert.

Jetzt kann dieses Template als View verwendet werden. Dazu kann im *Views*-Tab der Z Class die Methode bei *Kategorien* geändert werden. Im entsprechenden Pulldown-Menü muss dazu das soeben erstellte Page-Template `kat_manage` gewählt und dann der Button »*Change*« betätigt werden.

Jetzt wird in der Instanz des Adressbuches für das Tab *Kategorien* das Page-Template `kat_manage` angezeigt. Allerdings wird nach dem Ändern der Kategorien noch immer die alte Bestätigungsansicht angezeigt. Um nun auch das zu ändern, ist in der Z Class ein Python-Skript notwendig, das die Arbeit der Kategorien-Änderung, also Speicherung der Eigenschaftswerte, sowie das Weiterleiten auf das Contents-Tabs übernimmt.

Im Methods-Tab der Z Class wird daher ein Python-Skript mit der Id `kat_edit` angelegt. Es erhält folgenden Quelltext:

```
## Script (Python) "kat_edit"
##parameters=
context.propertysheets.Basis.
manage_changeProperties(context.REQUEST)
context.REQUEST.RESPONSE.
redirect(context.REQUEST.URL1+'/manage_main')
```

Listing 20.2 Das Python-Skript kat_edit

Das Skript sorgt mit der Methode `manage_changeProperties()` dafür, dass die Änderungen an den Kategorien im Property-Sheet eingetragen werden. Anschließend lenkt es mit der Methode `redirect()` auf das *Contents*-Tab der Instanz weiter. Dieses Tab wird durch das Objekt `manage_main` bereitgestellt, das aus der Basisklasse `OFS:Folder` bezogen wird.

Jetzt muss nur noch im Page-Template `kat_manage` das `action`-Attribut des `form`-Tags wie folgt geändert werden:

```
<form action="kat_edit">
```

Wenn in einer Instanz des Adressbuchs im Tab *Kategorien* nun der Button *»Change«* betätigt wird, wird das soeben erstellte Python-Skript aufgerufen.

20.1.6 Die Z Class Adresse hinzufügen

Das zweite Objekt, das für das Adressbuch benötigt wird, ist ein Speicher für eine einzelne Adresse. Dafür wird eine weitere Z Class benötigt, die im Tab Methods der Z Class `adressbuch` angelegt wird. Die neue Z Class wird also quasi innerhalb der bereits existierenden angelegt. Der Grund dafür ist, dass dann Instanzen dieser Klasse nur innerhalb des Adressbuchs angelegt werden können. In einem normalen Ordner findet sich im Objektwahl-Menü das Objekt Adresse nicht an. Platzierte man die Z Class für eine Adresse auf der gleichen Ebene wie die Z Class `adressbuch`, könnte man auch sie in normalen Ordnern anlegen. So aber ist eine Adresse ein Unterobjekt des Adressbuches.

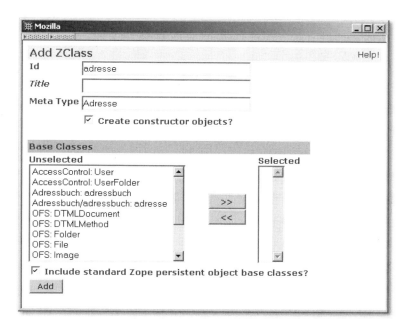

Abbildung 20.8 Anlegen der Z Class adresse

Die neue Z Class erhält die Id `adresse` und wird mit den Einstellungen wie in Abbildung 20.8 gezeigt angelegt. Da dieser Objekttyp keine weiteren Objekte aufnehmen muss, ist es nicht notwendig, Basisklassen festzulegen. Nach dem Anlegen der Z Class befinden sich im *Methods*-Tab die Z Class selbst, das *Python-Skript*, das eine Instanz erstellt, eine *DTML-Methode*, die die Ansicht zum Anlegen einer Adresse liefert und eine *Z Factory* für das neue Objekt. Die Zope Permission für die Adresse wurde im Contents-Tab des Produkt-Containers abgelegt, da dieser Objekttyp nicht innerhalb einer Z Class angelegt werden kann.

Schaut man sich jetzt das *Contents*-Tab einer Adressbuch-Instanz an, wird man einen Button *»Add Adresse«* finden, der es ermöglicht, im Adressbuch eine Instanz dieser gerade erstellten Z Class `adresse` anzulegen.

Allerdings nützt einem diese Instanz noch nicht sehr viel, da es noch nicht möglich ist, Adressdaten einzugeben. Diese sollen Eigenschaften einer Adress-Instanz sein. Deshalb benötigt die Z Class ein Property-Sheet, mit den entsprechenden Eigenschaften.

20

Im Tab Property-Sheets der Z Class `adresse` muss jetzt zunächst ein Property-Sheet mit der Id `adressdaten` angelegt werden. Darin werden die Eigenschaften `Kategorie`, `Vorname`, `Nachname`, `Strasse`, `Nr`, `PLZ` und `Ort` angelegt (*siehe Abbildung 20.9*). Alle Eigenschaften erhalten den Datentyp *string*, mit Ausnahme von `Kategorie`. Diese bekommt den Datentyp `selection` und als Wert wird `Kategorien` eingetragen. Die Eigenschaft akquiriert damit die Eigenschaft `Kategorien` der Z Class `adressbuch` und stellt deren Werte als Pulldown-Menü dar.

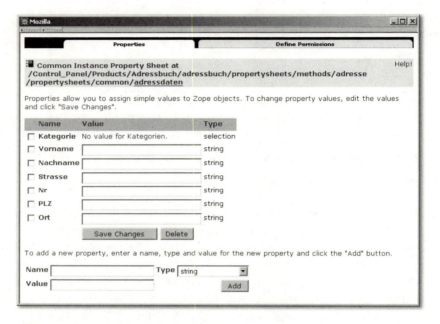

Abbildung 20.9 Das Property-Sheet adressdaten

Die Akquisition funktioniert allerdings nur in den Instanzen des Adressbuchs bzw. der Adresse. In der Z Class bekommt man leider den verwirrenden Hinweis, dass die Eigenschaft keine Werte besitzt. Das ist zwar richtig, aber Zope würde in dem Fall normalerweise ein leeres Pulldown-Menü anzeigen. Man könnte zwar die Eigenschaft `Kategorien` beim Produkt-Container anlegen, um im Property-Sheet `adressdaten` ein Pulldown-Menü zu erhalten, aber damit hätte man zwei Stellen geschaffen, an denen es eine Eigenschaft `Kategorien` gibt, was für den Aufbau und die Organisation eines Produktes nicht sehr glücklich ist. Letztlich entscheidend ist, ob in den Instanzen dieses Produktes die Akquisition der Kategorien funktioniert, was zweifelsfrei der Fall ist.

Als nächster Schritt muss dafür gesorgt werden, dass es in den Instanzen des Adress-Objektes eine Ansicht gibt, die die Eingabe der Adressdaten ermöglicht. Allerdings soll hier nicht die Ersteingabe der Adressdaten erfolgen, sondern eine Bearbeitung der Daten möglich sein. Die Ersteingabe soll direkt bei der Erstellung einer neuen Adresse erfolgen (*siehe Abschnitt 20.1.7*). Für die Bearbeitungsansicht wird im Tab Views der Z Class `adresse` eine neue Ansicht mit dem Namen *Bearbeiten* hinzugefügt. Als Methode für diese Ansicht muss das soeben erstellte Property-Sheet `adressdaten` ausgewählt werden. Nachdem die Ansicht angelegt wurde, erscheint sie in der Liste der Ansichten. Damit sie das erste Tab ist, das gezeigt wird, wenn man auf eine Adresse klickt, muss das View jetzt noch an die Spitze der Liste versetzt werden. Dazu wählt man es in der Liste aus und klickt auf den Button *»First«*.

Legt man jetzt eine Adresse an und klickt diese an, erscheint nun das Tab *Bearbeiten* und die Adressdaten können modifiziert werden.

20.1.7 Eingabeformular für eine Adresse erstellen

Wie zuvor erwähnt, soll beim Anlegen einer Adresse eine Ansicht erscheinen, in der gleich alle Adressdaten eingeben werden könnten. Zope allerdings erstellt beim Anlegen einer Z Class nur eine DTML-Methode, die ein Formularfeld zur Eingabe einer Objekt Id enthält. Diese Methode mit der Id `adresse_addForm` befindet sich im Tab Methods der Z Class `adresse`. Sie muss also bearbeitet oder ersetzt werden, um eine Eingabe der Adressdaten schon beim Anlegen einer Adresse zu erhalten. Für das Beispiel wird die DTML-Methode durch ein Page-Template ersetzt. Dieses Template erhält die Id `adresse_add-Form` und folgenden Quelltext:

```
<html>
 <head>
  <title tal:content="template/title">The title</title>
 </head>
 <BODY BGCOLOR="#FFFFFF" LINK="#000099" VLINK="#555555">
  <h2>Neue Adresse hinzuf&uuml;gen:</h2>
  <form action="adresse_add">
   <table>
    <tr>
     <th>Id</th>
     <td><input type="text" name="id"></td>
    </tr>
```

```
<tr>
 <th align="left" valign="top">Kategorie</th>
 <td align="left" valign="top">
  <select name="Kategorie">
   <tal:r repeat="kat here/Kategorien">
   <option tal:content="kat">Kategorie</option>
   </tal:r>
  </select>
 </td>
</tr>
<tr>
<th align=left valign=top>Vorname</th>
<td align=left valign=top><input name="Vorname"></td>
</tr>
<tr>
 <th align=left valign=top>Nachname</th>
 <td align=left valign=top><input name="Nachname"></td>
</tr>
<tr>
 <th align=left valign=top>Strasse</th>
 <td align=left valign=top><input name="Strasse"></td>
</tr>
<tr>
 <th align=left valign=top>Nr</th>
 <td align=left valign=top><input name="Nr"></td>
</tr>
<tr>
 <th align=left valign=top>PLZ</th>
 <td align=left valign=top><input name="PLZ"></td>
</tr>
<tr>
 <th align=left valign=top>Ort</th>
 <td align=left valign=top><input name="Ort"></td>
</tr>
<tr>
 <td> </td>
 <td><input type=submit value=" Hinzuf&uuml;gen "></td>
</tr>
</table>
</form>
```

```
</body>
</html>
```

Listing 20.3 Das Page-Template adresse_addForm

Das Template bildet ein Formular mit Eingabefeldern für alle Adressdaten. Für die Kategoriewahl erzeugt es ein Pulldown-Menü mit den in
der Adressbuch-Instanz angegeben Kategorien (im Listing fett
gedruckt). Wird der Submit-Button des Formulars betätigt, wird das
Python-Skript `adresse_add` aufgerufen, das für das Anlegen des neuen
Objektes zuständig ist. Dieses Skript kann zwar schon ein neues Objekt
anlegen, kann diesem aber noch nicht die Adressdaten zuweisen. Dazu
muss es folgendermaßen modifiziert werden:

```
# *********************************************************
# Perform any initialization of the new instance here.
# For example, to update a property sheet named "Basic" from
# the form values, uncomment the following line of code:
instance.propertysheets.adressdaten.¬
        manage_editProperties(request)
# *********************************************************
```

Listing 20.4 Modifikation am Python-Skript adress_add

Innerhalb des Bereiches, der mit Linien aus Sternen gekennzeichnet ist,
ist bereits eine Codezeile vorgesehen, die mittels der Methode `manage_
editProperties()` der neuen Adress-Instanz die angegeben Adress-
daten hinzufügt. Diese Zeile muss wie in Listing 20.4 gezeigt modifiziert werden, damit die Adressdaten dem entsprechenden Property-
Sheet zugeordnet werden können.

Klickt man nun in einer Instanz des Adressbuches den Button »*Add
Adresse*«, erscheint ein Interface wie in Abbildung 20.10 gezeigt.

20.1.8 Eine Anzeige-Ansicht erstellen

Bislang können Adressen hinzugefügt, aber nicht angezeigt werden. Es
fehlt eine entsprechende Ansicht, die alle vorhandenen Adressen
anzeigt. Eine solche Ansicht muss notwendigerweise der Container
bereitstellen, der die Adressen aufnimmt. Also muss der Z Class
`adressbuch` eine Methode hinzugefügt werden, die diese Ansicht bietet.

Im Tab *Methods* dieser Z Class wird dazu ein Page-Template mit der Id
`index_html` angelegt. Aufgrund der besonderen Funktion der Id

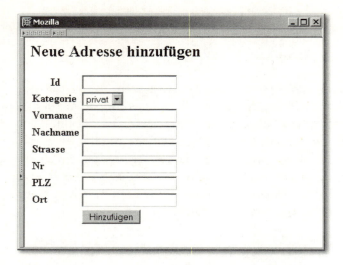

Abbildung 20.10 Neue Ansicht zum Hinzufügen einer Adresse

`index_html` wird eine Adressbuch-Instanz damit auch vom Web aus aufrufbar. Hat man eine Instanz mit der Id `meineAdressen` im root-Ordner von Zope angelegt, wäre die Ansicht der Adressen dann mit

http://domain/meinAdressbuch

aufrufbar. Vom lokalen Rechner z.B. wäre der komplette URL dann:

http://localhost:8080/meinAdressbuch

Der Quelltext des Page-Templates notiert sich in folgender Form:

```
<html>
 <head>
  <title tal:content="template/title">The title</title>
 </head>
<body>
 <table>
  <tal:r repeat="adresse container/objectValues">
   <tr>
    <th align="left" tal:content="adresse/Vorname">
       Vorname</th>
    <th align="left" tal:content="adresse/Nachname">
       Nachname</th>
   </tr>
   <tr>
```

```
  <td align="left" tal:content="adresse/Strasse">
      Strasse</td>
  <td align="left" tal:content="adresse/Nr">
      Nr</td>
 </tr>
 <tr>
  <td align="left" tal:content="adresse/PLZ">PLZ</td>
  <td align="left" tal:content="adresse/Ort">Ort</td>
 </tr>
 <tr>
  <td colspan="2"> </td>
 </tr>
</tal:r>
 </table>
 </body>
</html>
```

Listing 20.5 Die Methode index_html der Z Class adressbuch

Das Template erzeugt eine einfache tabellarische Darstellung der Daten jeder Adresse. Um alle Adressen anzuzeigen, müssen alle Adress-Objekte aus dem Adress-Container ausgelesen werden. Mit einer `repeat`-Schleife (im Listing fett gedruckt) kann dann jede Adresse angezeigt werden.

Das Template bietet nur eine ganz einfache Anzeige der Adressen. Aber es kann natürlich dem Design einer Web-Applikation entsprechend gestaltet werden. Ebenso ließe sich eine Auswahl nach Kategorien integrieren und ein Link zu einem Formular zum Hinzufügen einer neuen Adresse. Letztlich hängt die Entwicklung der öffentlichen Interfaces vom Bedarf und den Erfordernissen einer Web-Applikation ab.

Dieses Template kann auch genutzt werden, um ein View für die Ansicht der Adressen innerhalb des ZMI einzurichten. Dazu muss es in der mittlerweile bekannten Weise im View-Tab der Z Class `adressbuch` eingestellt werden.

20.1.9 Weitere Objekte in der Produkt-Entwicklung

Das Zope Factory Objekt

Das *Factory* Objekt (*siehe Abbildung 20.11*) ist eine Art Verwaltung innerhalb eines Produktes. Es wird beim Anlegen einer Instanz einer Z Class angesteuert und regelt, welche Methode aufgerufen wird, wenn

im Pulldown-Menü zur Objektwahl der Name eines Objektes aufgerufen wird.

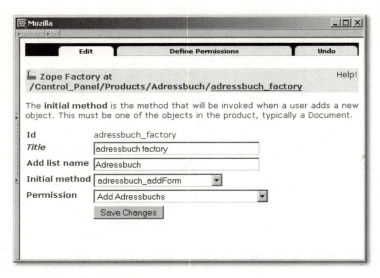

Abbildung 20.11 Das Edit-Tab einer Zope Factory

Der Name, der im Pulldown-Menü erscheint (*Add list name*), sowie die
Methode, die aufgerufen wird (*Initial methode*), sind modifizierbar.
Ebenfalls kann ein Recht eingestellt werden (*Permission*), das notwendig ist, um eine Instanz anzulegen. Hat man beim Erstellen einer
Z Class die Option zum Erstellen der Konstruktor-Objekte gewählt,
wird die Factory gleich mit den richtigen Einstellungen mit angelegt. In
der Regel ist es nicht notwendig, an diesen Einstellungen etwas zu
ändern.

Zope Permission Objekt

Mit dem *Permission*-Objekt wird ein Recht definiert, das in der Liste der
Rechte im *Security*-Tab erscheint. Permissions können nur im Produkt-
Container angelegt werden. Will man beispielsweise das Bearbeiten
von Adressen einschränken, ist ein Recht notwendig, das dieser Funktion zugeordnet werden muss.

Zunächst wird dazu eine *Zope Permission* im Produkt-Container erstellt.
Diese erhält die Id `adresse_edit_permission` und den Namen *Edit
Adresse*. Mit diesem Namen wird das Recht in den *Security*-Tabs der ver-
schiedenen Zope-Objekte erscheinen.

Im zweiten Schritt muss dieses neue Recht zu den bereits vorhandenen Rechten der Z Class `adresse` hinzugefügt werden. Dies geschieht im Tab *Permissions* der Z Class (*siehe Abbildung 20.12*).

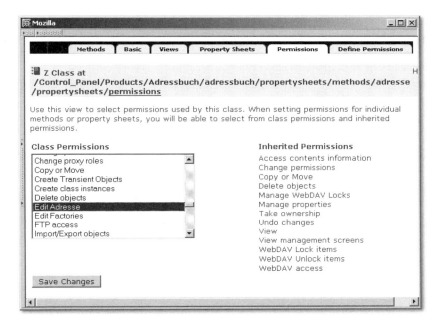

Abbildung 20.12 Das Permissions-Tab der Z Class

Das Tab listet die von den Basisklasse der Z Class geerbten Rechte in der rechten Liste auf. Im linken Auswahlfeld können weitere Rechte durch Anklicken der Z Class hinzugefügt werden. In dieser Liste findet sich auch das zuvor erstellte Recht *Edit Adresse*, das jetzt ausgewählt werden muss.

Schließlich muss dann im Tab *Property-Sheets* der Z Class das Sheet `adressdaten` ausgewählt und dort in das Tab *Define Permissions* gewechselt werden. Das Pulldown-Menü dieser Ansicht listet alle Rechte auf, die die Z Class besitzt. Hier kann jetzt das Verwalten der Eigenschaften eines Adress-Objektes mit dem zuvor erstellten Recht *Edit adresse* verbunden werden.

Jetzt kann eine Rolle definiert werden, die dieses Recht besitzt. Nur Benutzer mit dieser Rolle können dann Adressdaten verwalten. Auf diese Weise lässt sich ein differenzierter Sicherheitsmechanismus für das Produkt erstellen. Die Zuweisung von Rechten kann ganz ähnlich auch für die gesamte Z Class oder einzelne Methoden der Z Class erfolgen. Page-Templates oder Python-Skripten, die als Methoden definiert sind, weist man ein Recht über ihre jeweiliges *Security*-Tab zu. Dieses ist innerhalb einer Z Class genauso aufgebaut wie das zuvor besprochene Tab *Define Permission* des Property-Sheets.

20.1.10 Das Produkt vertreiben

Wenn man sein Produkt anderen zur Verfügung stellen will, ist es sinnvoll, es in einer Form zu tun, die eine Installation möglich macht. Zope bietet die Möglichkeit, das Produkt als tar-Archiv auszugeben, das dann in andere Zope-Installationen entpackt werden kann. Diese Ausgabe kann in dem Tab *Distribution* des Produkt-Containers gemacht werden (*siehe Abbildung 20.13*).

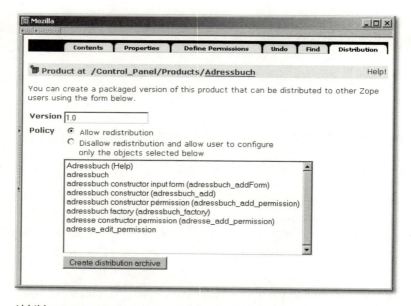

Abbildung 20.13 Das Distribution Tab des Produkt-Containers

Das Produkt erhält automatisch eine Versionsnummer, die bei 1.0 beginnt (*Version*). Mit jeder erzeugten Distribution wird diese Nummer von Zope hochgezählt. Allerdings ist es auch möglich, eigene Versionsnummern einzugeben.

Unter der Option *Policy* kann eingestellt werden, ob das Produkt durch andere verändert und mit den Veränderungen weitervertrieben werden darf oder nicht. Hat man sich dafür entschieden, dass andere keine Änderungen vornehmen dürfen, kann man die Objekte des Produktes auswählen, die vom Benutzer angepasst werden können. Wählt man hier kein Objekt aus, kann ein Benutzer keine Änderungen am Produkt vornehmen.

Nachdem man alle Einstellungen gemacht hat, kann mit dem Button »*Create distribution archive*« der Download des tar-Archives gestartet werden. Es erscheint ein Dialogfeld, in dem der Speicherort für das Archiv angegeben werden kann.

Dieses Archiv kann in eine Zope-Installation entpackt werden. Die notwendigen Dateien des Produktes werden dann in das Produkt-Verzeichnis kopiert. Nach einem Neustart von Zope steht das Produkt zur Verfügung.

Hilfeseiten hinzufügen

Für ein Produkt, das öffentlich vertrieben wird, ist es sinnvoll, auch eine Hilfe bereitzustellen. Zope bietet dafür eine Schnittstelle, mit der es möglich ist, eigene Hilfeseiten in die zentrale Zope-Hilfe zu integrieren. Dazu können im Ordner `Help` im Produkt-Container Objekte vom Typ *Help Topic* angelegt werden. Dieser Typ ist ein spezielles DTML-Dokument, das eine Seite in der Zope-Hilfe bereitstellt. Es ist nur im Help-Ordner verfügbar.

Hat man eine solche Hilfeseite erstellt, muss sie einem der Views zugeordnet werden, die für die Z Class angelegt wurden. Dies kann im Tab Views der Z Class gemacht werden. Bei Neuanlage eines Views oder in der Liste der vorhandenen Views kann in einem Pulldown-Menü eines der im Help-Ordner befindlichen Hilfe-Themen zugeordnet werden (*siehe Abschnitt 20.1.4*).

Ist einem View ein Hilfe-Thema zugeordnet, erhält das entsprechende Tab den üblichen »*Help!*«-Link im rechten oberen Bereich. Ein Klick auf diesen Link öffnet die Zope-Hilfe in einem neuen Browserfenster mit dem entsprechenden Hilfe-Thema.

20.2 Produkte mit Python entwickeln

Die Entwicklung von Produkten mit Python erfordert gute Python-Kenntnisse und tiefere Einblicke in die Quellcodes der verschiedenen Zope-Module. Des Weiteren wird ein Zugriff auf das Verzeichnis der Zope-Installation benötigt, da Python-Produkte dort im Verzeichnis **lib/python/Products** abgelegt werden. Das Thema ist letztlich so umfangreich, dass dafür ein separates Buch angemessen wäre. Aus diesem Grunde soll hier nur eine Einführung in die grundlegensten Aspekte dieses Themas erfolgen. Anhand eines einfachen Beispiel-Produktes, das es ermöglicht, die Inhalte einer einzelnen Webseite zu pflegen, werden die notwendigen Schritte erläutert. Alle Dateien dieses Produktes können von der Buch-CD aus dem Ordner zu diesem Kapitel in das Products-Verzeichnis der Zope-Installation kopiert werden.

20.2.1 Anlegen des Produktordners und der Initialisierungsdatei

Für ein neues Produkt wird im Verzeichnis **lib/python/Products** der Zope-Installation ein neues Verzeichnis mit dem Namen des Produktes benötigt. In dieses Verzeichnis werden alle Dateien gespeichert, die zum Produkt gehören. Für das Beispiel-Produkt wird hier also ein Verzeichnis mit dem Namen **seite** angelegt.

Des Weiteren benötigt jedes Produkt eine Initialisierungsdatei, die den Namen **__init__.py** tragen muss. Zope durchsucht beim Starten alle Verzeichnisse in **lib/python/Products** nach einer solchen Datei. Fehlt sie, kann das Produkt nicht registriert werden. In dieser Datei erwartet Zope eine Methode mit dem Namen `initialize()`, mit der die Produktbestandteile angemeldet werden (*siehe Abschnit 20.2.4*).

Sind das Produktverzeichnis und darin die Datei **__init__.py** angelegt, muss Zope über das Control Panel neu gestartet werden, damit das Beispiel-Produkt in der Liste der installierten Produkte im Control Panel erscheint. Es wird mit einem Icon für installierte Produkte und dem Namen des Produktverzeichnisses angezeigt.

Sollte bei der Initialisierung des Produktes ein Fehler auftreten, erscheint das Produkt trotzdem in der Liste. Es wird dann mit einem speziellen Icon (nebenstehend) angezeigt und erhält ein Tab *Traceback*, das anzeigt, in welchen Modulen Fehler aufgetreten sind. Dieses Tab gibt einen ersten Hinweis auf die Ursache des Fehlers beim Laden des Produktes.

refresh.txt   Will man während der Entwicklung nicht nach jeder Änderung einen Neustart des Zope-Servers durchführen, kann man im Produktverzeichnis eine Datei mit dem Namen **refresh.txt** anlegen. Damit ist es dann möglich, über das Tab *Refresh* innerhalb des Produkt-Containers in Zope, eine Aktualisierung vorzunehmen (*siehe Abbildung 20.13*).

Entwickelt man ein Produkt während andere Benutzer ebenfalls auf den Zope-Server zugreifen, sollte man die *Möglichkeit des Refreshes* in

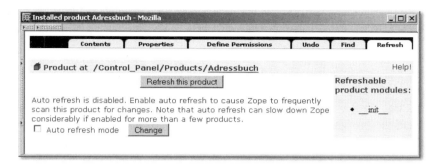

Abbildung 20.14 Das Refresh-Tab eines Produktes

jedem Fall nutzen. Anders verhält es sich mit der Option *Auto refresh mode*, die Zope selbstständig die Aktualisierung durchführen lässt. Was im ersten Moment praktisch erscheint, kann die Performance von Zope erheblich verschlechtern.

Neben der Möglichkeit, die Aktualisierung zu veranlassen, zeigt dieses Tab auch die Module, die im Produktverzeichnis abgelegt sind.

Legt man im Produktverzeichnis eine Datei mit dem Namen **readme.txt** an, so erhält die Produkt-Ansicht ein zusätzliches Tab mit dem Titel *README*. Dieses Tab zeigt den Text an, der innerhalb der Datei niedergeschrieben wurde. Hier können erste Erläuterungen zur Verwendung des Produktes gegeben werden. **weitere Dateien**

Einen Versionshinweis kann man geben, indem man eine Datei mit dem Namen **version.txt** im Produktverzeichnis ablegt und in dieser die Versionsnummer notiert. Im ZMI erscheint dann dieser Versionshinweis neben dem Namen des Produktes in der Produktliste.

20.2.2 Die Interfaces des Produktes

Das Interface zum Anlegen einer Seite

Das Produkt benötigt eine Ansicht, die angezeigt wird, wenn man es im Pulldown-Menü zur Objektwahl aufruft. In dieser Ansicht muss die obligatorische Id eingegeben werden. Des Weiteren soll hier ein Titel, eine Seitenüberschrift sowie der Seitentext eingegeben werden können.

Diese Ansicht ist als HTML-Formular in der Datei **Seite_addForm.dtml** realisiert. Die Namen der Formular-Felder entsprechen den Namen der Eigenschaften, die das Produkt später enthalten wird. Als Wert des `action`-Attributs des `form`-Tags ist der Name einer Python-

Methode (`manage_addSeite`) notiert, die für das Anlegen des Objektes sorgen wird. Diese wird in Abschnitt 20.2.3 erläutert.

Zu Beginn und am Ende der Datei werden Standardmethoden aufgerufen, die Kopf- bzw. Fußinformationen enthalten. Dadurch wird die Ansicht entsprechend des Layouts des ZMI Layouts. Die CSS-Klassen, die bei einigen Tags angegeben werden, müssen nicht eigens definiert werden. Sie gehören zu Zopes Standardstilen, auf die auch in Produkten zugegriffen werden kann, und die dessen Ansichten dem Layout des ZMI anpassen. Will man ein eigenes Layout für sein Produkt einführen, kann man eigene Stile definieren und verwenden.

Das Interface zum Bearbeiten einer Seite

Ganz ähnlich aufgebaut ist die Ansicht zum Bearbeiten einer Seite. Realisiert ist sie in der Datei **Seite_edit.dtml**. Auch hier können Titel, Überschrift und Text einer Seite modifiziert werden. Lediglich die Id kann in dieser Ansicht nicht verändert werden.

Angezeigt wird diese Ansicht, wenn man das Seiten-Objekt anklickt. Es ist damit die Hauptansicht dieses Objektes. Damit eventuelle weitere Tabs des Objektes aufgerufen werden können, erhält der Quelltext eine Referenz auf die Anzeige der Management-Tabs. Dieses Standard-Objekt realisiert die typische Aufreihung der Management-Tabs im oberen Bereich der Ansichten eines Objektes.

Die Methode, die beim Abschicken des HTML-Formulars aufgerufen wird, trägt den Namen `manage_editSeite`. Auch diese Methode wird in Abschnitt 20.2.3 besprochen. In der Benennung der Methoden ist man grundsätzlich frei. Das Beispiel folgt aber der in Zope üblichen Konvention, Management-Funktionen mit einem vorangestelltem `manage_` zu benennen.

Das Interface zur Ansicht der Seite

Schließlich benötigt das Objekt noch eine Ansicht, die im ZMI der Ansichtskontrolle dient, gleichzeitig aber auch die Ansicht bereitstellt, die öffentlich aufrufbar ist. Diese Ansicht, die durch die Datei **Seite_view.dtml** bereitgestellt wird, ist eine vollständige HTML-Seite, die auf die Eigenschaften `title`, `headline` und `text` des Seiten-Objektes zugreift. Im Beispiel ist diese Ansicht sehr einfach gehalten. Es ist aber denkbar, dass sie ein vollständiges Layout erhält, in das die spezifischen Inhalte einer Instanz des Objektes einfließen. Man hätte damit ein Objekt geschaffen, das es auf einfache Weise ermöglicht, über das

ZMI Inhalte einer Website zu verwalten. Im Python-Modul des Produktes wird diese Datei als **index_html** registriert (*siehe folgenden Abschnitt*).

20.2.3 Das Python-Modul

Das Kernstück eines Python-Produktes ist ein Python-Modul, das eine Klassendefinition sowie die Verwaltungsmethoden enthält. Dieses Modul kann weitere Module im Produktverzeichnis importieren, sodass es möglich ist, komplexe Entwicklungen in mehreren Modulen zu organisieren.

Alle Python-Produkte können von den vorhandenen Zope-Modulen Klassen erben und damit die grundlegenden Methoden, die allen Zope-Objekten zu Eigen sind. Man kann sich bei der Entwicklung letztlich völlig auf die spezifischen Funktionen konzentrieren, da die Integration des Objektes in Zope durch die Vererbung von Zopes Basisklassen gewährleistet wird.

Das Python-Modul des Beispiel-Produktes ist in der Datei **Seite.py** angelegt. Sein Quelltext sieht folgendermaßen aus:

```
from OFS.SimpleItem import SimpleItem
from Globals import DTMLFile
```

Listing 20.6 Seite.py (1.Teil)

Zunächst werden die notwendigen Basisklassen importiert. Diese sind `SimpleItem`, die alle Eigenschaften und Methoden bereitstellt, die ein einfaches Objekt in Zope benötigt, sowie `DTMLFile`, die benötigt wird, um die im vorherigen Abschnitt erläuterten Ansichten nutzbar zu machen.

```
manage_addSeiteForm = DTMLFile¬
    ("Seite._addForm" globals())
```

Listing 20.7 Seite.py (2.Teil)

Die sich anschließende Zeile registriert das Formular zum Anlegen des Objektes. Hier ist darauf zu achten, dass der Dateiname des Formulars ohne Suffix (*.dtml*) übergeben werden muss.

```
def manage_addSeite(self, id,¬
                    title, headline, text, REQUEST):
    "Fügt ein Seiten-Objekt in einem Ordner hinzu"
```

```
    neueSeite = Seite(id, title, headline, text)
    self._setObject(id, neueSeite)
    return self.manage_main(self, REQUEST)
```

Listing 20.8 Seite.py (3.Teil)

Es folgt die Methode, die ein Seiten-Objekt erstellt und der ZODB hinzufügt. Diese Methode ruft die Klasse `Seite` auf, die im Anschluss definiert wird. Diese Methode wird ausgeführt, wenn eine neue Seite angelegt werden soll.

```
class Seite(SimpleItem):
  "Das Seiten-Objekt"
  meta_type = "Seite"
  manage_main = DTMLFile("Seite_edit",globals())
  index_html = DTMLFile("Seite_view",globals())
manage_options=(
      {'label':'Bearbeiten','action':'manage_main'},
      {'label':'Ansicht','action':'index_html'}
  )
  def __init__(self, id, title,headline, text):
    self.id = id
    self.title = title
    self.headline = headline
    self.text = text
  def manage_editSeite(self,title, ¬
    headline, text, REQUEST):"Seiten-Inhalt verwalten"
    self.title = title
    self.headline = headline
    self.text = text
    return self.manage_main(self, REQUEST)
```

Listing 20.9 Seite.py (4.Teil)

Die Klasse `Seite` erbt die Basisklasse `SimpleItem`, wodurch ihr grund-
legende Zope-Funktionen zur Verfügung stehen. Die Klassendefinition
beginnt mit der Festlegung des `meta_types`. Der hier angegebene
Name erscheint im Pulldown-Menü zur Objektwahl. Dann werden die
Ansichten zum Bearbeiten und zur Anzeige des Objektes registriert.
Die Ansicht zur Anzeige des Objektes wird als `index_html` registriert.
Aufgrund der speziellen Funktion von Methoden, die den Namen
`index_html` tragen, wird diese Ansicht angezeigt, wenn man das
Objekt über das Web aufruft.

In der folgenden Zeile werden beide Ansichten als Tabs festgelegt. Der Wert für `'label'` bestimmt dabei den Namen des Tabs. Es folgt dann die Konstruktor-Methode des Objektes mit dem Namen __init__. Ihr werden die Werte aus dem Anlegeformular übergeben, die dann als Eigenschaften des Objektes definiert werden.

Zuletzt erhält die Klasse eine Methode mit dem Namen `manage_edit-Seite()`, die aufgerufen wird, wenn die Seite bearbeitet wird. Diese Methode übernimmt die Werte aus dem Formular zur Bearbeitung der Seite und weist sie den entsprechenden Objekteigenschaften zu.

Mit diesen wenigen Zeilen Python-Code sind alle Funktionen definiert, die das neue Produkt benötigt. Es ist zwar ein sehr einfaches Produkt, aber es fügt sich dank der Vererbung, also dem Rückgriff auf einige von Zopes Basisklassen, nahtlos in die Struktur von Zope ein.

20.2.4 Die Datei __init__.py

Damit nun das Python-Modul als Produkt von Zope erkannt wird, muss die Datei **__init__.py** folgendermaßen editiert werden:

```
import Seite
def initialize(context):
  context.registerClass(
    Seite.Seite,
    permission="Add Seite",
    constructors=(Seite.manage_addSeiteForm,
                  Seite.manage_addSeite),
    icon='icon.gif'
    )
```

Listing 20.10 __init.py__

Zunächst muss das Modul **Seite.py** importiert werden. Es ist dabei darauf zu achten, dass die Dateiendung *.py* nicht mit angegeben wird. Es folgt die Definition der Methoden `initialize()`. Diese Methode wird von Zope beim Starten ausgeführt. Darin wird die Methode `registerClass()` aufgerufen, die die eigentliche Registrierung des Produktes vornimmt.

Als Parameter wird der Methode die Klasse des Produktes übergeben. Weitere Parameter definieren den Namen eines Rechtes, das mit diesem Produkt verbunden ist (`permission`), das Formular und die Methode zum Erstellen einer Instanz (`contructors`) sowie ein Icon für das neue Produkt (`icon`). Dieses muss als Datei im Produktverzeichnis vorhanden sein.

Für das grundsätzliche Funktionieren des Produktes sind allerdings nur die ersten beiden Parameter notwendig.

Nach einer Aktualisierung des Produktes im Tab *Refresh* können jetzt einzelne Seiten-Objekte angelegt und editiert werden. Über das Tab Ansicht des Seiten-Objektes kann das spätere Aussehen kontrolliert werden.

Hat man ein neues Seiten-Objekt mit der Id `meineSeite` im `root`-Ordner von Zope angelegt, kann man dank der Methode `index_html` mit dem URL

http://localhost:8080/meineSeite

die Seite über die Objekt-Id im Web ansteuern.

21 Neuerungen in Zope 2.7

21 Neuerungen in Zope 2.7

Kurz vor der Fertigstellung dieses Buches ist Zope 2.7 in einer stabilen Version erschienen. Dieses Kapitel erläutert die wichtigsten Neuerungen.

21.1 Neue Objekttypen

21.1.1 Ordered Folder

In einem *Ordered Folder* (siehe Abbildung 21.1) ist es möglich, den Objekten eine Position zuzuordnen und damit eine Sortierung der Objekte im Ordner vorzunehmen. Anhand dieser Sortierung werden sie dann im Contents-Tab angezeigt. Aber auch beim Auslesen des Ordner-Inhalts mit der Methode `objectValues()`, erhält man eine entsprechend der Positionen geordnete Liste.

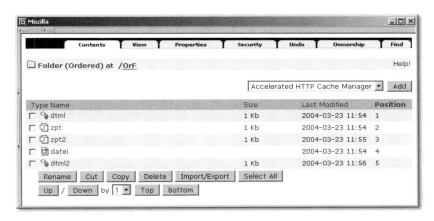

Abbildung 21.1 Das Contents-Tab eines Ordered Folders

Im Contents-Tab eines *Ordered Folders* gibt es die zusätzliche Spalte Position, die den Rang des Objektes wiedergibt. Zum Ändern der Position eines oder mehrerer Objekte wählt man diese aus und verschiebt sie mittels der Button »*Up*« (hoch), »*Down*« (runter), »*Top*« (ganz nach oben) und »*Bottom*« (ganz nach unten). Über das Pulldown-Menü in der Mitte dieser Buttonsreihe kann für die Bewegung nach oben bzw. unten eine Schrittweite eingestellt werden.

In einem *Ordered Folder* ist die Sortierung anhand der Position die Standardeinstellung des Content-Tabs. Man kann die Ansicht aber auch anhand des Namens oder des Objekttyps oder anderer Kriterien sortieren, wie dies auch in normalen Ordnern möglich ist. Klickt man z. B. auf die Spaltenbezeichnung *»Name«*, werden die Objekte alphanumerisch nach ihrer Id sortiert angezeigt. Gleichzeitig erscheint ein neuer Button *»Set View as Default«*, mit dem diese Auflistung als Standardansicht eingestellt werden kann. Auf die Rangfolge, die durch die Position angegeben wird, hat das keinen Einfluss. Auch beim Auslesen der Objekte mittels der Methode `objectValues()` erhält man weiterhin eine Liste der Objekte, die anhand der Position sortiert ist.

Ordered Folder können überall dort eingesetzt werden, wo eine bestimmt Reihenfolge von Objekten, unabhängig ihres Typs oder ihrer Id, notwendig ist. In normalen Ordnern kann man dies nur über die Einrichtung einer Objekt-Eigenschaft erreichen.

21.1.2 ReStructuredText-Dokument

ReStructuredText ist eine einfache Textauszeichnung, die Formatierungen in reinen Textdokumenten erlaubt. Es wird in Quellcode-Kommentaren bzw. Inline-Programmdokumentationen benutzt, wie z.B. den Docstrings in Python. Mit einem entsprechenden Parser können aber auch schnell einfache Webseiten damit erstellt werden. Für weitere Informationen zu ReStructuredText siehe **http://docutils.sourceforge.net/rst.html**.

Zope 2.7 stellt mit dem *ReStructuredText-Dokument* ein Objekt zur Verfügung (*siehe Abbildung 21.2*), das Text, der mit dieser Textauszeichnung versehen wurde, beim Rendering in entsprechende HTML-Auszeichnungen wandelt.

Eine Auszeichnung wie sie Abbildung 21.2 zeigt wird, wenn man das View-Tab betätigt oder das Objekt über das Web aufruft, von Zope zu HTML gerendert. Es entsteht eine Seite, die folgendermaßen aussieht:

Ebenfalls ist es möglich, mit ReStructuredText ausgezeichneten Text in DTML, Python oder TAL aufzurufen. Solcher Text kann auch aus einem File-Objekt stammen. Hat man einen solchen Text in einer Variablen mit dem Namen `restru_text`, erfolgt der Aufruf in DTML mit

```
<dtml-var restru_text fmt"restructured-text">
```

während in TAL ein Python-Ausdruck verwendet werden muss:

```
<span tal:content="structure ¬
    python: modules['Products.PythonScripts.standard'].¬
    restructured_text(restru_text)" />
```

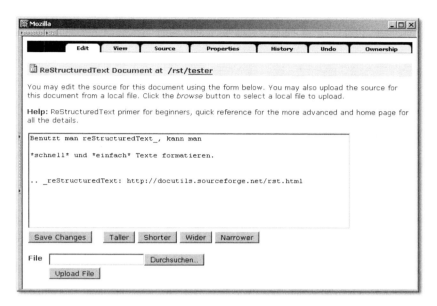

Abbildung 21.2 Das ReStructuredText-Dokument

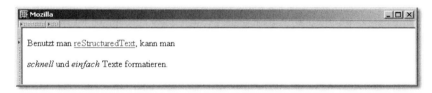

Abbildung 21.3 ReStructuredText zu HTML gerendert

Hier wie auch im folgenden Python-Beispiel muss zunächst das entsprechende Python-Modul importiert werden, dass die Methode `restructured_text()` enthält, die den ihr übergebenen Text mit einer HTML-Auszeichnung zurückliefert:

```
from Products.PythonScripts.standard import ¬
  restructured_text
rendered_html = restructured_text(rest_txt)
return rendered_html
```

Wie bereits erwähnt, muss der ReStructuredText nicht zwingend aus einem *ReStructuredText-Dokument* kommen. Auch ein *File-Objekt* kann solchen Text beinhalten. Wenn man allerdings *ReStructuredText-Dokumente* verwendet und diese referenziert, muss man wie in den Beispielen gezeigt verfahren. Leider funktioniert das Rendering dieses Objekttyps nur, wenn es über das Web aufgerufen wird, nicht aber, wenn man es innerhalb von Zope referenziert.

21.2 Mehrere Zope-Instanzen

Bei der Installation von Zope 2.7 werden die Zope-Software und der Datenbereich in verschiedenen Verzeichnissen abgelegt. Die Software stellt die gesamte Zope-Funktionalität einschließlich des ZServers und der Standard-Produkte zur Verfügung. Im Datenbereich, genannt Zope-Instanz, befinden sich die Datenbank **Data.fs** sowie Ordner für Produkte, Extensions, den Import sowie für Log-Dateien. Während der Installation wird man aufgefordert, ein Verzeichnis für die Zope-Software und eines für die Zope-Instanz zu benennen.

Es können weitere solcher Zope-Instanzen angelegt werden, die jeweils eine eigene Datenbank erhalten. Alle angelegten Instanzen bedienen sich der Funktionen der Zope-Software. Auch alle Produkte und Extensions (Externe Methoden) im Softwarebereich stehen allen Instanzen zur Verfügung. Zusätzlich kann jede Instanz eigene Produkte oder Extensions laden. Diese werden im Verzeichnis **Products** bzw. **Extensions** des Instanz-Verzeichnises abgelegt. Andere Instanzen können darauf nicht zugreifen.

Die Einrichtung einer neuen Instanz kann bequem mit dem Skript **mkzopeinstance.py** im Verzeichnis **bin** der Zope-Software erledigt werden. Dazu startet man das Skript von der Shell bzw. Eingabeaufforderung aus. Man wird aufgefordert, ein Verzeichnis für die neue Instanz anzugeben sowie einen Namen und ein Passwart für den Erstbenutzer.

Das Skript legt dann alle nötigen Dateien und Unterverzeichnisse in diesem Verzeichnis an. Zum Starten der neuen Instanz befindet sich im Verzeichnis **bin** der neuen Instanz das Skript **runzope**. Unter Windows kann die Datei **runzope.bat** ausgeführt werden. Allerdings muss vorher noch die Konfiguration für die Instanz angepasst werden, damit keine Konflikte mit anderen Instanzen entstehen (*siehe folgenden Abschnitt*).

Das Ausführen der Startskripte hat den Nachteil, dass die Shell bzw. Eingabeaufforderung nicht geschlossen werden kann, weil damit auch der Zope-Prozess beendet würde. Unter Linux kann man das umgehen, indem man mit dem Skript **zopectl** im Verzeichnis **bin** einen Deamon-Prozess startet

```
./zopectl [start|stop|restart]
```

Die Events des Prozesses werden dann nicht auf der Konsole ausgegeben. Man kann sie aber in der Datei **event.log** im Verzeichnis **log** der Instanz verfolgen.

Unter Windows (nicht 95, 98 oder Me) kann man die Instanz als Service einrichten, der den Prozess startet und verwaltet. Dafür ist im Verzeichnis **bin** der Instanz das Skript **zopeservice.py** vorgesehen. Von der Eingabeaufforderung aus wechselt man zunächst in das Instanz-Verzeichnis mit

```
cd pfad\zu\meiner\instanz\bin
```

und ruft dann das Skript durch Eingabe von

```
python zopeservice.py install
```

auf. Die Angabe der Option `install` bewirkt die Einrichtung eines Service für diese Instanz. Starten kann man diese jetzt über die *Computerverwaltung > Dienste und Anwendungen > Dienste*. Dort kann auch eingestellt werden, dass die Instanz mit jedem Rechnerstart automatisch mit gestartet wird.

21.3 Zope-Konfiguration mit der Datei zope.conf

Die Konfiguration der Instanzen erfolgt über die Datei **zope.conf**, die sich im Verzeichnis **etc** der Instanz befindet. Ähnlich der Konfiguration des Apache-Webservers können hier Direktiven angegeben werden, die das Verhalten von Zope beinflussen. Dies ersetzt und erweitert die Angabe von Startparametern (*siehe Abschnitt 3.7*).

Für den Betrieb einer weiteren Instanz ist es z.B. notwendig, die Ports, an denen sie auf Anfragen wartet, so einzustellen, dass sie nicht schon (von anderen Instanzen) belegte benutzt. Das würde den Start der Instanz mit einem Fehler quittieren. Im hinteren Teil der Datei befinden sich die Direktiven, die die Ports einstellen:

```
<http-server>
  address 8081
</http-server>
<ftp-server>
  address 8022
</ftp-server>
```

Diese Einstellungen z.B. veranlassen Zope, am Port 8081 auf http-Anfragen und am Port 8021 auf FTP-Anfragen zu warten.

Ist die Direktive

```
port-base 10
```

gesetzt, werden die angegebenen Portnummern jeweils um den angegebenen Wert erhöht. Der HTTP-Port würde im Beispiel auf 8091 und der FTP-Port auf 8031 gesetzt.

Mit einer weiteren Direktive kann das Datumsformat von Zope vom US-Format (Standardeinstellung) zum internationalen Format geändert werden.

```
datetime-format international
```

Das Datum wird dann nicht mehr im Format Monat – Tag – Jahr ausgegeben, sondern im Format Tag – Monat – Jahr.

Zope startet standardmäßig im Debug-Modus. Die Überprüfung von DTML-Methoden, Page-Templates und Python-Skripten verlangsamt aber die Ausführungsgeschwindigkeit. Mit

```
debug-mode off
```

wird der Modus abgeschaltet, was die Performance enorm steigern kann. Das Abschalten ist natürlich nur sinnvoll, wenn die Entwicklung der Website abgeschlossen ist.

Produkte können in Zope 2.7 in verschiedenen Verzeichnissen abgelegt sein. Über die Konfigurationsdatei werden die Pfade zu den Verzeichnissen angegeben:

```
products /home/pete/erweiterungen/meine_produkte
```

So kann eine Instanz Produkte aus mehreren Verzeichnissen laden oder zwei Instanzen können ein Produktverzeichnis teilen. Das funktioniert aber nur, solange die Direktive

```
enable-product-installation
```

nicht auf off geschaltet wird.

Auch das Anmeldefenster, das beim Einloggen ins ZMI oder anderen Authentifizierung-Situationen erscheint, kann bedingt verändert werden. In der Standardeinstellung gibt es die Aufforderung aus:

Enter username and password for »Zope« on localhost:8080

Mit der Direktive

```
http-realm mein Server
```

wird das Wort »*Zope*« zu »*mein Server*« geändert.

Alle Änderungen an der Datei **zope.conf** bedürfen, damit sie wirksam werden, eines Neustarts der Zope-Instanz. Viele weitere Einstellungen können in dieser Datei vorgenommen werden. Die möglichen Direktiven und ihre Funktionsweisen sind in der Datei selbst beschrieben. Für weitere Informationen ist es daher sinnvoll, diese aufmerksam zu lesen.

21.4 Mehrere Datenbanken verwenden

Mit der Version 2.7 ist es möglich, mit mehreren Datenbanken pro Instanz zu arbeiten. Die zu verwendenden Datenbanken werden Zope ebenfalls über die Datei **zope.conf** mitgeteilt. Die Direktive für die Standard-Datenbank sieht folgendermaßen aus:

```
<zodb_db main>
    <filestorage>
      path $INSTANCE/var/Data.fs
    </filestorage>
    mount-point /
</zodb_db>
```

Sie wird von dem Tag `<zodb_db main>` eingeleitet, das den Namen der Datenbank definiert. In der folgenden Sektion `<filestorage>` wird der Pfad zur Datenbank-Datei angegeben. Schließlich muss mit der Direktive

```
mount-point /
```

Zope mitgeteilt werden, ab welchem Zope-Ordner die Datenbank zuständig sein soll. Für die Hauptdatenbank ist dies natürlich der `root`-Ordner, der mit einem Slash (/) angegebnen wird. Zope 2.7 benötigt in jedem Fall eine Datenbank, deren Mount Point der `root`-Ordner ist. Andernfalls schlägt das Starten fehl.

Ist eine solche Datenbank-Definition in **zope.conf** enthalten, aber noch keine Datenbank-Datei vorhanden, legt Zope diese beim Starten an. Fehlt aber die Direktive, wird auch keine Datenbank-Datei angelegt.

21

Um eine weitere Datenbank zu nutzen, muss eine zusätzliche Direktive in der Konfigurationsdatei notiert werden:

```
<zodb_db verkauf>
    <filestorage>
      path $INSTANCE/speicher/produkte_data.fs
    </filestorage>
    mount-point /verkauf
</zodb_db>
```

ZODB Mount Point Mit dieser Direktive wird eine Datenbank-Datei im Verzeichnis speicher im Instanz-Verzeichnis angelegt. Das Verzeichnis muss auf dem Server vorher angelegt werden, weil sonst das Anlegen der Datenbank-Datei fehlschlägt. Zope speichert alle Objekte innerhalb des Ordners, dessen Pfad bei mount-point angegeben wurde, also der Ordner verkauf im root-Ordner in dieser neuen Datenbank-Datei. Es ist wichtig, dass dieser Ordner noch nicht in Zope existiert, wenn die Datenbank erstmalig angelegt wird. Vielmehr wählt man aus dem Pulldown-Menü zur Objektwahl *ZODB Mount Point*. Man erhält daraufhin eine Ansicht, in der der Mount Point erstellt werden kann (*siehe Abbildung 21.4*).

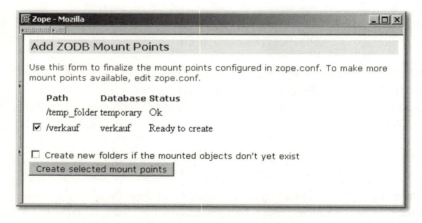

Abbildung 21.4 Ansicht zur Erstellung eines Mount Points

Man wählt dazu die neu angelegte Datenbank aus und klickt dann den Button »*Create selected mount points*«. Es wird dann ein Ordner entsprechend des in der Direktive unter mount-point angegebenen Pfades angelegt, der als Mount Point fungiert. Dieser Ordner hat keine besondere Kennzeichnung und funktioniert wie gewohnt. Ist erst einmal eine zusätzliche Datenbank angelegt und ihr Mount Point erstellt, kann wie gewohnt in Zope gearbeitet werden.

Jede angelegte Datenbank lässt sich über das Control Panel verwalten, so wie dies in Abschnitt 4.4.1 beschrieben wurde. Das Tab Database führt nun nicht direkt zur Verwaltung der Datenbank(en), sondern zu einer Auswahl der vorhandenen Datenbanken (*siehe Abbildung 21.5*).

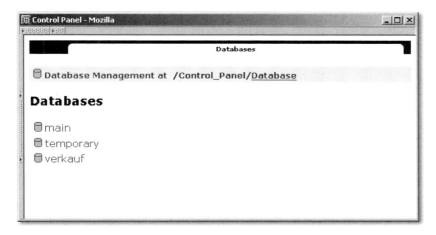

Abbildung 21.5 Das Tab Databeses in Zope 2.7

Von hier aus kann in die Verwaltung der vorhandenen Datenbanken gewechselt werden.

22 Ausblick auf Zope 3

22 Ausblick auf Zope 3

Bereits in der Entwicklung ist mit der Version 3 ein neu strukturiertes Zope, das gute Konzepte von einigen Zope-Produkten aufnimmt. Diese versprechen ein noch übersichtlicheres Arbeiten in und mit Zope. Dieses Kapitel wirft einen ersten Blick auf diese Konzepte.

Mit dem Versionssprung von 2.x auf 3 wird Zope als komplett neue Entwicklung erscheinen. Zielsetzung der Neuentwicklung ist es, den Zugang zu Zope zu erleichtern, indem der Entwicklungsprozess mit Zope effektiver und das Erweitern des Frameworks vereinfacht wird. Damit verbunden ist notwendigerweise ein verändertes Interface, das nicht nur eine anderes Aussehen hat, sondern auch neu strukturiert wurde.

Es wird also eine erneute Einarbeitung notwendig sein, um mit Zope 3 arbeiten zu können. Natürlich werden alle sinnvollen Konzepte aus Zope 2.x übernommen und um solche aus wichtigen Produkten wie dem Content Management Framework (CMF) und dem Formulator erweitert, sodass für erfahrene Zope-Entwickler der Umstieg nicht so schwer sein dürfte. Weiterhin wird mit Objekten wie Page-Templates, DTML-Dokumenten, Images und Files gearbeitet. Die Markup-Sprachen DTML und TAL werden folglich weiterhin, wenn auch mit leichten Änderungen, verwendet und die zentrale Rolle von Python bleibt unangetastet.

Es gibt bereits erste Ausgaben von Zope 3, die auf der Webseite von **http://www.zope.org** heruntergeladen werden können. Auch der Buch-CD ist eine Ausgabe beigefügt. Zum Zeitpunkt der Fertigstellung des Buches ist die aktuellste Version ein Milestone-Release 4, die allerdings noch ein paar Aktionen mit Systemfehlern quittiert. Trotzdem erhält man schon einen guten Einblick in das neue Zope. Die finale Version ist für Juni 2004 angekündigt, allerdings war sie das auch schon mal für den April. Man sollte den Stand der Entwicklung auf der genannten Website verfolgen, wenn man auf dem aktuellen Stand bleiben will.

In jedem Fall wird auch nach dem Erscheinen einer ersten stabilen Version die Arbeit mit Zope 2 noch eine ganze Weile Relevanz haben. Zum einen gibt es eine ganze Reihe von wichtigen Produkten, die es noch nicht sofort für Zope 3 geben wird, zum anderen werden sich Projekte aus Zope 2 zunächst nicht nach Zope 3 übertragen lassen. Beide Versionen sind zunächst nicht kompatibel. Aus diesem Grunde ist eine Weiterentwicklung von Zope 2.x geplant, die sich mit den Versionen 2.8 und 2.9 stufenweise der Version 3 annähert.

22.1 Das neue Management-Interface

Neben dem neuen Aussehen fällt beim ZMI von Zope 3 (*siehe Abbildung 22.1*) auf, dass es nicht mehr in einem Frameset angezeigt wird. Damit entfällt das Aktualisieren des Navigations-Frames aus Zope 2. Automatisch bekommt man den aktuellen Stand seiner Zope-Ordner angezeigt.

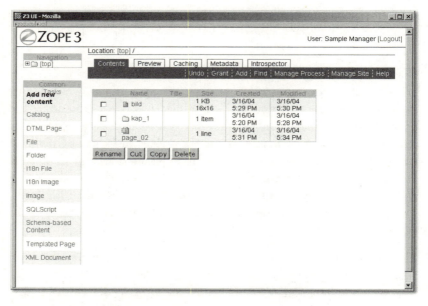

Abbildung 22.1 Das ZMI von Zope 3

Die Navigation ist nun im gleichnamigen Feld links unterhalb des Zope-Logos platziert. Sie funktioniert wie in Zope 2. Das `root`-Verzeichnis ist nun mit `[top]` benannt.

Unterhalb der Navigation befindet sich ein Feld zum Hinzufügen neuen Inhalts, das in gewisser Weise das Pulldown-Menü zur Objektwahl aus Zope 2 ersetzt. Hier können DTML Pages (DTML-Dokument) Templated Pages (Page-Templates), Bilder, weitere Ordner oder andere Inhaltstypen ausgewählt werden. Andere aus Zope 2 bekannte Objekttypen wie Python-Skripte, Benutzer-Ordner, Browser Id Manager und einige weitere findet man hier nicht. Dies hat seinen Grund in der stärkeren Trennung von Inhaltselementen und Elementen, die Dienste oder Funktionen bereitstellen.

Der größere Teil des ZMI ist der so genannte Workspace, der im oberen Bereich über eine Zeile verfügt, die den kompletten Pfad in der Objekt-Hierarchie wiedergibt. Darunter befindet sich die Tab-Leiste. Jedes Tab stellt unterschiedliche Ansichten für das aktuelle Objekt zur Verfügung, wie dies auch in Zope 2 der Fall ist. Allerdings bietet Zope 3 zum Teil andere Tabs.

Unterhalb der Tabs befindet sich ein blauer Balken, der objektspezifische Verwaltungsfunktionen bereithält, die in Zope 2 teilweise auch als Tab realisiert sind, wie zum Beispiel die Undo-Funktion oder die Suchfunktion in Ordner-Objekten.

Darunter beginnt der Editier-Bereich, der die jeweiligen Standard-Ansichten der Objekte zeigt. Für Ordner ist dies die gewohnte Contents-Ansicht, bei Page-Templates erhält man eine Ansicht mit einem Eingabe-Feld zur Eingabe seines TAL-Codes.

Das Hinzufügen neuer Objekte erfolgt nun ohne Zwischenansicht. Hat man einen Objekttyp gewählt, erscheint er sofort in der Contents-Ansicht. In der Spalte »Name« bekommt man ein Eingabefeld, in das die Id für das Objekt eingetragen werden kann. Einen Titel kann man eingeben, indem man in Spalte »Title« beim betreffenden Objekt klickt. Man erhält daraufhin auch dort ein Eingabefeld, in das der Titel geschrieben werden kann.

22.1.1 Inhalts- und Funktionsbereich

In Zope 2 sind Objekte, die für die Verwaltung und Präsentation von Inhalten zuständig sind, und Objekte, die Funktionen ausführen, nicht voneinander getrennt. So kann man in einem Ordner z.B. Page-Templates und einen RAM Cache Manager finden. Während das erste Objekt für die Ausgabe von Inhalten benötigt wird, hat das zweite die Funktion, einen Cache im Arbeitsspeicher zu verwalten.

In Zope 3 werden Funktions-Objekte in einem eigenen Bereich angelegt und verwaltet, den man im `root`-Ordner über die Aktion »*Manage Site*« erreicht. Der `root`-Ordner gilt in Zope 3 per Standardeinstellung als Site-Ordner. Aus diesem Grunde besitzt der blaue Verwaltungsbalken dieses Ordners die Funktion »*Manage Site*«. Aber auch jeder

Site-Ordner

andere Ordner kann zum Site-Ordner deklariert werden, in dem man die Funktion »*Make a site*« im Verwaltungsbalken eines Ordners betätigt.

Ein solcher Site-Ordner enthält einen weiteren Ordner, der nicht über die normale Contents-Ansicht erreichbar ist, sondern nur in der Navigation angewählt werden kann (*siehe Abbildung 22.2*). Die Id dieses Ordners ist ++etc++site und kann nicht geändert werden. In diesem Ordner befindet sich ein Set von Funktionen bzw. es können weitere Funktions-Objekte angelegt und verwaltet werden, die für die gesamte Site benötigt werden. In Zope 3 werden Funktionen, die für die gesamte Site notwendig sind, Service genannt.

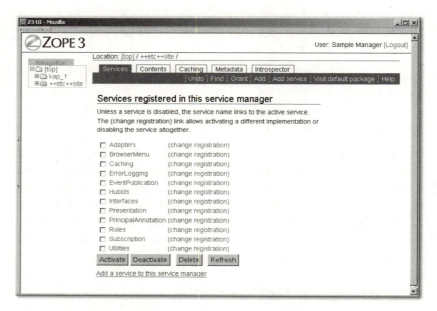

Abbildung 22.2 Der Funktionsbereich

22.1.2 Andere Oberflächen für das Management Interface

In Zope 3 ist es möglich, das ZMI mit einer anderen grafischen Oberfläche – einem so genannten Skin – zu versehen. Zope 3 folgt hier einem Konzept des CMF, das es ermöglicht, Benutzeroberflächen für administrative Bereiche zu erstellen. Bereits integriert in die derzeitige Standardinstallation ist der Skin *ZopeTop*. Die gleiche Ansicht wie Abbildung 22.2 sie zeigt hat mit diesem Skin das Aussehen wie in Abbildung 22.3 dargestellt.

Abbildung 22.3 Der Skin ZopeTop

Man kann den Skin sehr einfach wechseln, indem man den URL **http://localhost:8080** um den Zusatz **++skin++ZopeTop** erweitert. Durch die Zeichen ++ wird Zope veranlasst, im Namensraum *skin* nach der Oberfläche *ZopeTop* zu suchen und diese zu verwenden.

22.2   Die Component Architektur

Die bereits erwähnte Unterscheidung in Inhalts- und Funktionsbereiche hat seine Grundlage in der neu entwickelten Komponenten-Architektur von Zope 3.

Zope 2 besitzt eine Architektur, die sehr stark auf Vererbung aufgebaut ist. Im Hintergrund stehen dabei einige wenige sehr große Objekte, die insbesondere für Einsteiger schwer zu durchschauen sind. Das Ziel bei der Entwicklung von Zope 3 war und ist es, Komponenten zu schaffen, die klein und überschaubar und dabei lose miteinander verbunden sind. Dabei werden Funktionen, die sonst in einem Objekt zusammengefasst sind, über mehrere Objekte, den Komponenten, verteilt. Diese sind dadurch kleiner, überschaubarer und leichter wieder zu verwenden.

Die Verbindung zwischen den Komponenten wird durch so genannte Interfaces hergestellt, Objekte, deren Aufgabe es ist, Informationen über Komponenten auszugeben.

22.2.1 Arten von Komponenten

Komponenten können unterschiedlichste Aufgaben in einer Applikation übernehmen. Entsprechend dieser Aufgaben werden in Zope 3 verschiedene Komponenten-Arten unterschieden.

▶ **Content Component**
Content Components sind reine Daten-Container wie zum Beispiel Bilder (Images) oder Dokumente.

▶ **View Components**
Eine View Component stellt eine Benutzer-Ansicht für andere Komponenten zur Verfügung. Die häufigste Verwendung besteht darin, eine Ansicht für eine Content Component zu liefern. Ein Beispiel für einen View Component ist ein Page-Template.

▶ **Adapter Component**
Adapter Components werden genutzt, um Content Components um spezifische Funktionen zu erweitern. Anstatt die Content Component selbst zu verändern, wird die Funktion in einem Adapter realisiert.

▶ **Factory Component**
Eine Factory Component erstellt Instanzen von anderen Komponenten. Im einfachsten Fall einer Komponenten-Entwicklung benötigt man einen Content Component und eine Factory Component, mit der Instanzen von der Content Component erstellt werden können.

▶ **Service Component**
Service Components liefern Basis-Funktionalitäten, die für die Lauffähigkeit einer Applikation notwendig sind. Sie hängen nicht von anderen Komponenten ab. Eine dieser Basis-Funktionalitäten ist das Registrieren von Komponenten, ohne das eine Komponente nicht verwendbar ist. Service Components werden nur im Site-Funktionsbereich verwendet.

▶ **Utility Component**
Utility Components ähneln Service Components, stellen aber keine Basis-Funktionalitäten zur Verfügung, die für die Lauffähigkeit notwendig sind. Die Applikation sollte im Normalfall auch ohne eine bestimmte Utility Component funktionieren. Sie werden ebenfalls nur im Site-Funktionsbereich verwendet.

22.2.2 Globale und lokale Komponenten

Es wird zwischen globalen und lokalen Komponenten unterschieden. Globale Komponenten werden beim Starten von Zope initialisiert und registriert. Es handelt sich dabei um Python-Code, der nicht in der ZODB gespeichert wird, sondern sich im Dateisystem befindet. Globale Komponenten sind nicht im Objekt-Baum von Zope verortet und können deshalb von überall angesprochen werden.

Lokale Komponenten hingegen werden in der ZODB innerhalb der Objekt-Hierarchie gespeichert. Sie werden über das ZMI erstellt, und zwar im Funktionsbereich, also im Ordner ++edit++site. Sie stehen in der Objekt-Hierarchie ab dem Site-Ordner zur Verfügung, in dem sie definiert wurden.

Benötigt ein angefordertes Objekt eine Komponente, wird sie zunächst lokal gesucht. Dies geschieht wie schon in Zope 2 per Akquisition. Wird lokal die benötigte Komponente nicht gefunden, sucht Zope in der globalen Siteverwaltung. Das bedeutet auch, dass lokale Komponenten globale überschreiben, jedoch nicht ersetzen können.

22.3 Konfiguration über ZCML

In Zope 3 werden sich Applikationen über eine XML-basierte Konfigurations-Sprache einrichten lassen. Die Sprache mit dem Namen Zope Configuration Markup Language (ZCML) funktioniert in ähnlicher Weise wie die von der Apache-Konfiguration bekannten Direktiven. Mit ihr lassen sich dateisystem-basierte Software-Komponenten in Zope einbinden.

Ein Beispiel ist die im Hauptverzeichnis von Zope 3 befindliche Datei **overrides.zcml**. Mit ihr lassen sich Abweichungen zur Standard-Konfiguration festlegen:

```
<configure xmlns='http://namespaces.zope.org/zope'
      xmlns:browser='http://namespaces.zope.org/browser'>
<!-Definition eines anderen Standard-Skins -->
<browser:skin name="meinSkin" layers="default" />
</configure>
```

Die Konfiguration beginnt mit der Angabe des Tags <configure> und der Angabe des Namespaces. In dieser Datei wird ein anderes Standard-Skin für das ZMI definiert. Die Hauptkonfigurationsdatei **site.zcml**, die ebenfalls im Zope 3-Verzeichnis liegt, importiert diese Datei mittels einer include-Direktive.

Eine weitere ZCML-Datei im Hauptverzeichnis ist **principals.zcml**, in der die Anfangsbenutzer von Zope eingetragen werden. Diese Funktion wurde in Zope 2 von der Datei **access** übernommen.

Mit ZCML erhalten Site-Administratoren ein mächtiges Werkzeug zur Konfiguration des Zope-Servers sowie den Applikationen, die mit Zope entwickelt werden. Auch die Einstellungen, die bei Zope 2 über Startparameter gemacht wurden, wie z.B. die Zuweisung des Ports, an dem Zope auf Anfragen wartet, werden in Zope 3 über ZCML gemacht. An sehr vielen Stellen in den Verzeichnissen der Zope 3-Installation stößt man auf ZCML-Dateien. Sie sind das zentrale Werkzeug zur Konfiguration von Zope.

22.4   Und einiges mehr

Über die in den vorangegangenen Abschnitten angesprochenen Neuerungen hinaus bringt Zope 3 noch weitere neue oder komplett überarbeitete Funktionen:

▶ **Internationalisierung**
Mit Zope 3 wird es möglich sein, Lokalisierungen für Applikationen vorzunehmen. Basis wird der i18n-Namespace sein, der von Page-Templates unterstützt wird, sodass je nach Sprache, die ein Benutzer einstellt, entsprechende Übersetzungen angezeigt werden. Zu diesem Konzept gehören ferner *Translation Services* sowie i18n-Dateien und -Bilder.

▶ **Eindeutige Ids von Objekten**
In Zope 2 können Objekte nur über die Objekt-Hierarchie identifiziert werden. Die Id, die es beim Anlegen erhält, ist nicht eindeutig. Verschiebt man ein Objekt in einen anderen Ordner, sind alle Referenzierungen hinfällig. Zope 3 wird mittels so genannter *HubIds* Objekte eindeutig identifizieren. Man kann sie dann im Objekt-Baum an jeden Platz verschieben, ohne dass die Referenzierungen ungültig werden. Dadurch wird es auch möglich sein, komplette Indizes von Objekten zu erstellen.

▶ **Ereignisse**
Mittels des *Event Services* können Ereignisse, wie das Ändern eines Objektes, veröffentlicht werden. Gleichzeitig können solche veröffentlichten Ereignisse abboniert werden. Damit ist es möglich, Arbeiten an einer Site zu verfolgen und auf Änderungen zu reagieren.

▶ **Schemata**

Schemata sind eine Weiterentwicklung des Zope 2-Produktes Formulator. Mit ihnen können automatisch Formulare und Eingabemasken generiert werden.

22.5 Umsteigen?

Die zum Zeitpunkt der Manuskript-Erstellung geprüfte Milestone 4-Version von Zope verspricht viel, auch wenn einige der hoffnungsvollen neuen Funktionen beim Testen noch die bereits erwähnten Systemfehler ausgaben.

Wenn Zope 3 in einer stabilen Version vorliegt, wird es in jedem Fall lohnenswert sein, einen Blick darauf zu werfen und erste Tests für den Einsatz im professionellen Umfeld durchzuführen. Es wird aber wohl wie bei jeder neuen Software ein wenig Zeit brauchen, bis eine Stabilität erreicht ist, die allen Sicherheits- und Erreichbarkeitsanforderungen gerecht wird. Bislang wurde die Roadmap bis zur Veröffentlichung nicht eingehalten.

Da Zope 3 u.a. aus den Erfahrungen mit dem CMF entstanden ist, wird man auch mit Zope 2.x und eben dem CMF weiterhin leistungsfähige Applikationen entwickeln können. Und auch deren Entwicklung geht nach wie vor weiter.

Tatsache aber ist, dass Zope 2.x irgendwann von Zope 3 komplett abgelöst werden wird. Die Erfahrungen und das Know-how, das man bis dahin mit und in Zope 2.x gesammelt hat, wird einem beim Umstieg dann zugute kommen. Deshalb ist es in jedem Fall sinnvoll, eine geplante Applikation mit einem stabilen Zope 2.x zu entwickeln und nicht auf Zope 3 zu warten. Dieses sollte man hoffnungsvoll im Auge behalten.

Teil IV:
Anhang

A   API-Referenz

A.1   Modul: AccessControl

A.1.1   Klasse: SecurityManager

Der Security Manager besitzt Methoden zum Überprüfen von Zugriffen und für die Verwaltung von Berechtigungen und ausführbarer Zusammenhänge.

Methoden

▶ `calledByExecutable()`

Gibt einen Boolean-Wert zurück, wenn der Aufruf von einem ausführbaren Objekt erfolgt.

Berechtigung: immer verfügbar

▶ `validate(accessed=None,`
`                container=None,`
`                name=None,`
`                value=None,`
`                roles=None)`

Wertet den Zugriff aus. Einige Argumente können weggelassen werden. Es ist aber sinnvoll, alle bekannten Werte anzugeben.

Argumente:

`accessed` – Das Objekt, auf das zugegriffen wurde.

`container` – Das Objekt, in dem der Wert gefunden wurde.

`name` – Der Name, mit dem auf den Wert zugegriffen wurde.

`value` – Der Wert, der durch den Zugriff erhalten wurde.

`roles` – Die Rollen, die mit dem Objekt verbunden sind.

Berechtigung: Immer verfügbar

▶ `checkPermission(permission, object)`

Überprüft, ob der Sicherheitskontext das angegebene Recht für das angegebene Objekt erlaubt.

Berechtigung: immer verfügbar

▶ `getUser()`

Liefert den aktuell angemeldeten Benutzer als Objekt zurück. Siehe auch A.2.

Berechtigung: immer verfügbar

▶ `validateValue( value, roles=None)`
Wird für normale Validierungen von Werten benutzt.

Berechtigung: immer verfügbar

Funktionen

▶ `getSecurityManager()`
Gibt den Security Manager zurück.

A.2 Modul: AuthenticatedUser

A.2.1 Klasse: AuthenticatedUser

Die Methoden dieser Klasse sollten nicht mehr ohne Validierung durch den Security Manager benutzt werden.

Methoden

▶ `getUserName()`
Gibt den Namen des Benutzers zurück.

Berechtigung: immer verfügbar

▶ `getId()`
Gibt die Id des Benutzers zurück. Diese kann von Python genutzt werden, um den Benutzer aus der Benutzer-Datenbank zu erhalten.

Berechtigung: immer verfügbar

▶ `has_role(roles, object=None)`
Gibt einen Boolean-Wert zurück, der anzeigt, ob der Benutzer wenigstens eine der für `roles` als Liste angegeben Rollen – optional im Kontext eines Objektes – besitzt.

Berechtigung: Immer verfügbar

▶ `getRoles()`
Gibt eine Liste mit den Rollen des Benutzers zurück.

Berechtigung: immer verfügbar

▶ `has_permission(permission, object)`
Gibt einen true-Wert zurück, wenn der Benutzer das für `permission` angegebene Recht an dem angegebenen Objekt besitzt.

Berechtigung: immer verfügbar

▶ `getRolesInContext(object)`

Gibt eine Liste aller Rollen des Benutzers zurück, einschließlich lokaler Rollen im Kontext des angegeben Objektes.

Berechtigung: immer verfügbar

▶ `getDomains()`

Gibt eine Liste der Domänen zurück, von den aus der Benutzer zugreifen darf.

Berechtigung: immer verfügbar

A.3 Modul: DTMLDocument

A.3.1 Klasse: DTMLDocument(ObjectManagerItem, PropertyManager)

Ein DTML-Dokument ist ein Zope-Objekt, das DTML-Code beinhaltet und ausführt.

Methoden

▶ `manage_edit(data, title)`

Ändert das DTML-Dokument, indem es seinen Inhalt durch den Wert von `data` ersetzt. Das Argument `data` kann ein String oder ein Datei-Objekt sein. Optional wird der Titel geändert.

Berechtigung: Change DTML Documents

▶ `document_src()`.

Gibt den ungerenderten Quelltext des DTML-Dokuments zurück.

Berechtigung: View management screens

▶ `__call__(client=None, REQUEST={}, RESPONSE=None, **kw)`

Der Aufruf dieser Methode führt zum Ausführen des DTML-Codes des Dokuments. Sie gibt das Ergebnis der Interpretation des Codes zurück. Die Suche von Variablennamen, die innerhalb des Codes interpretiert werden müssen, kann durch die Argumente dadurch gesteuert werden, dass ein oder mehrere Namensräume übergeben werden.

Argumente:

`client` – Wird ein Client-Objekt übergeben, werden Variablennamen in dessen Attribute gesucht.

`REQUEST` – Wenn des `REQUEST`-Objekt übergeben wird, werden dort Variablennamen gesucht.

`**kw` – Der Methode können Schlüsselworte als Namensraum übergeben werden.

Berechtigung: View

▶ `get_size()`
Gibt die Größe des nicht gerenderten Quelltextes des DTML-Dokuments in Bytes zurück.

Berechtigung: View

Funktionen

▶ `manage_addDocument(id, title)`
Fügt ein DTML-Dokument dem aktuellen Ordner hinzu. Das neue DTML-Dokument erhält als Id den Wert des Parameters `id`, als Titel den Wert des Parameters `title`.

A.4   Modul: DTMLMethod

A.4.1   Klasse: DTMLMethod(ObjectManagerItem)

Methoden

▶ `manage_edit(data, title)`
Ändert die DTML-Methode, indem es ihren Inhalt durch den Wert von `data` ersetzt. Das Argument `data` kann ein String oder ein Datei-Objekt sein. Optional wird der Titel geändert.

Berechtigung: Change DTML Methods

▶ `document_src()`
Gibt den ungerenderten Quelltext der DTML-Methode zurück.

Berechtigung: View management screens

▶ `__call__(client=None, REQUEST={}, **kw)`
Der Aufruf dieser Methode führt zum Ausführen des DTML-Codes der DTML-Methode. Sie gibt das Ergebnis der Interpretation des Codes zurück. Die Suche von Variablennamen, die innerhalb des Codes interpretiert werden müssen, kann durch die Argumente dadurch gesteuert werden, dass ein oder mehrere Namensräume übergeben werden.

Argumente:

`client` – Wird ein Client-Objekt übergeben, werden Variablennamen in dessen Attribute gesucht.

REQUEST – Wenn des REQUEST-Objekt übergeben wird, werden dort Variablennamen gesucht.

**kw – Der Methode können Schlüsselworte als Namensraum übergeben werden.

Berechtigung: View

▶ get_size()
Gibt die Größe des nicht gerenderten Quelltextes der DTML-Methode in Bytes zurück.

Berechtigung: View

Funktionen

▶ manage_addDTMLMethod(id, title)
Fügt eine DTML-Methode dem aktuellen Ordner hinzu. Die neue DTML-Methode erhält als Id den Wert des Parameters id, als Titel den Wert des Parameters title.

A.5 Modul: DateTime

A.5.1 Klasse: DateTime

Methoden

▶ Day() oder DayOfWeek()
Gibt den aktuellen englischen Namen des Wochentages aus.

▶ pDay()
Gibt den mit Punkt abgekürzten englischen Namen des Wochentages aus.

▶ aDay()
Gibt den abgekürzten englischen Namen des Wochentage aus.

▶ day()
Gibt den Tag des Monats als Zahl aus.

▶ dd()
Gibt den Tag des Monats als zweistellige Zahl aus.

▶ dow()
Gibt eine Zahl für den Wochentag aus. Die Zählung beginnt mit 0 für den Sonntag.

- ▶ `dow_1()`
  Gibt eine Zahl für den Wochentag aus. Die Zählung beginnt mit 1 für den Sonntag.

- ▶ `dayOfYear()`
  Gibt die aktuelle Anzahl der Tage des aktuellen Jahres aus.

- ▶ `Month()`
  Gibt den englischen Monatsnamen aus.

- ▶ `pMonth()`
  Gibt den mit Punkt abgekürzten englischen Namen des Monats aus.

- ▶ `aMonth()`
  Gibt den abgekürzten englischen Namen des Monats aus.

- ▶ `month()`
  Gibt die Zahl des Monats aus.

- ▶ `mm()`
  Gibt die zweistellige Monatszahl aus.

- ▶ `year()`
  Gibt die volle Jahreszahl aus.

- ▶ `yy()`
  Gibt die beiden letzten Stellen der Jahreszahl aus.

- ▶ `Date()`
  Gibt nur das Datum aus: 2003/05/05.

- ▶ `Time()`
  Gibt nur die Zeit aus: 15:27:00.

- ▶ `PreciseTime()`
  Gibt nur die Zeit auf tausendstel Sekunden geanu aus: 16:26:56.773.

- ▶ `TimeMinutes()`
  Gibt nur die Zeit ohne Sekunden aus: 15:27.

- ▶ `AMPM()`
  Gibt nur die Zeit aus: 02:58:35 pm.

- ▶ `PreciseAMPM()`
  Gibt nur die Zeit auf tausendstel Sekunden genau aus: 04:04:50.064 pm.

- ▶ `AMPMMinutes()`
  Gibt nur die Zeit ohne Sekunden aus: 04:04 pm.

- ▶ `ampm()`
  Gibt nur die Angabe *am* oder *pm* aus.

- **h_12()**

  Gibt die volle Stunde im Zwölfstundenzyklus wieder.

- **h_24() oder hour()**

  Gibt die volle Stunde im Vierundzwanzigstundenzyklus wieder.

- **minute()**

  Gibt die aktuelle Minute aus.

- **second()**

  Gibt die aktuelle Sekunde auf Tausendstel geanu aus: *16:26:56.773.*

- **fCommon()**

  Formatiert die Datumsausgabe mit vollem englischen Monatsnamen
  so: *April 5, 2003 3:20 pm.*

- **fCommonZ()**

  Formatiert die Datumsausgabe mit vollem englischen Monatsnamen
  so: *April 5, 2003 3:20 pm GMT+2.*

- **aCommon()**

  Formatiert die Datumsausgabe mit abgekürztem englischen Monatsnamen so: *Apr 5, 2003 3:17.*

- **aCommonZ()**

  Formatiert die Datumsausgabe mit abgekürztem Monatsnamen so:
  Apr 5, 2003 3:17 pm GMT+2.

- **pCommon()**

  Formatiert die Datumsausgabe mit abgekürztem Monatsnamen so:
  Apr. 5, 2003 3:20 pm.

- **pCommonZ()**

  Formatiert die Datumsausgabe mit abgekürztem Monatsnamen so:
  Apr. 5, 2003 4:14 pm GMT+2.

- **HTML4()**

  Formatiert die Datumsausgabe entsprechend der HTML 4 Spezifikation: *2003-05-05T12:53:38Z* .

- **rfc822()**

  Gibt das Datum nach der Spezifikation RFC 822 aus: *Mon, 05 May
  2003 15:33:48 +0200.*

- **ISO()**

  Gibt das Datum nach der ISO-Spezifikation aus: *2003-04-05
  16:29:35.*

- **timezone()**

  Gibt nur die Zeitzone aus.

- ▶ `millis()`

  Gibt die seit dem 1.1. 1970 vergangene Zeit in Millisekunden aus.

- ▶ `isCurrentYear()`

  Gibt true zurück, wenn das referenzierte Datum im aktuellen Jahr liegt.

- ▶ `isCurrentMonth()`

  Gibt true zurück, wenn das referenzierte Datum im aktuellen Monat liegt.

- ▶ `isCurrentDay()`

  Gibt true zurück, wenn das referenzierte Datum auf den aktuellen Tag fällt.

- ▶ `isCurrentHour()`

  Gibt true zurück, wenn die referenzierte Zeit in die aktuelle Stunde fällt.

- ▶ `isCurrentMinute()`

  Gibt true zurück, wenn das referenzierte Datum der aktuellen Minute entspricht.

- ▶ `isLeapYear()`

  Gibt true zurück, wenn das aktuelle Jahr ein Schaltjahr ist.

- ▶ `isFuture()`

  Gibt true zurück, wenn das referenzierte Datum in der Zukunft liegt.

- ▶ `isPast()`

  Gibt true zurück, wenn das referenzierte Datum in der Vergangenheit liegt.

Funktionen

- ▶ `DateTime()`

  Erstellt ein Datumsobjekt mit der aktuellen Systemzeit, wenn kein Argument übergeben wird. Es kann aber auch eine spezifische Zeitangabe oder eine Zeitzone übergeben werden.

A.6   Modul: ExternalMethod

A.6.1   Klasse: ExternalMethod

Ein über das Web aufrufbare Funktion, die externe Python-Funktionen kapselt. Die Funktion wird in einer externen Datei definiert die sich Verzeichnis *Extensions* der Zope-Installation befinden muss.

Methoden

▶ `manage_edit(title, module, function, REQUEST=None)`
Ändert eine externe Methode.

Argumente:

`function` – Der Name der Python-Funktion

`module` – Der Name der Datei, in dem die Funktion definiert ist.

▶ `__call__(, *args, **kw)`
Ruft die Externe Methode auf. Dies ist äquivalent zum Aufruf der Methode durch Python.

Funktionen

▶ `manage_addExternalMethod(id, title, module, function)`
Fügt dem aktuellen Ordner eine externe Methode hinzu.

Argumente:

`function` – Der Name der Python-Funktion

`module` – Der Name der Datei, in dem die Funktion definiert ist.

Berechtigung: Add External Methods

A.7 Modul: File[Klasse:]

A.7.1 Klasse:File(ObjectManagerItem, PropertyManager)

Das Datei-Objekt dient der Aufnahmen von Datei-Inhalten. Es wird u.a. genutzt, um Dateien mit Zope hoch- oder herunterzuladen.

Methoden

▶ `getContentType()`
Gibt den Content-Type des Datei-Objektes zurück.

Berechtigung: View

▶ `update_data(data, content_type=None, size=None)`
Aktualisiert den Inhalt des Datei-Objektes.

Argumente:

`data` – Die Daten für die Aktualisierung

`content_type` – Setzt den Content-Type, wenn dafür ein Wert übergeben wird.

size – Die Größe der Datei. Wird errechnet, wenn kein Wert übergeben wird.

Berechtigung: nur in Python

▶ `getSize()`
 Gibt die Dateigröße des Date-Objekte in Bytes zurück.

Berechtigung: View

Funktionen

▶ `manage_`
 `addFile(id,file=, title=, precondition=, content_type=)`
 Fügt dem aktuellen Ordner ein Datei-Objekt hinzu.

Argumente:

`file` – Die Datei, die in das Datei-Objekt geladen wird.

`precondition` – Eine optionale Methode, die ausgeführt wird, wenn die Datei heruntergeladen wird.

`content_type` – Der Content-Type der Datei, die geladen wird.

Berechtigung: Add Documents, Images, and Files

A.8   Modul Folder

A.8.1   Klasse: Folder(ObjectManagerItem, Object-Manager, PropertyManager)

Ein Folder (Ordner) ist das allgemeine Container-Objekt.

Funktionen

▶ `manage_addFolder(id, title)`
 Fügt dem aktuellen Ordner ein neues Ordner-Objekt hinzu.

Berechtigung: Add Folders

A.9   Modul: Image

A.9.1   Klasse: Image(File)

Das Image-Objekt dient der Aufnahmen von Bilddateien. Es wird genutzt, um Bilddateien mit Zope hoch- oder herunterzuladen.

Methoden

▶ `tag(height=None,`
     `width=None,`
     `alt=None,`
     `scale=0,`
     `xscale=0,`
     `yscale=0,`
     `**args)`

Gibt das komplette `IMG`-Tag mit Referenz auf das Bild-Objekt zurück.

Argumente:

`height`, `width`, `alt`, `scale`, `xscale` und `yscale` – können optional angegeben werden und werden als Attribute des `IMG`-Tags umgesetzt.

Weitere Argumente können für eventuelle Erweiterungen der IMG-Attribute als Schlüssel-Werte-Paare übergeben werden. Für das `class`-Attribut muss das Schlüsselwort `css_class` benutzt werden.

Berechtigung: View

Funktionen

▶ `manage_`
`addImage(id, file, title=,precondition=, content_type=)`
Fügt dem aktuellen Ordner ein Bild-Objekt hinzu.

`file` – Die Bildatei, die in das Datei-Objekt geladen wird.

`precondition` – Eine optionale Methode, die ausgeführt wird, wenn die Datei heruntergeladen wird.

`content_type` – Der Content-Type der Bilddatei, die geladen wird.

Berechtigung: Add Documents, Images, and Files

A.10 Modul: MailHost

A.10.1 Klasse: MailHost

Das Mail Host Objekt fungiert als Schnittstelle zu einem SMTP-Server. Mit ihm können aus Zope E-Mails verschickt werden.

Methoden

▶ `send(messageText,`
    `mto=None,`
    `mfrom=None,`
    `subject=None,`
    `encode=None)`

Verschickt eine E-Mail.

Argumente:

`messageText` – Der E-Mail-Text. Dies kann ein rfc822-geformter Text mit Header sein oder nur der Textkörper. Werden die übrigen Argumente vergeben, überschreiben diese den Header.

`mto` – Die Empfängeradresse(n)

`mfrom` – Die Absenderadresse

`subject` – Die Betreffzeile

`encode` – Die Codierung der Nachricht nach rfc822. Gültige Werte sind `base64`, `quoted-printable` und `uuencode`.

Berechtigung: Use mailhost services

Funktionen

▶ `manage_addMailHost(id,`
                `title=,`
                `smtp_host=None,`
                `localhost=localhost,`
                `smtp_port=25,`
                `timeout=1.0)`

Fügt dem aktuellen Ordner ein Mailhost-Objekt hinzu.

Berechtigung: Add MailHost objects

A.11 Modul: ObjectManager

A.11.1 Klasse: ObjectManager

Ein Object Manager enthält andere Objekte. Diese sind Object Manager Items.

Methoden

▶ `setBrowserDefaultId(id=, acquire=0)`
Definiert die Standard-Id des Objektes oder der Methode, die benutzt wird, wenn der Object Manager veröffentlicht wird. Dies ist normalerweise `index_html`. Wenn der Parameter `acquire` gesetzt wird, wird die Standardmethode vom Eltern-Container akquiriert.

Berechtigung: Verwalten von Ordner-Einstellungen

▶ `getBrowserDefaultId(acquire=0)`
Gibt die Standard-Id des Objektes oder der Methode zurück, die benutzt wird, wenn der Object Manager veröffentlicht wird. Dies ist normalerweise `index_html`.

Berechtigung: View

▶ `objectItems(type=None)`
Gibt eine Liste mit Tupeln aus, die die Id und das Objekt enthalten.

Argumente:

`type` – Ein String oder eine Liste der Objekttypen

Berechtigung: Access contents information

▶ `__getitem__(id)`
Gibt ein Kind-Objekt mit der angegeben Id zurück. Diese Methode wird aufgerufen, wenn auf Objekte in folgender Form referenziert wird:

```
seite = context['meineSeite']
```

Diese Methode verwendet nicht Akquisition.

Berechtigung: Access contents information

▶ `manage_delObjects(ids)`
Löscht ein oder mehrere Objekte aus einem Ordner. Ids werden als Liste Übergeben oder als String, wenn nur eine angegeben werden soll.

Berechtigung: Delete objects

▶ `objectValues(type=None)`
Gibt eine Liste der im Ordner befindlichen Objekte zurück.

Argumente:

`type` – Ein String oder eine Liste der Objekttypen (optional)

Berechtigung: Access contents information

- ▶ objectIds(type=None)

  Gibt eine Liste der Ids der im Ordner befindlichen Objekte zurück.

  Argumente:

  type – Ein String oder eine Liste der Objekttypen (optional)

  Berechtigung: Access contents information

- ▶ superValues(type)

  Gibt eine Liste der im Ordner und all seinen Eltern-Ordnern befindlichen Objekte des angegebenen Typs zurück.

  Argumente:

  type – Ein String oder eine Liste der Objekttypen (optional)

  Berechtigung: nur in Python

A.12 Modul: ObjectManagerItem

A.12.1 Klasse: ObjectManagerItem

Ein Object Manager Item ist ein Objekt in einem Object Manager. Fast alle Objekte, die über das Web bearbeitet werden können, sind Object Manager Items.

Methoden

- ▶ title_or_id()

  Gibt den Titel des Objekt zurück, wenn dieser vorhanden ist. Andernfalls wird die Id des Objektes zurückgegeben.

  Berechtigung: immer verfügbar

- ▶ getPhysicalRoot()

  Gibt das Zope-Applikations-Objekt zurück.

  Berechtigung: nur in Python

- ▶ manage_workspace()

  Diese Methode wird aufgerufen, wenn ein Objekt in der Contents-Ansicht eines Ordners im ZMI ausgewählt wird.

  Berechtigung: View management screens

- ▶ getPhysicalPath()

  Gibt den Pfad des Objektes ausgehend vom root-Ordner zurück. Dabei werden virtuelle Hosts ignoriert. Die Pfadelemente werden in einem Tupel ausgegeben.

  Berechtigung: immer verfügbar

▶ **unrestrictedTraverse(path, default=None)**

Durchquert den für `pfad` angegebenen absoluten oder relativen Pfad und gibt das Objekt zurück, auf das der Pfad zeigt. Dabei werden kaum Sicherheitsprüfungen durchgeführt. Wenn das Objekt nicht gefunden wird, wird das `default`-Argument zurückgegeben.

Berechtigung: nur in Python

▶ **getId()**

Gibt die Id des Objektes zurück. Sie ersetzt den direkten Zugriff auf die Id.

Berechtigung: immer verfügbar

▶ **absolute_url(relative=None)**

Gibt den absoluten URL des Objektes zurück.

Argumente:

`relative` – Wenn ein true-Wert übergeben wird, gibt die Methode einen relativen Pfad bezogen auf das Site-Objekt aus. Wird ein virtueller Host benutzt, wird der Ordner, der als Site-Root fungiert Ausgangspunkt des Pfades.

Berechtigung: immer verfügbar

▶ **this()**

Gibt das Objekt selbst zurück.

Berechtigung: immer verfügbar

▶ **restrictedTraverse(path, default=None)**

Durchquert den für `pfad` angegebenen absoluten oder relativen Pfad und gibt das Objekt zurück, auf das der Pfad zeigt. Dabei werden Sicherheitsprüfungen durchgeführt. Wenn das Objekt nicht gefunden wird, wird das `default`-Argument zurückgegeben.

Berechtigung: immer verfügbar

▶ **title_and_id()**

Gibt, wenn ein Titel vorhanden ist, diesen gefolgt von der Id aus, die in Klammern gesetzt wird. Hat das Objekt keinen Titel, wird nur die Id zurückgegeben.

Berechtigung: immer verfügbar

A.13 Modul: PropertyManager

A.13.1 Klasse: PropertyManager

Ein Property Manager Objekt enthält eine Sammlung von Eigenschaften eines Objektes mit unterschiedlichen Datentypen.

Methoden

▶ `propertyItems()`
Gibt eine Liste mit Tupeln zurück, die die Id und den Wert der einzelnen Eigenschaften enthalten.

Berechtigung: Access contents information

▶ `propertyValues()`
Gibt eine Liste der Eigenschaftswerte zurück.

Berechtigung: Access contents information

▶ `propertyMap()`
Gibt ein Tupel zurück, in dem für jede Eigenschaft ein Dictionary mit Meta-Daten enthalten ist. Diese sind die Id, der Content-Type und der Modus.

Berechtigung: Access contents information

▶ `propertyIds()`
Gibt eine Liste der Eigenschafts-Ids zurück.

Berechtigung: Access contents information

▶ `getPropertyType(id)`
Gibt den Datentyp der angegebenen Eigenschaft zurück.

Berechtigung: Access contents information

▶ `getProperty(id, default=None)`
Gibt den Wert der für `id` angegeben Eigenschaft zurück. Ist die Eigenschaft nicht vorhanden, wird der für `default` angegebene Wert zurückgegeben.

Berechtigung: Access contents information

▶ `hasProperty(id)`
Gibt einen true-Wert zurück, wenn das Objekt die Eigenschaft `id` besitzt.

Berechtigung: Access contents information

A.14 Modul: PropertySheet

A.14.1 Klasse: PropertySheet

Ein Property-Sheet ist ein Organisationsinstrument zum Verwalten von zueinander in Beziehung stehenden Eigenschaften. Es verhält sich wie ein Container für ein Set von Eigenschaften und deren Meta-Daten.

Methoden

▶ `xml_namespace()`
Gibt einen String zurück, der als Namensraum für diese Gruppe von Eigenschaften genutzt werden kann. Dies kann ein leerer String sein, wenn es für das Property-Sheet keinen Standard-Namensraum gibt.

Berechtigung: nur in Python

▶ `propertyItems()`
Gibt eine Liste mit Tupeln zurück, die die Id und den Wert der einzelnen Eigenschaften enthalten.

Berechtigung: Access contents information

▶ `propertyValues()`
Gibt eine Liste der Eigenschaftswerte zurück.

Berechtigung: Access contents information

▶ `getPropertyType(id)`
Gibt den Datentyp der angegebenen Eigenschaft zurück.

Berechtigung: nur in Python

▶ `propertyInfo()`
Gibt ein Objekt zurück, das Zuordnungen zu Meta-Daten der Eigenschaften enthält.

Berechtigung: nur in Python

▶ `getProperty(id, d=None)`
Gibt den Wert der für `id` angegeben Eigenschaft zurück. Wenn die Eigenschaft nicht vorhanden ist, wird der für `default` angegebene Wert oder None zurückgegeben.

Berechtigung: nur in Python

▶ `manage_delProperties(ids=None, REQUEST=None)`
Löscht die für Ids angegebenen Eigenschaften. Die Ids der Eigenschaften sollten als Sequenz übergeben werden.

Wenn kein Wert für REQUEST übergeben wird, gibt die Methode None zurück, andernfalls gibt sie das Properties-Tab gerendert zurück.

Berechtigung: Manage Properties

▶ `manage_changeProperties(REQUEST=None, **kw)`
Ändert die vorhandenen Eigenschaften des Objektes. Die neuen Werte werden entweder über das REQUEST-Objekt übergeben, in dem sich entsprechende Name-Wert-Paare befinden, oder mittels eines Dictionarys mit entsprechenden Schlüssel-Werte-Paaren. Es wird keine Überprüfung der Datentypen vorgenommen.

Berechtigung: Manage Properties

▶ `manage_addProperty(id, value, type, REQUEST=None)`
Fügt dem Objekt eine neue Eigenschaft hinzu.

Argumente:

`id` – Der Name der neuen Eigenschaft

`value` – Der Wert der neuen Eigenschaft

`type` – Der Datentyp der neuen Eigenschaft

Die Methode versucht anhand des `type`-Arguments den für `value` angegeben Wert zu konvertieren.

Berechtigung: Manage Properties

▶ `propertyMap()`
Gibt ein Tupel zurück, in dem für jede Eigenschaft ein Dictionary mit Meta-Daten enthalten ist. Diese sind die Id, der Content-Type und der Modus.

Berechtigung: nur in Python

▶ `propertyIds()`
Gibt eine Liste der Eigenschafts-Ids zurück.

Berechtigung: Access contents information

▶ `hasProperty(id)`
Gibt einen true-Wert zurück, wenn das Objekt die Eigenschaft `id` besitzt.

Berechtigung: Access contents information

A.15 Modul: PropertySheets

A.15.1 Klasse: PropertySheets

Objekte, die Property-Sheets unterstützen, haben ein *propertysheets*-Attribut, das eine Sammlung von Property-Sheet-Objekten darstellt.

Methoden

▶ `get(name, default=None)`
Gibt das Property-Sheet zurück, das beim Argument `name` angegeben wird.

Berechtigung: nur in Python

▶ `values()`
Gibt eine Sequenz aller Property-Sheets in der Sammlung zurück.

Berechtigung: nur in Python

▶ `items()`
Gibt eine Sequenz zurück, die für jedes Property-Sheet ein Tupel enthält, in dem sich die Id und das Objekt befinden.

Berechtigung: nur in Python

A.16 Modul: Request

A.16.1 Klasse: Request

Das REQUEST-Objekt beinhaltet alle Informationen der aktuellen Anfrage: die Eingabe-Header, die Formularvariablen, die Server-Daten und die Cookie-Informationen.

Folgende speziellen Variablen werden zusätzlich im REQUEST-Objekt gesetzt:

PARENTS – Eine Liste der Objekte, die durchquert werden, um das angeforderte Objekt auszuliefern.

REQUEST – Das REQUEST-Objekt

RESPONSE – Das RESPONSE-Objekt

PUBLISHED – Das Objekt, das in Folge einer URL-Durchquerung aktuell veröffentlicht wird.

URL – Der URL der Anfrage ohne Query-String

URL**n** – Der URL der Anfrage, wobei n eine Zahl ist, die angibt, wie viele Pfadelemente von rechts entfernt werden. URL0 entspricht demnach URL.

URLPATH**n** – Genauso wie URL**n**, gibt aber nur den Pfadteil des URL wieder. Protokoll- und Domain-Teil werden entfernt.

BASE**n** – Der URL der Anfrage. Dabei gibt n an, wie viele Pfadelemente von der Zope-Applikation aus ausgegeben werden. BASE0 entspricht der Zope-Applikation, BASE1 ist der Pfad des root-Ordners.

BASEPATH**n** – Genauso wie BASE**n**, gibt aber nur den Pfadteil des URL wieder. Protokoll- und Domain-Teil werden entfernt.

A.16.2 Methoden

▶ `text()`
Gibt die Request-Informationen als Text aus. Das kann hilfreich bei der Fehlersuche sein.

Berechtigung: immer verfügbar

▶ `get_header(name, default=None)`
Gibt den für `name` angegebenen HTTPS-Header zurück. Falls dieser nicht vorhanden ist, gibt die Methode None oder den für `default` angegebenen Wert aus.

Berechtigung: immer verfügbar

▶ `items()`
Gibt eine Sequenz mit Tupeln aus, die jeweils Schlüssel und Wert der Elemente im REQUEST-Objekt enthalten.

Berechtigung: immer verfügbar

▶ `keys()`
Gibt eine sortierte Sequenz aller Schlüssel im REQUEST-Objekt aus.

Berechtigung: immer verfügbar

▶ `setVirtualRoot(path, hard=0)`
Ändert den Pfad des aktuellen Objektes auf den für `path` angegeben Wert. Wenn der Parameter `hard` einen true-Wert erhält wird die Variable PARENTS geleert. Unterstützt dabei die Verwendung eines virtuellen Hosts.

Berechtigung: immer verfügbar

▶ `values()`

Gibt eine Sequenz aller Werte im REQUEST-Objekt zurück.

Berechtigung: immer verfügbar

▶ `set(name, value)`

Erstellt eine neue Variable mit dem für `name` angegebenen Namen im REQUEST-Objekt und weist ihr den für `value` angegebenen Wert zu. Die neue Variable wird in der Kategorie `other` gespeichert.

Berechtigung: immer verfügbar

▶ `has_key(key)`

Gibt einen true-Wert zurück, wenn das REQUEST-Objekt die für `key` angegebenen Variabelen enthält.

Berechtigung: immer verfügbar

▶ `setServerURL(protocol=None, hostname=None, port=None)`

Ändert die angegebenen Elemente der Variablen `SERVER_URL`. Unterstützt dabei die Verwendung eines virtuellen Hosts.

Berechtigung: immer verfügbar

A.17 Modul: Response

A.17.1 Klasse: Response

Das Response-Objekt bildet die Antwort auf eine Zope-Anfrage ab.

A.17.2 Methoden

▶ `setHeader(name, value)`

Setzt einen HTTP-Header im Rückgabe-Objekt. Für das Argument `name` wird der Header-Name, für das Argument `value` wird der Wert angegeben. Mit einem true-Wert für das literale Flag wird die Groß- oder Kleinschreibung des Header-Namens beibehalten. Bei der Ausgabe wird der Header-Name dann mit großem Anfangsbuchstaben notiert.

Berechtigung: immer verfügbar

▶ `setCookie(name, value, **kw)`

Setzt im Browser einen HTTP-Cookie mit dem für `name` angegebenen Namen und dem für `value` angegebenen Wert.

Berechtigung: immer verfügbar

▶ **addHeader(name, value)**

Setzt einen HTTP-Header im Rückgabe-Objekt mit dem für `value` gegebenen Wert. Behält vorhandene Header mit gleichem Namen bei.

Berechtigung: immer verfügbar

▶ **appendHeader(name, value, delimiter=,)**

Setzt einen HTTP-Header im Rückgabe-Objekt mit dem für `value` gegebenen Wert. Ist ein gleichnamiger Header bereist vorhanden, wird der neue Wert angehängt. Das Argument `delemiter` bestimmt das Trennzeichen zwischen den Werten.

Berechtigung: immer verfügbar

▶ **write(data)**

Gibt Daten als Strom zurück. Der Browser kann dadurch bereits Teilergebnisse anzeigen, während er weiterhin die Antwort berechnet. Alle Header und Cookies sollten vorher gesetzt werden.

Berechtigung: immer verfügbar

▶ **setStatus(status, reason=None)**

Setzt den HTTP-Status-Code der Antwort. Für das Argument `status` kann entweder ein Integer oder eine der folgenden Zeichenketten angegeben werden:

`OK, Created, Accepted, NoContent, MovedPermanently, MovedTemporarily, NotModified, BadRequest, Unauthorized, Forbidden, NotFound, InternalError, NotImplemented, BadGateway, ServiceUnavailable`

Berechtigung: immer verfügbar

▶ **setBase(base)**

Setzt den Basis-URL für das zurückgegebene Dokument. Wenn das Dokument bereits ein `base`-Tag besitzt, wird kein neues Tag eingefügt.

Berechtigung: immer verfügbar

▶ **expireCookie(name, **kw)**

Löscht den Cookie mit dem angegebenen Namen vom Browser. Einige Clients verlangen die Angabe des Pfades, der bei der Erstellung des Cookies angegeben wurde. Dieser kann als Schlüsselwort-Argument übergeben werden.

Berechtigung: immer verfügbar

▶ `appendCookie(name, value)`

Setzt im Browser einen HTTP-Cookie mit dem für `name` angegebenen Namen und dem für `value` angegebenen Wert. Wenn im Browser bereits ein Cookie mit dem Namen existiert, wird der neue Wert an den alten angehängt. Das Trennzeichen zwischen Werten ist ein Punkt.

Berechtigung: immer verfügbar

▶ `redirect(location, lock=0)`

Veranlasst eine Umleitung ohne einen Fehler auszulösen. Wird für das Argument `lock` ein true-Wert angegeben, wird der HTTP-`redirect`-Antwort-Code auch im Falle eines Fehlers nach Aufruf der Methode nicht gelöscht.

Berechtigung: immer verfügbar

A.18 Modul: SessionInterface

A.18.1 Klasse: BrowserIdManagerInterface

Der Browser Id Manager vergibt Ids für die Besucher einer Site. Er ist ferner dafür zuständig, Anfragen des Session Data Managers bezüglich der Browser Id zu bearbeiten.

Methoden

▶ `getBrowserId(create=1)`

Gibt die aktuelle Browser Id zurück. Wenn das Argument `create` einen true-Wert hat, wird eine neue Browser Id vergeben, falls noch keine vorhanden war.

Berechtigung: Access contents information

▶ `isBrowserIdFromCookie()`

Gibt true zurück, wenn die Browser Id von einem Cookie kommt.

Berechtigung: Access contents information

▶ `flushBrowserIdCookie()`

Löscht das Cookie mit der Browser Id vom Browser des Clients, wenn die Browser Id per Cookie gespeichert wurde.

Berechtigung: Access contents information

▶ `getBrowserIdName()`

Gibt den Namen zurück, der vom Browser Id Manager zur Referenzierung des Wertes der Browser Id verwendet wird.

Berechtigung: Access contents information

▶ **setBrowserIdCookieByForce(bid)**

Setzt ein Cookie mit der für bid angegebenen Browser Id. Dies ist nützlich, wenn man Cookies mit einer Browser Id für denselben Benutzer domain-übergreifend einrichten muss.

Berechtigung: Access contents information

▶ **isBrowserIdNew()**

Gibt true zurück, wenn die Browser Id neu erstellt ist. Eine Browser Id gilt als neu, wenn sie erstmalig erstellt und daher in keiner Anfrage an den Server zurückgesendet wurde.

Berechtigung: Access contents information

▶ **isBrowserIdFromForm()**

Gibt true zurück, wenn die Browser Id von einer Formular-Variablen stammt.

Berechtigung: Access contents information

▶ **encodeUrl(url, style=querystring)**

Hängt an den für url angegebenen URL die aktuelle Browser Id. Das Argument style bestimmt dabei die Art des Anhängens. Hat es den Wert querystring, wird die Browser Id als Query-String; hat es den Wert inline, wird sie als Pfadelement an den URL gefügt.

Berechtigung: Access contents information

▶ **getHiddenFormField()**

Gibt einen String zurück, der eine HTML-Codierung eines versteckten Formularfeldes enthält, dessen name- und value-Attribute den aktuellen Browser Id Namen bzw. die aktuelle Browser Id beinhalten.

▶ **hasBrowserId()**

Gibt einen true-Wert zurück, wenn die aktuelle Anfrage eine Browser Id enthält.

Berechtigung: Access contents information

A.18.2 Klasse: SessionDataManagerInterface

Der Session Data Manager ist für die Verwaltung von Session Data Objekten und die Beantwortung von Anfragen an diese zuständig. Des Weiteren kommuniziert er mit dem Browser Id Manager, um Informationen über Browser Ids bereitzustellen.

Methoden

▶ `getSessionDataByKey(key)`
Gibt ein Session Data Objekt zurück, das mit dem angegeben Schlüssel assoziiert ist.

Berechtigung: Access session data

▶ `getSessionData(create=1)`
Gibt ein Session Data Objekt zurück, das zur aktuellen Browser Id gehört. Wenn `create` einen true-Wert erhält, wird ein neues Objekt erstellt, falls noch keines existiert.

Berechtigung: Access session data

▶ `getBrowserIdManager()`
Gibt den ersten per Akquisition ermittelten Browser Id Manager zurück.

Berechtigung: Access session data

▶ `hasSessionData()`
Gibt einen true-Wert zurück, wenn ein zur aktuellen Browser Id gehörendes Session Data Objekt im Session Data Container gefunden wird.

Berechtigung: Access session data

A.19 Modul: TransientObject

A.19.1 Klasse: TransientObject

Ein Transient Object ist ein temporäres Objekt, das sich im Transient Object Container befindet.

Methoden

▶ `delete(key)`
Löscht das Objekt mit dem angegebenen Schlüssel.

Berechtigung: immer verfügbar

▶ `setLastAccessed()`
Setzt die Zeit des letzten Zugriffs auf die aktuelle Zeit.

Berechtigung: immer verfügbar

▶ `getCreated()`
Gibt die Zeit zurück, wann das Objekt erstellt wurde. Das Maß ist Sekunden seit dem 1.1.1970.

Berechtigung: immer verfügbar

▶ `values()`

Gibt eine Sequenz mit den Werten des Objektes zurück. Return sequence of value elements.

Berechtigung: immer verfügbar

▶ `has_key(key)`

Gibt true zurück, wenn das Objekt den angegebenen Schlüssel enthält.

Berechtigung: immer verfügbar

▶ `getLastAccessed()`

Gibt die Zeit des letzten Zugriffs auf das Objekt zurück. Das Maß ist Sekunden seit dem 1.1.1970.

Berechtigung: immer verfügbar

▶ `getId()`

Gibt die Id des Objektes zurück.

Berechtigung: immer verfügbar

▶ `update(dict)`

Aktualisiert die Daten des Objektes mit dem für `dict` angegebenen Dictionary.

Berechtigung: immer verfügbar

▶ `clear()`

Löscht alle Schlüssel-Werte-Paare des Objektes.

Berechtigung: immer verfügbar

▶ `items()`

Gibt eine Sequenz mit Tupeln zurück, die jeweils den Schlüssel und den Wert eines Elements enthalten.

Berechtigung: immer verfügbar

▶ `keys()`

Gibt eine Sequenz mit den Schlüsseln des Objektes zurück.
Berechtigung: immer verfügbar

▶ `get(key, default=marker)`

Gibt den zum angegebenen Schlüssel gehörenden Wert zurück. Wenn der Schlüssel nicht existiert, wird der für `default` angegebene Wert zurückgegeben.

Berechtigung: immer verfügbar

- ▶ `set(key, value)`
  Fügt dem Objekt ein neues Schlüssel-Wert-Paar hinzu.

  Berechtigung: immer verfügbar

- ▶ `getContainerKey()`
  Gibt den Schlüssel zurück, unter dem das Objekt in seinem Container registriert ist.

  Berechtigung: immer verfügbar

- ▶ `invalidate()`
  Macht das Objekt ungültig.

  Berechtigung: immer verfügbar

A.20 Modul: TransientObjectContainer

A.20.1 Klasse: TransientObjectContainer

Transient Object Container beinhalten Transient Objekte, zumeist Session-Daten. In der Regel arbeitet man mit den Transient Objekten, weniger mit dem Container.

Methoden

- ▶ `new(key)`
  Erstellt ein neues Unterobjekt mit dem angegebenen Schlüssel. Wenn ein Unterobjekt mit diesem Schlüssel bereits existiert, wird ein Fehler ausgelöst.

  Berechtigung: Create Transient Objects

- ▶ `setDelNotificationTarget(func)`
  Definiert die Funktion, die aufgerufen wird, wenn ein Objekt aus dem Container entfernt wird. Wenn der Wert für `func` nicht aufrufbar, aber ein String ist, wird er als Zope-Pfad zu einer aufrufbaren Funktion behandelt.

  Berechtigung: Manage Transient Object Container

- ▶ `getTimeoutMinutes()`
  Gibt die Anzahl an Minuten zurück, die Unterobjekte inaktiv sein können, bevor sie ungültig werden.

  Berechtigung: View management screens

- ▶ `has_key(key)`
  Gibt true zurück, wenn im Container der angegebene Schlüssel vorhanden ist.

  Berechtigung: Access Transient Objects

▶ **setAddNotificationTarget(func)**
Definiert die Funktion, die aufgerufen wird, wenn ein Objekt dem Container hinzugefügt wird. Wenn der Wert für func nicht aufrufbar, aber ein String ist, wird er als Zope-Pfad zu einer aufrufbaren Funktion behandelt.

Berechtigung: Manage Transient Object Container

▶ **getId()**
Gibt die Id des Objektes zurück.

Berechtigung: immer verfügbar

▶ **setTimeoutMinutes(timeout_mins)**
Bestimmt die Anzahl an Minuten, die Unterobjekte inaktiv sein können, bevor sie ungültig werden.

Berechtigung: Manage Transient Object Container

▶ **new_or_existing(key)**
Gibt das durch key angegebene Unterobjekt zurück. Falls dieses nicht existiert, wird es erstellt und zurückgegeben.

Berechtigung: Create Transient Objects

▶ **get(key, default=None)**
Gibt den zum angegebenen Schlüssel gehörenden Wert zurück. Existiert der Schlüssel nicht, wird der für default angegebene Wert zurückgeliefert.

Berechtigung: Access Transient Objects

▶ **getAddNotificationTarget()**
Gibt die Funktion zurück, die aufgerufen wird, wenn ein Objekt zum Container hinzugefügt wird.

Berechtigung: View management screens

▶ **getDelNotificationTarget()**
Gibt die Funktion zurück, die aufgerufen wird, wenn ein Objekt aus dem Container gelöscht wird.

Berechtigung: View management screens

A.21 Modul: UserFolder

A.21.1 Klasse: UserFolder

Ein User Folder ist ein Container für Benutzer-Objekte. Man kann mit mehreren User-Objekten arbeiten, indem man das API nutzt, das von den jeweiligen User Folder-Implementationen bereit gestellt wird.

Methoden

▶ `userFolderEditUser(name, password, roles, domains, **kw)`
Ändert die Benutzerdaten.

Nicht alle Implementationen unterstützen diese Methode.

Berechtigung: Manage users

▶ `userFolderDelUsers(names)`
Löscht einen oder mehrere Benutzer.

Nicht alle Implementationen unterstützen diese Methode.

Berechtigung: Manage users

▶ `userFolderAddUser(name, password, roles, domains, **kw)`
Erstellt ein neues Benutzer-Objekt mit den angegeben Daten.

Nicht alle Implementationen unterstützen diese Methode.

Berechtigung: Manage users

▶ `getUsers()`
Liefert eine Sequenz mit allen im aktuellen Benutzer-Ordner enthaltenen Benutzer-Objekten.

Berechtigung: Manage users

▶ `getUserNames()`
Liefert eine Sequenz mit allen Benutzernamen der im aktuellen Benutzer-Ordner enthaltenen Benutzer-Objekten.

Berechtigung: Manage users

▶ `getUser(name)`
Gibt das für `name` angegebene Benutzer Objekt zurück.

Berechtigung: Manage users

A.22 Modul: Vocabulary

A.22.1 Klasse: Vocabulary

Ein Vocabulary verwaltet Worte und Sprachregeln für die Textindizierung. Textindizierung kann vom Z Catalog vorgenommen werden.

Methoden

▶ `words()`
Gibt eine Wortliste zurück.

▶ `insert(word)`
Fügt dem Vocabulary ein Wort hinzu.

▶ query(pattern)

Sucht im Vocabulary nach Wörtern, die dem angegebenen Muster entsprechen.

Funktionen

▶ `manage_`
`addVocabulary(id, title, globbing=None, REQUEST=None)`
Erstellt im aktuellen Ordner ein neues Vocabulary.

A.23 Modul: ZCatalog

A.23.1 Klasse: ZCatalog

Ein Z Catalog enthält frei wählbare Indizes wie beispielsweise Referenzen auf Zope-Objekte. Ein Z Catalog kann Objekt-Eigenschaften indizieren, indem verschiedene Index-Typen benutzt werden.

Ein Z Catalog speichert keine Referenzen auf die Objekte, sondern eine Kennung, die definiert, wie man zum Objekt gelangt. Es ist dies der relative Pfad des Objektes zum Z Catalog.

Methoden

▶ `schema()`
Gibt eine Sequenz von Namen zurück, die mit den Spalten in der Meta-Daten-Tabelle korrespondieren.

▶ `catalog_object(obj, uid)`
Katalogisiert das für `obj` angegebene Objekt mit der für `uid` angegeben eindeutigen Kennung.

▶ `__call__(REQUEST=None, **kw)`
Durchsucht den Z Catalog (siehe auch `searchResults()`).

▶ `uncatalog_object(uid)`
Entfernt das Objekt mit der eindeutigen Kennung `uid` aus dem Z Catalog.

▶ `getobject(rid, REQUEST=None)`
Gibt das katalogisierte Objekt mit der angegebenen `data_record_id` zurück.

▶ `getpath(rid)`
Gibt den Pfad des katalogisierten Objekts mit der angegebenen `data_record_id` zurück.

▶ `index_objects()`

Gibt eine Liste der Index-Objekte des Z Catalogs zurück. Diese Methode gibt nicht verhüllte Indizes zurück. Einige Indizes benötigen jedoch eine Verhüllung. Dafür muss die Methode `getIndexObjects()` benutzt werden.

▶ `searchResults(REQUEST=None, **kw)`

Durchsucht den Z Catalog nach Begriffen, die im Request oder als Schlüsselwort-Argumente übergeben werden können. Die Schlüssel müssen dabei den Indexnamen entsprechen.

Argumente:

`sort_on` – Gibt den Index an, der als Basis für die Sortierung der Ergebnisse dienen soll (Text-Indizes sind dabei nicht möglich).

`sort_order` – Kann angeben werden, wenn eine andere als die aufsteigende Sortierung ausgegeben werden soll. Mögliche Werte sind `reverse` (umgekehrt) und `descending` (absteigend).

▶ `uniqueValuesFor(name)`

Gibt die eindeutigen Werte für den für `name` angegebenen FieldIndex zurück.

▶ `getIndexObjects()`

Gibt eine Liste der verhüllten Index-Objekte des Z Catalogs zurück. Siehe auch die Methode `index_objects()`.

Funktionen

▶ `manage_addZCatalog(id, title, vocab_id=None)`

Fügt dem aktuellen Ordner einen neuen Z Catalog hinzu. Das Argument `vocab_id` wird nicht mehr vergeben bzw. ignoriert.

A.24 Modul: ZSQLMethod

A.24.1 Klasse: ZSQLMethod

ZSQL-Methoden verwalten SQL-Code innerhalb von Zope.

Methoden

▶ `manage_edit(title, connection_id, arguments, template)`
Ändert die SQL-Methode.

Argumente:

`connection_id` – Die Id der Datenbankverbindung, für die die Methode genutzt werden soll.

arguments – Die Argumente, für die der Methode beim Aufruf Werte übergeben werden sollen.

template – Der Quelltext der SQL-Schablone.

▶ __call__(REQUEST=None, **kw)
Ruft die SQL-Methode auf. Argumente sollten als Schlüssel-Wort-Argument übergeben werden. Ohne Argumentübergabe versucht die Methode die Argumentzuordnung aus dem REQUEST-Objekt zu beziehen.

Funktionen

▶ manage_addZSQLMethod(id,
                        title,
                        connection_id,
                        arguments,
                        template)

Fügt eine ZSQL-Methode dem aktuellen Ordner hinzu.

Argumente:

connection_id – Die Id der Datenbankverbindung, für die die Methode genutzt werden soll.

arguments – Die Argumente, für die der Methode beim Aufruf Werte übergeben werden sollen.

template – Der Quelltext der SQL-Schablone.

B   Rechte der Standard-Installation

Recht	Erläuterung
Access Transient Objects	Erlaubt den Zugriff auf Transient Objects
Access arbitrary user session data	Erlaubt den Zugriff auf beliebige Benutzersession-Daten
Access contents information	Erlaubt den Zugriff auf Ordner-Inhalte
Access session data	Erlaubt den Zugriff auf Session-Daten
Add Accelerated HTTP Cache Managers	Erlaubt das Hinzufügen eines Accelerated HTTP Cache Managers
Add Browser Id Manager	Erlaubt das Hinzufügen eines Browser Id Managers
Add Database Methods	Erlaubt das Hinzufügen von Z SQL-Methoden
Add Documents, Images, and Files	Erlaubt das Hinzufügen von Dokumenten, Bildern und Dateien
Add External Methods	Erlaubt das Hinzufügen externer Methoden
Add Folders	Erlaubt das Hinzufügen von Ordnern
Add MailHost objects	Erlaubt das Hinzufügen von Mailhosts
Add Page-Templates	Erlaubt das Hinzufügen von Page-Templates
Add Pluggable Index	Erlaubt das Hinzufügen eines Index zum Z Catalog
Add Python Scripts	Erlaubt das Hinzufügen von Python-Skripten
Add RAM Cache Managers	Erlaubt das Hinzufügen eines RAM Cache Managers
Add Session Data Manager	Erlaubt das Hinzufügen eines Session Data Manager
Add Site Roots	Erlaubt das Hinzufügen von Site Roots
Add Temporary Folder	Erlaubt das Hinzufügen eines temporären Ordners
Add Transient Object Container	Erlaubt das Hinzufügen eines Transient Object Containers
Add User Folders	Erlaubt das Hinzufügen eines Benutzer-Ordners
Add Versions	Erlaubt das Hinzufügen von Versionen

Tabelle B.1 Liste der Rechte in Zopes Standard-Installation

Recht	Erläuterung
Add Virtual Host Monsters	Erlaubt das Hinzufügen eines Virtual Host Monsters
Add Vocabularies	Erlaubt das Hinzufügen eines Vocabularies
Add Z Gadfly Database Connections	Erlaubt das Hinzufügen von Z Gadfly Datenbank-Verbindungen
Add Zcatalogs	Erlaubt das Hinzufügen von Z Catalog
Add Zope Tutorials	Erlaubt das Hinzufügen des Zope Tutorials
Change Browser Id Manager	Erlaubt Änderungen am Browser Id Manager
Change DTML Documents	Erlaubt Änderungen an DTML-Dokumenten
Change DTML Methods	Erlaubt Änderungen an DTML-Methoden
Change Database Connections	Erlaubt Änderungen an Datenbank-Verbindungen
Change Database Methods	Erlaubt Änderungen an Z SQL-Methoden
Change External Methods	Erlaubt Änderungen an externen Methoden
Change Images and Files	Erlaubt Änderungen an Bild- und Datei-Objekten
Change Lock Information	Erlaubt Änderungen an Objekten-Sperren (WebDAV)
Change Page-Templates	Erlaubt Änderungen an Seiten-Templates
Change Python Scripts	Erlaubt Änderungen an Python-Skripten
Change Session Data Manager	Erlaubt Änderungen am Session Data Manager
Change Versions	Erlaubt Änderungen von Versionen
Change bindings	Erlaubt Änderungen der Bindungen von Python-Skripten
Change cache managers	Erlaubt Änderungen am Cache Manager
Change cache settings	Erlaubt Änderungen der Cache-Einstellungen
Change configuration	Erlaubt Änderungen der Konfiguration
Change permissions	Erlaubt Änderungen an den Rechten einer Rolle
Change proxy roles	Erlaubt Änderungen der Proxy-Rolle
Copy or Move	Erlaubt das Kopieren und Verschieben von Objekten

Tabelle B.1 Liste der Rechte in Zopes Standard-Installation (Forts.)

Recht	Erläuterung
Create Transient Objects	Erlaubt das Erstellen temporärer Objekte
Create class instances	Erlaubt das Erstellen von Klasseninstanzen
Define permissions	Erlaubt das Definieren von Rechten (Z Classes)
Delete objects	Erlaubt das Löschen von Objekten
Edit Factories	Erlaubt das Bearbeiten von Factory-Objekten (Z Classes)
FTP access	Erlaubt den FTP Zugang zur Zope-Datenbank
Import/Export objects	Erlaubt das Importieren und Exportieren von Objekten
Join/leave Versions	Erlaubt das Betreten und Verlassen von Versionen
Log Site Errors	Erlaubt den Zugriff auf den Error-Log
Log to the Event Log	Erlaubt den Zugriff auf den Event-Log
Manage Access Rules	Erlaubt das Erstellen von Access Rules
Manage Transient Object Container	Erlaubt das Bearbeiten von Transient Object Containern
Manage Vocabulary	Erlaubt das Bearbeiten von Vocabularies
Manage WebDAV Locks	Erlaubt das Verwalten Objekte-Sperren (WebDAV)
Manage Z Classes	Erlaubt das Bearbeiten von Z Klassen
Manage ZCatalog Entries	Erlaubt das Bearbeiten Z Catalog-Einträgen
Manage ZCatalogIndex Entries	Erlaubt das Bearbeiten von Z Catalog Index-Einträgen
Manage properties	Erlaubt das Bearbeiten von Objekt-Eigenschaften
Manage users	Erlaubt das Bearbeiten von Benutzer-Objekten
Open/Close Database Connection	Erlaubt das Öffnen und Schließen von Datenbank-Verbindungen
Query Vocabulary	Erlaubt das Abfragen von Vocabularies
Save/discard Version changes	Erlaubt das Sichern und Verwerfen Versions-Änderungen
Search ZCatalog	Erlaubt das Durchsuchen eines Z Cataloges
Take ownership	Erlaubt die Übernahme der Rolle owner

Tabelle B.1 Liste der Rechte in Zopes Standard-Installation (Forts.)

Recht	Erläuterung
Test Database Connections	Erlaubt das Testen von Datenbank-Verbindungen
Undo changes	Erlaubt das Rückgängigmachen Arbeitschritten
Use Database Methods	Erlaubt die Verwendung von Z SQL-Methoden
Use Factories	Erlaubt die Verwendung Factories
Use mailhost services	Erlaubt die Verwendung des Mailhosts
View	Erlaubt den Zugriff auf Seiten (Objekte)
View History	Erlaubt den Zugriff auf das History-Tab
View management screens	Erlaubt den Zugriff auf Management-Tabs
WebDAV Lock items	Erlaubt das Sperren von Objekten (WebDAV)
WebDAV Unlock items	Erlaubt das Entsperren von Objekten (WebDAV)
WebDAV access	Erlaubt den Zugang über WebDAV zur Zope-Datenbank

Tabelle B.1 Liste der Rechte in Zopes Standard-Installation (Forts.)

C   Zope-Quellen im Internet

C.1   deutschsprachig

▶ **www.dzug.org**
Die Website der deutschsprachigen Zope User Group (DZUG). Hier findet man eine Fülle an Informationen zu Zope und Zope-Produkten. DZUG betreibt auch eine Zope-Mailing-Liste.

▶ **www.selfzope.de**
Die Website zu diesem Buch. Mit Referenzen für DTML, ZPT, Zope-API sowie vielen praktischen Anwendungsbeispielen.

▶ **www.python-forum.de**
Eine deutschsprachige Foren-Seite zu verschiedenen Python-Themen. Enthält auch ein Zope-Forum.

C.2   englischsprachig

▶ **www.zope.org**
Die Hauptseite der Zope-Community. Sie ist zentraler Anlaufpunkt für alle Fragen bezüglich Zope. Diese Site betreibt einige Mailing-Listen zu Zope und zope-verwandten Themen.

▶ **www.zopelabs.com**
Eine Seite mit sehr vielen interessanten Tipps und Beispielen zu Zope, die nach Themengebieten organisiert sind.

▶ **www.python.org**
Die Webseite der Python-Entwickler. Hier erhält man die kompletten Dokumentationen der Python-Versionen.

D   Die CD-ROM zum Buch

Auf der dem Buch beigefügten CD-ROM finden sich alle Beispiele und Quellcodes, die im Buch besprochen werden. Ferner sind darauf die Zope-Versionen 2.6.4 und 2.7 für Linux und Windows enthalten. Die Buchbeispiele sind mit der Version 2.6.4 erstellt, sollten aber auch mit 2.7 funktionieren (was jedoch nicht mehr getestet werden konnte). Eine Milestone-Version von Zope 3 ist ebenfalls beigefügt.

Des Weiteren enthält die CD eine Auswahl an Zope-Produkten, die neue, interessante Funktionen bieten. Zur Installation der Produkte bitte die jeweiligen Anleitungen lesen. Zur Arbeit mit den Beispielen ist die neueste Version des Mozilla-Browsers beigelegt. Und schließlich findet sich für diejenigen, die mehr über Python erfahren möchten, das offizielle Python-Tutorium in einer deutschen Übersetzung auf der CD.

Die Verzeichnisse der CD

▶ **beispiele**
   Die nach Kapiteln geordneten Beispiele aus dem Buch

▶ **zope**
   Die Versionen 2.6.4, 2.7 und 3m4 von Zope für Linux und Windows

▶ **produkte**
   Eine Auswahl von nützlichen Zope-Produkten

▶ **browser**
   Die neuste Version von Mozilla

▶ **python**
   Das deutsche Python-Tutorium

Index

100 % Python für
Einsteiger

450 S., 2002, mit CD, 34,90 Euro
ISBN 3-89842-227-5

Einstieg in Python

www.galileocomputing.de

mit
CD/
DVD

Thomas Theis

Einstieg in Python

Unser Buch bietet eine gründliche Einführung in
Python für Programmieranfänger und Umsteiger
anderer Skriptsprachen.
Ausführlich werden alle wichtigen Funktionen und
Möglichkeiten von Python erklärt und durch
praktische Beispiele verdeutlicht.
Ein besonderes Highlight: das Kapitel zu Python
und ZOPE.

Das umfassende Handbuch!

696 S., 2., aktualisierte und erweiterte
Auflage 2003, mit CD, 34,90 Euro
ISBN 3-89842-383-2

MySQL 4

www.galileocomputing.de

Marcus Throll

mit
CD/
DVD

MySQL 4

Schnell zum produktiven Einsatz von MySQL
kommen Sie mit diesem praktischen Leitfaden.
Im Mittelpunkt steht die Programmierung und
Administration der Datenbank. Zu einem guten Start
verhilft Ihnen das notwendige Basiswissen zur
Installation und eine kompakte Einführung in SQL.
Auch zu Themen wie Leistungsumfang, Kosten,
Lizenzbedingungen, Produktsupport etc. werden Sie
kompetent beraten und in 12 Schritten zur
dynamischen Website mit PHP und MySQL geführt.

Webserver - installieren, administrieren, sicher betreiben

456 S., 2003, mit CD, 34,90 Euro
ISBN 3-89842-368-9

Der eigene Webserver

www.galileocomputing.de

Michael Hilscher

Der eigene Webserver

mit CD/ DVD

Planung, Umsetzung und Administration
eines dedizierten Server

Angefangen von der ersten Planung, der Wahl des
Hosters und der Hardware bis hin zu rechtlichen
Aspekten, von Sicherheitsaspekten bis hin zur
Überwachung der Speicherauslastung, bietet das
Buch das komplette Know-how für den Betrieb eines
eigenen LAMP-Servers: als Testsystem zur
Entwicklung, im Extra- oder Intraneteinsatz oder im
alltäglichen Produktionsalltag. Nutzen Sie die
Möglichkeiten eines dedizierten Servers!

Mark Lubkowitz

Webseiten programmieren und gestalten

HTML, CSS, JavaScript, PHP, Perl, MySQL, SVG

1128 S., 2003, mit CD
39,90 Euro
ISBN 3-89842-313-1

Carsten Harnisch,
Richard Jungkunz

Google, Amazon, eBay

- Die neuen APIs nutzen
- Tricks und Hacks
  mit PHP, Perl und .NET
- Für Anwender und
  Programmierer

432 S., 2004, mit CD
29,90 Euro
ISBN 3-89842-477-4

Carsten Möhrke

Besser PHP programmieren

Professionelle
Programmiertechniken
für PHP 5

648 S., mit CD
39,90 Euro
ISBN 3-89842-381-6

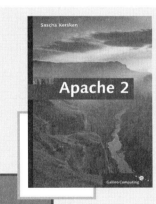

Sascha Kersken

Apache 2

Einführung, Konfiguration
und Referenz

ca. 800 S., mit CD
ca. 39,90 Euro
ISBN 3-89842-482-0

Kai Laborenz

CSS-Praxis

Browserübergreifende Lösungen

504 S., 2. Auflage 2004
CD und Referenzkarte
34,90 Euro
ISBN 3-89842-441-3

Galileo Computing